No que acredito
Por que não sou cristão
Ensaios céticos

Estes títulos estão disponíveis também na Coleção **L&PM** POCKET:

No que acredito
Título original: *What I Believe*
Tradução: André de Godoy Vieira

Por que não sou cristão
Título original: *Why I am not a Christian*
Tradução: Ana Ban

Ensaios céticos
Título original: *Sceptical Essays*
Tradução: Marisa Motta

3 em 1
BERTRAND RUSSELL

No que acredito
Por que não sou cristão
Ensaios céticos

L&PM EDITORES

Texto de acordo com a nova ortografia.

Capa: Ivan Pinheiro Machado. *Ilustração*: Gilmar Fraga
Revisão: L&PM Editores

CIP-Brasil. Catalogação na publicação
Sindicato Nacional dos Editores de Livros, RJ.

R925q

    Russell, Bertrand, 1872-1970
    No que acredito; Por que não sou cristão; Ensaios céticos / Bertrand Russell ; [tradução André de Godoy Vieira; Ana Ban; Marisa Motta]. – 1. ed. – Porto Alegre, RS: L&PM, 2023.
    488 p. ; 23 cm.

    Tradução de: *What I Believe*; *Why I am not a Christian*; *Sceptical Essays*
    ISBN 978.85.254.3000-7

    1. Liberdade de pensamento. I. Título.

13-05160   CDD: 211
                                   CDU: 211

No que acredito – © 1996 The Bertrand Russell Peace Foundation Ltd
Prefácio © 2004 Alan Ryan – Preface to Routledge Classics edition
Por que não sou cristão © 1996 The Bertrand Russell Peace Foundation Ltd
Prefácio © 2004 Simon Blackburn
Ensaios céticos © 1996 The Bertrand Russell Peace Foundation Ltd
Prefácio © 2004 John Gray – Preface to Routledge Classic edition
"Tradução autorizada das edições em inglês publicadas por Routledge, membro do Taylor & Francis Group, copyright de The Bertrand Russell Peace Foundation".

Todos os direitos desta edição reservados a L&PM Editores
Rua Comendador Coruja, 314, loja 9 – Floresta – 90.220-180
Porto Alegre – RS – Brasil / Fone: 51.3225.5777

PEDIDOS & DEPTO. COMERCIAL: vendas@lpm.com.br
FALE CONOSCO: info@lpm.com.br
www.lpm.com.br

Impresso no Brasil
Inverno de 2023

Sumário

NO QUE ACREDITO 9

Apresentação – *Alan Ryan* 11
Prefácio – *Bertrand Russell* 21
1. A natureza e o homem 23
2. A vida virtuosa 30
3. Normas morais 37
4. Salvação – Individual e social 46
5. Ciência e felicidade 50

POR QUE NÃO SOU CRISTÃO 61

Prefácio à edição inglesa – *Simon Blackburn* 63
Introdução – *Paul Edwards* 71
Prefácio – *Bertrand Russell* 77
1. Por que não sou cristão 81
2. Será que a religião fez contribuições úteis para a civilização? 98
3. Sobrevivemos à morte? 118
4. Parece, madame? Que nada, é 123

5. Sobre os céticos católicos e protestantes 132
6. A vida na Idade Média 140
7. O destino de Thomas Paine 145
8. Gente simpática 158
9. A nova geração 166
10. Nossa ética sexual 176
11. A liberdade e as faculdades 185
12. A existência de Deus – Um debate entre Bertrand Russell e o padre F.C. Copleston, da Sociedade de Jesus 197
13. Será que a religião é capaz de curar nossos problemas? 224
14. Religião e moral 234

Apêndice – Como Bertrand Russell foi impedido de lecionar na Faculdade Municipal de Nova York – *Paul Edwards* ... 236

ENSAIOS CÉTICOS 281

Prefácio – *John Gray* 285
1. Introdução: o valor do ceticismo 291
2. Sonhos e fatos 303
3. A ciência é supersticiosa? 311
4. Pode o homem ser racional? 319
5. A filosofia no século XX 326
6. As máquinas e as emoções 347
7. Behaviorismo e valores 354
8. Ideais de felicidade oriental e ocidental 362
9. O mal que os homens bons fazem 370
10. O recrudescimento do puritanismo 380
11. A necessidade do ceticismo político 387
12. Livre-pensamento e propaganda oficial 402

13. Liberdade na sociedade 421
14. Liberdade *versus* autoridade na educação 433
15. Psicologia e política 447
16. O perigo das guerras doutrinárias 457
17. Algumas perspectivas: alegria e outros 472

Sobre o autor 487

No que acredito

Tradução de André de Godoy Vieira

Apresentação

Alan Ryan*
2003

Cinquenta anos após ler Bertrand Russell pela primeira vez, eu o li hoje e fiquei com sentimentos confusos. Em meados da década de 1950, o seu *História da filosofia ocidental* era um achado para estudantes adolescentes e entediados à morte com a via-crúcis da obtenção do certificado de conclusão dos estudos intermediários. Dava a todos nós as armas de que precisávamos para atormentar o capelão da escola quando ele tentava explicar a adolescentes agnósticos as cinco provas da existência de Deus de Tomás de Aquino. *Por que não sou cristão* era uma arma ainda mais valiosa contra a autoridade. A crença do diretor da minha escola de que os quatro casamentos de Russell depunham contra as suas visões sobre sexo, Deus e guerra nuclear apenas confirmava a minha opinião de que, na sua maioria, aqueles que detêm a autoridade eram preconceituosos, ilógicos e não deveriam ser levados a sério.

Não mudei inteiramente de opinião. Os quatro casamentos de Russell são irrelevantes quanto às suas ideias sobre sexo, Deus e guerra nuclear; hoje acredito que as suas dificuldades matrimoniais deveriam tê-lo tornado mais cauteloso quanto a fazer com que a conquista da felicidade pareça *fácil*, mas as suas ideias sobre o que é uma vida virtuosa ainda caem bem. Ao criticar opiniões de que não partilhava, ele mostrava que tinha muitos vícios, e sua prática contradizia-se com seu professado princípio de enfocar os pontos fortes de um oponente, e não os pontos fracos. Nesse sentido, ele é menos admirável do que John Stuart Mill. Por outro lado, Russell era – e é – muito mais divertido. Sobretudo, escrevia maravilhosamente bem; até mesmo os artigos que entregava para os jornais de William R. Hearst, a cinquenta dólares cada, a fim de financiar Beacon Hill

---

* Alan Ryan é professor de Ciências Políticas e diretor do New College, da Universidade de Oxford, Inglaterra, membro da Academia Britânica e autor de livros sobre a filosofia das ciências sociais, como *The Philosophy of John Stuart Mill, John Dewey and the High Tide of American Liberalism* e *Russell: A Political Life*. (N.E.)

(a escola que ele e sua segunda mulher criaram), são não apenas inteligentes e espirituosos, mas também provocantes e instigantes. Se a Grã-Bretanha levasse a educação literária a sério, Russell deveria ser ensinado aos adolescentes como um ensaísta-modelo.

Durante a Primeira Guerra Mundial, Russell percebeu que tinha um talento extraordinário para fazer palestras ao público leigo em geral. Ele se opunha ferrenhamente à guerra e, como membro da Union for Democratic Control no início da guerra e posteriormente como figura-chave na No-Conscription Fellowship*, trabalhou sem cessar para pôr um fim imediato ao conflito armado, para persuadir os Estados Unidos a permanecer neutro e para proteger aqueles que conscienciosamente se opunham à guerra contra abuso na mão de tribunais, quando do julgamento de seus pedidos de dispensa, e também contra maus-tratos na prisão e no exército, se eles lá acabassem. Essas atividades custaram-lhe suas palestras no Trinity College, em Cambridge, mas também lhe abriram um novo mundo.

Além das incontáveis reuniões com o objetivo declarado de pôr um fim à guerra e salvar os dissidentes do recrutamento compulsório, ou conscrição, Russell deu uma série de palestras extremamente bem-sucedidas sobre *Os princípios da reconstrução social*. Se ele tinha uma filosofia política, ela está contida no livrinho em que as palestras se transformaram. Muito do que é desprezado em *No que acredito* é bastante argumentado em *Os princípios da reconstrução social*. Três premissas cruciais merecem ser salientadas.

A visão de Russell sobre o comportamento humano era enraizada na tradição empírica que propunha que o *desejo* é o motor de todas as ações e que o papel da razão é nos dizer *como* buscar aquilo que buscamos, e não *aquilo* que, de início, deveríamos perseguir. Ora, conforme Hume afirmou, lançando mão da agudeza com a qual Russell tanto se regozijava, "a razão é e deveria ser escrava das paixões". Esse não era um argumento para defender a "impulsividade": Russell acreditava que deveríamos pensar muito detidamente

---

* Union for Democratic Control: organização civil britânica contrária à guerra que advogava o controle democrático sobre ela e a paz negociada. No-Conscription Fellowship: organização civil britânica surgida nas primeiras semanas da Primeira Guerra Mundial, formada por jovens em idade militar. Sua principal causa era ser contra o recrutamento (*conscription*) compulsório. (N.E.)

sobre aquilo a que nos propomos, e ele queria mais reflexão, e uma reflexão mais cientificamente orientada, sobre o que deveríamos fazer com as nossas vidas. Tratava-se de uma discussão para tentar entender o que de fato queremos. As ideias de Russell sobre a base dos nossos desejos iam mais além. Ele conhecia muito bem o trabalho de W.H. Rivers, o psiquiatra que tratou Siegfried Sassoon – e muitos outros – de traumas de guerra e que foi uma das primeiras pessoas na Inglaterra a compreender a importância de Freud. Rivers achava que Freud exagerava os próprios *insights*, mas não tinha dúvidas de que estamos muito mais à mercê de impulsos inconscientes do que gostamos de acreditar. Tampouco Russell tinha tal dúvida.

Em especial, Russell chegou perto de acreditar que os seres humanos são instintivamente impelidos à destruição, algo que o relato de Freud sobre o "desejo de morte" também sugere. Era tão óbvio para ele que a guerra entre estados nações era desnecessária e, portanto, algo profundamente estúpido que ele não conseguia acreditar em outra explicação que não uma paixão pela destruição e o desejo por parte dos combatentes de infligir sofrimento aos outros a qualquer preço – mesmo que o preço fosse o próprio sofrimento. Acreditar em algo tão niilista, entretanto, faria do pacifismo de Russell algo muito fútil. Se estamos determinados a destruir a nós mesmos sem uma boa razão, a única questão interessante é quanto tempo demorará até que encontremos a tecnologia apta a nos varrer completamente da face da Terra. Russell estava sempre pronto para embates retóricos que representassem seus oponentes como imbuídos de uma paixão por cometer assassinatos e suicídios em massa, mas, nos seus momentos mais analíticos, ele propôs uma visão diferente e mais elaborada.

Essa visão era a segunda premissa. Ele argumentava, em *Princípios*, que há dois tipos de impulso; o impulso *possessivo* busca exclusiva propriedade sobre aquilo em que se concentra e nos leva a competir uns com os outros, ao passo que o impulso *criativo* nos leva a buscar coisas que podem ser possuídas por uma pessoa sem que isso prejudique ninguém. Se cientistas alemães descobrem maravilhosos novos teoremas em física, isso não faz com que restem menos teoremas maravilhosos a serem descobertos pelos cientistas franceses e britânicos, ao passo que a tomada alemã do sudoeste da

África deixa menos territórios para os franceses e os britânicos, isso para não falar dos habitantes nativos. Se a possessividade alia-se à glória nacional, e se a glória nacional é concebida como algo que requer a humilhação de outras nações, eis aí a receita para guerras intermináveis. Paz e felicidade só podem ser asseguradas por meio do estímulo dos instintos criativos e do desvio dos instintos possessivos para fins úteis ou, pelo menos, inofensivos.

Em terceiro lugar, então, vem a ética que Russell pregava. Na condição de uma questão de lógica no sentido estrito, a ética de Russell nada deve a suas mais amplas ideias filosóficas. Trata-se de uma questão que ele se colocou incontáveis vezes. Estritamente falando, ele afirmava, não pode haver defesa filosófica de nenhuma moralidade específica; a filosofia diz respeito a questões nas quais a *verdade* está em jogo. O julgamento moral diz respeito a exortação, encorajamento, reprovação – a expressão de posicionamentos favoráveis ou hostis a qualquer que seja a ação ou o traço de caráter que esteja sob discussão. "Assassinato é mau" não estabelece uma propriedade do assassinato. Filosofia moral não é filosofia. Trata-se de um modo dramático de colocar uma questão conhecida. Russell costumava oferecer análises sobre a lógica das necessidades morais que são indiscutivelmente filosóficas no sentido moderno. Entretanto, é fácil perceber o que motivava Russell. Por muito tempo ele afirmou que até mesmo os ramos mais abstratos da filosofia – incluindo a lógica e os fundamentos da matemática – preocupam-se em mostrar o mundo como ele é. A preocupação da moralidade é com aquilo que o mundo deveria ser, muito mais do que como ele é.

Considerando-se tudo isso, a teoria ética de Russell não é tão surpreendente. Nossos impulsos *em si* não são nem bons nem maus; são fatos brutos. São bons e maus conforme auxiliam ou frustram outros impulsos, nossos ou de outras pessoas. Meu desejo de beber até cair é apenas um desejo, mas choca-se com o meu desejo de acordar sem ressaca; choca-se com o desejo do outro de transitar de modo seguro pelas estradas e ruas e com o desejo do meu empregador de ter um funcionário coerente trabalhando na recepção. Beber até cair é, no máximo, imprudente e, em algumas circunstâncias, nocivo. O desejo de ser útil e cooperativo, por outro lado, auxilia os outros a realizarem suas metas e não causará problemas aos meus outros desejos. Assim, dizemos que a benevolência, a obsequiosidade e a gentileza são boas. Nossos padrões do que é um comportamento prudente ou moralmente aceitável diz respeito à nossa assertiva do que Russell mais tarde chamou de "compossibilidade" do desejo. Devemos cultivar desejos que auxiliem na satisfação de desejos e eliminar aqueles que os frustram.

A conexão disso com as ideias de Russell sobre os instintos criativos e com seu ódio à guerra dificilmente precisaria ser explicada. Tampouco precisa de explicação o fato de que expressar seus pensamentos sobre ética em termos de desejo-satisfação parece fornecer a base para uma teoria moral secular, naturalista e hedonista. Pode-se argumentar que, tivesse Russell sido mais consistente, teria oferecido isso de uma vez aos seus leitores. Na verdade, ele não foi; o que emergiu era algo secular e naturalista, mas não (em sua maior parte) uma defesa do hedonismo. De modo muito semelhante ao seu padrinho John Stuart Mill, Russell defendeu altos ideais que apenas frouxamente estão ligados à busca da felicidade no sentido comum – coragem, por exemplo, o amor à verdade e uma preocupação não instrumentalista pela natureza. De maneira acertada ou não, Russell concordava com Mill que um Sócrates insatisfeito é um homem melhor do que um tolo satisfeito. *No que acredito* defende a busca desinteressada da verdade como elemento de uma vida virtuosa, e a queixa mais passional de Russell quanto à religião é que ela é uma resposta *covarde* ao vazio do universo.

No que acredito foi inicialmente publicado em uma série de livros muito curtos – os editores os chamavam de "panfletos" – intitulados "Today and Tomorrow" [Hoje e amanhã]. Eram livrinhos sobre assuntos variados: "o futuro das mulheres, guerra, população, ciência, máquinas, moral, teatro, poesia, arte, música, sexo etc." Dora Russell escreveu *Hypatia* para defender a liberação das mulheres, e Russell escreveu dois panfletos para a série, dos quais *No que acredito* foi o segundo. *Dedalus*, de J. B. S. Haldane, havia oferecido uma visão otimista do que a ciência faria pela humanidade no futuro; Russell replicou com *Icarus*, para mostrar que o filho de Dédalo aprendeu a voar, mas não a voar de um modo inteligente. Já que a ciência enquanto fruto da inquirição racional do mundo poderia apenas nos dizer *como* atingir nossos objetivos, era de se esperar que o mais impressionante resultado do avanço científico seria transformar a guerra em um massacre de proporções globais. Se evitássemos tal destino, nós nos veríamos ou entediados à morte – na medida em que a burocracia em larga escala tomou as rédeas do mundo – ou seríamos transformados nas dóceis criaturas imaginadas no *Admirável mundo novo* de Huxley – livro provavelmente inspirado pelo *Icarus* de Russell –, geneticamente programadas para desempenhar nossos papéis sociais e alimentadas com drogas que conseguiriam realizar qualquer coisa que a eugenia já não o tivesse.

Tendo em vista que Russell foi um dos fundadores da campanha pelo desarmamento nuclear e um pensador que muito escreveu sobre os horrores da guerra nuclear é fácil esquecer que seus medos quanto ao futuro da humanidade não foram primeiramente suscitados pelas armas nucleares, mas pelos armamentos industrializados da Primeira Guerra Mundial e, depois, pelo advento de bombardeiros de longo alcance nos anos 1930. *Icarus* era mordaz na sua espirituosidade, selvagemente injusto na sua caracterização de quase todos os detentores de poder como seres nocivos e inescrupulosos e profundamente pessimista quanto às perspectivas da raça humana. Não pela última vez Russell expressa a opinião de que poderia ser bom que a humanidade exterminasse a si mesma, já que ela fez da existência tamanha confusão.

No que acredito tinha a franca intenção de equilibrar a balança. É tão lúcido e tão divertido que explicar o seu conteúdo a um leitor prestes a ter o prazer de ler Russell parece tolo. O que pode ser útil é falar um pouco sobre a postura característica de Russell sobre questões religiosas e sobre a decididamente otimista conclusão de *No que acredito*, na qual as possibilidades produtivas, e não as possibilidades destrutivas da ciência, são apontadas como anteparo à desesperança de *Icarus*.

Há dois tipos de ateus – Russell se dizia um agnóstico, indicando que não era *impossível* que houvesse algum tipo de deus, mas que ele tinha certeza de que Deus não existia. A posição do primeiro tipo de ateu por vezes pode ser parafraseada por "Deus não existe, e eu o odeio"; ele ou ela queriam que houvesse um Deus para ter alguém a quem se queixar sobre o absurdo do universo. Leonard Woolf uma vez observou que gostaria de questionar Deus sobre os desígnios do sistema digestivo humano, cujo encanamento parece especialmente ineficaz. O segundo tipo de ateu é mais entediado do que indignado; ele ou ela não conseguem ver o propósito de inventar histórias sobre deuses, espíritos ou seja quais forem as entidades sobrenaturais; nada acrescentam à nossa compreensão do mundo, trazem consigo um entrave intelectual e dão margem à perseguição mútua quando na verdade a incoerência e a violência da nossa espécie não precisam de estímulo. Uma pessoa pode ser dos dois tipos, mas é retoricamente canhestro ser ambos ao mesmo tempo.

Russell era tantas vezes o primeiro tipo de ateu quanto o segundo, mas *No que acredito* é na maior parte escrito a partir do segundo ponto de vista. Mesmo assim, é o primeiro tipo de ateísmo que fornece grande parte da força emocional deste ensaio. Ateus que não entendem por que alguém se importaria em inventar histórias inacreditáveis sobre a origem do universo e sobre como devemos nos comportar provavelmente nada vão dizer sobre o assunto, indo dedicar-se a outras questões. Russell dificilmente perdia uma oportunidade de falar em termos pouco agradáveis sobre os devotos – e foi retribuído na mesma moeda.

A explicação óbvia é que Russell estava pelo menos parcialmente convencido de que a existência humana era uma coisa horrível; a vida poderia ter sido maravilhosa, mas não era na maior parte das vezes. Era portanto intolerável pensar que algum ser pudesse deliberadamente ter criado um mundo em que sofremos ansiedade constante, morremos de doenças dolorosas – quando não morremos em decorrência de alguma violência – e sofremos muito mais dores agudas de desilusão amorosa e decepção do que os prazeres do amor e a realização de ambições podem justificar. Se houvesse um Deus, ele (ou ela, *aquilo* ou eles) deveria ser julgado por crimes contra a humanidade. Os devotos são culpados por incentivar o mal: ou porque também são covardes demais para encarar o fato de que Deus é um criminoso ou porque têm uma noção perversa de moralidade e realmente acreditam na força corretora do poder.

O ateísmo de *No que acredito* é dos menos inflamados do segundo tipo. O que há para ser conhecido sobre o mundo é aquilo que a ciência revela, e não há nenhuma razão boa o suficiente para supor que sejamos imortais ou que algum fantasmático relojoeiro esteja por trás da maquinaria do universo. Ainda assim, algumas queixas agudas dizem respeito ao papel da religião na ética e na política. Russell aproveita a oportunidade para denunciar os religiosos por defenderem o controle de natalidade por meio da guerra e da fome enquanto tentam proibir o controle de natalidade por meio de contracepção, conforme advogado por Margaret Sanger* e outros, na época. Russell, claro, deliciava-se em enraivecer os devotos com argumentos como esse. Muitos dos seus leitores deploram suas frequentes injustiças, mas há uma questão séria por trás de suas táticas retóricas.

É a seguinte: muitos religiosos – cristãos em particular – dão especial atenção a questões de conduta sexual. Em vez de se perguntarem sobre o que permitiria às pessoas viverem razoavelmente felizes, criar um número suficiente, mas não demasiado, de crianças saudáveis, felizes e decentemente educadas, os cristãos, na visão de Russell, gastam seu tempo dificultando, e não facilitando, que se pense sobre tais coisas com calma. Vendo os opositores ao aborto nos Estados Unidos quase oitenta anos depois, é fácil simpatizar com Russell. Os crentes em Deus tiraram sua desforra sobre Russell em 1940, quando uma corte de Nova York se opôs à sua indicação para lecionar no City College devido à acusação de que ele ensinava "imoralidades". *No que acredito* era parte das provas de que os seus inimigos lançaram mão.

Pelo menos uma das objeções de Russell às moralidades de embasamento religioso se aplicaria para além dessas moralidades. Russell era hostil a toda forma de ética que fosse baseada em regras. Acertadamente ele pensava que a moralidade desempenha um papel pequeno na existência. Ninguém observa as regras sobre dever paterno quando cuida de uma criança doente, por exemplo; a pessoa é motivada – ou não – por amor, e em nenhum dos casos a moralidade desempenha qualquer papel. Se às pessoas falta a afeição necessária para uma situação, não é possível forçá-las a tê-la por meio de lições de moral, e, se sentem tal afeição, a baliza da moral é redundante. Russell era especialmente hostil ao pensamento de que a moralidade consiste em regras ditadas por alguma autoridade, seja ela Deus ou o superego. Regras são inflexíveis, e, se havia alguma coisa de que Russell tinha certeza, era

---

* Enfermeira norte-americana defensora do controle de natalidade e do aborto, que cunhou o termo "*birth control*" e é por muitos considerada a avó do feminismo. (N.E.)

que um pensamento inteligente sobre a nossa conduta deve ter uma flexibilidade que corresponda à mutabilidade dos acontecimentos.

Finalmente, então, o papel da ciência em tudo isso. Em *No que acredito*, Russell afirmou categoricamente que não devemos "respeitar" a natureza, mas aprender como a natureza trabalha de modo a direcionar os seus poderes para fins humanos úteis. Há duas coisas a serem ditas quanto a isso. Primeiro, conforme vimos, Russell tinha dois corações quando se tratava de avaliar se a humanidade tinha o bom senso de usar a ciência para fins benéficos e não para fins nocivos; a tendência em *Icarus* é persistir na probabilidade de que podemos usar a ciência de forma errada, mas em *No que acredito* é para exortar-nos a usá-la para fins positivos. Em segundo lugar, Russell apoia-se demais no contraste entre, de um lado, a religião e a moralidade concebidas como regras inflexíveis sem qualquer base racional ou que gratificam o apetite humano de crueldade, e, de outro lado, a ciência concebida como a gradual compreensão do que causa o que no outro. O que ele quer é incentivar a atitude científica.

Ele nem sempre quis dizer aos seus leitores para não respeitar a natureza. Quarenta anos mais tarde ele comentou amargamente sobre a ânsia da humanidade por desafiar os céus ao colocar em órbita satélites que lançariam ogivas nucleares no inimigo e acusou o pragmático americano John Dewey de "impiedade" ao sugerir que a natureza estava de alguma forma imbuída de qualidades humanas. Não se trata aqui de uma simples contradição. Em momento algum Russell pensou que a natureza fornecia um padrão moral ou que era, ela própria, fonte de normas para nossa conduta; quando ele denuncia "respeito" em *No que acredito* é disso que ele está falando. Ao mesmo tempo, ele sempre achou o vasto vazio do universo profundamente comovente – aterrorizante e consolador também. Essa emoção fez com que muitos leitores decidissem que Russell era, apesar de tudo, um pensador excepcionalmente religioso. Nesse caso, ele era um dos muitos pensadores religiosos que julgaram todas as religiões atuais repulsivamente inadequadas aos sentimentos que se propõem expressar.

Prefácio

Bertrand Russell

Neste pequeno livro, tento dizer o que penso a respeito do lugar do homem no universo e de suas possibilidades no sentido de obter uma vida plena. Em *Icarus*, exprimi meus medos; nas páginas que seguem, expresso minhas esperanças. A inconsistência é apenas aparente. Exceto na astronomia, a humanidade não conquistou a arte de predizer o futuro; nas relações humanas, podemos constatar a existência de forças que conduzem à felicidade e de outras que conduzem ao infortúnio. Não sabemos qual delas prevalecerá, mas, para agir com sabedoria, devemos estar cientes de ambas.

1º de janeiro de 1925

1
A natureza e o homem

O homem é uma parte da natureza, não algo que contraste com ela. Seus pensamentos e movimentos corporais seguem as mesmas leis que descrevem os deslocamentos de estrelas e átomos. O mundo físico é grande comparado ao homem – maior do que se pensava à época de Dante, mas não tão grande quanto parecia cem anos atrás. Em todos os sentidos, tanto no micro como no macrocosmo, a ciência parece estar atingindo limites. Acredita-se que o universo possua dimensão espacial finita e que a luz possa percorrê-lo em algumas centenas de milhões de anos. Acredita-se que a matéria consista de elétrons e prótons, os quais são finitos em tamanho e dos quais há no mundo apenas um número finito. Provavelmente suas transformações não sejam contínuas, como se costumava pensar, mas ocorram aos saltos, estes nunca menores que um salto mínimo. Ao que parece, as leis que governam essas transformações podem ser resumidas em um pequeno número de princípios bastante gerais, que determinam o passado e o futuro do mundo no momento em que se conhece uma pequena parte qualquer de sua história.

Logo, a ciência física está se aproximando do estágio em que se tornará completa e, portanto, desinteressante. Dadas as leis que governam os deslocamentos de elétrons e prótons, o resto é meramente geografia – uma coleção de fatos particulares relativos à sua distribuição ao longo de alguma parcela da história do mundo. A soma total de fatos geográficos necessários para determinar essa história é provavelmente finita; em tese, eles poderiam ser anotados em um grande livro a ser mantido em Somerset House, junto com uma máquina de calcular cuja manivela, uma vez girada, possibilitaria ao pesquisador descobrir os acontecimentos de outras épocas que não as registradas. É difícil imaginar algo menos atraente e mais distante dos deleites apaixonados da descoberta incompleta. É como escalar o topo de uma alta montanha e nada encontrar senão um restaurante onde se venda gengibirra – envolto pela neblina, mas equipado com aparelho radiotelegráfico. Quiçá nos tempos de Ahmes a tábua de multiplicação fosse excitante.

Deste mundo físico, em si mesmo desinteressante, o homem é parte. Seu corpo, como qualquer outro tipo de matéria, é composto por elétrons e prótons, que, até onde sabemos, obedecem às mesmas leis a que se submetem os elétrons e prótons que não constituem animais e plantas. Alguns sustentam que a fisiologia jamais poderá ser reduzida à física, mas seus argumentos não são muito convincentes, de sorte que parece prudente supor que estejam errados. Aquilo que chamamos de nossos "pensamentos" parece depender da disposição de trilhos em nosso cérebro, do mesmo modo que as jornadas dependem das rodovias e das estradas de ferro. A energia utilizada no ato de pensar parece ter uma origem química; por exemplo, uma deficiência de iodo fará de um homem inteligente um idiota. Os fenômenos mentais parecem estar intimamente vinculados a uma estrutura material. Se assim é, não podemos supor que um elétron ou um próton solitário seja capaz de "pensar"; seria como esperar que um indivíduo sozinho pudesse jogar uma partida de futebol. Tampouco podemos supor que o pensamento individual possa sobreviver à morte corporal, uma vez que ela destrói a organização do cérebro e dissipa a energia por ele utilizada.

Deus e a imortalidade, dogmas centrais da religião cristã, não encontram respaldo na ciência. Não se pode dizer que uma ou outra dessas doutrinas seja essencial à religião, na medida em que nenhuma delas é encontrada no budismo (com respeito à imortalidade, tal afirmação, feita de maneira inadequada, pode ser enganosa, mas, em última análise, está correta). Entretanto, nós ocidentais passamos a concebê-las como o mínimo irredutível da teologia. Sem dúvida, as pessoas continuarão a alimentar essas crenças, visto que lhe são aprazíveis, como aprazível é atribuir-nos a virtude e aos nossos inimigos o vício. De minha parte, porém, não vejo nelas qualquer fundamento.

Não pretendo provar que Deus não existe. Tampouco posso provar que o Diabo seja uma ficção. É possível que exista o Deus cristão, assim como é possível que existam os deuses do Olimpo, do Egito antigo ou da Babilônia. Mas nenhuma dessas hipóteses é mais provável do que a outra: residem fora da região do conhecimento provável e, portanto, não há razão para considerar qualquer uma delas. Não me estenderei sobre essa questão, tendo em vista que já a tratei em outra oportunidade.*

A questão da imortalidade pessoal assenta-se sobre uma base um tanto diferente. Aqui, a evidência é possível em ambos os sentidos. Os indivíduos fazem parte do mundo cotidiano de que se ocupa a ciência, sendo possível descobrir as condições que determinam sua existência. Uma gota d'água não é imortal; pode ser decomposta em oxigênio e hidrogênio. Assim, se uma gota d'água alegasse possuir uma qualidade aquosa que sobreviveria à sua dissolução, estaríamos inclinados ao ceticismo. Da mesma forma, sabemos que o cérebro não é imortal e que a energia organizada de um corpo vivo é, por assim dizer, desmobilizada à hora da morte, estando consequentemente indisponível para uma ação coletiva. Todas as evidências vêm demonstrar que o que consideramos nossa vida mental está intimamente relacionado à estrutura do cérebro e à energia corporal organizada. Logo, é razoável supor que a vida mental cesse no momento em que cessa a vida material. Por mais que esse argumento seja apenas uma probabilidade, ele é tão consistente quanto aqueles em que se baseia a maior parte das conclusões científicas.

Há várias áreas em que essa conclusão poderia ser atacada. A pesquisa psíquica alega ter evidências científicas verdadeiras da sobrevivência, e não há dúvida de que seu procedimento, em princípio, está cientificamente correto. Evidências dessa espécie poderiam ser de tal forma esmagadoras que a ninguém com espírito científico seria dado rejeitá-las. Porém, a relevância a ser atribuída a elas deve depender da probabilidade *a priori* da hipótese de sobrevivência. Há sempre maneiras diferentes de explicar cada conjunto de fenômenos, e, dentre eles, devemos preferir aquele que é, *a priori*, menos impro-

---

* Ver *A filosofia de Leibniz*, Capítulo XV.

vável. Os que já consideram provável sobrevivermos à morte estarão prontos para ver nessa teoria a melhor explicação para os fenômenos físicos. Aqueles que, baseados em outros critérios, julgarem-na implausível partirão em busca de outras explicações. De minha parte, considero as evidências até aqui aduzidas pela pesquisa psíquica em favor da sobrevivência muito mais frágeis do que as evidências fisiológicas apresentadas pelo outro lado. Mas admito plenamente que poderiam a qualquer momento tornar-se mais fortes, e, nesse caso, seria pouco científico descrer da sobrevivência.

A sobrevivência à morte corporal é, no entanto, um assunto diferente da imortalidade: só pode significar um adiamento da morte psíquica. É na imortalidade que os homens desejam crer. E os que creem na imortalidade irão se opor a argumentos de cunho fisiológico, a exemplo dos que venho utilizando, sob a alegação de que alma e corpo são coisas totalmente díspares e que a alma é algo absolutamente diverso às suas manifestações empíricas por meio de nossos órgãos. Creio ser essa uma superstição metafísica. *Espírito* e *matéria*, para certos propósitos, são termos igualmente convenientes, mas não realidades supremas. Os elétrons e os prótons, a exemplo da alma, são invenções lógicas; cada qual constitui uma história, uma série de acontecimentos, e não uma entidade permanente isolada. No caso da alma, tornam-no óbvio os fatos relativos ao desenvolvimento. Quem quer que considere a concepção, a gestação e a infância não pode acreditar seriamente que ao longo de todo esse processo a alma seja algo indivisível, perfeito e completo. É evidente que ela se desenvolve como o corpo e se origina tanto do espermatozoide como do óvulo, de sorte que não pode ser indivisível. Não se trata aqui de materialismo: é simplesmente o reconhecimento de que tudo o que é interessante é uma questão de organização, e não de substância primordial.

Os metafísicos aventaram incontáveis argumentos no intuito de provar a imortalidade da alma. Mas há um simples teste por meio do qual todos esses argumentos podem ser demolidos. Provam todos, igualmente, que a alma deve penetrar a totalidade do espaço. Mas, da mesma forma como não estamos tão ansiosos para engordar quanto para ter uma vida longa, nenhum dos metafísicos em apreço jamais percebeu essa aplicação de seu raciocínio. Eis um exemplo do poder assombroso exercido pelo desejo ao cegar até mesmo homens competentes ante falácias cuja obviedade seria de outro modo imediatamente reconhecida. Se não temêssemos a morte, creio que a ideia de imortalidade jamais houvesse surgido.

O medo é a base do dogma religioso, assim como de muitas outras coisas na vida humana. O medo dos seres humanos, individual ou coletivamente, domina muito de nossa vida social, mas é o medo da natureza que dá origem à religião. A antítese entre espírito e matéria, como vimos, é mais ou menos ilusória; mas há uma outra antítese mais importante, a saber: aquela entre as coisas que podem e as que não podem ser afetadas por nossos desejos. A linha que as divide não é nítida nem imutável – à medida que a ciência avança, cada vez mais o controle humano exerce seu domínio sobre as coisas. Todavia, há coisas que permanecem definitivamente do outro lado. Entre elas encontram-se todos os *grandes* fatos de nosso mundo, os tipos de fatos de que se ocupa a astronomia. São apenas os fatos que se verificam sobre ou perto da superfície da terra que podemos, em certa medida, moldar aos nossos desejos. E mesmo sobre a superfície da terra nossos poderes são muito limitados. Acima de tudo, não podemos evitar a morte, ainda que muitas vezes consigamos adiá-la.

A religião representa uma tentativa de superar essa antítese. Se o mundo é controlado por Deus, e Deus pode ser movido pela prece, somos detentores de uma parcela dessa onipotência. Em tempos passados, os milagres aconteciam em resposta a súplicas; na Igreja Católica eles ainda ocorrem, mas os protestantes perderam tal poder. Contudo, é possível prescindir desses milagres, uma vez que a Providência decretou que a operação das leis naturais produzirá os melhores resultados possíveis. Logo, a crença em Deus serve para humanizar o mundo da natureza e para fazer com que os homens sintam que as forças físicas são realmente suas aliadas. Da mesma forma, a imortalidade rechaça o pavor da morte. Os que creem que na morte herdarão a bem-aventurança eterna quiçá possam encará-la sem horror, ainda que, para a felicidade dos médicos, isso não aconteça com frequência. De toda forma, essa crença alivia um pouco os temores dos homens, mesmo quando não pode atenuá--los de todo.

A religião, por ter no terror a sua origem, dignificou certos tipos de medo e fez com que as pessoas não os julgassem vergonhosos. Nisso prestou um grande desserviço à humanidade, uma vez que *todo* medo é ruim. Acredito que quando morrer apodrecerei e nada de meu ego sobreviverá. Não sou jovem e amo a vida. Mas desdenharia estremecer de pavor diante do pensamento da aniquilação. A felicidade não deixa de ser verdadeira porque deve necessariamente chegar a um fim; tampouco o pensamento e o amor perdem seu valor por não serem eternos. Muitos homens preservaram o orgulho ante o cadafalso; decerto o mesmo orgulho deveria nos ensinar a pensar verdadeiramente sobre o lugar do homem no mundo. Ainda que as janelas abertas da ciência a princípio nos façam tiritar, depois do tépido e confortável ambiente familiar de nossos mitos humanizadores tradicionais, ao fim o ar puro nos confere vitalidade, e ademais os grandes espaços têm seu próprio esplendor.

A filosofia da natureza é uma coisa; a filosofia do valor é totalmente distinta. Confundi-las não gera senão prejuízo. O que consideramos bom, aquilo de que deveríamos gostar, não tem qualquer relação com o que é – questão esta concernente à filosofia da natureza. Por outro lado, não nos podem proibir de dar valor a isso ou àquilo pelo fato de o mundo não humano não fazê-lo; tampouco nos podem compelir a admirar alguma coisa por ser uma "lei da natureza". Sem dúvida somos parte da natureza, que produziu nossos desejos, esperanças e temores de acordo com leis que os cientistas estão começando a descobrir. Nesse sentido, somos parte da natureza, estamos a ela subordinados, somos consequência das leis naturais e, em última instância, suas vítimas.

A filosofia da natureza não deve ser indevidamente terrena; para ela, a terra não é senão meramente um dos menores planetas de uma das menores estrelas da Via Láctea. Seria ridículo perverter a filosofia da natureza a fim de apresentar resultados aprazíveis aos diminutos parasitas deste planeta insignificante. O vitalismo como filosofia, não menos que o evolucionismo, revela, a esse respeito, falta de senso de proporção e relevância lógica. Toma os fatos da vida que nos são pessoalmente interessantes como detentores de um significado cósmico, e não de um significado restrito à superfície terrestre. O otimismo e o pessimismo, na qualidade de filosofias cósmicas, revelam o mesmo humanismo ingênuo; o universo, até onde o conhecemos pela filosofia da natureza, não é bom nem mau, nem se ocupa em nos fazer felizes ou infelizes. Todas essas filosofias nascem da presunção humana e são mais bem corrigidas com um quê de astronomia.

Entretanto, na filosofia do valor a situação se inverte. A natureza é apenas parte daquilo que podemos imaginar; todas as coisas, sejam elas reais ou imaginárias, podem por nós ser apreciadas, e não há padrão externo a mostrar que nossa apreciação está errada. Somos nós os árbitros máximos e irrefutáveis do valor, e do mundo do valor a natureza constitui apenas uma parte. Logo, nesse universo, somos maiores que a natureza. No mundo dos valores, a natureza em si é neutra – nem boa nem ruim, merecedora nem de admiração nem de censura. Somos nós quem criamos valor, e são nossos desejos que o conferem. Desse império somos reis e de nossa realeza nos tornamos indignos se à natureza nos curvamos. Estabelecer uma vida plena cabe portanto a nós, e não à natureza – nem mesmo à natureza personificada como Deus.

2
A vida virtuosa

Em diferentes épocas e entre diferentes povos, surgiram várias e variadas concepções acerca do que seria uma vida virtuosa. Em certa medida, tais diferenças eram passíveis de argumentação; isso quando os homens divergiam quanto aos meios de atingir determinado fim. Para alguns, a prisão é uma boa forma de impedir o crime; outros sustentam que a educação seria a melhor alternativa. Uma divergência de tal natureza pode ser resolvida com provas suficientes. Mas algumas divergências não podem ser testadas dessa maneira. Tolstói condenava toda e qualquer guerra; outros julgavam que a vida de um soldado empenhado em combater pela justiça era extremamente nobre. Aqui provavelmente estava implicada uma real divergência quanto aos fins pretendidos. Aqueles que reverenciam o soldado não raro consideram a punição aplicada aos pecadores algo bom em si mesmo; Tolstói não pensava assim. Para tal questão, nenhum argumento é possível. Não posso, pois, provar que minha concepção de uma vida virtuosa esteja correta; posso apenas expô-la e esperar que com ela concordem tantos quanto for possível. Eis o que penso:

> A vida virtuosa é aquela inspirada pelo amor e guiada pelo conhecimento.

Tanto o conhecimento como o amor são indefinidamente extensíveis; logo, por melhor que possa ser uma vida, é sempre possível imaginar uma vida melhor. Nem o amor sem o conhecimento, nem o conhecimento sem o amor podem produzir uma vida virtuosa. Na Idade Média, quando a peste surgia numa região, os sacerdotes alertavam a população para que se reunisse nas igrejas e orasse por sua salvação; como consequência, a infecção propagava-se com extraordinária rapidez entre as multidões de suplicantes. Eis, portanto, um exemplo de amor sem conhecimento. A última guerra nos propiciou um exemplo de conhecimento sem amor. Em ambos os casos, o resultado não foi senão a morte em grande escala.

Ainda que o amor e o conhecimento sejam ambos necessários, em certo sentido o amor é mais fundamental, na medida em que levará indivíduos inteligentes a buscar o conhecimento a fim de descobrir de que modo beneficiar aqueles a quem amam. Mas, se os indivíduos não forem inteligentes, hão de contentar-se em acreditar naquilo que lhes disseram e possivelmente praticarão o mal, apesar da mais genuína benevolência. É a medicina que talvez ofereça o melhor exemplo daquilo a que me refiro. Ao paciente, um médico qualificado é mais útil do que o mais devotado amigo, e o progresso no conhecimento médico faz mais pela saúde da comunidade do que toda filantropia mal instruída. Ainda assim, uma certa bondade mesmo aqui se fará essencial, no caso de serem os ricos os únicos a lucrar com as descobertas científicas.

Amor é uma palavra que abrange uma variedade de sentimentos; empreguei-a propositalmente porque desejo incluí-los todos. O amor como emoção – sentimento a que me refiro, já que o amor "por princípio" não me parece legítimo – desloca-se entre dois polos: de um lado, o puro deleite na contemplação; de outro, a benevolência pura. No que diz respeito aos objetos inanimados, tem lugar apenas o deleite; não podemos sentir benevolência para com uma paisagem ou uma sonata. Esse tipo de prazer é presumivelmente a fonte da arte. Em regra, é mais forte em crianças na tenra infância que nos adultos, inclinados que estão a considerar os objetos de uma perspectiva utilitária. Ele desempenha uma função importante em nossos sentimentos para com os seres humanos, alguns dos quais providos de encanto e outros do contrário, quando considerados simplesmente como objetos de contemplação estética.

O polo oposto do amor é a benevolência pura. Houve homens que sacrificaram suas vidas em amparo aos leprosos; nesse caso, o amor que sentiam não poderia ter tido qualquer componente de prazer estético. O afeto dos pais, via de regra, é acompanhado pelo encanto proporcionado pela aparência do filho, mas permanece forte mesmo na ausência total desse elemento. Pareceria estranho chamar de "benevolência" o interesse da mãe pelo filho doente, visto que costumamos empregar essa palavra para descrever uma emoção fugaz que nove em dez vezes só constitui logro. De toda forma, é difícil encontrar outro termo para descrever o desejo pelo bem-estar de outra pessoa. Por certo um desejo de tal natureza, no caso do sentimento dos pais em relação ao filho, pode atingir qualquer grau de intensidade. Em outros casos, ele é muito menos intenso; de fato, afigura-se plausível que toda emoção altruística seja uma espécie de transbordamento do amor paternal, ou por vezes a sua sublimação. Na falta de um termo melhor, devo chamar essa emoção de "benevolência". Mas esclareço que falo aqui de uma emoção, e não de um princípio, e que nela não incluo qualquer sentimento de superioridade, como algumas vezes é associado à palavra. O vocábulo "simpatia" expressa parte do que quero dizer, mas omite o componente de atividade que desejo incluir.

O amor, em sua totalidade, é uma combinação indissolúvel de dois elementos, deleite e benquerer. O prazer dos pais ante um filho belo e bem-sucedido é uma combinação de ambos os elementos; tal como o amor sexual, no que tem de melhor. Mas no amor sexual só existirá benevolência quando houver uma posse segura, pois, do contrário, o ciúme a destruirá, ainda que talvez aumente o prazer na contemplação. O deleite desprovido de benquerer pode ser cruel; o benquerer desprovido de deleite tende facilmente a tornar-se um sentimento frio e um tanto arrogante. Alguém que deseje ser amado quer ser objeto de um amor que contenha ambos os elementos, exceto nos casos de extrema fragilidade, como na infância e nas situações de grave enfermidade. Nesses casos, a benevolência pode ser tudo que se deseja. Por outro lado, nos casos de extremo vigor, mais que benevolência, deseja-se admiração: é o estado de espírito de potentados e beldades famosas. Só desejamos o bem dos outros à medida que nos sentimos carentes de ajuda ou sob a ameaça de que eles nos façam mal. Pelo menos essa pareceria a lógica biológica da situação, mas não é muito aplicável ao que toca à vida. Desejamos afeto a fim de escaparmos do sentimento de solidão, a fim de sermos, como costumamos dizer, "compreendidos". É uma questão de simpatia, e não simplesmente de benevolência; a pessoa cujo afeto nos é satisfatório não nos deve unicamente querer bem, mas também saber em que consiste nossa felicidade. Isso, no entanto, pertence ao outro componente de uma vida virtuosa, a saber: o conhecimento.

Em um mundo perfeito, cada ser sensível seria para os demais objeto do mais repleto amor, constituído de prazer, benevolência e compreensão inextricavelmente combinados. Isso não significa que, nesse mundo real, devamos nos esforçar por nutrir tais sentimentos em relação a todos os seres sensíveis com os quais nos deparemos. Há muitos diante dos quais não podemos sentir qualquer deleite, por nos serem repulsivos; se tivéssemos de violentar nossa natureza tentando ver beleza neles, bastaria simplesmente que embotássemos nossa sensibilidade para o que naturalmente julgamos belo. Para não mencionar seres humanos, há pulgas, percevejos e piolhos. Deveríamos passar pelas mesmas dificuldades que o *Ancient Mariner** para que pudéssemos sentir prazer em contemplar semelhantes criaturas. Alguns santos, é verdade, chamaram-nos de "pérolas de Deus", mas o que realmente deleitava esses homens era a oportunidade de expor a própria santidade.

A benevolência é mais fácil de estender-se amplamente, mas mesmo ela tem seus limites. Se um homem tivesse por desejo casar-se com uma dama, não deveríamos pensar que o melhor para ele seria desistir de seu intento, caso descobrisse que um concorrente desejaria igualmente desposá-la: deveríamos considerar o fato como uma justa competição. Contudo, seus sentimentos para com o rival não podem ser *inteiramente* benevolentes. Penso que em todas as descrições de uma vida plena neste planeta devemos assumir um certo princípio fundamental de vitalidade e instinto animal; sem ele, a existência se torna insípida e desinteressante. A civilização deveria ser algo que se somasse a isso, e não que o substituísse. Nesse sentido, o santo ascético e o sábio desinteressado não se constituem em seres humanos completos. É possível que um pequeno número desses homens enriqueça uma comunidade; mas um mundo formado por eles morreria de tédio.

---

* Referência a *The Rime of the Ancient Mariner* (*A balada do velho marinheiro*), poema de 1797 de S. T. Coleridge. (N.T.)

Semelhantes considerações conduzem a uma certa ênfase sobre o elemento do deleite como ingrediente do amor ideal. No mundo de hoje, o deleite é algo inevitavelmente seletivo e nos impede de nutrir os mesmos sentimentos por toda a humanidade. Quando surgem conflitos entre o deleite e a benevolência, via de regra eles devem ser resolvidos por um acordo, e não pela total renúncia de um dos dois. O instinto tem seus direitos; se o violarmos além da medida, sua vingança se dará por meios sutis. Logo, ao almejar uma vida virtuosa, devemos ter em mente os limites da possibilidade humana. Também aqui, todavia, somos levados de volta à necessidade de conhecimento.

Quando me refiro ao conhecimento como ingrediente de uma vida plena, não me refiro ao conhecimento ético, mas ao conhecimento científico e ao conhecimento de fatos particulares. Estritamente falando, não penso que haja um conhecimento ético. Se desejamos alcançar um determinado fim, o conhecimento poderá nos indicar os meios para tanto e imprecisamente passar por ético. Contudo, não creio que nos seja dado decidir que tipo de conduta é certa ou errada, a não ser que tomemos como base suas prováveis consequências. Fixado um objetivo a alcançar, descobrir como fazê-lo é um problema que compete à ciência. Todas as normas morais devem ser testadas com base em sua tendência ou não de concretizar os objetivos que desejamos. Refiro-me aqui aos objetivos que desejamos, e não àqueles que *deveríamos* desejar. O que "deveríamos" desejar não é senão o que os outros pretendem que desejemos. Normalmente, é o que querem que desejemos as autoridades – pais, professores, policiais e juízes. Se você me diz "você deveria fazer isso e aquilo", a força motriz de sua observação reside em meu desejo de obter a sua aprovação – a par, possivelmente, de recompensas e punições vinculadas à aprovação ou à desaprovação. Na medida em que todo comportamento nasce do desejo, está claro que as noções éticas só podem ter importância quando sobre ele exercem sua influência. Elas o fazem por intermédio do desejo de aprovação e do medo da desaprovação. Por tratar-se de forças sociais poderosas, naturalmente devemos nos empenhar em conquistá-las para a nossa seara, caso queiramos levar a efeito qualquer propósito social. Quando afirmo que a moralidade de conduta tem de ser julgada por suas prováveis consequências, quero dizer que meu desejo é ver aprovado aquele comportamento capaz de executar os propósitos sociais que desejamos e desaprovado o comportamento oposto. No presente, isso não é feito; há certas normas tradicionais segundo as quais a aprovação e a desaprovação são conferidas de maneira absolutamente indiferente às suas consequências. Mas esse é um tópico que abordarei na próxima seção.

A superfluidade da ética teórica se mostra óbvia nos casos simples. Suponhamos, por exemplo, que nosso filho esteja doente. O amor faz com que queiramos curá-lo, e a ciência nos mostra de que modo fazê-lo. Não há uma teoria ética como etapa intermediária, demonstrando que o melhor seria que nosso filho se curasse. Nosso ato provém diretamente do desejo de atingir um determinado fim, não menos que do conhecimento dos meios necessários para tanto. Isso se aplica igualmente a todos os atos, sejam eles bons ou maus. Os fins diferem, e o conhecimento é mais adequado em alguns casos do que noutros. Entretanto, não há maneira concebível de levar as pessoas a fazerem coisas que não desejam. Possível é modificar seus desejos por meio de um sistema de recompensas e punições, entre as quais a aprovação e a desaprovação social não sejam as menos poderosas. Eis, portanto, a questão para o moralista legislativo: de que modo será organizado esse sistema de recompensas e punições, tendo em vista assegurar o máximo do que é desejado pela autoridade legislativa? Se digo que a autoridade legislativa tem maus desejos, estou simplesmente dizendo que seus desejos contrastam com aqueles do seguimento social a que pertenço. Fora dos desejos humanos, não há padrão moral.

Por conseguinte, o que distingue a ética da ciência não é nenhum tipo especial de conhecimento, mas simplesmente o desejo. O conhecimento exigido pela ética é tal qual o conhecimento em todos os campos; o peculiar é que se desejam determinados fins e a correta conduta é o que levará até eles. Evidentemente, para que a definição de conduta correta exerça uma grande atração, os fins devem corresponder ao que deseja grande parte da humanidade. Se eu definisse a conduta correta como aquela que eleva minha renda pessoal, os leitores discordariam. A eficácia total de qualquer argumento ético reside em seu componente científico, isto é, na prova de que um tipo de conduta, mais do que qualquer outra, é o meio para alcançar um fim amplamente desejado. Estabeleço uma distinção, contudo, entre argumento ético e educação ética. A última consiste em reforçar certos desejos e enfraquecer outros. Trata-se de um processo um tanto quanto diferente, que discutirei em separado, em uma etapa posterior.

Podemos, por ora, explicar mais exatamente o sentido da definição de vida virtuosa que dá início a este capítulo. Quando afirmei que a vida virtuosa consiste no amor guiado pelo conhecimento, o desejo que me inspirou não foi senão o de viver essa vida o máximo possível e de ver vivê-la outras pessoas; o conteúdo lógico de tal afirmação é que, numa comunidade onde os homens vivam dessa maneira, mais desejos serão satisfeitos que numa comunidade onde haja menos amor ou menos conhecimento. Não pretendo com isso dizer que uma vida assim seja "virtuosa" ou que seu oposto seja uma vida "pecaminosa", pois essas são concepções que não me parecem ter qualquer justificação científica.

3

Normas morais

A necessidade prática da moralidade nasce do conflito dos desejos, seja de pessoas diferentes ou da mesma pessoa, sob circunstâncias diferentes ou ainda sob a mesma circunstância. Um homem deseja beber e ao mesmo tempo estar apto para o trabalho no dia seguinte. Julgamo-lo imoral se ele adota o rumo que lhe proporciona a menor satisfação do seu desejo. Pensamos mal dos extravagantes ou imprudentes, ainda que a ninguém prejudiquem senão a si próprios. Bentham supunha que a moralidade, como um todo, provinha do "egoísmo esclarecido" e que aquele que sempre agisse com vistas à máxima satisfação pessoal em última análise sempre agiria acertadamente. Não posso aceitar semelhante opinião. Houve tiranos que sentiam um refinado prazer ao testemunhar práticas de tortura; não posso exaltar homens dessa espécie, quando a prudência os levava a poupar a vida de suas vítimas tendo em vista infligir-lhes sofrimentos adicionais no dia seguinte. Entretanto, outras coisas sendo iguais, a prudência faz parte de uma vida virtuosa. Mesmo Robinson Crusoé teve ensejo de praticar a diligência, o autodomínio e a previdência – que devem ser considerados qualidades morais –, pois aumentavam sua satisfação total sem que, em contrapartida, acarretassem dano aos outros. Esse elemento da moralidade desempenha um papel de extrema importância na formação das crianças, pouco propensas a pensar no futuro. Se fosse mais praticado na vida adulta, o mundo rapidamente se tornaria um paraíso, visto que esse elemento seria suficiente para prevenir as guerras, que constituem atos de paixão, e não da razão. De qualquer forma, apesar da importância da prudência, não é ela o elemento mais interessante da moralidade. Tampouco o elemento que suscita problemas intelectuais, pois que não necessita apelar a outra coisa que não o egoísmo.

O componente da moralidade que não está incluído na prudência é, essencialmente, análogo à lei ou aos estatutos de um clube. Constitui um método que aos homens permite viver em união numa comunidade, não obstante a possibilidade de que seus desejos possam entrar em conflito. Nesse caso, contudo, são possíveis dois métodos muito diferentes. Há o método do direito criminal, que, ao determinar consequências desagradáveis para atos que sob certos aspectos frustram os desejos de outros homens, visa a uma harmonia tão somente externa. Esse é também o método da censura social: ser julgado mal pela própria sociedade a que se pertence representa uma forma de punição, tendo em vista evitar aquilo que a maioria das pessoas evita que se saiba, por transgredir o código de seu grupo social. Mas há um outro método, mais fundamental e muito mais satisfatório quando bem-sucedido. Implica modificar os caracteres e os desejos dos homens, a fim de minimizar situações de conflito, fazendo com que o sucesso dos desejos de um homem seja compatível, tanto quanto possível, com os desejos de outro. Eis por que o amor é melhor que o ódio – porque, em vez de conflito, confere harmonia aos desejos dos indivíduos envolvidos. Duas pessoas entre as quais haja amor perseveram ou fracassam juntas, mas, quando dois indivíduos se odeiam, o êxito de um constitui o fracasso do outro.

Se estávamos certos ao afirmar que a vida virtuosa é inspirada pelo amor e guiada pelo conhecimento, está claro que o código moral de qualquer comunidade não é definitivo nem autossuficiente, mas deve ser examinado com vistas a descobrir-se se é tal qual o que a sabedoria e a benevolência teriam decretado. Nem sempre os códigos morais foram impecáveis. Os astecas, por temerem que a luz do sol esmaecesse, consideravam seu penoso dever comer a carne humana. Erraram em sua ciência – e talvez houvessem percebido seu erro científico se tivessem sentido qualquer amor pelas vítimas de seus sacrifícios. Algumas tribos confinavam suas meninas ao escuro dos dez aos dezessete anos por receio de que os raios solares pudessem engravidá-las. Mas será que nossos modernos códigos de moralidade nada contêm que seja análogo a essas práticas selvagens? É possível que proibamos apenas as coisas que são verdadeiramente danosas ou de uma forma ou de outra tão abomináveis que nenhuma pessoa decente seria capaz de defendê-las? Não estou muito certo disso.

A moralidade atual constitui uma curiosa mistura de utilitarismo e superstição, mas o componente supersticioso exerce uma maior influência, como é natural, uma vez que a superstição é a fonte das normas morais. Originalmente, certos atos eram tidos como desagradáveis aos deuses, sendo, desse modo, proibidos por lei por temer-se que a ira divina pudesse recair sobre toda a comunidade, e não apenas sobre os indivíduos culpados. Daí nasceu a concepção de pecado, como aquilo que desagrada a Deus. Não se pode determinar por que razão certos atos eram de tal modo desagradáveis; seria extremamente difícil dizer, por exemplo, por que era desagradável que um cabrito fosse cozido no leite da própria mãe. Mas ficou-se sabendo, pela Revelação, que tal era o caso. Por vezes as ordens divinas têm sido curiosamente interpretadas. Dizem-nos, por exemplo, que não trabalhemos aos sábados, mas na compreensão dos protestantes isso significa que não devemos nos divertir nos domingos. Porém, a mesma autoridade sublime é atribuída tanto à nova quanto à antiga proibição.

É evidente que um homem provido de uma perspectiva científica da vida não se pode deixar intimidar pelos textos das Escrituras ou pelos ensinamentos da Igreja. Não lhe satisfará dizer "este ou aquele ato constitui pecado, e isso encerra a questão". Investigará se tal ato verdadeiramente acarreta algum mal, ou se, pelo contrário, o que acarreta algum mal é crê-lo pecaminoso. Constatará que, especialmente no tocante ao sexo, nossa moralidade corrente contém muito do que na origem é pura superstição. Perceberá também que essa superstição, tal qual a dos astecas, implica uma crueldade desnecessária e que seria abolida caso as pessoas fossem tomadas pelo sentimento de bondade para com seus semelhantes. Mas os defensores da moralidade tradicional raramente são pessoas com corações generosos, como se pode constatar no amor ao militarismo revelado pelos dignitários da Igreja. Seduz pensar que apreciam a moralidade como aquilo que lhes propicia um meio legítimo para dar vazão ao desejo de infligir sofrimento; o pecador constitui uma caça legal; portanto, fora com a tolerância!

Observemos uma vida humana comum desde sua concepção até o túmulo e notemos os pontos em que a moral supersticiosa inflige sofrimentos evitáveis. Inicio pela concepção, porque aqui a influência da superstição é particularmente notável. Se os pais não são casados, a criança traz do nascimento um estigma, tão claramente imerecido quanto tudo mais possa sê-lo. Caso um deles possua uma doença venérea, possivelmente a herdará o filho. Se já têm filhos demais para sua renda familiar, haverá pobreza, subnutrição, superlotação e, muito provavelmente, incesto. Entretanto, a grande maioria dos moralistas concorda que, para os pais, evitar a concepção não é a melhor maneira de descobrir como evitar tal miséria.* Para satisfazer a esses moralistas, uma vida de tortura é infligida a milhões de seres humanos que jamais deveriam ter existido, simplesmente porque se supõe que o intercurso sexual seja um ato pecaminoso – exceto quando acompanhado do desejo de gerar filhos –, mas que não o seja quando tal desejo está presente, mesmo sendo absolutamente certo que essas crianças serão umas desvalidas. Ser morto inesperadamente e então comido, destino das vítimas dos astecas, é sofrimento sobremodo inferior ao infligido a uma criança nascida sob circunstâncias miseráveis e contaminada por doenças venéreas. Ainda assim, é esse o maior dos sofrimentos que em nome da moralidade aplicam deliberadamente bispos e políticos. Se tivessem sequer a menor centelha de amor ou piedade pelas crianças, não poderiam essas pessoas aderir a um código moral em que estivesse implicada uma crueldade de tal forma diabólica.

No nascimento e durante a primeira infância, em média a criança sofre mais por causas econômicas que pela superstição. Ao terem filhos, as mulheres abastadas contam com os melhores médicos, as melhores enfermeiras, a melhor dieta, o melhor repouso e o melhor exercício. As mulheres das classes operárias não gozam de tais vantagens, e, por não contarem com elas, frequentemente seus

---

* Felizmente, isso já não é mais verdade. Hoje, a vasta maioria de líderes protestantes e judeus não faz objeção ao controle de natalidade. A declaração de Russell é uma descrição perfeitamente acurada das condições existentes em 1925. É também significativo que, com uma ou duas exceções, todos os grandes pioneiros da contracepção – Francis Place, Richard Carlile, Charles Knowlton, Charles Bradlaugh e Margaret Sanger – eram livres-pensadores proeminentes. (Nota da edição original.)

filhos morrem. Pouco fazem as autoridades públicas no sentido de prestar assistência a essas mães, e ainda assim de muita má vontade. Num momento em que o suprimento de leite a mães lactantes é cortado para evitar despesas, as autoridades públicas gastam vastas somas na pavimentação de ricos bairros residenciais onde há pouco tráfego. Devem saber que, ao tomar essa decisão, estão condenando à morte pelo crime de pobreza um dado número de crianças das classes operárias. Não obstante, o partido governante é apoiado pela imensa maioria de ministros religiosos, os quais, tendo o papa à frente, arregimentaram as vastas forças da superstição ao redor do mundo em apoio à injustiça social.

Em todas as etapas da educação, a influência da superstição é desastrosa. Uma certa porcentagem de crianças é dada ao hábito de pensar; uma das metas da educação é curá-las desse hábito. Assim, perguntas inconvenientes são repreendidas com "silêncio, silêncio!" ou com castigo. A emoção coletiva é utilizada para instilar certos tipos de crenças, mais particularmente as de cunho nacionalista. No âmbito da educação, cooperam capitalistas, militaristas e eclesiásticos, uma vez que, para exercer seu poder, dependem todos da prevalência do emocionalismo e da carência de julgamentos críticos. Com o amparo da natureza humana, a educação logra aumentar e intensificar essas propensões presentes no homem médio.

Uma outra maneira pela qual a superstição prejudica a educação se dá mediante sua influência sobre a escolha de professores. Por razões econômicas, uma professora não deve ser casada; por razões morais, não deve manter relações sexuais extraconjugais. E, no entanto, todos aqueles que se deram ao trabalho de estudar a psicologia mórbida sabem que a virgindade prolongada é, regra geral, extraordinariamente danosa às mulheres, tão danosa que, numa sociedade sensata, seria severamente desestimulada, no caso das professoras. As restrições impostas levam cada vez mais a uma recusa, por parte de mulheres enérgicas e empreendedoras, a ingressar na carreira docente. Tudo isso devido à resistente influência do ascetismo supersticioso.

Nas escolas de classe média e alta, a questão é ainda mais problemática. Verificam-se serviços religiosos nas capelas, e o ensino da moral está nas mãos de clérigos. Estes, na qualidade de professores de moral, fracassam quase que necessariamente sob dois aspectos. Condenam atos que não acarretam dano algum e perdoam outros que são sobremodo prejudiciais. Condenam as relações sexuais entre pessoas solteiras que se desejam, mas que não estão absolutamente certas quanto a passar toda uma vida juntas. Em sua maioria, reprovam o controle de natalidade, mas nenhum deles condena a brutalidade de um marido que leva a mulher à morte em consequência de gestações demasiado frequentes. Conheci um clérigo elegante cuja mulher em nove anos dera à luz nove filhos. Os médicos o advertiram de que, caso tivesse mais um filho, a esposa morreria. No ano seguinte, uma vez mais ela deu à luz e morreu. Ninguém o condenou; ele conservou seu benefício eclesiástico e casou-se novamente. Enquanto os clérigos continuarem a perdoar a crueldade e a condenar o prazer inocente – na qualidade de guardiães da moral dos jovens – só poderão fazer o mal.

No âmbito da educação, outro efeito pernicioso da superstição é a ausência de instrução quanto aos fatos que dizem respeito ao sexo. Os principais fatores fisiológicos deveriam ser ensinados de maneira bastante simples e natural, antes da puberdade, numa época em que não causam excitação. Na puberdade, deveriam ser ensinados os elementos de uma moralidade sexual despida de qualquer caráter supersticioso. Rapazes e moças deveriam aprender que nada, a não ser uma inclinação mútua, pode justificar as relações sexuais. Isso é contrário aos ensinamentos da Igreja, para a qual o ato sexual se justifica contanto que os interessados estejam casados e que o homem deseje um outro filho – por maior que possa ser, no entanto, a relutância da esposa. Rapazes e moças deveriam aprender a respeitar reciprocamente sua liberdade; deveriam ser levados a perceber que nada confere a um ser humano direitos sobre o outro e que o ciúme e a possessividade aniquilam o amor. Deveriam aprender que trazer ao mundo um outro ser humano é algo muito sério e que só pode ser assumido quando se tem certeza de que a criança contará com uma razoável expectativa de saúde, um ambiente adequado e o cuidado dos pais. Não obstante, deveriam aprender métodos de controle de natalidade, de modo a assegurar que seus filhos só viessem ao mundo quando desejados. Por fim, deveriam tomar conhecimento dos perigos causados pelas doenças venéreas, assim como dos métodos de prevenção e cura. O aumento da felicidade humana que se pode esperar da educação sexual aplicada nessas bases é imensurável.

Deve-se reconhecer que, na ausência de filhos, as relações sexuais constituem um assunto de caráter inteiramente privado, que não diz respeito nem ao Estado, nem ao próximo. Atualmente, certas formas de relação sexual que não visam a gerar filhos são punidas pelo direito criminal – medida essa fundada na superstição, uma vez que a questão afeta a ninguém mais exceto as partes diretamente interessadas. No caso de haver filhos, é um erro supor que, necessariamente para o benefício destes, é necessário tornar o divórcio uma tarefa complicada. A embriaguez habitual, a crueldade, a insanidade, são todas razões que tornam o divórcio necessário tanto para a saúde dos filhos quanto para a saúde da mulher ou do marido. Hoje, a importância peculiar que se atribui ao adultério é totalmente irracional. Sem dúvida, muitas formas de má conduta são mais fatais para a felicidade conjugal do que uma eventual infidelidade. A insistência do homem em ter um filho uma vez ao ano, que convencionalmente não constitui má conduta ou crueldade, é a mais fatal de todas.

As normas morais não deveriam ser tais que tornassem impossível a felicidade instintiva. Ainda assim verifica-se uma monogamia rigorosa – numa comunidade em que o número de indivíduos de ambos os sexos é extremamente desigual. Sob tais circunstâncias, é natural que as normas morais sejam infringidas. Entretanto, quando essas normas são tais que só podem ser obedecidas à medida que se reduz severamente a felicidade comunitária – e quando o melhor é que fossem infringidas do que cumpridas –, decerto está na hora de alterá-las. Se isso não for feito, muitos indivíduos cujas ações não se opõem ao interesse público se verão diante da imerecida alternativa da hipocrisia ou da desonra. A Igreja não faz caso da hipocrisia, que constitui um lisonjeiro tributo a seu poder; alhures, no entanto, ela passou a ser identificada como um mal que não se deveria infligir.

Ainda mais danosa que a superstição teológica é a superstição do nacionalismo, do dever para com o próprio Estado e nada mais. Mas não me proponho discutir o assunto nesta ocasião, senão unicamente destacar que o ato de nos voltarmos apenas para nossos compatriotas é contrário ao princípio de amor que reconhecemos como constituinte de uma vida de bem. É também contrário, evidentemente, ao egoísmo esclarecido, pois que um nacionalismo exclusivo não compensa sequer às nações vitoriosas.

Outro aspecto sob o qual nossa sociedade sofre devido à concepção teológica de "pecado" diz respeito ao tratamento dispensado aos criminosos. A opinião de que os criminosos são "perversos" e que "merecem" punição não encontra respaldo numa moralidade racional. Não há dúvida de que certos indivíduos fazem coisas que a sociedade deseja evitar – e faz bem em evitar tanto quanto possível. Podemos tomar o assassinato como o caso evidente. Naturalmente, se a uma comunidade cabe viver em comunhão e a nós desfrutar seus prazeres e vantagens, não podemos permitir que pessoas matem umas às outras sempre que se sentirem impulsionadas a tanto. Mas esse problema deveria ser tratado com um espírito puramente científico. Deveríamos simplesmente indagar: qual o melhor método para evitar o assassinato? Dentre dois métodos igualmente eficazes em sua prevenção é preferível aquele que acarrete o menor prejuízo ao assassino. O mal a ele infligido é absolutamente lamentável, a exemplo da dor de uma operação cirúrgica. É possível que seja igualmente necessário, mas não é motivo para que haja regozijo. O sentimento vingativo que se denomina "indignação moral" não passa de uma forma de crueldade. Os sofrimentos infligidos aos criminosos jamais se podem justificar pela noção de punição vingativa. Se a educação, combinada com a bondade, também for eficaz, deve-se dar preferência a ela; tanto mais se deve preferi-la quanto mais eficaz ela for. Evidentemente, a prevenção do crime e a punição pelo crime são duas questões diferentes; presume-se que o propósito de causar sofrimento ao criminoso constitua um meio de intimidação. Se as prisões fossem humanizadas a ponto de um detento receber uma boa educação gratuitamente, é possível que as pessoas viessem a cometer crimes a fim de qualificar-se para elas. Não há dúvida de que a prisão deva ser menos aprazível que a liberdade; porém, a melhor maneira de assegurar esse resultado é fazer com que a liberdade seja mais agradável do que por vezes é. Não desejo, contudo, envolver-me na questão da Reforma Penal. Desejo simplesmente sugerir que deveríamos tratar o criminoso tal como tratamos alguém que sofra de uma epidemia. Cada qual é um perigo público e cada qual deve ter a liberdade limitada até que deixe de representar uma ameaça à sociedade. Entretanto, enquanto o homem que sofre de uma pestilência é objeto de solidariedade e comiseração, o criminoso é objeto de execração. Isso é totalmente irracional. E é por conta dessa diferença de postura que nossas prisões são muito menos bem-sucedidas em curar as tendências criminosas do que nossos hospitais em curar as enfermidades.

4

Salvação
Individual e social

Um dos defeitos da religião tradicional é o seu individualismo, e esse defeito pertence também à moralidade a ele associada. Tradicionalmente, a vida religiosa consistia, por assim dizer, num diálogo entre a alma e Deus. Obedecer à vontade de Deus constituía uma virtude – e isso era possível ao indivíduo não obstante a situação da comunidade. Seitas protestantes desenvolveram a ideia de "encontrar a salvação", coisa que, no entanto, sempre esteve presente nos ensinamentos cristãos. Esse individualismo de uma alma isolada teve seu valor em certos períodos da história, mas, no mundo moderno, necessitamos de uma concepção de bem-estar mais social que individual. Desejo considerar, nesta seção, de que modo isso afeta nossa concepção de uma vida virtuosa.

    O cristianismo nasceu no Império Romano entre populações inteiramente destituídas de poder político, cujos estados nacionais haviam sido destruídos e fundidos numa massa humana vasta e impessoal. Durante os três primeiros séculos da era cristã, os indivíduos que adotavam o cristianismo não podiam modificar as instituições sociais e políticas sob as quais viviam, mesmo que estivessem profundamente convencidos de suas deficiências. Sob tais circunstâncias, era natural que adotassem a crença de que era possível a um indivíduo ser perfeito num mundo imperfeito e que uma vida de bem nada tem a ver com este mundo. Aquilo a que me refiro talvez se torne evidente pela comparação com a *República* de Platão. Platão, quando quis descrever uma vida virtuosa, descreveu toda uma comunidade, e não um único indivíduo; ele o fez para definir a justiça, que é um conceito essencialmente social. Estava acostumado à cidadania de uma república e tomava a responsabilidade política como algo sólido. À perda da liberdade dos gregos segue-se o surgimento do estoicismo, que – à semelhança do cristianismo e à diferença de Platão – tinha da vida virtuosa uma concepção individualista.

Nós, que pertencemos a grandes democracias, encontraríamos uma moralidade mais apropriada na livre Atenas do que na despótica Roma imperial. Na Índia, onde as condições políticas em muito se assemelham às da Judeia do tempo de Cristo, encontramos Gandhi a pregar uma moralidade muito similar à de Cristo e por ela ser punido pelos sucessores cristianizados de Pôncio Pilatos. No entanto, os nacionalistas hindus mais radicais não estão contentes com a salvação individual: querem a salvação nacional. Nisso adotaram o ponto de vista das democracias do Ocidente. Desejo sugerir alguns aspectos sob os quais esse ponto de vista, devido à influência cristã, ainda não é suficientemente ousado nem autoconsciente, mas se acha ainda embargado pela crença na salvação individual.

A vida virtuosa tal como a concebemos demanda um grande número de condições sociais, sem as quais não pode realizar-se. Como já dissemos, ela é uma vida inspirada pelo amor e guiada pelo conhecimento. O conhecimento necessário só poderá existir se os governos ou os milionários dedicarem-se à sua descoberta e difusão. A disseminação do câncer, por exemplo, é um fato alarmante – e nós, o que devemos fazer a esse respeito? No momento, por falta de conhecimento, ninguém pode responder a essa questão – e é pouco provável que tal conhecimento se desenvolva, a não ser com pesquisas subsidiadas. Além do mais, o conhecimento em ciência, história, literatura e arte deveria estar ao alcance de todos aqueles que o desejassem; isso requer arranjos cuidadosos por parte das autoridades públicas e não deve ser alcançado por meio da conversão religiosa. Há ainda o comércio exterior, sem o qual metade dos habitantes da Grã-Bretanha estaria passando fome; e, se acaso estivéssemos passando fome, pouquíssimos dentre nós teriam condições de viver uma vida plena. Desnecessário fornecer mais exemplos. O ponto importante é que, a despeito de tudo o que distingue uma vida boa de uma vida má, o mundo é uma unidade, e o homem que finge viver de maneira independente não passa de um parasita consciente ou inconsciente.

A ideia da salvação individual, com a qual os primeiros cristãos consolavam-se em decorrência de sua sujeição política, torna-se impossível tão logo nos libertamos da concepção muito estrita do que seria uma vida plena. Na concepção cristã ortodoxa, a vida plena é a vida virtuosa, e a virtude consiste em obedecer à vontade de Deus, sendo esta revelada a cada indivíduo mediante a voz da consciência. Toda essa concepção consiste na sujeição dos homens a um despotismo exterior. Uma vida plena envolve muitas coisas além da virtude – a inteligência, por exemplo. E a consciência é um guia extremamente falacioso, uma vez que consiste de vagas reminiscências dos preceitos ouvidos na mocidade, de sorte que jamais supera em sabedoria o preceptor ou a mãe daquele que a possui. Para viver uma vida plena em seu mais amplo sentido, um homem deve contar com uma boa educação, amigos, amor, filhos (se os desejar), uma renda suficiente para manter-se a salvo da pobreza e de graves apreensões, uma boa saúde e um trabalho que não lhe seja desinteressante. Todas essas coisas, em diferentes medidas, dependem da comunidade, podendo ser beneficiadas ou obstruídas pelos acontecimentos políticos. Uma vida de bem deve ser vivida em uma sociedade de bem; do contrário, ela não se faz plenamente possível.

Eis o defeito fundamental do ideal aristocrático. Algumas coisas boas, como a arte, a ciência e a amizade, podem muito bem prosperar numa sociedade aristocrática. Na Grécia, existiam com base na escravidão; entre nós, existem com base na exploração. Mas o amor, sob a forma de simpatia ou de benevolência, não pode existir livremente em uma sociedade aristocrática. O aristocrata precisa persuadir a si próprio de que o escravo, o proletário ou o homem de cor provêm de um barro inferior e de que seus sofrimentos não têm importância. No presente momento, refinados cavalheiros ingleses fustigam africanos tão severamente que estes morrem após horas de uma inexprimível agonia. Ainda que tais cavalheiros sejam bem-educados, dotados de natureza artística e admiráveis conversadores, não posso admitir que vivam uma vida virtuosa. A natureza humana impõe certa limitação à simpatia, mas não a esse ponto. Numa sociedade democraticamente consciente, só um maníaco procederia dessa forma. A limitação à simpatia contida no ideal aristocrático é a sua própria condenação.

A salvação constitui um ideal aristocrático porque é individualista. Por tal razão, também, a ideia da salvação pessoal, por mais que interpretada e expandida, não pode servir como definição de uma vida de bem.

Outra característica da salvação é que ela resulta de uma mudança catastrófica, como a conversão de São Paulo. A poesia de Shelley fornece uma ilustração desse conceito aplicado às sociedades; chega o momento em que, quando todos estão convertidos, os "anarcas" fogem, e "uma grande era do mundo mais uma vez se inicia". Pode-se dizer que o poeta é alguém desimportante, cujas ideias não têm qualquer consequência. No entanto, estou convencido de que uma proporção considerável de líderes revolucionários teve ideias extremamente similares às de Shelley. Tais líderes pensaram que a miséria, a crueldade e a degradação se deviam à ação de tiranos, padres ou capitalistas, ou dos alemães, e que, derrotadas essas fontes do mal, haveria uma transformação geral em todos os corações e, a partir daí, viveríamos todos uma vida feliz. De posse dessas crenças, mostraram-se dispostos a travar uma "guerra para pôr fim à guerra". Comparativamente afortunados foram aqueles que experimentaram a derrota ou a morte; os que tiveram o infortúnio de se saírem vitoriosos foram reduzidos ao cinismo e ao desespero, pelo malogro de todas as suas ardentes esperanças. A fonte derradeira de tais esperanças, como caminho que levaria à salvação, era a doutrina cristã da conversão catastrófica.

Não desejo com isso alegar que as revoluções sejam jamais necessárias, mas é meu intento sugerir que não constituem o caminho mais curto para o milênio. Não há atalhos para uma vida virtuosa, seja ela individual ou social. Para construir uma vida virtuosa, precisamos erigir a inteligência, o autocontrole e a solidariedade. Trata-se de uma questão quantitativa, uma questão de progresso gradual, de formação inicial, de experimentos educacionais. Somente a impaciência inspira acreditar na possibilidade de um progresso repentino. O progresso gradual possível e os métodos pelos quais ele pode ser alcançado constituem um problema que compete à ciência do futuro resolver. Mas algo, no entanto, pode ser dito agora. E parte do que pode ser dito tentarei apresentar na seção final deste livro.

5

Ciência e felicidade

O propósito do moralista é melhorar a conduta dos homens. Trata-se de uma ambição louvável, visto que tal conduta, na maioria dos casos, é deplorável. Mas não posso louvar o moralista nem pelos progressos particulares que deseja, nem pelos métodos que adota para alcançá-los. Seu método ostensivo é a exortação moral; seu método verdadeiro (se ele for ortodoxo), um econômico sistema de recompensas e punições. O primeiro nada produz de permanente ou importante; a influência dos pregadores, de Savonarola em diante, sempre foi muito transitória. O segundo – as recompensas e punições – exerce um efeito sobremodo considerável. Ambos fazem com que o homem, por exemplo, prefira prostitutas ocasionais a uma amante quase permanente, pois é necessário adotar o método que se possa mais facilmente encobrir. Desse modo, eles conservam o enorme contingente praticante de uma profissão extremamente perigosa e asseguram a prevalência das doenças venéreas. Não são esses os objetivos desejados pelo moralista, que, no entanto, é por demais desprovido de espírito científico para perceber que são exatamente esses os objetivos que ele alcança.

Existe, então, um melhor substituto para essa mistura pouco científica de sermão e suborno? Creio que sim.

As ações dos homens são danosas quer pela ignorância, quer pelos maus desejos. Os "maus" desejos, quando falamos do ponto de vista social, podem ser definidos como os que tendem a frustrar os desejos alheios, ou, mais exatamente, como aqueles que mais frustram os desejos alheios do que se realizam. Desnecessário enfatizar o mal gerado pela ignorância; nesse caso, tudo o que se deseja é um maior conhecimento, donde o caminho para o progresso reside em mais pesquisa e mais educação. Mas o mal proveniente dos maus desejos constitui uma questão mais complexa.

Nos homens e nas mulheres comuns, verifica-se certa dose de malevolência ativa – tanto uma animosidade dirigida a inimigos particulares como um prazer geral e impessoal experimentado nos infortúnios alheios. É costume encobrir esse sentimento com belas frases: cerca de metade da moralidade convencional constitui uma maneira de disfarçá-lo. No entanto, é preciso enfrentá-lo para que o objetivo dos moralistas de melhorar nossa conduta seja alcançado. A malevolência ativa se revela de mil maneiras, mais e menos graves: no júbilo com que as pessoas repetem e se fiam nos escândalos, no tratamento cruel dispensado aos criminosos, apesar da clara evidência de que um melhor tratamento seria mais eficaz em regenerá-los, na incrível crueldade com que todas as raças brancas tratam os negros e no gosto com que as velhas senhoras e os clérigos salientavam aos jovens rapazes o dever de prestar o serviço militar durante a guerra. Mesmo as crianças podem ser objeto de temerária crueldade: David Copperfield e Oliver Twist de forma alguma são personagens imaginários. Essa malevolência ativa constitui o pior aspecto da natureza humana e aquela que mais necessita ser modificada para que o mundo possa ser mais feliz. É possível que essa única causa tenha mais a ver com a guerra do que todas as causas econômicas e políticas juntas.

Admitido o problema referente à prevenção da malevolência, de que modo devemos lidar com ele? A princípio, tentemos entender suas causas. São elas, creio eu, em parte sociais, em parte fisiológicas. O mundo, não menos hoje que em qualquer época passada, baseia-se numa competição de vida e morte: a questão em pauta durante a guerra era saber se as crianças alemãs ou aliadas deveriam morrer de miséria ou de fome. (À parte a malevolência de ambos os lados, não havia a menor razão para que tanto umas como as outras não devessem sobreviver.) As pessoas trazem, no fundo de suas mentes, um medo aterrorizante da ruína; isso se verifica especialmente em quem tem filhos. Os ricos temem que os bolcheviques confisquem seus investimentos; os pobres temem perder seus empregos ou a saúde. Todos se acham empenhados na busca frenética de "segurança" e imaginam que ela deva ser alcançada mantendo-se sob sujeição os inimigos potenciais. É nos momentos de pânico que a crueldade se torna mais ampla e mais atroz. Reacionários de todas as partes apelam ao medo: na Inglaterra, ao medo do bolchevismo; na França, ao medo da Alemanha; na Alemanha, ao medo da França. E, no entanto, a única consequência de seus apelos é o recrudescimento do perigo contra o qual desejam estar protegidos.

Combater o medo, portanto, deve ser uma das preocupações primordiais do moralista dotado de postura científica. Pode-se fazê-lo de duas maneiras: aumentando a segurança e cultivando a coragem. Refiro-me ao medo como uma paixão irracional, e não como previsão racional de possíveis infortúnios. Quando um teatro é tomado por um incêndio, o homem racional prevê o desastre tão claramente quanto o homem tomado de pânico, mas adota métodos prováveis de reduzir o desastre, ao passo que o homem tomado de pânico o agrava. A Europa, desde 1914, vem-se afigurando como uma audiência tomada de pânico, em meio a um teatro em chamas; necessita-se é de calma, de instruções peremptórias quanto à maneira de nos salvarmos do fogo, sem que, nesse processo, nos despedacemos pisoteando uns aos outros. A era vitoriana, a despeito de todas as suas mistificações, constituiu um período de rápido progresso, na medida em que os homens eram dominados mais pela esperança que pelo medo. Para que uma vez mais possamos progredir, precisamos uma vez mais nos deixar dominar pela esperança.

Tudo o que aumenta a segurança geral tende a diminuir a crueldade. Isso se aplica à prevenção da guerra, seja por meio do auxílio da Liga das Nações, seja por meio diverso; à prevenção da pobreza; a uma melhor saúde com melhorias na medicina, na higiene e no saneamento; e a todos os métodos que tenham por objetivo aplacar os terrores que espreitam nos abismos da mente humana e irrompem como pesadelos quando os homens dormem. Mas nada se poderá conseguir procurando garantir a segurança de uma parte da humanidade à custa de outra – dos franceses à custa dos alemães, dos capitalistas à custa dos assalariados, dos brancos à custa dos amarelos, e assim por diante. Métodos como esses só farão aumentar o terror dentro do grupo dominante, receoso de que o ressentimento leve os oprimidos a rebelar-se. Somente a justiça pode conferir segurança; e por "justiça" me refiro ao reconhecimento da igualdade de direitos entre todos os seres humanos.

A par das mudanças sociais destinadas a proporcionar segurança, há ainda um outro meio, mais direto, de diminuir o medo, isto é, um regime destinado a aumentar a coragem. Devido à importância da coragem nas batalhas, desde cedo os homens descobriram meios de elevá-la, mediante a educação e a dieta – comer carne humana, por exemplo, supunha-se útil. Mas a coragem militar devia ser prerrogativa da casta dominante: logo, os espartanos deveriam ter mais coragem que os hilotas; os oficiais britânicos, mais que os soldados hindus; os homens, mais que as mulheres; e assim por diante. Durante séculos, supunha-se que a coragem fosse privilégio da aristocracia. Todo aumento de coragem verificado na casta dominante era usado para aumentar as obrigações dos oprimidos; portanto, para aumentar os fundamentos do medo entre os opressores e manter numerosas as causas da crueldade. A coragem deve ser democratizada antes que possa tornar os homens humanos.

Em grande parte, a coragem já foi democratizada pelos acontecimentos recentes. As sufragistas demostraram ter tanta coragem quanto os homens mais bravos; tal demonstração foi essencial para granjear-lhes o direito de voto. Na guerra, o soldado raso necessitava de tanta coragem quanto um capitão ou tenente, e muito mais do que um general; isso muito teve a ver com sua ausência de espírito servil após a desmobilização. Os bolcheviques, que se proclamam os defensores do proletariado, não demonstram carecer de coragem, diga-se deles o que se quiser. Seu histórico pré-revolucionário é prova disso. No Japão, onde outrora o samurai detinha o monopólio do ardor marcial, o recrutamento para o serviço militar obrigatório levou a coragem a se fazer necessária junto a toda a população masculina. Assim, entre todas as Grandes Potências muito se fez, durante o último meio século, no sentido de tornar a coragem não mais um monopólio aristocrático: não houvesse sido assim, a ameaça à democracia seria muito maior do que é.

Mas a coragem em combate de modo algum constitui a única forma de coragem – sequer, talvez, a mais importante. Há coragem no enfrentamento da pobreza, no enfrentamento do escárnio, no enfrentamento da hostilidade de nosso próprio rebanho. Nesses casos, os mais bravos soldados são, muitas vezes, lamentavelmente deficientes. Há, também e acima de tudo, a coragem de se pensar calma e racionalmente diante do perigo e de se reprimir o impulso do medo-pânico e do ódio-pânico. São essas coisas que certamente a educação pode ajudar a proporcionar. E o ensino de todas as formas de coragem torna-se mais fácil quando se pode contar com boa saúde, a mente sã, uma alimentação adequada e a liberdade para exercer os impulsos fundamentais. Talvez fosse possível descobrir as fontes fisiológicas da coragem comparando-se o sangue de um gato com o de um coelho. Ao que tudo indica, não há limite para o que a ciência poderia fazer no sentido de aumentar a coragem – mediante, por exemplo, a experiência do perigo, uma vida atlética e uma dieta adequada. De todas essas coisas gozam em grande medida nossos rapazes da classe alta, mas até o momento são elas essencialmente uma prerrogativa dos ricos. A coragem estimulada nos segmentos mais pobres da comunidade não é senão uma coragem subserviente, não o tipo que envolve iniciativa e liderança. Quando as qualidades que hoje conferem liderança se tornarem universais, já não haverá líderes e seguidores, e a democracia por fim terá sido concretizada.

Mas o medo não é a única fonte de maldade; a inveja e as desilusões têm também a sua cota. A inveja de aleijados e corcundas é proverbial como fonte de perversidade, mas outros infortúnios além desses produzem resultados similares. Um homem ou uma mulher frustrados sexualmente tendem a mostrar-se repletos de inveja; geralmente isso se expressa na forma de condenação moral aos mais afortunados. Muito da força motriz contida nos movimentos revolucionários se deve à inveja aos ricos. O ciúme é, naturalmente, uma forma especial de inveja – a inveja do amor. Os velhos não raro invejam os jovens; quando o fazem, tendem a tratá-los com crueldade.

Não há, até onde sei, maneira pela qual se possa lidar com a inveja, senão tornando mais feliz e plena a vida dos invejosos e acalentando nos jovens a ideia de empreendimentos coletivos, em lugar da competição. As piores espécies de inveja se manifestam naqueles que não têm uma vida plena no tocante a casamento, filhos ou carreira. Na maioria dos casos, esses infortúnios poderiam ser evitados com instituições sociais mais eficientes. Todavia, deve-se admitir que um resíduo de inveja tende a persistir. Há, na história, muitos exemplos de generais tão ciumentos uns dos outros que, a realçar a reputação alheia, preferiram a derrota. Dois políticos do mesmo partido ou dois artistas da mesma escola quase que invariavelmente sentem ciúme um do outro. Em tais casos, ao que parece, não há nada a ser feito, exceto providenciar, na medida do possível, para que cada competidor não tenha condições de prejudicar o outro e que vença por maior mérito. O ciúme de um artista por seu rival geralmente acarreta pouco dano, já que a única maneira eficaz de ceder a isso é pintar quadros melhores que os do rival, pois que não lhe é dado destruí-los. Onde a inveja for inevitável, devemos utilizá-la como estímulo para nossos próprios esforços, e não para frustrar os esforços de nossos rivais.

As possibilidades da ciência no sentido de aumentar a felicidade dos homens não se restringem à redução daqueles aspectos da natureza humana que levam à derrota mútua e pelos quais somos classificados como "maus". Não há, provavelmente, limite para o que a ciência pode fazer no sentido de aumentar a excelência positiva. A saúde pública, por exemplo, já foi bastante melhorada; apesar das lamúrias dos que idealizam o passado, vivemos mais tempo e somos acometidos de menos enfermidades do que qualquer classe social ou nação do século XVIII. Se aplicarmos um pouco mais o conhecimento de que já dispomos, poderemos ser muito mais saudáveis do que somos hoje. Além do mais, as descobertas futuras tendem a acelerar esse processo consideravelmente.

Até agora, foi a ciência física a que mais efeitos produziu sobre nossas vidas, mas, no futuro, é provável que a fisiologia e a psicologia venham a ser muito mais poderosas. Quando descobrirmos de que modo o caráter depende de condições fisiológicas, seremos capazes, caso escolhamos, de produzir um número muito maior do tipo de ser humano que admiramos. Inteligência, capacidade artística, benevolência – não há dúvida de que todas essas coisas poderiam ser ampliadas com a ciência. Ao que parece, não há qualquer limite para o que poderá ser feito no sentido de produzir um mundo satisfatório, caso os homens sabiamente se utilizem da ciência. Em outra ocasião, expressei meu receio quanto à possibilidade de que os homens não façam um uso prudente do poder que obtêm com a ciência.* Neste momento, estou interessado no bem que os homens poderiam fazer se quisessem, e não se, em vez disso, preferirão fazer o mal.

Há uma certa atitude, no tocante à aplicação da ciência à vida humana, pela qual tenho alguma simpatia, ainda que, em última análise, não concorde com ela. Trata-se da atitude dos que temem aquilo que é "antinatural". Rousseau, evidentemente, é o grande defensor desse ponto de vista na Europa. Na Ásia, Lao-Tse o expôs de maneira ainda mais persuasiva – e isso 2.400 anos antes. Creio haver uma mescla de verdade e falsidade na admiração da "natureza", da qual é importante que nos desvinculemos. Para começar, o que é "natural"? *Grosso modo*, tudo aquilo com que o falante estava acostumado na infância. Lao-Tse opõe-se a estradas, carruagens e barcos, coisas que eram provavelmente desconhecidas na aldeia em que ele nasceu. Rousseau, por sua parte, estava acostumado com elas e não as considerava contrárias à natureza. Mas não há dúvida de que teria amaldiçoado as estradas de ferro se tivesse vivido para vê-las nascer. As roupas e a culinária são demasiado antigas para que as denunciem os apóstolos da natureza, não obstante todos eles se oponham às novas modas que ambas adotam. O controle de natalidade é tido como perverso por aqueles que toleram o celibato, haja vista que o primeiro constitui uma nova violação da natureza, ao passo que o segundo, uma velha violação. Aqueles que pregam em favor da "natureza" são inconsistentes sob todos esses aspectos, de sorte que nos sentimos tentados a considerá-los meros conservadores.

Entretanto, há algo a dizer em seu favor: tomemos como exemplo as vitaminas, cuja descoberta produziu uma reação favorável aos alimentos "naturais". Parece, contudo, que as vitaminas podem ser supridas pelo óleo de fígado de bacalhau e pela luz elétrica, que por certo não fazem parte da dieta "natural" de um ser humano. Esse caso ilustra que, na ausência de conhecimento, um mal inesperado pode ser provocado por um novo afastamento da natureza; mas, no

---

* Ver *Icarus*.

momento em que se passa a compreender esse mal, normalmente se pode remediá-lo com alguma nova artificialidade. No que diz respeito a nosso ambiente físico e aos meios físicos de satisfazermos a nossos desejos, não creio que a doutrina da "natureza" justifique algo mais do que uma certa cautela na adoção de novas experiências. O uso de roupas, por exemplo, constitui uma prática contrária à natureza e precisa ser suplementada por uma outra prática "antinatural", isto é, sua lavagem, se não quisermos que provoquem doenças. Mas as duas práticas juntas tornam o homem mais saudável do que o selvagem que se abstém de ambas.

Há mais a ser dito em prol da "natureza" no campo dos desejos humanos. Impor a um homem, a uma mulher ou a uma criança uma vida que frustre seus impulsos mais intensos é tanto cruel como perigoso; nesse sentido, uma vida em conformidade com a natureza deve ser recomendada, sob certas condições. Nada poderia ser mais artificial do que uma ferrovia elétrica subterrânea, e nem por isso é violentada a natureza de uma criança por ter de viajar nela; pelo contrário, quase todas as crianças consideram a experiência encantadora. As artificialidades que satisfazem aos desejos dos seres humanos comuns são boas. Mas não há nada a dizer em defesa de formas de vida que são artificiais no sentido de que são impostas por uma autoridade ou por necessidade econômica. Não há dúvida de que tais formas de vida sejam, em certa medida, necessárias atualmente; as viagens oceânicas se tornariam muito complicadas caso não houvesse foguistas nos vapores. Mas necessidades dessa espécie são lamentáveis, donde deveríamos buscar maneiras de evitá-las. Uma certa dose de trabalho não é algo de que possamos nos queixar; na verdade, de nove em dez casos ela torna o homem mais feliz do que o ócio total. Mas a quantidade e o tipo de trabalho que a maioria das pessoas tem de exercer atualmente constitui em um grave mal: particularmente nociva é a sujeição à rotina ao longo de toda uma existência. A vida não deveria ser tão rigorosamente controlada nem tão metódica. Nossos impulsos, quando não fossem efetivamente destrutivos ou danosos aos outros, deveriam, se possível, ter curso livre; deveria haver espaço para a aventura. Deveríamos respeitar a natureza humana, na medida em que nossos impulsos e desejos constituem o material do qual deve ser feita a nossa felicidade. É inútil dar aos homens algo abstratamente considerado como "bom"; devemos dar-lhes algo que desejem ou de que necessitem, se quisermos contribuir para sua felicidade. Com o tempo, talvez a ciência aprenda a moldar nossos desejos de modo que não contrastem com os desejos dos outros na mesma medida em que contrastam hoje; estaremos aptos, pois, a satisfazer a uma proporção muito maior de desejos do que atualmente. Nesse sentido, mas somente nesse sentido, nossos desejos terão se tornado "melhores". Um simples desejo, considerado isoladamente, não é melhor nem pior do que qualquer outro; mas um grupo de desejos será melhor do que um outro se todos os desejos que o compõem se realizarem simultaneamente, ao passo que, no outro grupo, forem incompatíveis entre si. Eis por que o amor é melhor do que o ódio.

O respeito à natureza física é pura tolice; a natureza física deve ser estudada no intuito de se fazer com que sirva, tanto quanto possível, aos propósitos humanos, ainda que, do ponto de vista ético, ela permaneça nem boa, nem má. E quando a natureza física e a natureza humana interagem, como na questão populacional, não há necessidade de que juntemos as mãos numa atitude de passiva adoração e aceitemos a guerra, a epidemia e a fome como os únicos meios de lidar com o excesso de fertilidade. Dizem os clérigos: é pecaminoso, nessa questão, aplicar a ciência ao lado físico do problema; devemos (dizem eles) aplicar a moralidade ao lado humano e praticar a abstinência. À parte o fato de que todos, inclusive os clérigos, sabem que seu conselho não será seguido, por que motivo deveria ser pecaminoso solucionar a questão populacional com a adoção de meios físicos para prevenir a concepção? Nenhuma resposta surgirá, salvo aquela baseada em dogmas antiquados. E, por certo, a violência contra a natureza defendida pelos clérigos é no mínimo tão grande quanto a contida no controle de natalidade. Os clérigos preferem a violência contra a natureza humana, violência que, quando praticada com êxito, acarreta a infelicidade, a inveja, uma tendência à perseguição e não raro a loucura. Prefiro a "violência" contra a natureza física, que é da mesma espécie que aquela referente à máquina a vapor ou mesmo ao uso do guarda-chuva. Esse exemplo mostra quão ambígua e incerta é a aplicação do princípio de que deveríamos seguir a "natureza".

A natureza, mesmo a natureza humana, cada vez mais deixará de ser um dado absoluto; há de tornar-se, cada vez mais, o resultado da manipulação científica. Poderá a ciência, caso queira, permitir que nossos netos vivam uma vida plena, ao proporcionar-lhes conhecimento, autocontrole e atributos que produzam harmonia, em vez de discórdia. No momento, ela está ensinando nossos filhos a matarem uns aos outros, visto que muitos homens de ciência estão dispostos a sacrificar o futuro da humanidade em troca de sua momentânea prosperidade. Mas essa fase passará quando os homens tiverem adquirido sobre suas paixões o mesmo domínio que já possuem sobre as forças do mundo exterior. Finalmente, então, teremos conquistado nossa liberdade.

Por que não sou cristão

Tradução de Ana Ban

Prefácio à edição inglesa

*Simon Blackburn**

Em Londres, o jornal *The Times* relatava dias calmos no início de março de 1927. No interior, a caça era apenas moderada, mas na capital, depois de um telefonema anônimo, havia esperança de que o colar no valor de 20 mil libras pertencente à senhora Bruce Ismay pudesse ser recuperado. Pelo preço de 77 libras e 10 *shillings*, o Church Travellers Club (Clube dos Viajantes da Igreja) levaria você à Palestina, ao Egito, a Atenas e a Constantinopla. Havia muitos anúncios para governantas, mas poucas embarcariam na viagem religiosa, já que a soma com aparência modesta significava um bom ano de salário. Muitas cartas ao editor mostravam preocupação com a mudança proposta para o livro de preces; aliás, o bispo de Norwich organizara uma reunião especial para tratar dessa reforma ("O general de brigada H.R. Adair, que a presidira, disse que desejava um livro disciplinar, e não um novo livro de preces.") Os eventos religiosos eram relatados de modo extensivo.**

Provavelmente um dos únicos acontecimentos que deixara de ser mencionado pelo *The Times* foi a palestra proferida no dia 6 de março, na prefeitura de Battersea, sob o patrocínio da divisão da zona sul de Londres da Sociedade Laica Nacional – evento que também não foi relatado depois de sua ocorrência. A palestra era "Por que não sou cristão", o texto mais famoso e mais franco entre os muitos escritos por Bertrand Russell a respeito de religião.

---

* Professor e filósofo inglês. (N.E.)

** Algumas coisas não mudam. O então secretário do Exterior, sir Austen Chamberlain, declarou no Parlamento ter duas evidências incontestáveis de que a famosa carta de Zinoviev, que conduzira seu partido ao poder, não era falsificada. Mas, infelizmente, ele não gozava de liberdade para discutir essas evidências. O que era muito natural, pois tinham sido fornecidas pelo próprio gabinete das Relações Exteriores e a carta vazara por meio do Serviço Secreto, provavelmente depois de o departamento ter encomendado sua falsificação.

Virara moda desacreditar a palestra e os textos subsequentes de Russell sobre esse tema, descritos como rasos, desprovidos de espírito e inadequados à profundidade do assunto. As pessoas de intelecto mais elevado que se mostraram condescendentes com o autor afirmam que, de fato, se a religião não passasse de superstição, Russell seria relevante, mas ela é mais do que isso, e portanto ele não é importante. O primeiro ataque desse tipo apareceu em agosto daquele mesmo ano, vindo do recém adepto à religião T.S. Eliot, em seu boletim *The Monthly Criterion*.* Como Eliot foi o precursor da maior parte das críticas posteriores, vou me concentrar nas questões como ele as coloca.

Eliot parte das seguintes palavras de Russell: "Não creio que a verdadeira razão por que as pessoas aceitam a religião tenha algo a ver com a argumentação. Elas aceitam a religião por motivos emocionais". "O que ele não observa de maneira explícita, apesar de eu estar certo de que o reconheceria", diz Eliot, "é que sua própria religião também se baseia inteiramente em motivos emocionais." Eliot cita com desdém a retórica emocional com que Russell arremata sua palestra, referindo-se à peroração "Queremos nos erguer sobre os próprios pés e olhar com justeza e honestidade para o mundo (...). Conquistar o mundo com a inteligência, e não simplesmente subjugados como escravos pelo terror que emana dele (...)", ao observar de maneira insolente que Russell dá muita preferência a erguer-se em vez de sentar-se, e que suas palavras vão "agitar o coração daqueles que empregam as mesmas palavras de efeito".

O contragolpe de Eliot atravessa três fases. Ele concorda que o medo, visto por Russell como a força propulsora da religião, é algo danoso de maneira geral. Mas alega que um teólogo qualificado seria capaz de distinguir o medo bom do mau, insistindo na ideia de que o medo adequado de Deus é algo muito diferente do medo de ladrões, da insolvência ou de cobras. Ele não entra em maiores detalhes, mas é possível supor que tivesse em mente o medo de Deus como algum tipo de remédio ao medo existencialista, medo da ausência de raízes, da perda de rumos neste mundo amoral e sem sentido.

---

* *The Monthly Criterion*, VI, agosto de 1927, p. 177.

Eliot prossegue afirmando que os argumentos de Russell são todos bastante conhecidos. Isso é verdade em certo sentido, considerando-se que já lemos Hume, Kant ou Feuerbach, apesar de poucos serem capazes de alegar, como Eliot faz, que o problema do regresso das causas, que Russell diz ter aprendido com Mill, "foi-me apresentado aos seis anos, por uma babá irlandesa católica devota". Mas, se Eliot tiver razão ao dizer que o ensaio de Russell não tem originalidade filosófica, está errado quando dá a entender que os argumentos são piores por soarem familiares, como se por isso perdessem o direito de controlar nossas crenças.

Finalmente, e com importância muito maior, Eliot afirma que nessas questões Russell deve concordar que não é o que se diz, mas sim a maneira como se age, que deve ser levada em conta, e que, portanto, "o ateísmo com frequência não passa de uma variedade de cristianismo". Existem diversas variedades de ateísmo, diz Eliot, como o "Ateísmo da Alta Igreja de Matthew Arnold" ou o "Ateísmo da Capela de Lata de D.H. Lawrence". E arremata: "Da mesma maneira como o radicalismo na política do sr. Russell não passa de uma variedade de liberalismo típico do partido Whig*, seu não cristianismo não passa de uma variedade do sentimento da Baixa Igreja. É por isso que seu panfleto é um documento curioso e patético". A polêmica de Eliot pode parecer perversamente irrelevante a muitos humanistas, agnósticos, liberais e ateus que se sentem fortalecidos pelo ensaio de Russell há mais de 75 anos. Mas ela merece atenção, não só porque alardeia as vicissitudes pelas quais o texto de Russell teve de passar, mas porque, sob diversos aspectos, consegue nos aproximar, mais do que Russell, do mundo moderno. Isso não significa que Eliot tenha vencido algum argumento intelectual – longe disso. Seu mérito é sugerir a atmosfera cultural que fizera o racionalismo iluminista de Russell vir à tona em busca de ar – e, com isso, na cabeça de algumas pessoas, acabando com todo o oxigênio disponível.

Então, consideremos a famosa afirmação estratégica de Eliot, segundo a qual, se a emoção leva as pessoas à crença religiosa, sua rejeição é também permeada por ela, de maneira semelhante. À primeira

---

* *Whig*: partido político britânico dos séculos XVIII e XIX que apoiava o poder do Parlamento e desejava limitar o poder real; posteriormente se tornaria o Partido Liberal. (N.T.)

vista, essa parece ser uma contestação bem clara, que acerta Russell com seu próprio petardo. Mas, depois de um segundo exame, a coisa não fica assim tão explícita. Todos nós acreditamos em incontáveis proposições do tipo "não existe...": acreditamos que não existe uma fada madrinha nem alguém como o Papai Noel ou Sherlock Holmes etc. De fato, acreditar em coisas assim é tão exótico, tão contrário àquilo que consideramos central à nossa compreensão do mundo, que seria tomado como delírio. E então, na ausência de uma história mais longa, talvez nossa única maneira de "entrar" na cabeça de um delirante seja supor que a pessoa tenha sido tomada por forças emocionais poderosas, determinantes de crenças inconscientes que só dizem respeito à mente fora de si, e não, de modo algum, àquilo que pode existir no mundo. Isso não quer dizer, nem é verdade no estado mental contumaz, que acreditar na inexistência de tais coisas requeira explicação emocional similar. Ao contrário, isso é inteira e satisfatoriamente explicado por nossa sensibilidade ao funcionamento do mundo, no qual tais coisas não existem.

Apesar de ser isso correto em sua própria medida, tal raciocínio não nos leva ao cerne da questão. Porque, encontrando um consenso a respeito do que obviamente é verdade, também encontramos um consenso relativo a quem diagnosticar como vítima de forças estranhas: aqueles que acreditam em outra coisa. Quando o cristianismo era a visão consensual, os ateus eram as vítimas das forças estranhas. O texto "o tolo dissera de coração que não existe Deus" foi com frequência usado para mostrar que o ateísmo não era tanto um estado causado pelo intelecto, mas sim um estado de corrupção, provocado pelo desejo libertino do ateu de escapar de sua consciência.* Se não houver consenso, mas sim um debate entre cristãos e ateus, cada lado vai expor o mecanismo como explicação à cegueira de seu oponente. Portanto, a introdução do diagnóstico emocional não pode fazer com que o debate avance para nenhum dos lados, a menos, de fato, que um dos lados possua o que deve ser considerado, de maneira neutra, um diagnóstico melhor do que o do outro.

---

* Alan Charles Kors, *Atheism in France*, 1650-1729, Princeton, NJ (EUA): Princeton University Press, 1990.

No entanto, Eliot indica algo muito mais radical. Parece que, para ele, ser cristão não é questão, absolutamente, de acreditar em nada (isso faria com que a coisa toda não passasse de superstição). Ele deixa subentendido que a questão é simplesmente ter um certo posicionamento emocional em relação ao mundo, e possivelmente em relação a alguns textos. A certa altura, Eliot diz que seu antigo professor em Harvard, por "ser um verdadeiro ateu, é ao mesmo tempo um cristão dos mais ortodoxos em essência". Isso soa meramente paradoxal, já que a palavra "cristão" poderia simplesmente ser substituída por "budista" ou "hinduísta", "xiita" ou "sunita". Eliot deve estar falando de alguma emoção compartilhada, de um denominador comum inferior da humanidade que pode ser típico de praticamente todo mundo, seja lá a qual credo se afirme pertencer. É como se fosse possível dizer: todas as religiões (e o ateísmo) pregam o Amor, então vamos identificá-las. Esse ecumenismo desalentado também faz parte do mundo moderno. Seria útil como solução de conflitos religiosos, mas, independentemente de tudo o mais, faz com que seja impossível compreender a história do cristianismo, em que as pessoas se queimavam umas às outras com muita alegria, devido a discussões a respeito da existência de coisas como transubstanciação, a identidade substancial entre Deus e homem, redenção por meio de ações ou predestinação.

Para Russell, identificar aquilo em que os cristãos acreditam era uma questão bem simples. No mínimo acreditam em Deus e na imortalidade, e acreditam que Cristo foi o melhor e mais sábio dos homens. A coisa toda pode ser conferida como uma lista de itens. No ponto em que Russell se esforça para explicar o que quer dizer com cristão, Eliot se mostra evasivo, de propósito. A defesa de Eliot é que não são as palavras, mas o comportamento das pessoas que importa. Para ele, alguém pode dizer que acredita nessas coisas, ou dizer que não. Mas a verdadeira questão vem a seguir, ao analisarmos o que faz com as palavras escolhidas para tanto. Russell, que na época sem dúvida simpatizava com a visão de que a vida mental de alguém se refletia totalmente em seu comportamento, não está em condições de discordar disso. Mas isso serve exatamente para trazer à tona todo o problema da interpretação ou da hermenêutica; afinal, no redemoinho do comportamento linguístico e não linguístico de alguém, onde estão os pontos que nos dizem para interpretá-lo como crença ou descrença? Apesar da negação incansável de sua vítima, Eliot interpreta Russell como um homem da Baixa Igreja. O que pode comprovar que ele está errado? Mais uma vez, um acorde moderno soa, na medida em que o significado determinado desaparece sob um tumulto de interpretações conflitantes.

Mas, assim como o jogo com emoção, este é um jogo que dois podem jogar. Se, por sua vez, Russell escolher interpretar Eliot como um ateu de carteirinha, que por acaso sente prazer ao recitar diversas palavras ou visitar diversas construções, o que pode comprovar que ele está errado? Se a indeterminação reinar, é possível reverter o paradoxo de Eliot para descrevê-lo: assim como todos os cristãos ortodoxos, ele é, ao mesmo tempo, um verdadeiro ateu em essência.

Russell distinguia três elementos em uma religião: uma igreja, um credo ou conjunto de doutrinas e o sentimento religioso. É sabido que, enquanto atacava incansavelmente a Igreja como organização e sustentava que ter fé nos credos religiosos era simplesmente impossível para qualquer pessoa racional, ele próprio reconhecia ter sentimentos religiosos, e mais: em diversas épocas de sua vida, fez deles algo absolutamente central à sua noção de mundo e a seu lugar nele. Já em idade avançada, ele lamentaria a distância entre o que seu intelecto lhe dizia e o que desejava acreditar emocionalmente:

Eu sempre desejei ardentemente encontrar alguma justificativa para as emoções inspiradas por certas coisas que parecem se localizar fora da vida humana e que merecem sentimentos de reverência. E por isso meus instintos caminham junto com os humanistas, mas as minhas emoções rebelam-se com violência. Neste respeito, o "consolo da filosofia" não serve para mim.*

Russell escreveu sobre as duas razões pelas quais entrou na filosofia: "O desejo de encontrar algum conhecimento que pudesse ser aceito como certamente verdadeiro (...) e o desejo de encontrar

---

* "My Mental Development", em *The Philosophy of Bertrand Russell*, editado por Paul Schilpp, Londres: Cambridge University Press, 1944, p. 19.

alguma satisfação para os impulsos religiosos".* A filha de Russell, Katherine Tate, escreveu que "Seu temperamento é o de um homem profundamente religioso".** Em seus primeiros anos, ele escreveu à sua mulher Alys a respeito de sua admiração por Spinoza, que prega "um ascetismo rico e voluptuoso, baseado em um misticismo vasto e indefinido".***

Ao admitir esses sentimentos e sua extrema importância, mas negando o credo e condenando a Igreja organizada, Russell se abre para o ataque por outra frente. Por que a linguagem religiosa não pode ser a melhor expressão para os sentimentos religiosos? Sem dúvida, é para isso que ela serve. Assim, o poeta e crítico literário em Eliot tem a tendência de se opor à separação entre sentimento e expressão que Russell impõe com inocência (apesar de isso significar que Eliot é inconsistente na sua defesa do ecumenismo desalentado, identificado acima, já que os ateus sem dúvida se expressam de maneira distinta em relação aos cristãos e aos outros).

Se sentimento e expressão são uma coisa só, os sentimentos religiosos não passam de sentimentos em relação à vida, ao destino, à memória e à perda, que estão expressos nos mais finos escritos religiosos. E, se o comportamento dá significado às palavras, a vida continuada desses escritos é apenas a vida das Igrejas que disseminam, mantêm e renovam seu significado ao conferir-lhe a continuidade em relação ao passado, a solenidade e o ritual necessários. Se a religião é vista como uma prática ininterrupta, as distinções analíticas de Russell não podem se sustentar. Elas traem a unidade essencial do sentimento, das palavras e dos rituais que marcam a postura religiosa frente ao mundo. De acordo com essa visão, as palavras "Eu sei que meu redentor vive" não dizem algo verdadeiro nem falso, mas assumem o significado investido nelas quando são cantadas, ou cantadas na igreja, no Natal. Nem Russell nem qualquer ateu antes dele previu tal

---

* "Why I Took to Philosophy", em *Portraits from Memory and other Essays*. Londres: Allen & Unwin, 1956.

** Katharine Tait, *My Father Bertrand Russell*, Londres: Harcourt Brace, 1975, p. 184.

*** Citado em Kenneth Blackwell, *The Spinozitic Ethics of Bertrand Russell*, Londres: Allen & Unwin, 1985, p. 23.

explicação.* No entanto, mesmo que isso fosse uma explicação correta do que os "crentes" religiosos estão fazendo, Russell ainda seria capaz de lançar mão de suas razões morais genuínas – e severas – para se opor. Os rituais e palavras não são apenas expressões autocontidas de sentimento, mas também precursoras de proibições e perseguições.

Podemos enxergar a querela de Eliot com Russell como um aperitivo do longo problema da modernidade em relação ao Iluminismo. Russell apoia-se na razão, na crença, na verdade, na ciência e na análise, sendo que a emoção e o sentimento representam batedores desafortunados, ainda que estranhamente importantes. Russell acredita que as crenças religiosas sejam simples crenças, que devem ser testadas de acordo com os padrões de probabilidade, ciência, lógica e história. E quando testadas, serão consideradas deficientes. Eliot as classifica ao lado de poesia, sentimento, emoção, expressão e tradição, ao passo que a racionalidade e a ciência, a análise e a probabilidade ficam exiladas à margem.**

A batalha a respeito de tais interpretações continua sendo travada em nossa época, na medida em que as ideologias religiosas mais uma vez disputam as mentes, mesmo no Ocidente letrado. Uma das coisas mais gloriosas a respeito da palestra de Russell é a clareza com que ele assumiu uma posição no campo de batalha. Qualquer pessoa que assuma uma posição diferente precisa encará-lo de frente, e para isso são necessários argumentos melhores do que aqueles que Eliot conseguiu reunir.

Universidade de Cambridge, 2003

---

* Consulte principalmente Ludwig Wittgenstein, *Lectures and Conversations on Aesthetics, Psychology and Religious Belief*, editado por Cyril Batterr, Oxford: Blackwell, 1966.

** Ou talvez isso fosse o que ele tentava fazer. Virginia Woolf, por exemplo, com frequência caçoava das posturas anglocatólicas de Eliot.

Introdução

*Paul Edwards**

Bertrand Russell tem sido um escritor prolífico ao longo de toda a sua vida, e algumas de suas melhores obras estão contidas em pequenos folhetos e artigos escritos como contribuição para diversos periódicos. Isso é particularmente verdadeiro quando se trata de suas discussões a respeito de religião, muitas das quais são desconhecidas fora de certos círculos racionalistas. No presente volume, reuni muitos desses ensaios a respeito de religião, junto com outros textos, como os artigos "A liberdade e as faculdades" e "Nossa ética sexual", que ainda são de grande interesse.

Apesar de ser mais reconhecido por suas contribuições em assuntos puramente abstratos, como lógica e teoria do conhecimento, é justo supor que, no futuro, Russell será igualmente lembrado como um dos maiores hereges no que diz respeito à moral e à religião. Ele jamais foi um filósofo puramente técnico. Sempre se preocupou profundamente com questões fundamentais às quais a religião deu suas respectivas respostas – questões a respeito do lugar do homem no universo e da natureza da vida plena. Incorporou ao tratamento dessas questões a mesma incisividade, sagacidade e eloquência e expressou-se na mesma prosa espirituosa por que suas outras obras são famosas. Essas qualidades fazem dos ensaios incluídos neste livro talvez a apresentação mais comovente e mais graciosa da posição desse livre-pensador desde Hume e Voltaire.

Valeria a pena publicar um livro de Bertrand Russell a respeito de religião em qualquer tempo. Neste momento, em que testemunhamos uma campanha para a retomada da religião, conduzida com toda a astúcia das técnicas modernas de publicidade, reafirmar a causa do

---

* Filósofo austríaco-americano e editor da edição inglesa. (N.E.)

descrente parece especialmente desejável. De todos os cantos e em todos os níveis intelectuais – alto, baixo e médio –, há vários anos somos bombardeados pela propaganda ideológica. A revista *Life* nos garante, em seu editorial, que, "à exceção dos materialistas e fundamentalistas dogmáticos", a guerra entre a evolução e a fé cristã "acabou há muitos anos" e que "a ciência em si (...) desestimula a noção de que o universo, a vida ou o homem possam ter evoluído por puro acaso". O professor Toynbee, um dos mais dignos apologistas, nos diz que "não podemos atender ao desafio comunista do embasamento laico". Norman Vincent Peale, monsenhor Sheen e outros professores de psiquiatria religiosa exaltam as bênçãos da fé em colunas lidas por milhões de pessoas, em livros campeões de vendas e em programas semanais de rádio e televisão transmitidos em todo país. Políticos de todos os partidos, muitos dos quais jamais haviam se destacado por sua devoção antes de começarem a disputar cargos públicos, fazem de tudo para assegurar que são assíduos frequentadores da Igreja e nunca deixam de incluir Deus em seus discursos eruditos. Fora das classes das melhores faculdades, o lado negativo dessa questão raramente é apresentado.

Um livro como este, com sua afirmação intransigente do ponto de vista laico, faz-se ainda mais necessário hoje porque a ofensiva religiosa não se restringe à propaganda em larga escala. Nos Estados Unidos, também assumiu a forma de diversas tentativas, muitas delas bem-sucedidas, para minar a separação entre a Igreja e o Estado, como está prevista na Constituição. Essas tentativas são numerosas demais para serem aqui detalhadas; mas talvez duas ou três ilustrações bastem para indicar essa tendência preocupante, que, se continuar descontrolada, transformará aqueles que se opõem à religião tradicional em cidadãos de segunda classe. Há alguns meses, por exemplo, um subcomitê da Câmara dos Deputados incluiu em uma Resolução Concorrente a proposição surpreendente de que a "lealdade a Deus" é qualificação essencial para o melhor serviço governamental. "O serviço de *qualquer* pessoa, de acordo com *qualquer* capacidade, dentro ou sob o governo", afirmaram os legisladores oficialmente, "deve ser caracterizado pela devoção a Deus." Tal resolução ainda não é lei, mas pode logo vir a sê-lo, se não contar com uma oposição vigorosa. Outra resolução, a de transformar "In God We Trust" (Nós acreditamos em Deus) no lema nacional dos Estados Unidos, foi aprovada pelas duas câmaras e agora é lei. O professor George Axtelle, da *Universidade de Nova York*, um dos poucos a erguer a voz para criticar esses e outros movimentos parecidos, referiu-se apropriadamente a eles, em depoimento perante um comitê do Senado, como "erosões diminutas, porém significativas" do princípio da separação entre Igreja e Estado.

As tentativas de infundir a religião onde a Constituição o proíbe expressamente não se confinam, de maneira alguma, à legislação federal. Assim, na cidade de Nova York, apenas para tomar um exemplo dos mais óbvios, o Conselho de Superintendência do Conselho de Educação Municipal de Nova York preparou, em 1955, as "Diretrizes para Supervisores e Professores", que afirmavam, de maneira abrupta, que "as escolas públicas incentivam a crença em Deus, em reconhecimento ao simples fato de que somos uma nação religiosa", e que, ademais, as escolas públicas "identificam Deus como a fonte suprema da lei natural e moral". Se essa diretriz tivesse sido adotada, praticamente nenhuma matéria no currículo escolar de Nova York teria ficado livre da intromissão teológica. Até mesmo estudos aparentemente laicos, como ciências e matemática, teriam de ser ensinados com conotações religiosas. "Cientistas e matemáticos", afirmava a diretriz, "compreendem o universo como um lugar lógico, ordenado e previsível. Sua consideração a respeito da vastidão e do esplendor dos céus, das maravilhas do corpo e da mente humana, da beleza da natureza, do mistério da fotossíntese, da estrutura matemática do universo ou da noção do infinito não pode levar a nada além da humildade perante a obra de Deus. Só é possível dizer 'Quando contemplo os Teus céus, obra dos Teus dedos'." Nem uma matéria tão inocente quanto "Artes Industriais" foi deixada em paz. "Nas artes industriais", os filósofos do Conselho de Superintendência afirmaram, "a observação das maravilhas da composição dos metais, da granulação e da beleza das madeiras, dos modos como os materiais são usados invariavelmente dá lugar a especulações a respeito do planejamento e do ordenamento do mundo natural e do trabalho maravilhoso de uma Força Suprema." Esse documento foi recebido com tal arroubo de indignação, por parte dos cidadãos e de vários dos grupos religiosos mais liberais, que sua adoção pelo Conselho de Educação tornou-se impossível. Uma versão modificada, com as partes mais refutáveis excluídas, acabou sendo adotada. No entanto, até mesmo a versão revisada contém linguagem teológica suficiente para fazer qualquer laico estremecer, e a esperança é de que o documento seja invalidado constitucionalmente pelos tribunais.

Surpreendentemente, há pouca oposição à maior parte dos abusos em nome dos interesses eclesiásticos. Uma das razões disso parece ser a crença corrente de que hoje a religião é suave e tolerante e que as perseguições são coisa do passado. Essa é uma ilusão perigosa. Ao passo que diversos líderes religiosos sem dúvida são amigos genuínos da liberdade e da tolerância, além de fortes defensores da separação entre a Igreja e o Estado, infelizmente há muitos outros que continuariam perseguindo, se pudessem, e que perseguem sempre que podem.

Na Grã-Bretanha a situação é um tanto diferente. Existem igrejas estabelecidas e a instrução religiosa é sancionada legalmente em todas as escolas estaduais. No entanto, o temperamento do país é muito mais tolerante e os homens de vida pública hesitam menos ao declarar-se descrentes convictos. Mas, também na Grã-Bretanha, a propaganda vulgar pró-religião é violenta, e os grupos religiosos mais agressivos fazem tudo o que podem para impedir que os livres-pensadores defendam suas ideias. Por exemplo, o recente Relatório Beveridge recomendou que a BBC desse espaço aos representantes da opinião racionalista. A BBC aceitou tal recomendação oficialmente, mas nada fez, praticamente, para implementá-la. A série de palestras de Margareth Knight sobre "Moral sem Religião" foi uma das pouquíssimas tentativas de apresentar a posição dos descrentes em relação a uma questão importante. As palestras da sra. Knight provocaram arroubos furiosos de indignação por parte de fanáticos de vários tipos, os quais parecem ter assustado a BBC, que retomou sua antiga subserviência ao interesses religiosos.

A fim de dissipar a complacência relativa a esse assunto, adicionei, como apêndice deste livro, um relato bastante completo a respeito de como Bertrand Russell foi impedido de lecionar Filosofia na Faculdade Municipal de Nova York. Os fatos a respeito desse caso merecem ser difundidos, ainda que seja apenas para mostrar as incríveis distorções e abusos de poder que os fanáticos estão dispostos a empregar quando se decidem a derrotar um inimigo. As pessoas que conseguiram revogar a nomeação de Russell são as mesmas que agora destroem o caráter laico dos Estados Unidos. Eles e seus correspondentes britânicos são hoje, de maneira geral, mais fortes do que eram em 1940.

O caso da Faculdade Municipal deve ser relatado em detalhes também por simples justiça ao próprio Bertrand Russell, que foi perversamente denegrido, na época, tanto pelo juiz que ouviu a petição quanto por amplos segmentos da imprensa. As opiniões e ações de Russell foram alvo de deturpações desenfreadas, e aqueles que não conheciam seus livros devem ter tido uma impressão errônea daquilo que ele defendia. Espero que a história, tal como está aqui recontada, junto com a reprodução de algumas das verdadeiras discussões de Russell a respeito dos temas "ofensivos", contribua para esclarecer os fatos.

Muitos dos ensaios reproduzidos neste livro foram publicados graças à permissão dos editores originais. Em vista disso, gostaria de agradecer a Watts and Co., que editou *Por que não sou cristão* e *Será que a religião fez contribuições úteis para a civilização?*; Routledge and Kegan Paul, que publicaram *Sobreviveremos à morte?*; Nicholson and Watson, editores originais de *O destino de Thomas Paine*; e *American Mercury*, em cujas páginas "Nossa ética sexual" e "A liberdade e as faculdades" apareceram pela primeira vez. Também gostaria de agradecer a meus amigos professor Antony Flew, Rith Hoffman, Sheila Meyer e a meus alunos Marilyn Charney, Sara Kilian e John Viscide, que me ajudaram de muitas maneiras durante a preparação deste livro.

Finalmente, quero expressar minha gratidão ao próprio Bertrand Russell, que abençoou este projeto desde o início e cujo interesse penetrante durante todo esse processo serviu como grande fonte de inspiração.

Nova York, 1956

Prefácio

Bertrand Russell

A republicação feita pelo professor Edwards de vários ensaios meus a respeito de temas religiosos é motivo de gratidão para mim, principalmente em vista das observações admiráveis feitas por ele no prefácio. Fico particularmente feliz por esta oportunidade de reconfirmar minhas convicções a respeito dos assuntos de que estes diversos ensaios tratam.

Houve um rumor nos últimos anos dando conta de que eu andaria apresentando menos oposição à ortodoxia religiosa do que antes. Esse rumor não tem absolutamente nenhum fundamento. Penso que todas as grandes religiões do mundo – budismo, hinduísmo, cristianismo, islamismo e comunismo – são tanto falsas como nocivas. Por questão de lógica, é evidente que, como discordam entre si, não mais do que uma delas pode ser verdadeira. Com pouquíssimas exceções, a religião que um homem aceita é aquela da comunidade em que ele vive, o que torna óbvio o fato de que a influência do ambiente é o que o levou a aceitar a religião em questão. É verdade que os escolásticos inventaram o que professavam ser argumentos lógicos para comprovar a existência de Deus, e que esses argumentos, ou outros de teor similar, foram aceitos por muitos filósofos eminentes, mas a lógica à qual esses argumentos tradicionais recorreram é de um tipo aristotélico antiquado, que hoje é rejeitado por praticamente todos os lógicos, à exceção de alguns, como os católicos. Entre esses argumentos existe um que não é puramente lógico. Estou falando do argumento da criação. Esse argumento, no entanto, foi destruído por Darwin; e, de todo modo, só poderia ser logicamente respeitável ao custo de abandonar a onipotência de Deus. Além da força de persuasão da lógica, para mim há algo um tanto estranho a respeito das avaliações éticas daqueles que pensam que uma Divindade onipotente, onisciente e benevolente, depois de preparar o solo por milhões de anos de névoas sem vida, poderia considerar-se adequadamente recompensado pelo surgimento final de Hitler, de Stalin e da bomba H.

A questão da verdade de uma religião é uma coisa, mas a questão de sua utilidade é outra. Tenho a mesma firme convicção de que as religiões fazem mal, assim como acredito que não sejam verdadeiras.

O mal que uma religião faz é de duas espécies: uma depende do tipo de crença que se atribui a ela, e a outra diz respeito aos dogmas específicos em que se acredita. Em relação ao tipo de crença: acredita-se que ter fé é uma virtude — quer dizer, ter uma convicção que não pode ser abalada por provas contrárias. Ou, se uma prova contrária pode levar à dúvida, defende-se a supressão dessa prova contrária. Sob esse preceito, os jovens não têm permissão de ouvir argumentos, na Rússia, em favor do capitalismo, ou, na América, em favor do comunismo. Isso mantém a fé de ambos intacta e pronta para a guerra sangrenta. A convicção de que é importante acreditar nisso ou naquilo, mesmo que o questionamento livre não embase a crença, é algo comum a quase todas as religiões e inspira todos os sistemas educacionais ligados ao Estado. A consequência disso é que a mente de todos os jovens é tolhida e preenchida com uma hostilidade fanática tanto em relação àqueles que têm outros fanatismos e, de maneira ainda mais virulenta, àqueles que fazem objeção a qualquer fanatismo. O hábito de embasar convicções em provas, de dar a elas apenas aquele grau de certeza que a prova admite, caso ele se tornasse geral, curaria a maior parte dos males de que o mundo sofre. Mas, neste momento, na maior parte dos países, a educação objetiva impedir o crescimento de tal hábito, e homens que se recusam a professar sua fé em algum sistema de dogmas sem fundamento não são considerados professores adequados para os jovens.

Os males acima são independentes do credo específico em questão e existem igualmente em todos os credos que são defendidos de maneira dogmática. Mas existem também, na maior parte das religiões, princípios éticos específicos que de fato definem o mal. A condenação católica dos métodos anticoncepcionais, se pudesse prevalecer, faria com que a exterminação da pobreza e a abolição da guerra fossem impossíveis. As crenças hinduístas de que a vaca é um animal sagrado e que é condenável as viúvas voltarem a se casar causam um sofrimento bastante inútil. A crença comunista na ditadura exercida por uma minoria de Verdadeiros Crentes produziu toda uma seara de abominações.

Às vezes nos dizem que apenas o fanatismo é capaz de fazer com que um grupo social se torne eficiente. Penso que isso é totalmente contrário às lições da história. Mas, de todo modo, apenas aqueles que se escravizam para louvar o sucesso podem pensar que a eficiência é admirável sem se importar com seus efeitos. De minha parte, penso que é preferível fazer um pouco de bem a muito mal. O mundo que eu desejaria ver seria livre da virulência das hostilidades grupais e capaz de perceber que a felicidade de todos deve derivar da cooperação, e não da rivalidade. Eu desejaria ver um mundo em que a educação se destinasse à liberdade mental, e não ao aprisionamento da mente dos jovens em uma armadura rígida de dogmas calculados para protegê-los, ao longo da vida, dos golpes de evidências tendenciosas. O mundo precisa de corações abertos e mentes abertas, e isso não pode derivar de sistemas rígidos, sejam eles velhos ou novos.

1

Por que não sou cristão

Esta palestra foi proferida no dia 6 de março de 1927, na Prefeitura de Battersea, sob o patrocínio da divisão da zona sul de Londres da Sociedade Laica Nacional.

Como o presidente desta sociedade já lhes disse, o assunto sobre o qual falarei hoje à noite é "Por que não sou cristão". Talvez seja melhor, também, para começar, tentar definir o que quero dizer com a palavra "cristão". Ela é usada hoje em dia num sentido bastante vago, por um enorme número de pessoas. Algumas delas só a utilizam para descrever alguém que tenta viver bem. Nesse sentido, acredito que haveria cristãos em todas as seitas e credos; mas não creio que esse seja o sentido adequado da palavra, ainda que apenas por implicar que todas as pessoas que não são cristãs – todos os budistas, confucionistas, maometanos, e assim por diante – não tentam viver bem. Quando digo cristão, não quero dizer qualquer pessoa que tente viver de maneira decente de acordo com suas luzes. Penso que é preciso ter uma certa quantidade de crença definida antes que se adquira o direito de se autodenominar cristão. A palavra não tem um significado tão puro hoje quanto tinha na época de Santo Agostinho ou de São Tomás de Aquino. Naquele tempo, se um homem afirmasse ser cristão, já se sabia o que ele queria dizer: ele aceitava. Aceitava todo um conjunto de credos, definidos com muita precisão, e acreditava em cada sílaba daquilo com toda a força das suas convicções.

O QUE É UM CRISTÃO?

Hoje, a coisa não é bem assim. Quando falamos em cristianismo, precisamos ser um pouco mais vagos quanto a seu significado.

Penso, no entanto, que existem dois itens distintos e bastante essenciais para quem se autodenomina cristão. O primeiro é de natureza dogmática – especificamente, que é necessário acreditar em Deus e na imortalidade. Se não acreditar nessas duas coisas, penso que ninguém poderá se autodenominar apropriadamente cristão. Mais do que isso, como o próprio nome implica, é necessário ter algum tipo de crença em relação a Cristo. Os maometanos, por exemplo, também acreditam em Deus e na imortalidade, e no entanto não se autodenominam cristãos. Penso que é necessário ter, no mínimo, a crença de que Cristo foi, se não divino, o melhor e mais sábio dos homens. Se uma pessoa não estiver disposta a acreditar nem nisso a respeito de Cristo, penso que não tem o direito de se autodenominar cristão. Claro que existe um outro sentido, que pode ser encontrado no *Whitaker's Almanack* e nos livros de geografia, nos quais está escrito que a população do mundo está dividida em cristãos, maometanos, budistas, fetichistas e assim por diante; nesse sentido, somos todos cristãos. Os livros de geografia nos incluem todos, mas em um sentido puramente geográfico, que, suponho, pode ser ignorado. Logo, presumo que, quando digo por que não sou cristão, devo dizer duas coisas distintas: primeiro, por que não acredito em Deus e na imortalidade; e, segundo, por que não penso que Cristo foi o melhor e mais sábio dos homens, apesar de atribuir a Ele um alto grau de excelência moral.

    Mas, devido às iniciativas bem-sucedidas de descrentes no passado, eu não poderia assumir uma definição de cristianismo tão elástica assim. Como já disse, antigamente o sentido da palavra era muito mais puro. Por exemplo, deduzia a crença no inferno. A crença no fogo eterno do inferno era item essencial da crença cristã até pouquíssimo tempo atrás. Neste país, como vocês sabem, isso deixou de ser item essencial graças a uma decisão do Conselho Privado, e dessa decisão o arcebispo de Canterbury e o arcebispo de York discordaram; mas neste país a nossa religião é acertada por Leis Parlamentares, e portanto o Conselho Privado foi capaz de suplantar Vossas Graças e o inferno deixou de ser necessário aos cristãos. Em consequência, não devo insistir na obrigatoriedade da crença no inferno para ser um cristão.

A EXISTÊNCIA DE DEUS

Para abordar a questão da existência de Deus, que é uma questão ampla e séria, pedirei licença para tratar dela de maneira um tanto resumida – se eu fosse tentar abordá-la de qualquer maneira adequada, precisaria mantê-los aqui até o Final dos Tempos. Os senhores sabem, é claro, que a Igreja Católica definiu como dogma o fato de a existência de Deus poder ser provada pela razão espontânea. Esse é um dogma um tanto curioso, mas é um dos dogmas deles. Precisaram introduzi-lo porque, a certa altura, os livres-pensadores adotaram o hábito de dizer que existiam tais e tais argumentos por meio dos quais a pura e simples razão poderia concluir que Deus não existe, mas é claro que eles sabiam, por questão de fé, que Deus existe. Esses argumentos e razões foram expostos muito longamente, e a Igreja Católica sentiu a necessidade de dar um basta nisso. Assim, estabeleceram que a existência de Deus pode ser comprovada pela razão espontânea, e precisaram determinar o que consideravam argumentos para comprovar tal fato. Existem, é claro, diversos deles, mas abordarei apenas alguns.

O ARGUMENTO DA CAUSA PRIMORDIAL

Talvez o mais simples e mais fácil de entender seja o argumento da Causa Primordial. (Defende-se que tudo o que vemos neste mundo tem uma causa e, à medida que retrocedermos cada vez mais na corrente de causas, chegaremos obrigatoriamente à Causa Primordial, e essa Causa Primordial recebe o nome de Deus.) Tal argumento, suponho, não tem muito peso nos dias de hoje, porque, em primeiro lugar, já não é mais o que era. Os filósofos e os homens de ciência têm estudado muito a causa, e ela já não tem nem de longe a vitalidade que tinha; mas, fora isso, dá para ver que o argumento de que obrigatoriamente existe uma Causa Primordial não pode ter nenhuma validade. Posso dizer que, quando eu era jovem e debatia essas questões com muita seriedade em minha mente, durante muito tempo aceitei o argumento da Causa Primordial, até o dia em que, aos dezoito anos, li a autobiografia de John Stuart Mill* e lá encontrei a

---

* John Stuart Mill (1806-1873), filho de James Mill (1773-1836), filósofo, historiador e economista escocês. (N.T.)

seguinte frase: "Meu pai me ensinou que a pergunta 'Quem me fez?' não pode ser respondida, já que imediatamente sugere a pergunta seguinte 'Quem fez Deus?'". Essa frase extremamente simples me mostrou, como ainda penso, que o argumento da Causa Primordial é uma falácia. Se tudo precisa ter uma causa, então também Deus deve ter uma causa. Se é possível que exista qualquer coisa sem causa, isso tanto pode ser o mundo quanto Deus, de modo que não pode haver validação nesse argumento. Trata-se exatamente da mesma natureza da visão hinduísta de que o mundo repousava sobre um elefante, e que o elefante repousava sobre uma tartaruga; e quando alguém perguntava "Mas e a tartaruga?", o indiano respondia: "Que tal mudarmos de assunto?". O argumento, de fato, não é melhor do que isso. Não há razão por que o mundo não possa ter passado a existir sem causa nenhuma; tampouco, por outro lado, existe qualquer razão que o impeça de ter sempre existido. Não há razão para supor que o mundo teve alguma espécie de início. A ideia de que as coisas precisam obrigatoriamente ter um início na verdade se deve à pobreza da nossa imaginação. Portanto, talvez eu não precise mais perder tempo com o argumento relativo à Causa Primordial.

O ARGUMENTO DA LEI NATURAL

Em seguida, há o argumento muito comum da lei natural. Esse foi um dos argumentos preferidos ao longo de todo o século XVIII, principalmente sob a influência de sir Isaac Newton e de sua cosmogonia. As pessoas observavam os planetas girando em torno do sol de acordo com a lei da gravidade, e pensavam que Deus tinha dado um comando a esses planetas para que se movessem daquela maneira específica, sendo por isso que o faziam. Essa era, obviamente, uma explicação conveniente e simples, que as poupava do trabalho de ter de procurar explicações mais elaboradas para a lei da gravidade. Hoje, explicamos a lei da gravidade de uma maneira um tanto complicada, introduzida por Einstein. Não me proponho a fazer uma palestra a respeito da interpretação de Einstein para a lei da gravidade, porque, mais uma vez, isso demoraria algum tempo; de qualquer forma, já não dispomos mais daquele tipo de lei natural que existia no sistema newtoniano, em que, por alguma razão que ninguém era capaz de entender, a natureza agia de maneira uniforme. Hoje, descobrimos que muitas coisas que acreditávamos serem leis naturais na verdade são convenções humanas. Sabemos que, até mesmo nas mais remotas profundezas do espaço estelar, três pés somam uma jarda. Esse é, sem dúvida, um fato muito notável, mas dificilmente diríamos que seja uma lei da natureza. E muitíssimas coisas que foram consideradas leis da natureza são desse tipo. Por outro lado, quando for possível chegar a qualquer conhecimento sobre o que os átomos são de fato capazes de fazer, descobrir-se-á que eles estão bem menos sujeitos a leis do que as pessoas pensavam, e que as leis a que se chega são médias estatísticas, exatamente do tipo que poderia emergir do acaso. Existe, como todos sabemos, uma lei que diz que, ao lançarmos dados, obteremos seis duplos apenas uma a cada 36 vezes aproximadamente, e não consideramos isso como prova de que a queda dos dados é regulada pelo plano divino; ao contrário, se o duplo seis saísse toda vez, poderíamos pensar que o plano divino existe. As leis da natureza são desse tipo no que diz respeito à maior parte delas. São médias estatísticas tais como as que emergiriam das leis do acaso; e isso faz com que essa coisa toda de lei natural seja muito menos impressionante do que era anteriormente. Bem separado disso, representando o estado momentâneo da ciência que pode transformar o amanhã, toda a ideia de que as leis naturais implicam um determinador das leis se deve à confusão entre as leis naturais e as humanas. As leis humanas são comandos que ordenam que se aja de uma certa maneira, de modo que cada um possa escolher se comportar ou não se comportar; mas as leis naturais são uma descrição de como as coisas de fato se comportam e, por serem uma mera descrição do que elas de fato fazem, não dá para argumentar que existe obrigatoriamente alguém que lhes disse para fazer isso, porque, mesmo se supusermos que existe, então a seguinte questão seria suscitada: "Por que Deus estabeleceu exatamente estas leis naturais, e não outras?". Se a resposta for que Ele fez isso apenas a seu bel-prazer, e sem razão nenhuma, então descobre-se que existe alguma coisa que não está sujeita à lei, de modo que a linha da lei natural é interrompida. Se for dito, como os teólogos mais ortodoxos dizem, que em todas as leis estabelecidas por Deus existe uma razão para que determinada lei fosse promulgada em detrimento de outras – tendo como razão, é claro, criar o melhor universo, apesar de ser impossível pensar assim ao examiná-lo –, se houvesse uma razão para as leis que Deus estabeleceu, então o próprio Deus estaria sujeito à lei, de modo que não existe nenhuma vantagem em introduzir Deus como intermediário. Na verdade, tem-se uma lei alheia e anterior aos éditos divinos, e Deus não atende ao objetivo, porque Ele não é o legislador supremo. Em resumo, toda essa discussão a respeito da lei natural não tem mais nem de longe a força que tinha. Estou viajando no tempo na minha revisão dos argumentos. Os argumentos usados para a existência de Deus mudam de caráter à medida que o tempo passa. No início, eram argumentos intelectuais rígidos, que incorporavam certas falácias bem definidas. Quando chegamos aos tempos modernos, elas se tornam menos respeitadas intelectualmente e cada vez mais afetadas por um tipo de moralização vaga.

O argumento do plano divino

O próximo passo neste processo nos leva ao argumento do plano divino. Todos conhecem o argumento do plano divino: tudo no mundo é feito para que consigamos viver nele, e, se o mundo fosse mesmo que só um pouquinho diferente, não conseguiríamos habitá-lo. Esse é o argumento do plano divino. Às vezes ele toma uma forma bastante curiosa; por exemplo, argumenta-se que as lebres têm cauda branca para serem alvo fácil dos caçadores. Não sei o que as lebres achariam dessa aplicação. Trata-se de um argumento realmente fácil de parodiar. Todos os senhores conhecem a observação de Voltaire de que o nariz obviamente foi desenhado de modo que pudesse segurar os óculos. Esse tipo de paródia revelou-se nem de perto estar tão distante da verdade quanto podia parecer no século XVIII, porque desde a época de Darwin compreendemos de um modo muito melhor por que as criaturas vivas se adaptam a seu ambiente. Não que o ambiente seja feito para se adequar a elas, mas elas é que se modificam para adequar-se a ele, e essa é a base da adaptação. Não existe evidência de plano divino em relação a isso.

Quando se examina esse argumento do plano divino, parece surpreendente que as pessoas possam acreditar que este mundo, com todas as coisas que ele contém, com todos os seus defeitos, deve ser o melhor que a onipotência e a onisciência conseguiram produzir em milhões de anos. Eu realmente não consigo acreditar nisso. Os senhores acham que, se tivessem a onipotência e a onisciência e milhões de anos para aperfeiçoar seu mundo, não seriam capazes de produzir nada melhor do que a Ku-Klux-Klan ou os fascistas? Ademais, quando se aceitam as leis comuns da ciência, é necessário supor que a vida humana e a vida em geral neste planeta morrerão a seu tempo: trata-se de um estágio de decadência do sistema solar; em um certo estágio dessa decadência, obtêm-se o tipo de condições de temperatura, e assim por diante, que são adequadas ao protoplasma, sendo que existe vida, durante um curto espaço de tempo, na vida de todo o sistema solar. Vê-se na lua o tipo de coisa que é a tendência da Terra – transformar-se em algo morto, frio e sem vida.

Disseram-me que esse tipo de visão é deprimente, e as pessoas às vezes afirmam que, se acreditassem nisso, não seriam capazes de continuar vivendo. Não acreditem nisso; não passa de disparate. Ninguém realmente se preocupa com o que irá acontecer daqui a milhões de anos. Mesmo que achem que se preocupam muito com isso, na verdade só estão se enganando. A preocupação delas diz respeito a algo muito mais mundano, ou pode tratar-se meramente de má digestão; mas ninguém de fato fica seriamente infeliz por pensar que algo de ruim vai acontecer com este mundo daqui a milhões de anos. Assim, apesar de obviamente ser uma visão fúnebre supor que a vida morrerá – pelo menos suponho que possamos fazer essa afirmação, apesar de às vezes eu achar que isso é quase um consolo, quando vejo as coisas que as pessoas fazem com a própria vida –, isso não é tão terrível a ponto de transformar a vida em um tormento. Essa questão simplesmente faz com que se volte a atenção para outras coisas.

O ARGUMENTO MORAL A FAVOR DA DIVINDADE

Agora chegamos a um estágio posterior, a que me referirei como a descendência intelectual que os teístas transformaram em suas argumentações, e nos deparamos com o que se chamam argumentos morais para a existência de Deus. Todos os senhores sabem, é claro, que no passado existiram três argumentos intelectuais a favor da existência de Deus, todos utilizados por Immanuel Kant em *Crítica da Razão Pura*; mas, assim que ele empregou esses argumentos, logo inventou um novo, um argumento moral, e isso o deixou bastante convencido. Kant era como muitas pessoas: em relação a questões intelectuais, era cético; mas, em relação a valores morais, acreditava implicitamente nas máximas que tinha assimilado no colo da mãe. Isso ilustra aquilo que os psicanalistas tanto enfatizam – que as associações que acontecem muito cedo na vida têm influência imensamente mais forte do que aquelas de períodos posteriores.

Kant, como digo, inventou um novo argumento moral em favor da existência de Deus, e tal argumento, sob formas variadas, fez-se extremamente popular durante o século XIX. Ele se apresenta sob todo o tipo de formas. Uma delas é dizer que não haveria certo nem errado a menos que Deus existisse. No momento, não estou preocupado se existe ou não diferença entre certo e errado; essa é uma outra questão. O ponto que me preocupa é que, se alguém tem certeza de que há diferença entre certo e errado, então esse alguém se encontra na seguinte situação: será que tal diferença é ou não devida às determinações de Deus? Se for devida às determinações de Deus, então para o próprio Deus não existe diferença entre certo e errado, e a afirmação de que Deus é bom perde sua significância. Se for dito, como os teólogos dizem, que Deus é bom, então é necessário dizer que certo e errado têm algum significado independentemente das determinações de Deus, porque as determinações de Deus são boas, e não ruins, independentemente do simples fato de Ele as ter feito. Para dizer isso, também é preciso dizer que não apenas por meio de Deus é que o certo e o errado passaram a existir, mas que são, em essência, logicamente anteriores a Deus. Seria possível, é claro, se houvesse intenção, dizer que havia uma divindade superior que dava ordens ao Deus que criou este mundo, ou então tomar a linha que alguns dos gnósticos tomaram – uma linha que com frequência considerei bastante plausível –, a de que, na verdade, este mundo que conhecemos foi criado pelo demônio, em um momento que Deus não estava olhando. Há muito a se dizer a esse respeito, e não estou interessado em refutá-lo.

O ARGUMENTO DA REPARAÇÃO DAS INJUSTIÇAS

Há também uma outra forma muito curiosa de argumento moral, que é a seguinte: diz-se que a existência de Deus é necessária para que haja justiça no mundo. Na parte do universo que conhecemos há muita injustiça, e com frequência os bons sofrem e os maus prosperam, de modo que é difícil saber qual alternativa é mais irritante; mas, se vamos ter justiça no universo como um todo, é necessário supor que existirá uma vida futura para compensar o equilíbrio aqui na terra. Assim, dizem que é necessário existir um Deus, e que devem existir céu e inferno para que a longo prazo haja justiça. Esse é um argumento muito curioso. Se o assunto for examinado do ponto de vista científico, pode-se dizer: "Afinal de contas, eu só conheço este mundo. Não conheço o restante do universo, mas, até onde for possível argumentar no que diz respeito a probabilidades, seria possível dizer que este mundo provavelmente é uma boa amostra e que, se há injustiça aqui, há chance de que também exista injustiça em qualquer outro lugar". Suponhamos que uma pessoa recebeu um caixote de laranjas e, ao abri-lo, percebeu que todas as laranjas da parte de cima estão podres; nesse caso, ninguém argumentaria: "As de baixo devem estar boas, para compensar o equilíbrio". A pessoa diria: "Provavelmente todas estão estragadas"; e é esse, realmente, o argumento que uma pessoa com espírito científico faria em relação ao universo. Ela diria: "Aqui neste mundo encontra-se uma grande quantidade de injustiça e, nessa medida, há razão para supor que a justiça não reina no mundo; portanto, há espaço para o argumento moral contrário à divindade, e não a favor dela". Claro que eu sei que o tipo de argumento intelectual de que falei não é verdadeiramente aquilo que impulsiona as pessoas. O que realmente as impulsiona a acreditar em Deus não é absolutamente nenhum argumento intelectual. A maior parte delas acredita em Deus porque foi ensinada desde a primeira infância a fazê-lo, e essa é a razão principal.

Ademais, penso que a razão mais forte que vem a seguir é o desejo de segurança, uma espécie de sensação de que existe um irmão mais velho a zelar por nós. Isso desempenha um papel profundo na influência do desejo de crer em Deus.

O CARÁTER DE CRISTO

Agora, quero falar algumas palavras a respeito de um assunto que, na minha opinião, não é tratado com a frequência adequada pelos racionalistas, isto é, a questão de averiguar se Cristo foi mesmo o melhor e mais sábio dos homens. Geralmente partimos do princípio de que todos concordamos nesse ponto. Eu não concordo. Penso que existem diversos bons pontos em que concordo mais com Cristo do que o fazem os cristãos assumidos. Não sei se poderia concordar com Ele até o fim, mas poderia ir bem mais longe do que a maior parte dos cristãos assumidos o faz. Todos se lembrarão de Suas palavras: "Não resistas ao mau, mas, se alguém te ferir na tua face direita, apresenta-lhe também a outra". Esse não é um novo preceito nem um novo princípio. Foi usado por Lao-Tse e por Buda cerca de quinhentos ou seiscentos anos antes de Cristo, mas não é um princípio que de fato os cristãos aceitem. Não tenho dúvidas de que o atual primeiro-ministro*, por exemplo, seja um cristão dos mais sinceros, mas não aconselharia a nenhum dos senhores ir até lá ferir-lhe a face. Penso que os senhores podem perceber que o pensamento neste texto tem sentido figurado.

Ademais, há outro ponto que considero excelente. Todos se lembrarão de que Cristo disse: "Não julgueis para que não sejais julgados". Não penso que esse princípio deva ter sido muito popular nos tribunais dos países cristãos. Já conheci na vida um bom número de juízes que eram cristãos muito convictos, e nenhum deles acreditava estar agindo de maneira contrária aos princípios cristãos em sua profissão. Então Cristo diz: "Dá a quem te pede, e não voltes as costas ao que deseja que lhe emprestes". Esse é um princípio muito bom.

Como o presidente desta sociedade observou, não estamos aqui para falar de política, mas não posso me furtar a observar que a última

---

* Stanley Baldwin (1867-1947) foi primeiro-ministro britânico em três ocasiões, nas décadas de 1920 e 1930. (N.T.)

eleição geral foi disputada em cima da questão de como é desejável afastar-se daquele que deseja que lhe emprestemos, de modo que é necessário partir do princípio de que os liberais e os conservadores deste país se compõem de pessoas que não acreditam nos ensinamentos de Cristo, porque certamente afastaram-se deles com muita ênfase naquela ocasião.

Há ainda uma máxima de Cristo que, penso, tem grande importância intrínseca, mas que não vejo fazer muito sucesso entre alguns dos nossos amigos cristãos. Ele diz: "Se queres ser perfeito, vai, vende o que tens, e dá-o aos pobres". Essa é uma máxima realmente excelente, mas, como digo, não muito praticada. Todas essas, creio, são boas máximas, apesar de serem um pouco difíceis de cumprir. Não professo que eu mesmo as cumpra; mas, afinal de contas, não é essa a mesma coisa que seria para um cristão.

Defeitos nos ensinamentos de Cristo

Depois de ter admitido a excelência dessas máximas, chego a certos pontos nos quais não acredito que seja possível conferir nem a sabedoria superlativa, nem a bondade superlativa a Cristo, tal como é descrito nos evangelhos – e aqui devo dizer que minha preocupação não é com a questão histórica. Historicamente, é bastante dúbio se Cristo chegou mesmo a existir; e, se existiu, não sabemos nada sobre Ele, de modo que não estou preocupado com a questão histórica, que é muito complexa. Estou preocupado com Cristo tal como Ele aparece nos evangelhos, tomando a narrativa do evangelho como ela se apresenta – e ali se encontram algumas coisas que não parecem muito sábias. Para começar, Ele com certeza achou que Sua segunda vinda ocorreria em nuvens de glória, depois da morte de todas as pessoas que viviam na época. Existem muitíssimos textos que comprovam isso. Ele diz, por exemplo: "Não acabareis de correr as cidades de Israel sem que venha o Filho do Homem". Depois, diz: "Entre aqueles que estão aqui presentes, há alguns que não morrerão antes que vejam vir o Filho do Homem no Seu Reino"; e há muitos lugares em que está bastante claro que ele acreditava que Sua segunda vinda aconteceria durante a vida de muitos que naquela época viviam.

Essa era a crença de Seus primeiros seguidores e era a base de boa parte de Seus ensinamentos morais. Quando Ele disse "Não queirais, pois, andar inquietos pelo dia de amanhã" e coisas semelhantes, era em grande parte porque Ele achava que a segunda vinda ocorreria muito em breve, e que assuntos cotidianos e mundanos não tinham importância. Eu conheci, de fato, alguns cristãos que acreditavam na iminência da segunda vinda. Conheci um vigário que assustou terrivelmente sua congregação ao dizer que a segunda vinda de fato estava muito iminente, mas os fiéis se tranquilizaram bastante quando descobriram que ele plantava árvores em seu jardim. Os primeiros cristãos de fato acreditavam nisso e se abstinham de coisas como plantar árvores no jardim, porque aceitaram de Cristo a crença de que a segunda vinda era iminente. Com respeito a isso, Ele claramente não era assim tão sábio como outras pessoas foram e com certeza não era superlativamente sábio.

O problema moral

Chega-se, então, às questões morais. Em minha concepção, há um defeito muito sério em relação ao caráter moral de Cristo: o fato de ele acreditar no inferno. Eu, pessoalmente, não acredito que qualquer pessoa profundamente humana possa acreditar no castigo eterno, e Cristo, conforme descrito nos Evangelhos, certamente acreditava no castigo eterno, sendo que podemos encontrar, repetidas vezes, uma fúria vingativa contra aqueles que se recusavam a escutar suas pregações – uma atitude que não era incomum aos pregadores, mas que de algum modo destoa da excelência superlativa. Não se encontra, por exemplo, essa atitude em Sócrates. Ele se revela bastante afável e cortês com as pessoas que se recusavam a ouvi-lo – e, ao meu ver, é muito mais digno para um sábio adotar essa linha do que a linha da indignação. Todos provavelmente se lembram do tipo de coisas que Sócrates dizia enquanto morria e do tipo de coisas que ele geralmente dizia a respeito das pessoas que não concordavam com ele.

Descobrir-se-á, nos Evangelhos, que Cristo disse: "Serpentes, raça de víboras! Como escapareis da condenação ao inferno?". Isso era dito às pessoas que não gostavam de sua pregação. A meu ver, esse não é exatamente o melhor tom, e há um grande número de tais coisas a respeito do inferno. Existe, é claro, o conhecido texto acerca do pecado contra o Espírito Santo: "Aquele que disser alguma palavra contra o Espírito Santo não será perdoado, nem neste mundo nem no mundo futuro". Esse texto causou uma quantidade indizível de infelicidade no mundo, porque todo tipo de gente julgou que tinha cometido o pecado contra o Espírito Santo e pensou que isso não seria perdoado, nem neste mundo, nem no mundo futuro. Eu realmente não penso que uma pessoa com um grau adequado de benevolência em sua natureza poderia ter colocado medos e terrores dessa espécie no mundo.

Então Cristo diz: "O Filho do Homem enviará os seus anjos, e eles tirarão do seu reino todos os escândalos e os que praticam a iniquidade, e lançá-los-ão na fornalha de fogo. Ali haverá choro e ranger de dentes". E então Ele prossegue a respeito do choro e do ranger de dentes. Isso aparece em versículo após versículo, e fica bem manifesto para o leitor que há um certo prazer na contemplação do choro e do ranger de dentes; do contrário, isso não ocorreria com tanta frequência. Mas todos os aqui presentes, é claro, lembram-se da parte que fala de ovelhas e cabritos; de como, na segunda vinda, Ele vai dividir as ovelhas dos cabritos e dizer aos últimos: "Apartai-vos de mim, malditos, para o fogo eterno". Ele prossegue: "E estes irão para o suplício eterno". Então, diz mais uma vez: "Se a tua mão te escandalizar, corta-a; melhor te é entrar na vida (eterna) manco do que, tendo duas mãos, ir para o inferno, para o fogo inextinguível, onde o verme não morre e o fogo não se apaga". Ele repete isso muitas e muitas vezes. Preciso dizer que concebo toda esta doutrina, de que o fogo do inferno é punição para o pecado, como uma doutrina de crueldade. Trata-se de uma doutrina que pôs a crueldade no mundo e lhe conferiu gerações de cruel tortura – e o Cristo dos Evangelhos, se o considerarmos como seus cronistas o representam, certamente teria de ser em parte responsabilizado por isso.

Há outras coisas de menor importância. Há, por exemplo, a passagem do porco geraseno, na qual sem dúvida não foi nada simpático com os porcos colocar os demônios dentro deles e fazer com que disparassem colina abaixo até o mar. É necessário lembrar que

Ele era onipotente e que poderia ter feito simplesmente com que os demônios fossem embora; mas escolheu enviá-los aos porcos. Há ainda a curiosa história da figueira, que sempre me deixa bastante intrigado. Todos se lembram do que aconteceu com a figueira. "Ele teve fome. E, tendo visto ao longe uma figueira que tinha folhas, foi lá ver se encontrava nela alguma coisa; e, quando chegou a ela, não encontrou senão folhas, porque não era tempo de figos. E, falando, disse-lhe: jamais coma alguém fruto de ti. (...) E Pedro, recordando-se, disse-Lhe: Olha, mestre, como secou a figueira que amaldiçoaste." Essa é uma história muito curiosa, porque não era aquela a estação dos figos, de modo que realmente não era possível culpar a árvore. Pessoalmente, não consigo achar que, em matéria de sabedoria ou de virtude, Cristo se ache em posição tão elevada quanto a de outras pessoas que encontramos na história. Em relação a esses aspectos, eu colocaria Buda e Sócrates acima d'Ele.

O FATOR EMOCIONAL

Como já disse, não creio que a razão verdadeira por que as pessoas aceitam a religião tenha algo a ver com argumentação. Elas aceitam a religião por motivos emocionais. Geralmente nos dizem que é muito errado atacar a religião, porque a religião traz virtude ao homem. É o que me dizem; mas não notei isso. Todos conhecem, naturalmente, a paródia desse argumento no livro de Samuel Butler* *Erewhon Revisited*. Todos irão se lembrar de que em *Erewhon* há um certo Higgs que chega a um país remoto e que, depois de passar algum tempo por lá, foge daquele país em um balão. Vinte anos depois, ele volta para o tal país e descobre uma nova religião em que ele era louvado sob o nome de "Filho do Sol", e dizem que ele subiu aos céus. Ele descobre que o dia da Ascensão será celebrado em pouco tempo e ouve os professores Hanky e Panky dizerem um ao outro que jamais colocaram os olhos no tal Higgs e que esperam nunca fazê-lo; mas eles são os sumos sacerdotes da religião do Filho do Sol. Higgs fica

---

* Samuel Butler (1835-1902), escritor inglês oriundo de uma linhagem de clérigos, foi criado para ser pastor mas afastou-se da religião e da família ao questionar dogmas da Igreja. (N.T.)

muito indignado, vai até eles e diz: "Vou expor toda esta fraude e dizer ao povo de Erewhon que se tratava apenas de mim, Higgs, e que eu fui embora de balão". Então dizem a ele: "Não pode fazer isso, porque toda a moral deste país se baseia neste mito, e, se o povo ficar sabendo que você não subiu aos céus, todos vão se depravar"; assim, convencido disso, Higgs vai embora discretamente.

Esta é a ideia: todos nós nos depravaríamos se não seguíssemos a religião cristã. A mim, parece que as pessoas que se apegaram a ela foram, em sua maior parte, extremamente depravadas. Há o fato curioso de que, quanto mais intensa foi a religião em qualquer período e quanto mais profunda foi a crença dogmática, maior foi a crueldade e pior foi a situação geral. Nas chamadas idades da fé, quando as pessoas de fato acreditavam na religião em todos os seus aspectos, houve a Inquisição, com suas torturas; milhões de mulheres desafortunadas foram queimadas como bruxas, e todo tipo de crueldade foi praticada contra todo tipo de gente em nome da religião.

Em um exame do mundo como um todo, percebe-se que cada progresso, por menor que seja, cada melhoria no código penal, cada passo na direção do melhor tratamento das raças de cor, ou cada mitigação da escravidão, cada progresso moral que ocorreu no mundo só aconteceu em oposição às igrejas organizadas do mundo. Digo de maneira bastante deliberada que a religião cristã, tal como é organizada em suas igrejas, foi e é o maior inimigo do progresso moral no mundo.

COMO AS IGREJAS RETARDARAM O PROGRESSO

Os senhores podem julgar que estou indo longe demais ao dizer que isso ainda acontece. Não acho que seja o caso. Tomemos como exemplo um fato. Os senhores hão de concordar comigo quando eu citá-lo. Não é um fato agradável, mas as igrejas nos compelem a mencionar fatos que não são agradáveis. Suponhamos que neste mundo onde vivemos hoje uma moça sem experiência esteja casada com um homem sifilítico; nesse caso, a Igreja Católica diz: "Este é um sacramento indissolúvel. Vocês dois devem ficar juntos a vida toda". E essa mulher não deve tomar nenhuma iniciativa para evitar que tenha filhos sifilíticos. É isso o que a Igreja Católica diz. Eu digo que isso é uma crueldade demoníaca, e ninguém cujas inclinações naturais não tenham sido infectadas pelo dogma, ou cuja natureza moral não esteja absolutamente morta no que diz respeito a toda a noção de sentimento, poderia defender que é certo e correto esse estado de coisas continuar.

Esse é apenas um exemplo. Existem muitíssimas maneiras por meio das quais, no momento atual, a Igreja, com sua insistência quanto ao que decide classificar como moralidade, inflige sofrimento desmerecido e desnecessário a todo tipo de gente. E é claro, como sabemos, ela continua sendo na maior parte oposta ao progresso e às melhorias relativas a todas as maneiras de fazer diminuir o sofrimento no mundo, porque escolheu classificar como moralidade um certo conjunto restrito de regras de conduta que nada têm a ver com a felicidade humana. E quando se diz que isto ou aquilo deve ser feito porque contribuiria para a felicidade humana, afirmam eles que a questão nada tem a ver, absolutamente, com o problema. "O que a felicidade humana tem a ver com a moral? O objetivo da moral não é tornar as pessoas felizes."

Medo, a base da religião

A religião se baseia, acredito, em primeiro lugar e principalmente, no medo. Trata-se, em parte, do terror ao desconhecido e, em parte, como eu já disse, do desejo de sentir a existência de um tipo de irmão mais velho a proteger-nos em todos os problemas e disputas. O medo é a base de todo o problema: medo do misterioso, medo da derrota, medo da morte. O medo é o progenitor da crueldade, e portanto não é nada surpreendente o fato de a crueldade e a religião andarem lado a lado. Isso acontece porque o medo é a base de ambas as coisas. Neste mundo, agora podemos começar a compreender um pouco as coisas e a controlá-las com a ajuda da ciência, que abriu seu caminho à força, passo a passo, contra a religião cristã, contra as igrejas e contra a oposição de todos os preceitos antigos. A ciência pode nos ajudar a superar esse medo covarde no qual a humanidade vive há tantas gerações. A ciência pode nos ensinar, e acredito que também nosso próprio coração pode fazê-lo, a não mais olhar em volta em busca de apoios imaginários, a não mais inventar aliados no céu, mas, em vez disso, a olhar para os nossos próprios esforços aqui embaixo, a fim de fazer deste mundo um lugar adequado para se viver, em vez do tipo de lugar em que as igrejas ao longo desses séculos todos o transformaram.

O QUE DEVEMOS FAZER

Queremos nos erguer sobre os próprios pés e olhar com justeza e honestidade para o mundo: seus aspectos bons, seus aspectos maus, suas belezas, suas feiuras; ver o mundo como ele é e não ter medo dele; conquistar o mundo com a inteligência, e não simplesmente subjugados como escravos pelo terror que emana dele. Toda a concepção de Deus é uma concepção que deriva dos antigos despotismos orientais. Trata-se de uma concepção bastante indigna dos homens livres. Quando ouvimos pessoas na igreja se rebaixando e dizendo que são pecadoras miseráveis e tudo o mais, isso me parece algo desprezível e indigno de seres humanos que respeitem a si mesmos. É necessário nos erguermos e olhar para o mundo com franqueza, de frente. Precisamos fazer com que o mundo seja o melhor possível – e, se ele não for tão bom como gostaríamos que fosse, no final das contas ainda será melhor do que aquilo que todos esses outros fizeram dele ao longo de tantas eras. Um mundo bom precisa de conhecimento, gentileza e coragem; não precisa de anseios pesarosos em pelo passado nem do agrilhoamento do livre pensar a palavras proferidas há muito tempo por homens ignorantes. Precisa de perspectivas desprovidas de medo e de liberdade para a inteligência. Precisa de esperança para o futuro, e não de retrocesso a um passado que já morreu, que, acreditamos, será enormemente superado pelo futuro que a nossa inteligência é capaz de criar.

2

Será que a religião fez contribuições úteis para a civilização?*

Minha visão pessoal a respeito da religião é a mesma de Lucrécio. Vejo-a como uma doença derivada do medo e como fonte de tristeza incalculável para a raça humana. Não posso, no entanto, negar que ela realizou, sim, algumas contribuições à civilização. No início, ajudou a estabelecer o calendário e fez com que os sacerdotes egípcios relatassem eclipses com cuidado tal que, com o tempo, tornaram-se capazes de prevê-los. Estou pronto para admitir esses dois serviços prestados, mas não sei de mais nenhum outro.

A palavra "religião" é usada hoje em sentido bastante vago. Algumas pessoas, sob influência de um protestantismo extremo, empregam-na para denotar quaisquer convicções pessoais relativas à moral ou à natureza do universo. Esse uso da palavra é bastante anistórico. A religião é, fundamentalmente, um fenômeno social. É possível que as igrejas devam sua origem a professores com convicções individuais muito fortes, mas esses professores raramente exerceram muita influência sobre as igrejas que fundaram, ao passo que as igrejas exerceram enorme influência sobre as comunidades em que floresceram. Peguemos como exemplo o caso que mais interessa aos integrantes da civilização ocidental: os ensinamentos de Cristo, tal como aparecem nos Evangelhos, têm tido extraordinariamente pouco a ver com a ética dos cristãos. A coisa mais importante sobre o cristianismo, do ponto de vista social e histórico, não é Cristo, e sim

---

* Publicado pela primeira vez em 1930. (Todas as notas não creditadas são da edição inglesa) (N.E.)

a Igreja, de modo que, se formos julgar o cristianismo como força social, não devemos recorrer aos Evangelhos em busca de material. Cristo ensinou que se deve dar os bens que se tem aos pobres, que não se deve brigar, que não se deve ir à igreja e que não se deve punir o adultério. Nem católicos nem protestantes mostraram algum tipo de forte desejo de seguir os ensinamento d'Ele a respeito desses aspectos. Alguns franciscanos, é verdade, tentaram ensinar a doutrina da pobreza apostólica, mas o papa os condenou, e sua doutrina foi declarada herética. Ou, mais uma vez, consideremos um texto como "Não julgueis, para que não sejais julgados" e perguntemos a nós mesmos qual foi a influência que ele exerceu sobre a Inquisição e a Ku-Klux-Klan.

O que é verdadeiro a respeito do cristianismo é igualmente verdadeiro a respeito do budismo. Buda era amável e iluminado; em seu leito de morte, riu dos discípulos que o julgavam imortal. Mas o sacerdócio budista – tal como existe, por exemplo, no Tibete – tem sido obscurantista, tirânico e cruel no mais alto nível.

Nada existe de acidental em relação a essa diferença entre uma Igreja e seu fundador. Logo que se supõe que a verdade absoluta está contida nos dizeres de um certo homem, eis que surge um corpo de especialistas para interpretar seus dizeres, e esses especialistas invariavelmente adquirem poder, já que detêm a chave para a verdade. Assim como qualquer outra casta privilegiada, usam seu poder em benefício próprio. São, no entanto, sob certo aspecto, piores do que qualquer outra casta privilegiada, já que seu negócio é expor uma verdade imutável, revelada de uma vez por todas em perfeição absoluta, de modo que se transformam necessariamente em oponentes de todo progresso intelectual e moral. A Igreja se opôs a Galileu e a Darwin, e em nossos dias opõe-se a Freud. Na época em que gozava de maior poder, foi ainda mais longe em sua oposição à via intelectual. O papa Gregório, o Grande, escreveu a um certo bispo uma carta que começava assim: "Um relato chegou até nós e não podemos mencioná-lo sem corar: o de que vós explicastes a gramática a certos amigos". O bispo foi forçado, pela autoridade pontifical, a desistir deste ato depravado, e a latinidade só foi se recuperar no Renascimento. A Igreja é perniciosa não apenas no que diz respeito à intelectualidade, mas também à moralidade. Com isso quero dizer que ela ensina códigos éticos que não levam à felicidade humana. Quando, há alguns anos, um plebiscito foi realizado na Alemanha para discutir se as famílias reais depostas deveriam ter permissão para desfrutar de sua propriedade privada, as igrejas na Alemanha declararam oficialmente que seria contrário aos ensinamentos do cristianismo privá-las disso. As igrejas, como todos sabem, opuseram-se à abolição da escravatura durante o tempo que foi possível e, com algumas exceções bem divulgadas, opõem-se hoje ao movimento em direção à justiça econômica. O papa condenou o socialismo oficialmente.

Cristianismo e sexo

Mas o pior aspecto da religião cristã é sua atitude em relação ao sexo – atitude tão mórbida e tão antinatural que pode ser compreendida apenas quando relacionada à doença do mundo civilizado à época em que o Império Romano sucumbia. A esse respeito, às vezes ouvimos falar que o cristianismo melhorou a posição social das mulheres. Essa é uma das perversões históricas mais grosseiras que se pode fazer. As mulheres não podem desfrutar de uma posição tolerável em uma sociedade em que seja considerado de máxima importância o fato de elas não poderem infringir um código moral muito rígido. Os monges sempre consideraram a mulher principalmente como a tentadora; pensaram nela principalmente como inspiradora de desejos impuros. O ensinamento da Igreja foi, e ainda é, que a virgindade é o melhor, mas que, para aquelas que acham isso impossível, o casamento é permitido. "É melhor se casar do que queimar", diz brutalmente São Paulo. Ao fazer do casamento uma coisa indissolúvel, e ao extinguir todo o conhecimento a respeito da *ars amandi*, a Igreja fez o que pôde para garantir que a única forma de sexo permitida envolvesse o mínimo de prazer e o máximo de dor possível. A oposição aos métodos contraceptivos tem, aliás, a mesma motivação: se uma mulher tiver um filho por ano até se exaurir, supõe-se que ela não terá muito prazer em sua vida de casada; portanto, os métodos contraceptivos não devem ser incentivados.

A concepção de Pecado ligada à ética cristã é algo que causa quantidade extraordinária de prejuízo, já que dá às pessoas uma válvula de escape para seu sadismo, a qual elas acreditam ser legítima e até mesmo nobre. Tomemos, por exemplo, a questão da prevenção da sífilis. Sabe-se que, tomando-se precauções antecipadamente, o perigo de contrair essa doença pode se tornar desprezível. Os cristãos, no entanto, opõem-se à disseminação das informações a respeito desse fato, já que defendem a punição dos pecadores. Defendem tanto essa ideia que chegam até mesmo a desejar que a punição se estenda à mulher e aos filhos dos pecadores. Existem no mundo, no presente momento, muitos milhares de crianças sofrendo de sífilis congênita que nunca teriam nascido se não fosse pelo desejo cristão de punir os pecadores. Não consigo entender como doutrinas que nos levam a crueldades tão demoníacas podem ser consideradas como tendo qualquer efeito positivo sobre a moral.

A atitude dos cristãos é nociva ao bem-estar humano não apenas no que diz respeito ao comportamento sexual, mas também em relação às informações ligadas aos assuntos sexuais. Qualquer pessoa que já tenha se dado o trabalho de estudar a questão sem preconceito sabe que a ignorância artificial a respeito dos assuntos ligados ao sexo que os cristãos ortodoxos tentam incutir nos jovens é extremamente perigosa à saúde mental e física, incitando, naqueles que adquirem o seu conhecimento por meio de conversas "inapropriadas", como acontece com a maior parte das crianças, a visão de que o sexo em si é indecente e ridículo. Não penso que possa existir qualquer defesa para a opinião de que o conhecimento é sempre indesejável. Eu não colocaria barreiras à aquisição de conhecimento por qualquer pessoa em qualquer idade. Mas, no caso específico das informações relativas ao sexo, existem muito mais argumentos de peso a seu favor do que no caso da maior parte dos outros assuntos. Uma pessoa está muito menos propensa a agir de maneira sábia quando é ignorante do que quando é instruída, e é ridículo transmitir aos jovens o sentimento de pecado pelo fato de manifestarem uma curiosidade natural em relação a questões importantes.

Todo menino se interessa por trens. Suponhamos que se diga a ele que tal interesse é demoníaco, suponhamos que se coloque uma venda em seus olhos cada vez que ele entre em uma estação de trem; suponhamos que nunca se permita que a palavra "trem" seja mencionada em sua presença e que se preserve um mistério impenetrável em relação à maneira como ele é transportado de um lugar a outro. O resultado não seria que ele parasse de se interessar por trens; ao contrário, ele se interessaria pelo assunto mais do que nunca, mas carregaria consigo a noção mórbida de pecado, porque esse interesse se lhe havia sido apresentado como algo impróprio. Todo menino de inteligência ativa poderia, desse modo, transformar-se em um neurastênico de maior ou menor grau. E é isso precisamente que se faz em relação ao sexo; mas, como o sexo é mais interessante do que os trens, os resultados são piores. Quase todo adulto, em uma comunidade cristã, apresenta doença nervosa em grau mais ou menos acentuado, como resultado do tabu relativo ao conhecimento sexual a que foi submetido quando era criança. E a noção de pecado que assim é implantada artificialmente é uma das causas da crueldade, timidez e estupidez que aparecem posteriormente na vida. Não existe embasamento racional algum para manter uma criança ignorante a respeito de qualquer coisa que ela deseje saber, seja sobre sexo ou qualquer outro assunto. E nunca teremos uma população sã até que esse fato seja reconhecido na educação infantil, o que é impossível enquanto as igrejas tiverem a capacidade de controlar as políticas educativas.

Deixando essas objeções comparativamente detalhadas de lado, fica claro que as doutrinas fundamentais do cristianismo exigem uma grande dose de perversão ética antes que possam ser aceitas. O mundo, tal como nos dizem, foi criado por um Deus que é tanto bom quanto onipotente. Antes de criar o mundo, Ele previu toda a dor e tristeza que este encerraria. Ele é, portanto, responsável por tudo isso. É inútil argumentar que a dor existente no mundo se deve ao pecado. Em primeiro lugar, isso não é verdade; não é o pecado que faz rios transbordarem os limites de suas margens ou os vulcões entrarem em erupção. Mas, mesmo que fosse verdade, isso não faria a menor diferença. Se eu fosse gerar uma criança sabendo que ela se transformaria em um maníaco homicida, eu deveria ser responsabilizado por seus crimes. Se Deus conhecia de antemão os pecados de que a humanidade seria culpada, Ele foi então claramente responsável por todas as consequências desses pecados quando decidiu criar o homem. O argumento cristão mais comum é de que o sofrimento no mundo é uma purificação do pecado e, portanto, algo bom. Esse argumento é, obviamente, apenas uma racionalização do sadismo; mas, de todo modo, é um argumento muito pobre. Eu convidaria qualquer cristão para me acompanhar até a ala infantil de um hospital, a fim de observar o sofrimento que ali é vivido, e então insistir na afirmação de que aquelas crianças estão de tal forma perdidas moralmente que merecem o que sofrem. Para que possa dizer algo assim, qualquer pessoa tem de destruir em si todos os sentimentos de misericórdia e compaixão que possa ter. Deve, em resumo, tornar-se tão cruel quanto o Deus em que acredita. Uma pessoa que acredite que tudo neste mundo cheio de sofrimento possui conotação positiva não tem como manter seus valores éticos intactos, já que sempre precisa encontrar desculpas para a dor e a tristeza.

As objeções à religião

As objeções à religião são de dois tipos – intelectuais e morais. A objeção intelectual é que não existe razão para supor que religião alguma seja verdadeira; a objeção moral é que os preceitos religiosos datam de uma época em que os homens eram mais cruéis do que são e, portanto, têm a tendência de perpetuar atrocidades que a consciência moral desta época, de outro modo, superaria.

Vamos examinar primeiro a objeção intelectual: existe uma certa tendência, em nossa época prática, de considerar que não faz muita diferença se os ensinamentos religiosos são verdadeiros ou não, já que a questão mais importante é saber se são úteis. Mas uma questão não pode ser respondida sem a outra. Se acreditarmos na religião cristã, nossas noções do que é bom serão diferentes do que seriam se não acreditássemos nela. Portanto, para os cristãos, os efeitos do cristianismo podem parecer bons, ao passo que, para os descrentes, podem parecer ruins. Além do mais, a atitude de que se deve acreditar nesta ou naquela proposição, independentemente de existirem evidências a seu favor, é uma atitude que produz hostilidade ante as evidências e faz com que fechemos a mente a todos os fatos que não se encaixem nos nossos preconceitos.

Um certo tipo de imparcialidade científica é uma qualidade muito importante, sendo algo que dificilmente pode existir em um homem que imagine existirem coisas em que deve acreditar por obrigação. Não podemos, portanto, realmente decidir se a religião faz bem ou não sem investigar se ela é verdadeira ou não. Para cristãos, maometanos e judeus, a questão mais fundamental implicada na verdade da religião é a existência de Deus. Na época em que a religião ainda triunfava no mundo, a palavra "Deus" tinha um significado perfeitamente definido; mas, como resultado dos ataques violentos dos racionalistas, a palavra foi empalidecendo, até ficar difícil saber o que as pessoas querem dizer ao afirmar que acreditam em Deus. Tomemos, por razões argumentativas, a definição de Matthew Arnold: "Uma força alheia a nós mesmos, que confirma a virtude". Talvez devamos deixar isso ainda mais vago e perguntar a nós mesmos se temos alguma evidência de finalidade neste universo além das finalidades dos seres vivos sobre a superfície deste planeta.

O argumento mais comum das pessoas religiosas a respeito deste assunto é, *grosso modo*, o que se segue: "Eu e meus amigos somos pessoas de inteligência e virtude surpreendentes. É praticamente inconcebível supor que tanta inteligência e virtude pudessem ter surgido por acaso. Deve, portanto, existir alguém pelo menos tão virtuoso e inteligente quanto nós que pôs a engrenagem cósmica em funcionamento com o intuito de nos produzir". Sinto dizer que não considero esse argumento tão impressionante quanto calculam as pessoas que o utilizam. O universo é grande; no entanto, se formos acreditar em Eddington, não há em nenhum lugar do universo seres tão inteligentes quanto os homens. Levando em conta a quantidade total de matéria no mundo e a comparando com a quantidade que forma o corpo dos seres inteligentes, ver-se-á que a segunda acha--se em proporção quase infinitesimal em relação à primeira. Em consequência, mesmo que seja enormemente improvável que as leis do acaso possam produzir um organismo capaz de ter inteligência a partir de uma seleção acidental de átomos, é, contudo, provável que exista no universo aquele número muito pequeno de tais organismos, que de fato encontramos. Mas, mesmo assim, considerados como o clímax de um processo tão complexo, não parecemos, na verdade, suficientemente maravilhosos. Obviamente, tenho consciência de que muitos sacerdotes são muito mais maravilhosos do que eu e que não tenho condições de apreciar por completo méritos que transcendem tanto assim aos meus. Contudo, mesmo depois de fazer concessões a esse respeito, não posso deixar de pensar que a Onipotência, operante por toda a eternidade, poderia ter produzido algo melhor. E, assim, é preciso refletir que mesmo esse resultado representa apenas uma gota no oceano. A terra não será habitável para sempre; a raça humana vai se extinguir, e, se o processo cósmico tiver de se justificar a partir daí, vai ter de fazê-lo em algum outro lugar que não a superfície de nosso planeta. E, mesmo que isso ocorra, o processo deverá ser interrompido cedo ou tarde. A segunda lei da termodinâmica torna praticamente impossível duvidar de que o universo esteja se exaurindo e de que, no fim, nada que tenha o menor interesse será possível em lugar nenhum. Claro, fica a nosso critério dizer que, quando tal hora chegar, Deus vai dar corda na engrenagem mais uma vez; mas, se fizermos esta afirmação, só poderemos basear nossa alegação na fé, e não em qualquer migalha de evidência científica. No que diz respeito à evidência científica, o universo se arrastou em estágios lentos até um resultado um tanto deplorável nesta terra – e vai se arrastar, por mais outros estágios deploráveis, até atingir a condição de morte universal. Se isso for tomado como evidência de uma finalidade, só posso dizer que esta finalidade não me atrai em nada. Não vejo razão, portanto, para acreditar em qualquer tipo de Deus, por mais vago e mais atenuado que seja. Deixo de lado os velhos argumentos metafísicos, já que os próprios defensores da religião os desprezaram.

A ALMA E A IMORTALIDADE

A ênfase cristã dada à alma individual teve influência profunda sobre a ética das comunidades cristãs. É uma doutrina fundamentalmente assemelhada àquela dos estoicos, e que surgiu como a deles, em comunidades que já não podiam mais nutrir esperanças políticas. O impulso natural das pessoas vigorosas e com decência de caráter é tentar fazer o bem, mas se elas forem destituídas de toda força política e de toda oportunidade de influenciar acontecimentos, elas serão desviadas de seu caminho natural e chegarão à conclusão de que o mais importante é serem boas. Foi o que aconteceu com os primeiros cristãos; isso os levou a uma concepção de santidade pessoal como algo absolutamente separado da ação beneficente, já que a santidade tinha de ser algo que pudesse ser atingido por pessoas impotentes na ação. A virtude social passou então a ser excluída da ética cristã. Até hoje, os cristãos convencionais pensam que um adúltero é mais demoníaco do que um político que aceita propina, apesar de o segundo provavelmente causar mil vezes mais prejuízo do que o primeiro. A concepção medieval de virtude, como se vê em seus quadros, era algo ralo, fraco e sentimental. O homem mais virtuoso era aquele que se afastava do mundo; os únicos homens de ação considerados santos eram aqueles que desperdiçavam a vida e a substância de seus súditos em lutas contra os turcos, como São Luís. A Igreja nunca consideraria um homem santo por ter reformado as finanças, ou as leis criminais, ou o judiciário. Tais contribuições simples ao bem-estar humano eram consideradas sem importância. Não acredito que haja em todo o calendário um único santo cuja santidade esteja relacionada à utilidade pública. Andava junto com essa separação entre a *persona* social e a *persona* moral a separação crescente entre a alma e o corpo, que sobreviveu na metafísica cristã e nos sistemas derivados de Descartes. Pode-se dizer, de maneira generalizada, que o corpo representa a parte social e pública do homem, ao passo que a alma representa a parte privada. Ao dar ênfase à alma, a ética cristã se transformou em algo totalmente individualista. Penso estar claro que o resultado de tantos séculos de cristianismo foi fazer com que os homens se tornassem mais egoístas, mais fechados em si mesmos, do que a natureza os fez – porque os impulsos que naturalmente levam os homens para fora dos muros de seu ego são os sexuais, os paternais e os patrióticos – ou o instinto de rebanho. A Igreja fez tudo o que pôde para aviltar e degradar o sexo; a afeição familiar foi desprezada pelo próprio Cristo e pelo grosso de seus seguidores; e o patriotismo não conseguiu encontrar lugar entre as populações de súditos do Império Romano. A polêmica contra a família nos Evangelhos é uma questão que não recebeu a atenção merecida. A Igreja trata a Mãe de Cristo com reverência, mas Ele próprio mostrou pouco dessa atitude. "Mulher, que tenho eu contigo?" (João 2:4) é a maneira como fala com ela. Ele também diz: "(...) vim separar o filho do seu pai, e a filha da sua mãe, e a nora da sua sogra. (...) O que ama o pai ou a mãe mais do que a mim não é digno de mim" (Mateus 10:35-37). Tudo isso significa a dissolução do laço biológico familiar em nome da crença – atitude que tinha muito a ver com a intolerância que veio ao mundo com a disseminação do cristianismo.

Esse individualismo culminou na doutrina da imortalidade da alma individual, que gozaria para todo o sempre de felicidade infinita ou de desgraça infinita, dependendo das circunstâncias. As circunstâncias das quais essa diferença importantíssima dependia eram um tanto curiosas. Por exemplo, se uma pessoa morresse imediatamente depois de um padre ter espargido água sobre ela enquanto pronunciava certas palavras, essa pessoa herdaria a felicidade eterna; no entanto, se depois de uma longa vida cheia de virtudes a pessoa fosse atingida por um raio em um momento em que estivesse proferindo palavras feias porque o cadarço do sapato tinha arrebentado, herdaria o tormento eterno. Não estou dizendo que o protestante cristão moderno acredite nisso, nem mesmo, talvez, o católico cristão moderno que não tenha sido adequadamente instruído em teologia; mas digo, sim, que essa é a doutrina ortodoxa em que se acreditava com muita firmeza até épocas bem recentes. Os espanhóis no México e no Peru costumavam batizar os bebês indígenas e imediatamente esmagar-lhes o cérebro: dessa maneira, garantiam que esses bebês iriam para o céu. Nenhum cristão ortodoxo é capaz de encontrar alguma razão lógica para condenar a ação deles, apesar de hoje em dia todos o fazerem. De maneiras incontáveis, a doutrina da imortalidade pessoal, em sua forma cristã, surtiu efeitos desastrosos sobre a moral, e a separação metafísica de alma e corpo surtiu efeitos desastrosos sobre a filosofia.

Fontes de intolerância

A intolerância que se espalhou pelo mundo com o advento do cristianismo é um de seus aspectos mais curiosos, devido, penso, à crença judaica na verdade e na realidade exclusiva do Deus judaico. Por que os judeus tinham essas peculiaridades, isso eu não sei. Parecem ter-se desenvolvido durante o período em que passaram presos, como uma reação contra a tentativa de tentar absorver os judeus em populações estrangeiras. Seja lá por que for, os judeus, e mais especificamente os profetas, inventaram a ênfase na virtude pessoal e a ideia de que é demoníaco tolerar qualquer religião, à exceção de uma. Essas duas ideias tiveram um efeito extraordinariamente desastroso sobre a história ocidental. A Igreja chamou muita atenção para a perseguição de cristãos no Estado romano antes da época de Constantino. Essa perseguição, no entanto, foi leve e intermitente e absolutamente política. Em qualquer época, do tempo de Constantino até o final do século VII, os cristãos foram perseguidos com muito mais afã por outros cristãos do que jamais o foram pelos imperadores romanos. Antes do surgimento do cristianismo, essa atitude de perseguição era desconhecida no mundo antigo, à exceção do que acontecia entre os judeus. Ao ler, por exemplo, Heródoto, encontrar-se-á um relato ameno e tolerante a respeito dos hábitos das nações estrangeiras que ele visitava. Às vezes, é verdade, algum costume peculiarmente bárbaro poderia chocá-lo, mas, de maneira geral, ele é amável para com os deuses e os costumes estrangeiros. Ele não se mostra ansioso para provar que as pessoas que chamam Zeus por algum outro nome sofrerão castigo eterno e devem ser mortas para que seu suplício comece o mais rápido possível. Esta atitude foi reservada aos cristãos. É verdade que o cristão moderno é menos robusto, mas isso não se deve ao cristianismo; deve-se a gerações de livres-pensadores que, desde o Renascimento até os dias de hoje, fizeram com que os cristãos se envergonhassem de muitas de suas crenças tradicionais. É divertido ouvir o cristão moderno falando de como o cristianismo na verdade é brando e racional, ignorando o fato de que toda essa brandura e esse racionalismo se devem aos ensinamentos de homens que, em sua própria época, foram perseguidos por todos os cristãos ortodoxos. Ninguém hoje acredita que o mundo foi criado no ano 4004 a.C.; mas não faz muito tempo o ceticismo em relação a esse dado era considerado crime abominável. Meu trisavô, depois de observar a profundidade da lava nas encostas do monte Etna, chegou à conclusão de que o mundo devia ser mais antigo do que os ortodoxos supunham e publicou tal opinião em um livro. Devido a essa ofensa, ele foi expurgado por seu condado e afastado da sociedade. Se ele fosse um homem de condições mais humildes, sua punição sem dúvida teria sido mais severa. Não configura nenhum crédito para os ortodoxos o fato de já não acreditarem em todos os absurdos em que acreditavam há 150 anos. A emasculação gradual da doutrina cristã tem se efetivado apesar da resistência mais rigorosa, e unicamente como resultado das atrocidades cometidas pelos livres-pensadores.

A DOUTRINA DO LIVRE-ARBÍTRIO

A atitude dos cristãos em relação à lei natural tem sido curiosamente vacilante e incerta. Havia, de um lado, a doutrina do livre-arbítrio, em que a grande maioria dos cristãos acreditava – e essa doutrina exigia que os atos dos seres humanos, pelo menos, não estivessem sujeitos às leis naturais. Havia, de outro lado, principalmente nos séculos XVIII e XIX, uma crença em Deus como o Legislador e na lei natural como uma das principais evidências da existência de um Criador. Em épocas recentes, a objeção ao domínio da lei nos interesses do livre-arbítrio começou a ser sentida com mais força do que a crença no fato de a lei natural dar evidências da existência de um Legislador. Os materialistas usaram as leis da física para mostrar, ou tentar mostrar, que os movimentos dos corpos humanos são determinados de maneira mecânica e que, em consequência, tudo o que dizemos e toda mudança de posição que efetuamos se localiza fora da esfera de qualquer livre-arbítrio possível. Se for assim, tudo o que fica a cargo de nossas vontades desagrilhoadas não tem lá muito valor. Se, quando um homem escreve um poema ou comete um assassinato, os movimentos corporais envolvidos em seu ato resultam unicamente de causas físicas, pareceria absurdo erguer uma estátua para ele no primeiro caso e enforcá-lo no segundo. Pode ser que ainda reste, em certos sistemas metafísicos, uma região de pensamento puro em que o arbítrio seria livre; mas, como isso só pode ser comunicado aos outros por meio de movimentos corporais, o domínio da liberdade nunca poderia estar sujeito à comunicação e nunca poderia ter nenhuma importância social.

Ademais, a evolução exerceu influência considerável sobre aqueles cristãos que a aceitaram. Eles viram que não adiantava nada fazer alegações a favor do homem completamente diferentes daquelas feitas em relação a outras formas de vida. Portanto, para poder salvaguardar o livre-arbítrio no homem, fizeram objeção a todas as tentativas de explicar o comportamento da matéria viva nos termos das leis físicas e químicas. A posição de Descartes, segundo a qual todos os animais inferiores são autômatos, não mais encontra simpatia entre os teólogos liberais. A doutrina da continuidade faz com que eles se sintam propensos a dar um passo adiante e defender que até mesmo aquilo que se chama de matéria morta não tem seu comportamento governado de maneira rígida por leis inalteráveis. Ao que parece, eles fizeram vista grossa ao fato de que, se for abolido o domínio da lei, também se fará abolir a possibilidade de milagres, já que milagres são atos de Deus que vão contra as leis que governam os fenômenos comuns. Sou capaz, no entanto, de imaginar um teólogo liberal moderno defendendo, com ar de profundidade, que toda a criação é milagrosa, de modo que não precisa mais se prender a certas ocorrências como evidência especial da intervenção divina.

Sob a influência dessa reação contra a lei natural, alguns defensores do cristianismo fiam-se nas mais recentes doutrinas relativas ao átomo, segundo as quais as leis da física em que acreditamos até agora só dizem respeito a uma verdade razoavelmente aproximada ao ser aplicada a grandes números de átomos, ao passo que o elétron individual age praticamente como bem entende. Acredito que esta seja uma fase temporária e que os físicos, com o tempo, descobrirão leis que governam os fenômenos atômicos, apesar de ser possível que essas leis sejam consideravelmente diferentes daquelas da física tradicional. Seja como for, vale a pena observar que as doutrinas modernas que dizem respeito aos fenômenos atômicos não têm influência sobre nada que seja de importância prática. Os movimentos invisíveis e, de fato, todos os movimentos que fazem qualquer diferença para alguém envolvem números tão grandes de átomos que se encaixam bem no escopo das antigas leis. Para escrever um poema ou cometer assassinato (voltando à nossa ilustração anterior), é necessário deslocar uma massa considerável de tinta ou de chumbo. Os elétrons que compõem a tinta podem estar dançando livremente pelo seu salão de baile, mas o salão de baile como um todo se move de acordo com as antigas leis da física, e apenas isso é o que interessa ao poeta e a seu editor. As doutrinas modernas, portanto, não têm uma influência significativa sobre nenhum desses problemas de interesse humano dos quais o teólogo se ocupa.

A questão do livre-arbítrio, em consequência, permanece exatamente onde estava. Seja o que for que se pense a respeito dela como questão de metafísica extrema, está muito claro que, na prática, ninguém acredita nisso. Todo mundo sempre acreditou ser possível treinar o caráter; todo mundo sempre soube que o álcool ou o ópio surtem um certo efeito sobre o comportamento. O defensor ferrenho do livre-arbítrio afirma que um homem pode, por meio da força de vontade, evitar embebedar-se, mas não afirma que, quando bêbado, um homem seja capaz de dizer "Constituição Britânica" com tanta clareza como se estivesse sóbrio. E todos os que já lidaram com crianças algum dia sabem que uma dieta adequada funciona mais do que os sermões mais eloquentes do mundo para que elas cresçam cheias de virtude. O único efeito que a doutrina do livre-arbítrio exerce, na prática, é evitar que as pessoas sigam ideias tão repletas de senso comum quanto esta até sua conclusão racional. Quando um homem age de uma maneira que nos irrita, temos vontade de julgar esse homem mau, e nos recusamos a aceitar o fato de que o comportamento irritante dele é resultado de causas anteriores e que, se remontarmos à sua origem de maneira satisfatória, chegaremos a uma época anterior ao seu nascimento e, portanto, a eventos sobre os quais ele não pode ser responsabilizado, por mais que se queira.

Nenhum homem trata um automóvel da maneira tola como trata outro ser humano. Quando o carro não dá a partida, não se atribui esse comportamento irritante ao pecado; não se diz: "Você é um automóvel mau, e não lhe darei mais gasolina até que dê a partida". Tenta-se descobrir o que há de errado e consertar a falha. Uma maneira análoga de tratar os seres humanos é, no entanto, considerada contrária às verdades da religião sagrada. E isso se aplica até mesmo ao tratamento dispensado a crianças pequenas. Muitas crianças têm maus hábitos que se perpetuam por meio de castigos, mas que provavelmente deixariam de existir se não se desse atenção a eles. Mesmo assim, as governantas, com pouquíssimas exceções, consideram correto aplicar castigos, apesar de assim correrem o risco de causar insanidade. Quando a insanidade é causada, ela chega a ser citada nos tribunais de Justiça como prova do prejuízo causado pelo hábito, e não pelo castigo (estou fazendo alusão a um processo recente por obscenidade, no estado de Nova York).

As reformas na educação foram feitas, em grande parte, por meio do estudo dos insanos e dos deficientes mentais, pois estes não foram responsabilizados moralmente por suas falhas e, portanto, foram tratados de maneira mais científica do que as crianças normais. Até tempos muito recentes, defendia-se que, se um menino não fosse capaz de aprender suas lições, a cura adequada era dar-lhe golpes de bengala ou de vara. Essa visão já está quase extinta no que diz respeito às crianças, mas sobrevive no direito criminal. É óbvio que um homem com propensão ao crime precisa ser detido, mas o mesmo vale para um homem que tem hidrofobia e quer morder os outros, apesar de ninguém considerá-lo moralmente responsável. Um homem que sofra de peste negra precisa ficar preso até estar curado, apesar de ninguém o considerar mau. O mesmo deveria ser feito com um homem que tivesse propensão para falsificações; mas não deveria haver mais ideia de culpa em um caso do que no outro. E isso é apenas bom senso, apesar de ser uma forma de bom senso a que a ética e a metafísica cristãs se opõem.

Para julgar a influência moral de qualquer instituição sobre uma comunidade, é preciso levar em conta o tipo de impulso incorporado na instituição e o grau em que a instituição aumenta a eficiência do em tal comunidade. Às vezes, o impulso em questão é bastante óbvio; outras vezes, está mais oculto. Um clube de alpinismo, por exemplo, obviamente incorpora o espírito de aventura, enquanto uma sociedade culta incorpora o impulso em direção ao conhecimento. A família como instituição incorpora o ciúme e o sentimento parental; um time de futebol ou um partido político incorpora o impulso em direção ao jogo competitivo. Mas as duas maiores instituições sociais – especificamente, a Igreja e o Estado – são mais complexas no que diz respeito à sua motivação psicológica. O propósito primordial do Estado é claramente a segurança contra os criminosos internos e os inimigos externos. Ele está enraizado na tendência que as crianças têm de se agrupar quando estão com medo e de procurar um adulto que lhes dê uma sensação de segurança. A Igreja tem origens mais complexas. Sem dúvida, a principal fonte da religião é o medo; isso pode ser visto hoje em dia, já que qualquer coisa que cause preocupação faz com que os pensamentos das pessoas se voltem para Deus. Batalhas, pestilências e naufrágios, tudo isso pode fazer com que as pessoas se tornem religiosas. A religião tem, no entanto, outros atrativos além do terror: ela apela, especificamente, à autoestima humana. Se o cristianismo é verdadeiro, a humanidade não é esse monte de vermes deploráveis que parece ser; as pessoas são do interesse do Criador do universo, que se dá o trabalho de ficar feliz quando elas se comportam bem e chateado quando se comportam mal. Esse é um enorme elogio. Não pensaríamos em estudar um formigueiro para descobrir quais formigas desempenharam sua função de formiga, e com certeza não cogitaríamos separar aquelas formigas que foram relapsas para lançá-las à fogueira. Se Deus faz isso por nós, se torna um elogio à nossa importância; e é um elogio ainda mais agradável se Ele recompensa aqueles entre nós que são bons com a felicidade eterna no paraíso. Há, também, a ideia relativamente moderna de que a evolução cósmica foi elaborada de modo a suscitar os tipos de resultado que chamamos de bons – quer dizer, os tipos de resultado que nos trazem prazer. Aqui, mais uma vez, é agradável imaginar que o universo é controlado por um Ser que compartilha dos nossos gostos e preconceitos.

A IDEIA DA VIRTUDE

O terceiro impulso psicológico contido na religião é aquele que levou à concepção da virtude. Estou ciente de que existem muitos livres-pensadores que tratam essa concepção com muito respeito e defendem que deve ser preservada, apesar da decadência da religião dogmática. Não posso concordar com eles nesse ponto. A análise psicológica da ideia de virtude me parece mostrar que ela está enraizada em paixões indesejáveis e não deve ser reforçada pelo imprimátur da razão. A virtude e a desvirtude devem ser tratadas em conjunto; é impossível dar ênfase a uma sem dar ênfase também à outra. Então, o que é a "desvirtude" na prática? É, na prática, um comportamento que o rebanho não gosta. Ao chamar isso de desvirtude, e ao providenciar um sistema elaborado de ética que gira em torno dessa concepção, o rebanho se justifica ao infligir castigos aos objetos de sua própria aversão, ao mesmo tempo em que, visto o rebanho ser virtuoso por definição, isso serve para reforçar sua própria autoestima, no exato momento em que libera seu impulso para a crueldade. Essa é a psicologia do linchamento e dos outros meios pelos quais os criminosos são castigados. A essência da concepção da virtude, portanto, é fornecer uma válvula de escape para o sadismo ao disfarçar a crueldade de justiça.

Mas, alguém dirá, o relato que o senhor faz da virtude é completamente inaplicável aos profetas hebreus, que, afinal de contas, de acordo com sua própria exposição, inventaram essa ideia. Existe verdade nisso: a virtude na boca dos profetas hebreus significava aquilo que era aprovado por eles e por Jeová. Encontra-se a mesma atitude expressa nos Atos dos Apóstolos, em que os apóstolos começavam um pronunciamento com as seguintes palavras: "Porque pareceu bem ao Espírito Santo e a nós" (Atos 15:28). Esse tipo de certeza individual em relação aos gostos e opiniões de Deus não pode, no entanto, ser transformado na base de qualquer instituição. Essa sempre foi a dificuldade com que o protestantismo teve de lidar: um novo profeta poderia defender que sua revelação era mais autêntica do que aquela de seus predecessores, e nada havia, na perspectiva geral do protestantismo, para mostrar que essa alegação era inválida. Em consequência, o protestantismo se dividiu em seitas inumeráveis, que enfraqueceram umas às outras – e não há razão para supor que daqui a cem anos o catolicismo será a única representação efetiva da fé cristã. Na Igreja Católica, inspiração como a de que os profetas gozavam tem o seu lugar; mas é fato reconhecido que fenômenos que parecem advir de genuína inspiração divina podem ter sido inspirados pelo demônio, e é dever da Igreja fazer essa diferenciação, assim como é dever do *connoisseur* de arte diferenciar um Leonardo legítimo de uma falsificação. Dessa maneira, a revelação se torna, ao mesmo tempo, institucionalizada. A virtude é aquilo que a Igreja aprova, e a desvirtude é o que ela desaprova. Assim, a parte efetiva da concepção da virtude é uma justificativa para a antipatia do rebanho.

Pareceria, portanto, que os três impulsos humanos que a religião contém são o medo, a vaidade e o ódio. O propósito da religião, pode-se dizer, é dar um ar de respeitabilidade a essas paixões, desde que elas se deem em canais específicos. Como essas paixões compreendem, de maneira geral, toda a desgraça humana, a religião é então uma força do mal, já que permite aos homens que se refestelem sem amarras nessas paixões, quando, se não fosse elas sancionadas pela Igreja, poderiam, pelo menos até certo grau, controlá-las.

Imagino que nesse ponto haja uma objeção, provavelmente não da parte dos crentes mais ortodoxos, mas que ainda assim vale a pena ser examinada. O ódio e o medo, pode-se dizer, são características essencialmente humanas; a humanidade sempre os sentiu e sempre os sentirá. O melhor que se pode fazer com esses sentimentos, pode-se afirmar, é direcioná-los a canais específicos em que sejam menos danosos do que seriam em outros canais. Um teólogo cristão pode afirmar que a maneira como a Igreja os trata é análoga ao tratamento que dispensa ao impulso sexual, que ela despreza. Ela tenta transformar a concupiscência em algo inócuo ao confiná-la às amarras do matrimônio. Então, pode-se dizer, se a humanidade precisa inevitavelmente sentir ódio, então é melhor direcionar esse ódio contra aqueles que realmente são prejudiciais, e é isso precisamente o que a Igreja faz por meio de sua concepção de virtude.

Há duas respostas a essa afirmação: uma relativamente superficial e outra que vai ao cerne da questão. A resposta superficial é que a concepção de virtude da Igreja não é a melhor possível; a resposta fundamental é que o ódio e o medo podem, com nosso atual conhecimento psicológico e nossa atual técnica industrial, ser eliminados completamente da vida humana.

Avaliemos inicialmente o primeiro ponto. A concepção de virtude da Igreja não é desejável socialmente sob vários aspectos: primeiro e sobretudo, por sua depreciação da inteligência e da ciência. Esse defeito foi herdado dos Evangelhos. Cristo nos diz para ser como crianças pequenas, mas crianças pequenas não entendem cálculo diferencial nem os princípios do câmbio, nem os métodos modernos de combate às doenças. Adquirir tal conhecimento não é parte da nossa função, de acordo com a Igreja. A Igreja já não defende que o conhecimento em si seja pecaminoso, apesar de o ter feito em épocas mais prósperas; mas a aquisição de conhecimento, apesar de não ser pecaminosa, é perigosa, já que pode levar ao orgulho do intelecto e, por conseguinte, ao questionamento do dogma cristão. Tomemos, por exemplo, dois homens, um dos quais erradicou a febre amarela de alguma região extensa dos trópicos, mas que, no decorrer de seu trabalho, manteve relações ocasionais com mulheres com as quais não era casado, ao passo que o outro foi sempre preguiçoso e folgado, produzindo um filho por ano até sua mulher morrer de exaustão e cuidando tão pouco dos filhos que metade deles morreu de causas que poderiam ter sido prevenidas, mas que nunca teve qualquer relação sexual ilícita. Todo bom cristão é obrigado a dizer que o segundo desses dois homens é mais virtuoso do que o primeiro. Tal atitude é, obviamente, supersticiosa e totalmente contrária à razão. E, no entanto, algo assim tão absurdo será inevitável desde que o ato de evitar o pecado seja considerado mais importante do que o mérito positivo e que a importância do conhecimento como forma de tornar a vida mais útil não seja reconhecida.

A segunda objeção, mais fundamental, ao uso do medo e do ódio, tal como é praticado pela Igreja, é que essas emoções agora podem ser quase totalmente eliminadas da natureza humana por meio de reformas educacionais, econômicas e políticas. As reformas educacionais devem ser a base, já que os homens que sentem ódio e medo também irão admirar essas emoções e desejarão perpetuá-las, apesar de essa admiração e esse desejo provavelmente serem inconscientes, como ocorre no caso do cristão comum. A educação planejada para eliminar o medo não é, de maneira alguma, difícil de criar. Basta tratar uma criança com gentileza, colocá-la em um ambiente em que a iniciativa seja possível sem resultados desastrosos, evitar que entre em contato com adultos que sintam terrores irracionais, sejam estes do escuro, de ratos ou da revolução social. A criança não deve ser sujeitada a castigos severos, ameaças ou críticas graves e excessivas. Livrar uma criança do ódio é algo um tanto mais complicado. Situações que possam suscitar inveja devem ser evitadas com muito cuidado, por meio da justiça escrupulosa e exata entre as crianças. A criança deve sentir-se objeto de afeto caloroso de ao menos parte dos adultos com quem tem relação, e não deve ser afastada de suas atividades e curiosidades naturais, a menos que nisso haja risco de vida ou saúde. Não deve existir, principalmente, qualquer tabu a respeito do conhecimento sexual, ou a respeito de assuntos que as pessoas convencionais avaliam como impróprios. Se esses preceitos simples forem observados desde o início, a criança será destemida e afável.

No entanto, ao entrar na vida adulta, um jovem assim educado ver-se-á mergulhado em um mundo cheio de injustiça, crueldade e tristeza evitáveis. A injustiça, a crueldade e a tristeza que existem no mundo moderno são herança do passado, e sua fonte primordial é econômica, já que a competição de vida ou morte pelos meios de sobrevivência no passado era inevitável. Na nossa época, não. Com a técnica industrial que temos hoje, poderemos, se assim desejarmos, fornecer subsistência tolerável para todos. Poderíamos também garantir que a população mundial ficasse estacionária, se não fôssemos impedidos pela influência política das igrejas, que preferem a guerra, a pestilência e a fome, aos métodos anticoncepcionais. O conhecimento por meio do qual a felicidade universal pode ser garantida existe; o principal obstáculo à sua utilização para tal fim são os ensinamentos religiosos. A religião impede que nossos filhos tenham uma educação racional; a religião nos impede de exterminar as causas fundamentais da guerra; a religião nos impede de ensinar a ética da cooperação científica, em lugar das antigas doutrinas aterradoras a respeito do pecado e do castigo. É possível que a humanidade esteja no limiar de uma idade de ouro, mas, se estiver, primeiro será necessário matar o dragão que vigia a porta – e esse dragão é a religião.

3

Sobrevivemos à morte?

> Este texto foi publicado pela primeira vez em 1936, em um livro intitulado *The Mysteries of Life and Death* [Mistérios da Vida e da Morte]. O artigo de Bishop Barnes a que Russell se refere fazia parte da mesma obra.

Antes de podermos discutir produtivamente a possibilidade de continuarmos existindo após a morte, é bom deixar claro que estou falando no sentido de um homem ser a mesma pessoa que era ontem. Os filósofos costumavam pensar que existiam substâncias definidas, a alma e o corpo, e que ambas tinham duração de dia a dia; que a alma, uma vez criada, continuava a existir ao longo de todo o tempo futuro, ao passo que o corpo deixava de existir temporariamente da morte até a ressurreição do corpo.

A parte dessa doutrina que diz respeito à vida presente com muita certeza é falsa. A matéria do corpo modifica-se continuamente, por meio dos processos de nutrição e evacuação. Mesmo que não se modificasse dessa forma, já não se acredita, em física, que os átomos tenham existência contínua; não há o menor sentido em dizer: este é o mesmo átomo que existia há alguns minutos. A continuidade do corpo humano é questão de aparência e comportamento, não de substância.

O mesmo se aplica à mente. Pensamos, sentimos e agimos, mas não existe, além dos pensamentos, sentimentos e ações, uma simples entidade, a mente ou a alma, que produza ou sofra essas ocorrências. A continuidade mental de uma pessoa é uma continuidade de hábito e memória: ontem existia uma pessoa de cujos sentimentos posso me lembrar, e essa pessoa vejo como o eu mesmo de ontem; mas, na verdade, o eu mesmo de ontem era apenas umas tantas ocorrências mentais que agora são lembradas, vistas como parte das pessoas que se recordam delas. Tudo o que constitui uma pessoa é uma série de experiências conectadas pela memória e por certas similaridades do tipo que chamamos hábito.

Se, no entanto, devemos acreditar que uma pessoa sobrevive à morte, precisamos acreditar que as lembranças e os hábitos que constituem a pessoa continuarão a ser exibidos em um conjunto novo de ocorrências.

Ninguém pode provar que isso não acontecerá. Mas é fácil ver que é muito improvável. Nossas lembranças e hábitos estão ligados à estrutura do cérebro, de maneira bastante parecida com a que um rio está ligado ao seu leito. A água do rio sempre muda, mas ele mantém o mesmo curso porque chuvas anteriores formaram um canal. De maneira semelhante, acontecimentos anteriores formaram um canal no cérebro, e nossos pensamentos fluem por esse canal. Essa é a causa da memória e dos hábitos mentais. Mas o cérebro, como estrutura, dissolve-se com a morte, e pode-se esperar, portanto, que a memória também se dissolva. Da mesma maneira que um rio não continuará seguindo seu curso de sempre após um terremoto erguer uma montanha onde antes havia um vale, não existe razão para pensar que possa acontecer outra coisa com as lembranças.

Todas as lembranças, e portanto (pode-se dizer) todas as mentes, dependem de uma propriedade que é muito perceptível em certos tipos de estruturas materiais, mas que existe pouco, se é que existe, em outros tipos. Trata-se da propriedade de formar hábitos como resultado de ocorrências frequentes e similares. Por exemplo, uma luz forte faz as pupilas dos olhos se contraírem; se fizermos incidir a luz de uma lanterna sobre os olhos de um homem ao mesmo tempo que um gongo toca, o gongo sozinho, no final, fará com que suas pupilas se contraiam. Esse é um fato relativo ao cérebro e ao sistema nervoso, quer dizer, a uma estrutura material específica. Descobrir-se-á que fatos exatamente similares explicam nossa resposta à linguagem e o uso que fazemos dela, nossas memórias e as emoções que elas despertam, nossos hábitos de comportamento morais e imorais e, de fato, tudo o que constitui nossa personalidade mental, à exceção da parte determinada pela hereditariedade. A parte determinada pela hereditariedade é legada à nossa posteridade, mas não pode, no indivíduo, sobreviver à desintegração do corpo. Portanto, tanto a hereditariedade como as partes adquiridas da personalidade estão, no que diz respeito ao alcance da nossa experiência, ligadas às características de estruturas corporais específicas. Todos sabemos que a memória pode ser apagada por uma lesão no cérebro, que uma pessoa virtuosa pode se tornar corrupta por uma encefalite letárgica e que uma criança inteligente pode se transformar em uma idiota se não consumir iodo. Tendo em vista fatos assim tão conhecidos, parece bastante improvável que a mente sobreviva à destruição total das estruturas cerebrais que ocorre com a morte.

Não são argumentos racionais, mas sim emoções, que suscitam a crença na vida futura.

A mais importante dessas emoções é o medo da morte, que é instintivo e útil do ponto de vista biológico. Se acreditássemos na vida futura de maneira genuína e sincera, deixaríamos de sentir todo o medo que temos da morte. Os efeitos seriam curiosos, e provavelmente deploráveis para a maior parte de nós. Mas nossos ancestrais humanos e subumanos lutaram contra seus inimigos e os exterminaram através de muitas eras geológicas – e venceram pela coragem; é, portanto, uma vantagem dos vitoriosos na batalha pela vida serem capazes, de vez em quando, de superar o medo natural da morte. Entre animais e selvagens, a belicosidade instintiva basta para esse objetivo. Mas, em um determinado estágio de desenvolvimento, como os maometanos primeiro comprovaram, a crença no paraíso teve valor militar considerável, por despertar a belicosidade natural. Devemos, portanto, reconhecer que os militaristas são sábios ao incentivar a crença na imortalidade, sempre supondo que essa crença não se torne tão profunda a ponto de produzir indiferença em relação às questões do mundo.

Outra emoção que estimula a crença na sobrevivência é a admiração pela excelência do homem. Como diz o bispo de Birmingham: "Sua mente é um instrumento muito superior a qualquer coisa que tenha existido antes – ele sabe distinguir o certo do errado. É capaz de construir a abadia de Westminster. É capaz de fabricar um avião. Ele é capaz de calcular a distância do sol. (...) Será então que o homem, ao morrer, desaparece por completo? Será que aquele instrumento incomparável, seu espírito, desaparece quando a vida cessa?".

O bispo segue em frente e argumenta que "o universo foi delineado e é governado por uma razão inteligente", e que não seria nada inteligente, depois de ter criado o homem, permitir que ele desaparecesse.

Para esse argumento há muitas respostas. Em primeiro lugar, descobriu-se, com a investigação científica da natureza, que a intromissão dos valores estéticos ou morais sempre foi um obstáculo à descoberta. Costumava-se pensar que os corpos celestes deviam se mover em círculos, porque o círculo é a curva mais perfeita, que as espécies deviam ser imutáveis, porque Deus só criaria coisas perfeitas e aquilo que, portanto, não precisaria ser aperfeiçoado, que seria inútil combater epidemias, a não ser por meio do arrependimento, porque haviam sido enviadas como castigo pelo pecado, e assim por diante. Chegou-se à conclusão, no entanto, até onde é possível descobrir, que a natureza é indiferente aos nossos valores e que só pode ser compreendida se ignorarmos nossas noções de bem e de mal. O universo pode ter uma razão de ser, mas nada que sabemos sugere que, se assim for, essa razão tenha alguma similaridade com a nossa.

Também não há nada de surpreendente nisso. O dr. Barnes nos diz que o homem "sabe distinguir o certo do errado". Mas, de fato, como a antropologia mostra, as visões que o homem tem a respeito do certo e do errado variaram a tal ponto que nenhum item em particular tornou-se permanente. Não podemos dizer, portanto, que o homem sabe distinguir o certo do errado, mas que apenas alguns homens sabem fazê-lo. Mas que homens? Nietzsche argumentou em favor de uma ética profundamente diferente da de Cristo, e alguns governos poderosos aceitaram seu ensinamento. Se o conhecimento do que é certo e do que é errado serve como argumento para a imortalidade, precisamos primeiro estabelecer se acreditamos em Cristo ou em Nietzsche e, então, argumentar que os cristãos são imortais, mas que Hitler e Mussolini não o são, e vice-versa. A decisão obviamente será tomada em campo de batalha, e não na sala de estudos. Os que tiverem o melhor gás venenoso possuirão a ética do futuro e, portanto, serão imortais.

Nossos sentimentos e crenças a respeito do bem e do mal são, assim como tudo o mais que nos diz respeito, fatos naturais, desenvolvidos na batalha pela existência, sem qualquer origem divina ou sobrenatural. Em uma das fábulas de Esopo, alguém mostra a um leão quadros de caçadores pegando leões, e o leão observa que, se ele os tivesse pintado, as telas mostrariam leões pegando caçadores. O homem, diz o dr. Barnes, é um sujeito ótimo porque sabe fabricar aviões. Pouco tempo atrás, havia uma canção popular a respeito da esperteza das moscas, que são capazes de andar pelo teto de ponta-cabeça, com o seguinte refrão: "Será que Lloyd George seria capaz de fazer isso? Será que o sr. Baldwin poderia fazer isso? Será que Ramsay Mac poderia fazer isso? Ah, claro que NÃO". Com base nisso, um argumento muito revelador poderia ser construído por uma mosca com pensamento teológico, argumento que sem dúvida seria considerado muito convincente pelas outras moscas.

Além do mais, somente quando pensamos de maneira abstrata é que passamos a ter a humanidade em tão alta conta. A respeito dos homens, de maneira concreta, quase todos nós os consideramos, em sua grande maioria, muito ruins. Os países civilizados gastam mais da metade de sua receita matando os cidadãos alheios. Consideremos a longa história das atividades inspiradas pelo fervor moral: sacrifícios humanos, perseguições a hereges, caça às bruxas, massacres de judeus, levando ao extermínio em massa pelo uso de gases venenosos, algo a que pelo menos um dos colegas episcopais do dr. Barnes deve ser favorável, supostamente, já que para ele o pacifismo é contrário ao cristianismo. Será que essas abominações e as doutrinas éticas que as inspiram realmente evidenciam a existência de um Criador inteligente? E será que podemos mesmo desejar que os homens que as praticaram devam viver para sempre? O mundo em que vivemos pode ser compreendido como resultado de confusões e acidentes; mas, se for resultado de um objetivo deliberado, esse objetivo deve ter sido elaborado por alguém muito cruel. De minha parte, considero a hipótese do acidente menos dolorosa e mais plausível.

4

Parece, madame?
Que nada, é

Este ensaio, escrito em 1899, não tinha sido publicado previamente. Está aqui reproduzido principalmente devido a seu interesse histórico, já que representa a primeira revolta de Russell contra a filosofia hegeliana, da qual era adepto ao entrar em Cambridge. Apesar de sua oposição à religião não ser, naquele tempo, tão pronunciada como ficaria a partir da Primeira Guerra Mundial, algumas de suas críticas tinham as mesmas bases.

A filosofia, na época em que ainda era gorda e próspera, alegava prestar, a seus devotos, uma variedade de serviços dos mais importantes. Oferecia-lhes conforto na adversidade, explicação na dificuldade intelectual e orientação na perplexidade moral. Não é surpresa nenhuma o fato de o novato, ao ser apresentado a um exemplo de seus usos, exclamasse com o entusiasmo da juventude:

Mas como a filosofia divina é atraente!
Não é severa nem ranzinza, como os tolos obtusos supõem,
Mas tão musical quanto o alaúde de Apolo*

Mas esses dias felizes estão no passado. A filosofia, pelas vitórias vagarosas de suas próprias crias, foi forçada a abandonar, uma por uma, suas altas pretensões. Dificuldades intelectuais, em sua maior parte, foram dominadas pela ciência – as alegações ansiosas da filosofia a respeito de algumas questões excepcionais, que ela ainda se

---

* Versos de John Milton (1608-1674), poeta, historiador e catedrático inglês. Tradução livre de: "How charming is divine Philosophy! / Not harsh and crabbed, as dull fools suppose, / But musical as is Apollo's lute." (N.T.)

esforça para responder, são vistas pela maior parte das pessoas como resquícios da Idade das Trevas e estão sendo transferidas, com toda a velocidade, para a ciência rígida do sr. F.W.H. Myers*. Perplexidades morais – que, até pouco tempo atrás, eram incluídas pelos filósofos, sem hesitação, em seu próprio domínio – foram abandonadas, por McTaggart** e pelo sr. Bradley***, aos caprichos das estatísticas e do bom senso. Mas o poder de prover conforto e consolo – o derradeiro poder dos impotentes – continua pertencendo à filosofia, como supõe McTaggart. E é exatamente essa possessão que nesta noite desejo roubar aos pais decrépitos de nossos deuses.

Pode parecer, à primeira vista, que a questão poderia ser solucionada rapidamente. "Sei que a filosofia pode proporcionar conforto", McTaggart poderia dizer, "porque com certeza ela me reconforta." Tentarei provar, no entanto, que essas conclusões que lhe trazem conforto são conclusões que não se derivam de sua posição geral – de fato, reconhecidamente não derivam dela, sendo mantidas, ao que parece, apenas *porque* lhe trazem conforto.

Como não desejo discutir a verdade da filosofia, mas apenas seu valor emocional, devo partir de uma metafísica que se baseia na distinção entre Aparência e Realidade e que considera a segunda atemporal e perfeita. O princípio de qualquer metafísica desse tipo pode ser resumido em poucas palavras. "Deus está no céu, tudo está errado no mundo" – essa é sua última palavra. Mas parece supor-se que, como Ele está em Seu céu, e sempre esteve lá, podemos esperar que algum dia desça à terra – se não para julgar os vivos e os mortos, pelo menos para recompensar a fé dos filósofos. Sua longa resignação, no entanto, a uma existência puramente celestial, parece sugerir, em relação aos assuntos terrenos, um estoicismo no qual seria temerário basear nossas esperanças.

---

* Frederic William Henry Myers (1843-1901), poeta, ensaísta e estudioso inglês, fundou a Sociedade da Pesquisa Psíquica em 1882 e escreveu *Human Personality and its Survival of Bodily Death*, de 1903, sem tradução no Brasil. (N.T.)

** John MacTaggart (1856-1925), filósofo inglês, estudou Hegel no começo da carreira, mas, posteriormente, acreditando que suas teorias apresentavam contradições demais para se sustentarem, dedicou-se à crítica das doutrinas religiosas. (N.T.)

*** Francis Herbert Bradley (1846-1924), filósofo britânico. (N.T.)

Mas falemos a sério. O valor emocional de uma doutrina, como um conforto na adversidade, parece depender de seu prognóstico do futuro. O futuro, emocionalmente falando, é mais importante do que o passado, ou até mesmo do que o presente. "Tudo está bem quando acaba bem", é o ditado do senso comum. "Muitas manhãs feias se transformam em um lindo dia" não passa de otimismo; ao passo que o pessimismo diz:

> Quantas manhãs absolutamente gloriosas já vi
> Adulando o topo das montanhas com olho soberano,
> Beijando com face dourada as pradarias verdes,
> Cobrindo riachos pálidos com alquimia celestial,
> E logo permitindo às mais vis das nuvens percorrer
> Com um feio ancinho sua face celestial,
> E do mundo desamparado seu rosto esconder,
> Fugindo invisível para o oeste com esta desgraça.*

E assim, emocionalmente, nossa visão do universo em relação ao bom ou ao mau depende do futuro, do que ele será; sempre nos preocupamos com o que virá com o tempo, e, a menos que tenhamos certeza de que o futuro será melhor do que o presente, é difícil enxergar onde encontraremos consolo.

De fato, o futuro está tão ligado ao otimismo que o próprio McTaggart, embora todo o seu otimismo dependa da negação do tempo, sente-se compelido a representar o Absoluto como um estado de coisas futuro, como uma "harmonia que algum dia deve se tornar explícita". Seria indelicado apelar a essa contradição, já que foi o próprio McTaggart quem me fez tomar consciência dela. Mas o que desejo alegar é que qualquer conforto que se possa derivar da doutrina de que a Realidade é atemporal e eternamente boa existe única e exclusivamente por causa dessa contradição. Uma Realidade atemporal não pode ter uma ligação mais íntima com o futuro do

---

* De "Full many a glorious morning have I seen", Shakespeare, Soneto XXXIII. Tradução livre de: "Full many a glorious morning have I seen / Flatter the mountain-tops with sovereign eye, / Kissing with golden face the meadows green, / Gilding pale streams with heavenly alchemy; / Anon permit the basest clouds to ride / With ugly rack on his celestial face, / And from the forlorn world his visage hide, / Stealing unseen to west with this disgrace." (N.T.)

que tem com o passado: se sua perfeição não apareceu até agora, não existe razão para supor que algum dia aparecerá – aliás, é muitíssimo provável que Deus permaneça em Seu céu. Podemos, com igual propriedade, falar de uma harmonia que algum dia *pode ter sido* explícita; pode ser que "meu desgosto está à frente e meu regozijo ficou para trás" – e é óbvio que isso nos traria muito pouco conforto.

Toda a nossa experiência está ligada ao tempo; nem se poderia imaginar uma experiência atemporal. Mas, mesmo que isso fosse possível, não seríamos capazes, sem contradição, de supor que algum dia viveremos *tal* experiência. Qualquer experiência, de acordo com o que a filosofia pode mostrar, provavelmente se assemelhará à experiência que conhecemos – se isso nos parece ruim, nenhuma doutrina de uma Realidade distinta das Aparências pode nos dar esperança de nada melhor. Caímos, de fato, em um dualismo desesperado; por um lado, temos o mundo que conhecemos, com seus acontecimentos agradáveis e desagradáveis, suas mortes, fracassos e desgraças; por outro lado, um mundo imaginário, que batizamos de mundo da Realidade, compensando, pela amplidão da Realidade, a ausência de qualquer outro sinal de que tal mundo exista. Ora, nossa única base para esse mundo de Realidade é o que a Realidade teria de ser se fôssemos capazes de compreendê-la. Mas, se o resultado da nossa construção puramente ideal revela-se bem diferente do mundo que conhecemos – do mundo real, na verdade – se, além do mais, apreendermos dessa mesma construção que jamais chegaremos a experimentar o chamado mundo da Realidade, a menos que seja no sentido de que já não experimentamos nada mais –, então não consigo ver o quê, no que diz respeito ao conforto dos males presentes, ganhamos com toda a nossa metafísica. Tomemos, por exemplo, uma questão como a imortalidade. As pessoas desejaram a imortalidade, seja como compensação para as injustiças deste mundo, seja – o que é motivo mais respeitável – como possibilidade de voltar a encontrar depois da morte aqueles que de fato amaram. Esse último desejo é algo que todos sentimos e por cuja satisfação, se a filosofia pudesse satisfazê-lo, deveríamos nos sentir imensamente gratos. Mas a filosofia, na melhor das hipóteses, só pode nos garantir que a alma é uma realidade atemporal. Em que pontos do tempo ela poderá aparecer, se é que aparecerá em algum tempo, é, portanto, completamente irrelevante, e não há nenhuma interferência legítima, por parte de tal doutrina, no que diz respeito à existência depois da morte. Keats pode continuar desapontado:

> Que jamais tornarei a olhar-te,
> Jamais ter-me-ei regozijado no poder mágico
> Do amor irrefletido!*

E não poderá ser um grande consolo para ele ouvir que "criatura justa de uma hora" não é uma frase exata do ponto de vista metafísico. É ainda verdade que "O tempo virá para levar embora meu amor" e que "Este pensamento é como uma morte que não tem outra escolha senão chorar para ter aquilo que teme perder". E assim acontece com todas as partes das doutrinas da Realidade perfeita e atemporal. Tudo aquilo que agora parece maligno – e a lamentável prerrogativa do que é maligno é parecer que assim o é –, o que quer que agora pareça maligno, poderá continuar, até onde sabemos, ao longo de todo o tempo, a atormentar nossos últimos descendentes. E em tal doutrina não existe, para mim, qualquer vestígio de conforto ou de consolo.

É verdade que o cristianismo, assim como todos os otimismos anteriores, representou o mundo como eternamente governado por uma Providência benevolente e, portanto, metafisicamente bondosa. Mas esse constituiu, no fundo, apenas um recurso para comprovar a futura excelência do mundo – para provar, por exemplo, que homens bons seriam felizes depois da morte. Foi sempre essa dedução – feita de maneira ilegítima, é claro – que forneceu conforto. "Ele é um bom camarada, por isso tudo ficará bem."

Pode-se dizer, de fato, que existe conforto na mera doutrina abstrata de que a Realidade é boa. Pessoalmente, não aceito a prova dessa doutrina, mas, mesmo que verdadeira, não consigo ver por que ela deveria ser reconfortante. Porque a essência da minha contenção é que a Realidade, tal como é construída pela metafísica, não tem qualquer tipo de relação com o mundo da experiência. Trata-se de

---

* Tradução livre de: "That I shall never look upon thee more, / Never have relish in the faery power / Of unreflecting love!". (N.T.)

uma abstração vazia, a partir da qual nenhuma interferência isolada pode ser feita, validamente, em relação ao mundo das aparências, mundo no qual, não obstante, estão todos os nossos interesses. Até mesmo o interesse puramente intelectual, do qual a metafísica se origina, é um interesse por explicar o mundo das aparências. Mas em vez de realmente explicar esse mundo verdadeiro, palpável e sensível, a metafísica constrói um outro mundo fundamentalmente diferente, tão diferente, tão desconectado da experiência verdadeira, que o nosso mundo cotidiano continua sem ser afetado inteiramente por ele e dá continuidade a seu caminho como se não existisse absolutamente nenhum mundo da Realidade. Se ao menos fosse possível considerar o mundo da Realidade como um "outro mundo", como uma cidade celestial que existisse em algum lugar nos céus, poderia sem dúvida haver conforto na ideia de que outros vivem a experiência perfeita que nos falta. Mas, se nos dizem que tal nossa experiência, como a conhecemos, é a experiência perfeita, isso nos deve deixar gelados, já que não pode provar que nossa experiência é algo melhor do que é. Por outro lado, dizer que nossa experiência não é de fato a experiência perfeita construída pela filosofia é interromper o único tipo de existência que a realidade filosófica pode ter – já que Deus, em Seu céu, não pode ser concebido como pessoa isolada. Logo, ou nossa experiência existente é perfeita – o que é uma frase vazia, pois não a torna melhor do que antes –, ou não existe experiência perfeita, e o nosso mundo da Realidade, que não é experimentado por ninguém, existe apenas no livros de metafísica. Em qualquer um desses casos, parece-me, não é possível encontrar na filosofia os consolos da religião.

Existem, é claro, diversas situações em que seria absurdo negar que a filosofia possa nos dar conforto. Podemos encontrar no filosofar uma maneira agradável de passar nossas manhãs – nesse sentido, o conforto gerado pode até, em casos extremos, ser comparável àquele de beber como maneira de passar as noites. Podemos, ainda, tomar a filosofia do ponto de vista estético, como provavelmente a maior parte de nós toma Spinoza. Podemos usar a metafísica, a exemplo da poesia e da música, como meio de produzir uma disposição, de nos propiciar uma certa visão do universo, uma certa atitude em relação à vida – o estado de espírito resultante sendo avaliado em função, e na proporção, do grau de emoção poética despertada, e não em proporção à verdade das crenças alimentadas. Nossa satisfação, de fato, parece ser, nessas disposições, o oposto exato das profissões da metafísica. É a satisfação de esquecer o mundo real e seus males, e de persuadir a nós mesmos, por um certo momento, da realidade de um mundo que nós mesmos criamos. Essa parece ser uma das premissas que Bradley usa para justificar a metafísica. "Quando a poesia, a arte e a religião", diz ele, "tiverem deixado completamente de despertar interesse, ou quando não mostrarem mais nenhuma tendência de lutar contra os problemas extremos, chegando a um acordo com eles; quando a noção de mistério e de encanto não mais levar a mente a vagar sem rumo e amar aquilo que não sabe o que é; quando, em resumo, o crepúsculo deixar de ter encanto – então a metafísica será inútil." O que a metafísica faz por nós é, nesse sentido, essencialmente o que, digamos, *A Tempestade* faz por nós – mas seu valor, nesse sentido, é bem independente de sua verdade. Não é porque a magia de Próspero nos faz conhecer o mundo dos espíritos que valorizamos *A Tempestade*; não é porque, esteticamente, somos informados a respeito do mundo do espírito que valorizamos a metafísica. E isso faz emergir a diferença essencial entre a satisfação estética, que concedo à filosofia, e o conforto religioso, que lhe nego. Para a satisfação estética, a convicção intelectual é desnecessária, de modo que podemos escolher, quando assim desejarmos, a metafísica que nos dê o máximo disso. Para o conforto religioso, por outro lado, a crença é essencial, e estou afirmando que não obtemos conforto religioso da metafísica em que acreditamos.

É possível, no entanto, introduzir um refinamento nesse argumento adotando-se uma teoria mais ou menos mística da emoção estética. Pode-se defender que, apesar de nunca sermos capazes de experimentar completamente a Realidade como ela é de verdade, algumas experiências aproximam-se dela mais do que outras, e tais experiências, pode-se dizer, são propiciadas pela arte e pela filosofia. E, sob a influência das experiências que a arte e a filosofia às vezes nos propiciam, parece fácil adotar essa visão. Para aqueles que têm paixão pela metafísica, provavelmente não existe emoção tão rica e linda, tão completamente desejável, quanto a noção mística, que a filosofia às vezes propicia, de um mundo transformado pela visão beatífica. Como Bradley diz, ainda, "Alguns de um modo, outros de outro, parece que tocamos as coisas que existem além do mundo visível e que entramos em comunhão com elas. De diversas maneiras encontramos algo mais elevado, que tanto nos sustenta quanto nos humilha, tanto nos castra quanto nos apoia. E, em algumas pessoas, o esforço intelectual para compreender o Universo é uma das maneiras principais para assim experimentar a Divindade. (...) E isso parece ser", ele prossegue, "outra razão para que algumas pessoas se dediquem ao estudo da verdade suprema."

Mas será que também não é essa uma razão para esperar que tais pessoas não encontrem a verdade suprema? Se é que de fato a verdade suprema carrega qualquer semelhança com as doutrinas apresentadas em *Appearance and Reality**. Não nego o valor da emoção, mas nego sim que, rigorosamente falando, seja ela, em qualquer sentido específico, uma visão beatífica ou uma experiência relativa à Divindade. Em certo sentido, é claro, toda experiência é uma experiência relativa à Divindade, mas, em outro, como toda experiência se acha igualmente no tempo, e a Divindade é atemporal, nenhuma experiência é a experiência da Divindade – "como tal", eu teria que completar, não sem pedantismo. O abismo entre a Aparência e a Realidade é tão profundo que não temos qualquer base, até onde posso ver, para considerar algumas experiências mais próximas do que outras da experiência perfeita da Realidade. O valor das experiências em questão deve, portanto, basear-se inteiramente em sua qualidade emocional, e não, como Bradley parece sugerir, em algum grau superior de verdade que se possa atribuir a elas. Mas, se assim é, elas são, no máximo, os consolos da filosofice, e não da filosofia. Constituem uma razão para a busca da verdade derradeira, já que são flores que devem ser colhidas ao longo do caminho; mas não constituem uma recompensa por sua obtenção, já que como tudo parece sugerir, as flores só crescem no início da estrada, desaparecendo muito antes de termos alcançado o final da nossa jornada.

A visão que defendi sem dúvida não é inspiradora, nem algo que, se aceito de maneira generalizada, provavelmente incentivaria o

---

* *Appearance and Reality* (Aparência e Realidade), obra de Francis Herbert Bradley, sem tradução no Brasil. (N.T.)

estudo da filosofia. Eu poderia justificar meu texto, se assim o desejasse, com a máxima de que "onde tudo está podre, é função do homem gritar peixe fedido". Mas prefiro sugerir que a metafísica, quando busca ocupar o lugar da religião, realmente entendeu sua missão de maneira errada. Que seja capaz de ocupar esse lugar eu admito; mas ela o faz, afirmo, à custa de ser uma má metafísica. Por que não reconhecer que a metafísica, assim como a ciência, justifica-se pela curiosidade intelectual, devendo ser guiada apenas pela curiosidade intelectual? O desejo de encontrar conforto na metafísica produziu, todos precisamos reconhecer, uma grande quantidade de raciocínio falacioso e de desonestidade intelectual. Disso, pelo menos, o abandono da religião nos livraria. E, como a curiosidade intelectual existe em algumas pessoas, é provável que servisse para libertá-las de certas ilusões que persistem até hoje. "O homem", para citar Bradley mais uma vez, "cuja natureza é tal que pretende consumar seu principal desejo por um único caminho, vai tentar encontrá-lo nesse caminho, seja qual for ele, e independentemente do que o mundo ache disso; se não o fizer, será um homem desprezível."

5

Sobre os céticos católicos e protestantes*

Qualquer pessoa que tenha tido bastante contato com livres-pensadores de países diferentes e antecedentes diversos deve ter se surpreendido com a diferença notável entre aqueles de origem católica e os de origem protestante, por mais que possam imaginar ter se livrado da teologia que lhes foi ensinada na juventude. A diferença entre protestantes e católicos é tão marcada entre os livres-pensadores quanto entre os crentes; de fato, talvez seja mais fácil descobrir as diferenças essenciais, já que não estão escondidas atrás das ostensivas divergências de dogma. Há, é claro, uma dificuldade: a maior parte dos ateus protestantes é inglesa ou alemã, ao passo que a maior parte dos católicos é francesa. E aqueles ingleses que, assim como Gibbon**, tiveram contato íntimo com o pensamento francês, adquirem as características dos livres-pensadores franceses, apesar de sua origem protestante. Ainda assim, a ampla diferença persiste, e pode ser divertido empenhar-se em descobrir no que ela consiste.

Pode-se tomar James Mill*** como um livre-pensador protestante típico, como aparece na autobiografia de seu filho. "Meu pai", diz John Stuart Mill, "educado no credo do presbiterianismo escocês, foi, por seus próprios estudos e reflexões, levado desde muito cedo a rejeitar não apenas a crença na Revelação, mas os fundamentos do que comumente é chamado de Religião Natural. A rejeição de meu pai a tudo aquilo que se chama crença religiosa não era, como muitos

---

* Escrito em 1928. (N.E.)

** Edward Gibbon (1737-1794), filósofo inglês, autor de *Declínio e Queda do Império Romano*. (N.T.)

*** James Mill (1773-1836), filósofo, historiador e economista escocês. (N.T.)

podem supor, primariamente uma questão de lógica e evidência: suas bases eram morais, até mais do que intelectuais. Ele achava impossível acreditar que um mundo tão cheio de maldade fosse obra de um Autor que combinasse poder infinito com a bondade e a virtude perfeitas. (...) Sua aversão à religião, no sentido geralmente atribuído ao termo, era do mesmo tipo que a de Lucrécio: ele a considerava com os sentimentos devidos não ao mero delírio mental, mas a um grande mal moral. Teria sido completamente inconsistente com as ideias de obrigação de meu pai permitir que eu adquirisse impressões contrárias a suas convicções e sentimentos em relação à religião – e ele incutiu em mim, desde o início, que a maneira como o mundo passou a existir era um assunto sobre o qual nada se sabia." Mesmo assim, não há dúvida de que James Mill continuou sendo um protestante. "Ele me ensinou a ter o mais forte dos interesses pela Reforma, como a maior e mais decisiva luta contra a tirania sacerdotal, pela liberdade de pensamento."

Em tudo isso, James Mill simplesmente carregava consigo o espírito de John Knox*. Ele era um não conformista, embora de uma seita extrema, e guardava a convicção moral e o interesse pela teologia que marcaram seus predecessores. Os protestantes, no início, distinguiam-se de seus oponentes por aquilo em que não acreditavam; abandonar mais um dogma é, por conseguinte, simplesmente conduzir o movimento um passo à frente. O fervor moral é a essência da questão.

Essa é apenas uma das diferenças características entre a moralidade protestante e a católica. Para o protestante, o homem excepcionalmente bom é aquele que se opõe às autoridades e às doutrinas recebidas, como Lutero na Dieta de Worms. A concepção protestante de bondade é algo individual e isolado. Eu mesmo fui educado como protestante, e um dos textos mais incutidos em minha mente juvenil foi "Não seguirás a multidão para fazer o mal". Tenho consciência até hoje de que esse texto me influencia em minhas ações mais sérias. O católico tem uma concepção bem diferente de virtude: para ele, em toda virtude existe um elemento de submissão, não apenas à voz de Deus, como é revelada na consciência, mas também à autoridade da

---

* John Knox (século XVI), o mais importante reformista da Igreja na Escócia. (N.T.)

Igreja como depositária da Revelação. Isso dá ao católico uma concepção de virtude muito mais social do que a do protestante e faz com que a dor seja muito maior quando ele interrompe sua conexão com a Igreja. O protestante que deixa a seita protestante específica em que foi criado está fazendo apenas o que os fundadores daquela mesma seita fizeram não há muito tempo, e sua mentalidade é adaptada à fundação de uma nova seita. O católico, por outro lado, sente-se perdido sem o apoio da Igreja. Ele pode, é claro, juntar-se a alguma outra instituição, como a dos maçons, mas continua consciente, mesmo assim, de uma revolta desesperada. E geralmente permanece convencido, pelo menos de maneira inconsciente, de que a vida moral se reserva aos membros da Igreja, de modo que, para o livre-pensador, os tipos mais elevados de virtude se tornaram impossíveis. Essa convicção o conduz a caminhos diferentes de acordo com seu temperamento: se for de disposição alegre e despreocupada, desfruta do que William James* chama de férias morais. O exemplo mais perfeito disso é Montaigne**, que se permitiu férias intelectuais na forma de hostilidade a sistemas e deduções. Os modernos nem sempre percebem em que extensão o Renascimento foi um movimento anti-intelectual. Na Idade Média, era costume experimentar as coisas; o Renascimento inventou o hábito de observá-las. Os únicos silogismos com que Montaigne simpatiza são aqueles que comprovam uma negativa específica como, por exemplo, quando ele usa sua erudição para demonstrar que nem todos aqueles que morreram como Arius*** eram hereges. Depois de enumerar diversos homens maus que tinham morrido assim ou de maneira parecida, ele prossegue: "Mas o quê! Irineu**** encontra-se em fortuna semelhante: a intenção de Deus é nos ensinar que os bons têm algo mais a esperar, e os maus, algo mais a temer, do que a boa ou má fortuna deste mundo". Algo dessa aversão ao sistema permaneceu característica do livre-pensador católico, em oposição ao protestante;

---

* William James (1842-1910), filósofo e psicólogo norte-americano, autor de *Pragmatismo*. (N.T.)

** Michel de Montaigne (1533-1592), ensaísta francês, autor de *Sobre a Vaidade*. (N.T.)

*** Arius (viveu entre os séculos III e IV), um dos primeiros teólogos cristãos, pregava que o Filho de Deus não era eterno; foi condenado por heresia pelo Conselho de Niceia. (N.T.)

**** Irineu (século II), bispo de Lyon, na Gália Romana, foi um dos primeiros heresiologistas e escreveu o tratado *Contra as Heresias*, por volta do ano 180. (N.T.)

a razão disso é que o sistema da teologia católica é muitíssimo imponente, a ponto de não permitir ao indivíduo estabelecer algum outro que rivalize com ele (a não ser que possua força heroica).

O livre-pensador católico, assim, tenta evitar a solenidade, tanto intelectual quanto moral, ao passo que o livre-pensador protestante tem grande inclinação para ambas. James Mill ensinou a seu filho que "a pergunta 'Quem me fez?' não podia ser respondida, porque não temos experiência nem informações autênticas com que respondê-la; e que qualquer resposta só faz a dificuldade retroceder mais um passo, já que a questão que imediatamente se apresenta é 'Quem fez Deus?'". Comparemos com isso o que Voltaire tem a dizer a respeito de Deus no Dicionário Filosófico. O artigo "Deus", naquela obra, começa da seguinte maneira: "Durante o reinado de Arcádio, Logômaco, professor de teologia em Constantinopla, foi até a Cítia e deteve-se ao sopé do Cáucaso, nas planícies férteis de Zefirim, na fronteira da Cólchida. O velho e honrado Dondindaque estava em sua ampla sala, entre seu grande aprisco e seu vasto celeiro; estava ajoelhado em companhia da mulher, dos cinco filhos e cinco filhas, seus pais e seus criados, e, depois de uma refeição leve, estavam todos entoando preces a Deus".

O artigo prossegue no mesmo veio e encerra com a seguinte conclusão: "Desde então, resolvi jamais discutir". Não é possível imaginar uma época em que James Mill tivesse resolvido não mais discutir, nem algum assunto, mesmo que menos sublime, que ele pudesse ter ilustrado com uma fábula. Nem que pudesse ter praticado a arte da irrelevância habilidosa, como Voltaire faz quando fala de Leibniz*: "Ele declarou, no Norte da Alemanha, que Deus só poderia criar um único mundo". Ou, então, comparemos o fervor moral com que James Mill afirmou a existência do mal com a seguinte passagem, em que Voltaire diz a mesma coisa: "Negar que existe o mal poderia ser dito em tom de troça por um luculiano que goza de boa saúde e que faz um bom jantar com os amigos e a amante no salão de Apolo; mas permita que ele olhe através da janela e verá alguns seres humanos miseráveis; permita que sofra de febre e ele mesmo se sentirá miserável".

---

* Gottfried Wilhelm Leibniz (1646-1716), filósofo, matemático e lógico germânico, teve grande influência política e diplomática na Europa. (N.T.)

Montaigne e Voltaire são os exemplos supremos de céticos alegres. Muitos livres-pensadores católicos, no entanto, estão muito longe de ser alegres, e sempre sentiram a necessidade de uma fé rígida e de uma Igreja que os conduzisse. Alguns homens às vezes se tornam comunistas; disso Lênin foi o exemplo supremo. Lênin adquiriu sua fé de um livre-pensador protestante (porque os judeus e os protestantes são indistinguíveis mentalmente), mas seus antecedentes bizantinos o levaram a criar uma Igreja como a corporificação visível da fé. Um exemplo menos bem-sucedido dessa mesma tentativa é Auguste Comte*. Homens com o seu temperamento, a menos que tenham uma força sobre-humana, caem, cedo ou tarde, no seio da Igreja. No domínio da filosofia, um exemplo muito interessante é o sr. Santayana**, que sempre adorou a ortodoxia por si só, mas que ansiou por alguma forma intelectualmente menos detestável do que a apresentada pela Igreja Católica. No catolicismo, ele sempre apreciou a instituição da Igreja e sua influência política; apreciava, de um modo geral, aquilo que a Igreja tomara da Grécia e de Roma, mas não gostava do que ela tirou dos judeus, inclusive, é claro, tudo aquilo que devia a seu fundador. Ele poderia ter desejado que Lucrécio tivesse obtido sucesso em fundar uma igreja baseada nos preceitos de Demócrito, porque o materialismo sempre agradou a seu intelecto e, pelo menos em suas primeiras obras, ele chegou mais perto de adorar a matéria do que de conferir essa distinção a qualquer outra coisa. Mas, no fim das contas, parece que passou a sentir que qualquer igreja que de fato existisse deveria ser preferida a uma Igreja confinada ao domínio da essência. O sr. Santayana, no entanto, é um fenômeno excepcional, e dificilmente se encaixa em alguma de nossas categorias modernas. É realmente um ser pré-renascentista e deve ser colocado, se tanto, ao lado dos gibelinos que Dante encontrou sofrendo no inferno por terem aderido às doutrinas de Epicuro. Esta visão é, sem dúvida, reforçada pela nostalgia do passado que o contato indesejado e prolongado com a América certamente devia produzir sobre um temperamento espanhol.

---

* Isidore Auguste Marie François Xavier Comte (1798-1857), filósofo francês, considerado pai da sociologia. (N.T.)

** George Satayana (1863-1952), filósofo, ensaísta, poeta e romancista espanhol radicado nos Estados Unidos. (N.T.)

Todos sabem como George Eliot* ensinou a F.W.H. Myers que Deus não existe e que ainda assim devemos ser bons. Nisso, George Eliot é a típica livre-pensadora protestante. Pode-se dizer, falando de maneira geral, que os protestantes gostam de ser bons e inventaram a teologia para manter-se assim, ao passo que os católicos gostam de ser maus e inventaram a teologia para manter seus vizinhos bons. Por conseguinte, o catolicismo tem caráter social e o protestantismo, caráter individual. Jeremy Bentham**, um livre-pensador protestante típico, considerava o prazer da autoaprovação o maior de todos os prazeres. Portanto, não sentia a tentação de comer ou de beber em excesso, de ser culpado de vadiagem ou de roubar a carteira de seu vizinho, porque nada disso lhe daria a emoção única que ele compartilhava com Jack Horner***, mas não em termos assim tão fáceis, porque precisou abrir mão de sua torta de Natal para atingir seu objetivo. Na França, por outro lado, foi a moralidade ascética que caiu primeiro; a dúvida teológica apareceu mais tarde, e como consequência. Essa distinção é provavelmente nacional, e não de credos.

A conexão entre a religião e a moral é algo que merece um estudo geográfico imparcial. Lembro-me de que, no Japão, topei com uma seita budista em que o sacerdócio era hereditário. Perguntei como isso podia acontecer, já que os sacerdotes budistas em geral vivem no celibato; ninguém soube me informar, mas pelo menos verifiquei os fatos em um livro. Parecia que a seita tinha começado a partir da doutrina da justificação pela fé, tendo deduzido que, desde que a fé permanecesse pura, o pecado não importava; em consequência, os sacerdotes resolveram todos pecar, mas o único pecado que os tentava era o casamento. Daquele dia até hoje, os sacerdotes dessa seita têm casado, mas, fora isso, vivido de maneira irrepreensível. Se fosse possível fazer os norte-americanos acreditarem que o casamento é

---

* George Eliot, pseudônimo de Mary Ann Evans (1819-1880), romancista inglesa. (N.T.)

** Jeremy Bentham (1748-1832), filósofo e jurista inglês, difusor do utilitarismo. (N.T.)

*** Jack Horner, personagem de uma rima infantil que diz: "*Little Jack Horner / Sat in a corner, / Eating his Christmas pie. / He put in his thumb, / And he pulled out a plum, / And said, 'What a good boy am I!*'". Tradução livre: O pequeno Jack Horner / sentado em um canto / comendo sua torta de Natal. / Enfiou o polegar, / E tirou dali uma ameixa, / E disse, "Que bom menino eu sou!" (N.T.)

um pecado, talvez eles não mais sentissem a necessidade do divórcio. Talvez esteja na essência de um sistema social sábio classificar um número determinado de ações inofensivas como "pecado", mas tolerar aqueles que as praticam. Dessa maneira, o prazer da maldade pode ser obtido sem o prejuízo de ninguém. Isso me surgiu na convivência com crianças. Toda criança deseja ser desagradável de vez em quando, e, se foi educada de maneira racional, só poderá satisfazer o impulso de ser desagradável por meio de alguma ação realmente prejudicial, mas, se lhe ensinaram que é ruim jogar cartas aos domingos ou, então, comer carne na sexta-feira, poderá satisfazer seu impulso ao pecado sem prejudicar ninguém. Não estou dizendo que eu ajo de acordo com esse princípio na prática; ainda assim, o caso da seita budista que mencionei agora há pouco sugere que talvez seja recomendável fazê-lo.

Nada adiantaria insistir de maneira muito rígida na distinção que estamos tentando estabelecer entre livres-pensadores protestantes e católicos; por exemplo, os Enciclopedistas e filósofos do final do século XVIII eram tipos protestantes, mas devo classificar Samuel Butler*, ainda que com certa hesitação, como um tipo católico. A principal distinção que se nota é que, no tipo protestante, o afastamento da tradição é principalmente intelectual, ao passo que, no tipo católico, é principalmente prático. O típico livre-pensador protestante não tem o menor desejo de fazer algo que seus vizinhos possam condenar, a não ser a defesa de opiniões heréticas. *Home Life with Herbert Spencer*** (um dos livros mais agradáveis que existem) menciona a opinião comum acerca desse filósofo, ou seja, "Não há nada a ser dito a respeito dele, a não ser que tem um bom caráter moral". Não teria ocorrido a Herbert Spencer, a Bentham, aos Mill ou a qualquer outro dos livres-pensadores britânicos que defendiam em suas obras que o prazer é a finalidade da vida – não teria ocorrido,

---

* Samuel Butler (1835-1902), escritor inglês oriundo de uma linhagem de clérigos, foi criado para ser pastor, mas afastou-se da religião e da família ao questionar dogmas da Igreja. (N.T.)

** Spencer (1820-1903), filósofo britânico, era dado a contar piadas para testar a reação dos outros. Nunca se casou, mas viveu durante, boa parte de uma década, com duas moças solteiras. Ambas escreveram esse livro, em que dão exemplos das piadas experimentais de Spencer. (N.T.)

repito, a nenhum desses homens buscar o prazer por si próprios, ao passo que um católico que chegasse às mesmas conclusões teria de se empenhar para viver de acordo com elas. A esse respeito, precisa ser dito que o mundo está mudando. O livre-pensador protestante de nossa época está apto a tomar liberdades em suas ações e também em seus pensamentos, mas isso é apenas um sintoma da decadência geral do protestantismo. Nos bons e velhos tempos, um livre-pensador protestante seria capaz de decidir-se abstratamente a favor do amor livre e, ainda assim, viver cada dia de sua vida no mais rígido celibato. Penso que essa mudança é lamentável. Grandes épocas e grandes indivíduos surgiram do colapso de sistemas rígidos: os sistemas rígidos forneceram a disciplina e a coerência necessárias, ao passo que seu colapso providenciou a necessária energia. É um erro supor que os resultados admiráveis conquistados no primeiro momento do colapso possam prosseguir indefinidamente. Sem dúvida, o ideal é uma certa rigidez de ação, somada a uma certa plasticidade de raciocínio, mas isso é difícil de obter na prática, a não ser durante breves períodos de transição. E parece provável que, se as antigas ortodoxias entrarem em decadência, novos credos rígidos se desenvolverão, pelas necessidades de conflito. Serão bolcheviques ateus na Rússia que lançarão dúvidas sobre a divindade de Lênin e inferirão que não constitui pecado amar os próprios filhos. Haverá ateus do Kuomintang* na China que terão reservas em relação a Sun Yat-Sen e mal demonstrarão respeito por Confúcio. Temo que a decadência do liberalismo torne cada vez mais difícil aos homens não aderirem a algum credo contestador. É provável que os diversos tipos de ateus tenham de se reunir em alguma sociedade secreta e voltar aos métodos inventados por Bayle** em seu dicionário. Há, ao menos, este consolo: a perseguição à opinião exerce um efeito admirável sobre o estilo literário.

---

* Kuomintang: partido chinês fundado em 1894 por Sun Yat-Sen (1866-1925). Revolucionário e primeiro presidente da República da China, Sun Yat-Sen teve papel fundamental na derrubada da dinastia Qing. (N.T.)

** Pierre Bayle (1647-1706), filósofo, nasceu na França e passou a maior parte da vida refugiado na Holanda. (N.T.)

6

A vida na Idade Média*

A imagem que temos da Idade Média, talvez mais do que a de qualquer outro período, foi falsificada para se encaixar em nossos preconceitos. Às vezes essa imagem nos tem parecido negra demais, às vezes rosada demais. O século XVIII, que não tinha dúvidas a respeito de si mesmo, considerava a época medieval como meramente bárbara: para Gibbon, os homens daquele tempo seriam nossos "ancestrais abrutalhados". A reação contra a Revolução Francesa produziu a admiração romântica do absurdo, baseada na experiência de que a razão conduzia à guilhotina. Isso engendrou a glorificação da suposta "época do cavalheirismo", popularizada entre os povos de língua inglesa por Sir Walter Scott. A menina e o menino, em geral, são provavelmente até hoje dominados pela visão da Idade Média: imaginam um período em que cavaleiros usavam armadura, carregavam lanças, diziam coisas como "quotha**" e "by my halidom***" e, invariavelmente, eram corteses ou coléricos; quando todas as donzelas eram lindas e viviam em perigo, mas que com certeza seriam salvas no final da história. Existe ainda uma terceira visão, bem diferente, mas que, como a segunda, admira a Idade Média: trata-se da visão eclesiástica, engendrada pela aversão à Reforma. A ênfase aqui é dada à piedade, à ortodoxia, à filosofia escolástica e à unificação da cristandade pela Igreja. Assim como a visão romântica, trata-se de uma reação contrária à razão, mas uma reação menos ingênua, disfarçando-se nas formas da razão,

---

* Escrito em 1925. (N.E.)

** *Quotha*: expressão antiga em inglês, usada para exprimir surpresa ou sarcasmo depois da citação de alguma palavra ou frase de outra pessoa. (N.T.)

*** *By my halidom*: expressão antiga em inglês que significa, aproximadamente, "por tudo que é sagrado". (N.T.)

recorrendo a um grande sistema de pensamento que já dominou o mundo e que poderá vir a dominá-lo novamente.

Em todas essas visões existem elementos de verdade: a Idade Média foi brutal, foi cavalheiresca, foi piedosa. Mas, se desejamos enxergar um período verdadeiramente, não devemos olhar para ele em contraste com o nosso próprio período, seja para obter vantagem ou desvantagem: precisamos vê-lo tal como era para quem vivia nele. Acima de tudo, precisamos nos lembrar de que, em todos os períodos históricos, a maior parte das pessoas é formada por gente comum, preocupada com o pão de cada dia, e não com os grandes temas de que tratam os historiadores. Tais mortais comuns são retratados por *Miss* Eileen Power em um livro delicioso, *Medieval People*, que abrange desde o período de Carlos Magno até o de Henrique VII. A única pessoa de destaque em sua galeria é Marco Polo; as outras cinco são indivíduos mais ou menos obscuros, cuja vida é reconstruída por meio de documentos que por acaso sobreviveram. O cavalheirismo, que era um assunto aristocrático, não aparece nesses anais democráticos; a piedade é demonstrada por camponeses e mercadores britânicos, mas existe com bem menos evidência nos círculos eclesiásticos – e todo mundo é muito menos bárbaro do que o século XVIII poderia supor. Existe, no entanto, a favor da visão "bárbara", um contraste muito notável entre a arte veneziana logo antes do Renascimento e a arte chinesa no século XIV. Dois quadros são reproduzidos: um, uma ilustração veneziana do embarque de Marco Polo; o outro, uma paisagem chinesa do século XIV pintada por Chao Meng-fu. *Miss* Power diz: "Uma [a de Chao Meng-fu] é, muito obviamente, obra de uma civilização altamente desenvolvida, enquanto a outra, de um povo quase ingênuo e infantil". Ninguém que compare as duas imagens poderá deixar de concordar.

Outro livro recente, *The Waning of the Middle Ages*, do professor Huizinfa de Leiden, pinta um retrato extraordinariamente interessante dos séculos XIV e XV na França e em Flandres. Nesse livro, o cavalheirismo recebe sua quota justa de atenção, não do ponto de vista romântico, mas como um jogo elaborado que as classes altas inventaram para enganar o intolerável tédio da vida. Uma parte essencial do cavalheirismo era a concepção curiosa do amor cortesão, como algo que era agradável deixar insatisfeito. "Quando, no século XII, o desejo insatisfeito foi posto pelos trovadores da Provença no centro da concepção poética do amor, uma reviravolta importante na história da civilização foi levada a efeito. A poesia cortesã (...) faz do desejo em si o seu motivo essencial e, assim, cria uma concepção de amor com uma nota de base negativa." E ainda:

> A existência de uma classe superior, cujas noções intelectuais e morais são cultuadas em uma *ars amandi*, permanece como um fato bastante excepcional na história. Em nenhuma outra época o ideal de civilização foi amalgamado em tal grau àquele relativo ao amor. Da mesma maneira como o escolasticismo representa o maior esforço do espírito medieval para unir todo o pensamento filosófico em um único centro, a teoria do amor cortesão, em esfera menos elevada, tem a tendência de abarcar tudo aquilo que pertence à vida nobre.

Grande parte da Idade Média pode ser interpretada como um conflito entre as tradições romana e germânica: de um lado, a Igreja; do outro, o Estado; de um lado, a teologia e a filosofia; do outro, o cavalheirismo e a poesia; de um lado, a lei; do outro, o prazer, a paixão e todos os impulsos anárquicos de homens muito obstinados. A tradição romana não era aquela dos grandes dias de Roma, era a de Constantino e Justiniano; mas, mesmo assim, continha algo de que as nações em turbulência necessitavam, e sem o que a civilização não poderia ter ressurgido da Idade das Trevas. Como os homens eram impetuosos, só poderiam ser dominados por severidade terrível: o terror foi empregado até perder o efeito, devido à sua familiaridade. Depois de descrever a Dança da Morte, um dos temas preferidos da arte do final do período medieval, na qual esqueletos dançam com homens vivos, o dr. Huizinga prossegue e fala sobre o Cemitério dos Inocentes, em Paris, onde os contemporâneos de Villon passeavam em busca de prazer:

> Crânios e ossos empilhavam-se em capelas mortuárias, ao longo dos claustros, delimitando o terreno por três lados, e lá jaziam

expostos aos olhos de milhares, pregando a todos a lição da igualdade. (...) Sob os claustros, a dança da morte exibia suas imagens e suas estrofes. Nenhum lugar era mais adequado à figura símia da morte sorridente, arrastando consigo papas e imperadores, monges e tolos. O duque de Berry, que desejava ser enterrado ali, mandou entalhar a história dos três mortos e dos três vivos no portal da igreja. Um século depois, essa exposição de símbolos fúnebres foi completada por uma grande estátua da Morte, agora no Louvre, e é a única coisa que restou de tudo isso. Tal era o lugar que os parisienses do século XV frequentavam como uma lúgubre contraparte do Palais Royal de 1789. Dia após dia, multidões de pessoas caminhavam por sob os claustros, olhando para as figuras e lendo os versos simples que as lembravam do fim que se aproximava. Apesar dos enterros e das exumações incessantes que ali ocorriam, era um local de descanso e de encontro público. Lojas foram abertas em frente às capelas mortuárias, e prostitutas passeavam sob os claustros. Uma mulher reclusa foi emparedada em um dos lados da igreja. Frades iam até ali para rezar, e procissões eram atraídas até lá. (...) Até mesmo banquetes se realizavam. Tal era o grau em que o horrível havia se tornado familiar.

Como se poderia esperar dessa adoração do *macabro*, a crueldade era um dos prazeres mais valorizados pelo populacho. A cidade belga de Mons comprou um salteador, com o intuito único de fazer com que fosse torturado, "ao que o povo regozijou mais do que se tivesse visto um novo corpo santo erguer-se dos mortos". Em 1488, alguns dos magistrados de Bruges, suspeitos de traição, foram torturados repetidamente na praça do mercado, para o deleite do povo. Imploraram para ser mortos, mas a dádiva lhes foi negada, segundo dr. Huizinga, "para que o povo pudesse se refestelar com seus tormentos".
Talvez, afinal de contas, haja algo a ser dito a respeito da visão do século XVIII.
O dr. Huizinga tem alguns capítulos muito interessantes a respeito da arte do final da Idade Média. O refinamento da pintura não encontrava equivalência nem na arquitetura, nem na escultura, que

se tornaram rebuscadas devido à adoração de tudo que é magnífico, aliado à pompa feudal. Por exemplo, quando o duque da Borgonha contratou Sluter para elaborar o detalhado "A Cartuxa de Champmol", o escudo de armas da Borgonha e de Flandres apareceram no escudo de armas da cruz. O que é ainda mais surpreendente é a figura de Jeremias, que fazia parte do grupo, tinha um par de óculos sobre o nariz! O autor delineia uma imagem patética de um grande artista controlado por um patrão filisteu e, então, encarrega-se de destruí-la ao sugerir que talvez "o próprio Sluter considerasse os óculos de Jeremias uma descoberta muito feliz". *Miss* Power menciona um fato igualmente surpreendente: no século XIII, Bowdler*, um expurgador italiano, superando Tennyson em refinamento vitoriano, publicou uma versão da lenda do Rei Arthur que omitia todas as referências aos amores de Lancelote e Guinevere. A História está cheia de coisas bizarras, a exemplo do caso de um jesuíta japonês que foi martirizado em Moscou no século XVI. Gostaria que algum historiador erudito escrevesse um livro chamado "fatos que me surpreenderam". Em um livro como esse, os óculos de Jeremias e o expurgador italiano com certeza teriam seu lugar.

---

* Referência a Thomas Bowdler (1754-1825), editor inglês responsável por uma versão expurgada da obra de Shakespeare. (N.E.)

7

O destino de Thomas Paine*

Thomas Paine, apesar de ter tido destaque em duas revoluções e de quase ter sido enforcado por tentar promover uma terceira, acha-se, hoje, um tanto ofuscado. Para os nossos bisavós, ele parecia uma espécie de Satanás terreno, um infiel subversivo e rebelde, contrário, ao mesmo tempo, a seu Deus e seu rei. Ele conseguiu despertar a hostilidade amarga de três homens que geralmente não se unem: Pitt**, Robespierre*** e Washington****. Destes, os dois primeiros desejaram sua morte, ao passo que o terceiro se absteve, com muito cuidado, de tomar medidas que pudessem salvar-lhe. Pitt e Washington o odiavam porque ele era democrata; Robespierre, porque se opunha à execução do rei e ao Reinado do Terror. Seu destino foi sempre ser louvado pela oposição e odiado pelos governos: Washington, enquanto ele ainda lutava contra os ingleses, falava de Paine em termos os mais elogiosos; a nação francesa concedeu-lhe honrarias até que os jacobinos ascenderam ao poder; mesmo na Inglaterra, o mais proeminente dos estadistas *whigs* faria amizade com ele e o contrataria para redigir manifestos. Paine tinha falhas, como outros homens; mas era devido às suas virtudes que era odiado e caluniado com sucesso.

A importância de Paine para a História consiste no fato de que ele transformou a pregação da democracia em algo democrático. Havia, no século XVIII, democratas entre os aristocratas franceses

---

* Escrito em 1934. (N.E.)

** William Pitt (1759-1806), primeiro-ministro britânico nos períodos 1783-1801 e 1804-1806. (N.T.)

*** Maximilien de Robespierre (1758-1794), principal instigador do período da Revolução Francesa conhecido como Terror. (N.T.)

**** George Washington (1732-1799), primeiro presidente dos Estados Unidos. (N.T.)

e ingleses, bem como *philosophes* e entre ministros não conformistas. Mas todos eles apresentavam suas especulações de uma forma destinada a atrair apenas as pessoas educadas. Paine, apesar de sua doutrina não conter nada de novo, era um inovador na maneira de escrever, que era simples, direta, nada rebuscada, de sorte que qualquer trabalhador inteligente podia apreciá-la. Isso fez dele uma pessoa perigosa; e, quando adicionou a heterodoxia religiosa a seus outros crimes, os defensores dos privilégios aproveitaram a oportunidade para cobri-lo de desonra.

Os primeiros trinta e seis anos de sua vida não apresentaram indícios dos talentos que apareceriam em suas atividades posteriores. Ele nasceu em Thetford (Inglaterra) em 1739, de pais *quakers* pobres, e foi educado na escola primária local até os treze anos, quando passou a trabalhar na confecção de barbatanas para espartilhos. No entanto, como uma vida tranquila não fosse de seu agrado, aos dezessete anos ele tentou se alistar em um navio corsário denominado *The Terrible* [O Terrível], cujo capitão chamava-se Death [Morte]. Os pais dele o trouxeram de volta e assim provavelmente salvaram sua vida, já que 175 dos integrantes da tripulação de 200 homens foram mortos, pouco tempo depois, em ação. Um pouco mais tarde, no entanto, no início da Guerra dos Sete Anos, ele conseguiu embarcar em um outro corsário, mas nada se sabe a respeito de suas breves aventuras no mar. Em 1758, foi empregado para confeccionar espartilhos em Londres e, no ano seguinte, casou-se, mas sua mulher morreu depois de alguns meses. Em 1763, tornou-se fiscal de impostos, mas foi demitido dois anos depois, por ter dito estar fazendo inspeções quando, de fato, estava estudando em casa. Vivendo em pobreza enorme, tornou-se professor, recebendo dez xelins por semana, e tentou ordenar-se pastor anglicano. Foi salvo de expedientes tão desesperados ao ser recontratado como fiscal de impostos em Lewes, onde se casou com uma *quaker* de quem, por razões desconhecidas, veio a se separar, em 1774. Nesse ano, novamente perdeu o emprego, aparentemente porque organizou uma petição entre os fiscais de impostos reivindicando reajuste salarial. Vendendo tudo o que tinha, só foi capaz de pagar suas dívidas e deixar uma certa provisão para a mulher, mas ele próprio ficou mais uma vez na miséria.

Em Londres, onde estava tentando apresentar a petição dos fiscais de impostos ao Parlamento, conheceu Benjamin Franklin, que o teve em boa conta. O resultado foi que, em outubro de 1774, ele partiu para a América do Norte, armado com uma carta de recomendação de Franklin, que o descrevia como um "jovem inteligente e valoroso". Logo que chegou à Filadélfia, começou a demonstrar habilidade para a escrita e tornou-se, quase imediatamente, editor de um jornal.

Sua primeira publicação, em março de 1775, foi um artigo enérgico contra a escravidão e o comércio de escravos, das quais, o que quer que digam seus amigos norte-americanos, ele continuou sempre sendo inimigo inflexível. Parece que foi em grande parte devido à sua influência que Jefferson inseriu, no esboço da Declaração da Independência, a passagem relativa a esse assunto, que acabou sendo eliminada. Em 1775, a escravidão ainda existia na Pensilvânia; foi abolida naquele Estado por uma lei de 1780 da qual, era de conhecimento geral, Paine teria escrito o preâmbulo.

Paine foi um dos primeiros, se não o primeiro, a defender a liberdade total para os Estados Unidos. Em outubro de 1775, quando até mesmo aqueles que subsequentemente assinariam a Declaração da Independência ainda estavam esperando algum tipo de acomodação junto ao governo britânico, ele escreveu:

> Hesito por um instante em acreditar que o Todo-Poderoso irá finalmente separar a América da Grã-Bretanha. Chame de independência ou do que quiser; se esta for a causa de Deus e da humanidade, ela prosseguirá. E quando o Todo-Poderoso nos tiver abençoado, e nos transformado em um povo *dependente apenas* Dele, então que nossa primeira gratidão seja demonstrada por meio de um ato de legislação continental, que colocará um fim na importação de negros para venda, amenizará o destino árduo daqueles que aqui já se encontram, e, com o tempo, garantirá sua liberdade.

Foi em nome da liberdade – a liberdade contra a monarquia, a aristocracia, da escravidão e todas as espécies de tirania – que Paine tomou para si a causa norte-americana.

Durante os anos mais difíceis da Guerra da Independência, ele passou seus dias fazendo campanha e suas noites compondo manifestos fervorosos, publicados sob o título "Bom Senso". Esses textos fizeram enorme sucesso e serviram como auxílio material para vencer a guerra. Depois que os britânicos incendiaram as cidades de Falmouth, no Maine, e de Norfolk, na Virgínia, Washington escreveu a um amigo (31 de janeiro de 1776):

> Mais alguns argumentos inflamados como os que foram exibidos em Falmouth e Norfolk, adicionados à doutrina firme e ao raciocínio irrefutável contido no panfleto Bom Senso, e não haverá mais dúvida em decidir-se quanto à propriedade da separação.

A obra era tópica e, hoje, apenas de interesse histórico, mas há frases nela contidas que ainda são reveladoras. Depois de observar que a disputa não era apenas contra o rei, mas também contra o Parlamento, diz: "Não existe um grupo de homens mais ciumentos de seus privilégios do que os integrantes da Câmara dos Comuns – porque eles os vendem". Naquela data, era impossível negar a justeza desse insulto.

Há um argumento vigoroso em favor da República e uma refutação triunfante da teoria de que a monarquia impede a guerra civil. "A monarquia e a sucessão" – ele diz, depois de apresentar um resumo da história inglesa – "deixaram (...) o mundo em sangue e cinzas. Essa é uma forma de governo contra a qual a palavra de Deus depõe, e por isso o sangue será sua consequência." Em dezembro de 1776, em um momento em que a sorte da guerra era adversa, Paine publicou um panfleto intitulado *A Crise*, que começa assim:

> Esta é uma época que põe à prova a alma dos homens. O soldado de verão e o patriota dos dias alegres irão, nesta crise, afastar-se do serviço a seu país; mas aquele que *agora* resiste merece o amor e o agradecimento de homens e mulheres.

Este texto foi lido para os soldados, e Washington expressou a Paine a "viva percepção da importância de suas obras". Nenhum outro autor foi tão lido na América do Norte, e ele poderia ter ganhado muito dinheiro com sua pena, mas sempre se recusou a aceitar qualquer soma que fosse por aquilo que escrevia. No final da Guerra da Independência, ele era universalmente respeitado nos Estados Unidos, mas continuava pobre; no entanto, uma legislatura estadual dedicou-lhe uma soma em dinheiro e outra lhe deu uma propriedade, de modo que ele passou a ter todas as perspectivas de conforto para o resto da vida. Pode ser que tenham esperado que ele se acomodasse, valendo-se da respeitabilidade característica de revolucionários que obtiveram sucesso. No entanto, ele voltou sua atenção da política para a engenharia e demonstrou a possibilidade de construir pontes de ferro com extensão maior do que antes se acreditava possível. As pontes de ferro o levaram à Inglaterra, onde foi recebido de maneira amigável por Burke, o duque de Portland, e por outros notáveis *whigs*. Mandou instalar um grande modelo de sua ponte de ferro na estação de trem de Paddington, pelo que foi elogiado por engenheiros eminentes, parecendo que passaria o resto da vida como inventor.

No entanto, a França, assim como a Inglaterra, estava interessada em pontes de ferro. Em 1788, Paine fez uma visita a Paris para conversar sobre elas com Lafayette e submeter seus planos à Académie des Sciences, que, depois da demora esperada, deu resposta favorável a eles. Quando a Bastilha caiu, Lafayette resolveu presentear a chave da prisão a Washington e confiou a Paine a tarefa de transportá-la através do Atlântico. Paine, no entanto, permaneceu na Europa, devido a assuntos ligados à sua ponte. Escreveu uma longa carta a Washington, informando-o de que encontraria alguém para assumir seu lugar no transporte "deste primeiro troféu dos despojos do nepotismo, e um dos primeiros frutos maduros dos princípios norte-americanos transplantados para a Europa". E prossegue: "Não tenho a menor dúvida do sucesso final e completo da Revolução Francesa", e "construí uma ponte (um único arco) com cento e dez pés de vão e cinco pés de altura desde o cordão do arco".

Durante algum tempo, a ponte e a Revolução permaneceram equilibradas em seus interesses, mas aos poucos a Revolução acabou por vencer. Na esperança de suscitar um movimento de resposta por parte da Inglaterra, ele escreveu seu *Direitos do Homem*, obra sobre a qual repousa sua fama como democrata.

Esse trabalho, que foi considerado furiosamente subversivo durante a reação antijacobina, surpreende o leitor moderno por sua brandura e bom senso. É originalmente uma resposta a Burke e trata, em grande parte, de eventos contemporâneos na França. A primeira parte foi publicada em 1791, e a segunda, em fevereiro de 1792; até ali não havia, portanto, necessidade de que se pedissem desculpas pela Revolução. Há pouquíssima declamação relativa aos Direitos Naturais, mas muitas noções sólidas a respeito do governo britânico. Burke sustentara que a revolução de 1688 fizera com que os britânicos se submetessem para sempre aos soberanos apontados pelo Ato da Determinação. Paine argumenta ser impossível isso aplicar-se na posteridade, e que as constituições devem ser passíveis de revisão de tempos em tempos.

Os governos, ele diz, "podem ser todos compreendidos sob três denominações. Primeiro, a superstição. Segundo, o poder. Terceiro, o interesse comum da sociedade e os direitos comuns dos homens. O primeiro era um governo clerocrata; o segundo, de conquistadores; o terceiro, da razão". Os dois primeiros se amalgamavam: "a chave de São Pedro e a chave do Tesouro alojavam-se uma sobre a outra, e a multidão, maravilhada e traída, venerou a invenção". Tais observações generalizadas são, no entanto, raras. O grosso da obra consiste, em primeiro lugar, da história francesa de 1789 até o final de 1791 e, em segundo lugar, da comparação entre a Constituição Britânica e a decretada na França em 1791, naturalmente dando vantagem à segunda. É preciso lembrar que, em 1791, a França ainda era monarquia. Paine era republicano e não escondia esse fato, mas também não lhe dava muita ênfase em *Direitos do Homem*.

O apelo de Paine, salvo em algumas passagens curtas, era ao bom senso. Ele argumentava contra as finanças de Pitt, como Cobbett fez depois, com argumentos que poderiam ter agradado a qualquer chanceler do Tesouro; descrevia um pequeno fundo que não parava de diminuir devido a amplos empréstimos, como o mesmo que colocar uma perna de pau em um homem e mandá-lo perseguir uma lebre – quanto mais correm, mais longe um do outro ficam. Fala do

"Campo do oleiro de papel-moeda" – frase que se encaixa bem no estilo de Cobbett. Foram, de fato, seus textos que transformaram a antiga inimizade de Cobbett em admiração. Sua objeção ao princípio hereditário, que horrorizava Burke e Pitt, hoje é algo comum entre todos os políticos, incluindo até mesmo Mussolini e Hitler. Seu estilo também não é de maneira nenhuma ultrajante: é claro, vigoroso e direto, mas nem de longe tão abusivo quanto o de seus oponentes.

Ainda assim, Pitt decidiu inaugurar seu reinado de terror com um processo contra Paine e a supressão de *Direitos do Homem*. De acordo com sua sobrinha, *Lady* Hester Stanhope, ele "costumava dizer que Paine até tinha razão, mas então completava: 'O que posso fazer? Do jeito como as coisas estão, se eu incentivar as opiniões de Tom Paine teremos uma revolução sangrenta'". Paine respondeu ao processo com discursos desafiadores e inflamados. Mas os massacres de setembro estavam ocorrendo, e os *tories** ingleses reagiam com cada vez mais rigor. O poeta Blake – que tinha mais traquejo do que Paine – convenceu-o de que, se ficasse na Inglaterra, seria enforcado. Paine fugiu para a França, escapando dos oficiais que tinham vindo para prendê-lo, por algumas horas em Londres e por vinte minutos em Dover – onde recebeu permissão das autoridades para embarcar, pois, por acaso, trazia consigo uma carta amigável e recente de Washington.

Apesar de a Inglaterra e a França ainda não estarem em guerra, Dover e Calais pertenciam a mundo diferentes. Paine, fora eleito cidadão francês honorário, participara da Convenção por três distritos diferentes, sendo que Calais, que o recebia então, era um deles. "Quando o navio se aproxima, ouve-se uma saudação de tiros; vivas ecoam pela praia. Quando o representante de Calais pisa em solo francês, soldados abrem caminho para ele, os oficiais o abraçam, a roseta nacional lhe é presenteada" – e assim por diante, entre as habitualmente belas senhoras francesas, prefeitos etc.

Chegando a Paris, ele agiu com mais espírito público do que com prudência. Esperava – apesar dos massacres – que a revolução fosse ordeira e moderada, como aquela que ajudara a fazer na América do Norte. Fez amizade com os girondinos, recusou-se a falar mal de Lafayette (que na época estava em desgraça) e continuou, como norte-

---

* *Tories*: membros do Partido Tory, o partido conservador britânico. (N.T.)

-americano, a expressar gratidão a Luís XVI, por sua contribuição à libertação dos Estados Unidos. Ao se opor à execução do rei até o último instante, ele suscitou a hostilidade dos jacobinos. Primeiro, foi expulso da Convenção e, depois, preso como estrangeiro; permaneceu na prisão durante o período do governo de Robespierre e alguns meses depois disso. A responsabilidade disso era dos franceses apenas em parte; o ministro norte-americano, Gouverneur Morris, era culpado na mesma proporção. Era federalista e ficou do lado da Inglaterra contra a França; tinha, além do mais, um ressentimento pessoal e antigo contra Paine, por este ter exposto as transações corruptas de um amigo seu durante a Guerra da Independência. Ele assumiu a linha de que Paine não era norte-americano e que, portanto, nada poderia fazer por ele. Washington, que negociava em segredo o tratado de Jay com a Inglaterra, não sentiu pena de Paine ao vê-lo em situação que não lhe permitisse esclarecer o governo francês no que diz respeito à opinião reacionária nos estados Unidos. Paine escapou da guilhotina por acaso, mas quase morreu de enfermidade. Por fim, Morris foi substituído por Monroe (o da "Doutrina"), que imediatamente buscou sua soltura, acolheu-o em sua própria casa e restituiu-lhe a saúde ao longo de dezoito meses de cuidados e gentilezas.

Paine não sabia quão grande fora a participação de Morris em seus infortúnios, mas jamais perdoou Washington. Depois da morte deste, ao saber que seria feita uma estátua do grande homem, endereçou os seguintes versos ao escultor:

> Tire da mina a pedra mais fria e mais dura,
> Ela não precisará ser esculpida: é Washington.
> Mas, se a cinzelar, que o golpe seja rude,
> E, em seu coração, grave: – Ingratidão

Isso não foi publicado, mas uma carta longa e amarga a Washington foi divulgada em 1796. Ela terminava assim:

> E, no que diz respeito ao senhor, traidor na amizade pessoal (como foi para comigo, e ainda mais em ocasião de perigo) e hipócrita na vida pública, o mundo se confundirá ao resolver

se é um apóstata ou um impostor; se abandonou os bons princípios ou se algum dia os teve.

Para aqueles que conhecem apenas o Washington estatuesco da lenda, essas palavras podem parecer demasiado agressivas. Mas 1796 foi o primeiro ano da disputa pela presidência entre Jefferson e Adams, em que todo o peso de Washington foi lançado em apoio ao segundo, apesar de sua crença na monarquia e na aristocracia; além do mais, Washington estava tomando o lado da Inglaterra contra a França e fazendo tudo o que estava a seu alcance para impedir a disseminação daqueles princípios republicanos e democráticos aos quais ele devia sua própria elevação. Esses motivos públicos, combinados com um ressentimento pessoal muito grave, mostram que as palavras de Paine não eram injustificadas.

Poderia ter sido mais difícil para Washington deixar Paine apodrecendo na prisão, se aquele homem temerário não tivesse passado seus últimos dias de liberdade dando expressão literária às opiniões teológicas que ele e Jefferson compartilhavam com Washington e Adams os quais, no entanto, tomavam o cuidado de evitar qualquer admissão pública de heterodoxia. Ao perceber que seria preso, Paine dedicou-se ao trabalho de escrever *The Age of Reason* [A Idade da Razão], cuja primeira parte terminou seis horas antes de ele ser detido. Esse livro chocou seus contemporâneos, até mesmo muitas das pessoas que concordavam com sua visão política. Hoje, à exceção de algumas passagens de mal gosto, há pouquíssima coisa de que a maior parte dos ministros da Igreja discordaria. No primeiro capítulo, ele diz:

Acredito em um Deus, e nada mais; e espero ser feliz para além desta vida.

Acredito que os homens são iguais, e que as obrigações religiosas consistem em fazer justiça, amar a misericórdia e esforçar-se por fazer com que nossos semelhantes sejam felizes.

Essas não eram palavras vazias. Desde o momento de sua primeira participação nos assuntos públicos – seu protesto contra a escravidão em 1775 – até o dia de sua morte, ele se opôs consistentemente a toda forma de crueldade, fosse ela praticada por seu próprio partido ou por seus oponentes. O governo da Inglaterra, naquela época, era uma oligarquia implacável que usava o Parlamento como meio de diminuir a qualidade de vida das classes mais baixas; Paine defendia a reforma política como única cura para tal abominação e teve de fugir para não ser morto. Na França, por se opor ao desnecessário derramamento de sangue, ele foi jogado na prisão e por pouco escapou da morte. Na América do Norte, por se opor à escravidão e por apoiar os princípios da Declaração da Independência, foi abandonado pelo governo no momento em que mais precisou de seu apoio. Se, como ele afirmava e como muita gente hoje acredita, a verdadeira religião consiste em "fazer justiça, amar a misericórdia e esforçar-se para fazer com que nossos semelhantes sejam felizes", não havia nenhum entre seus opositores que tivesse algum argumento tão bom quanto esse para ser considerado religioso.

A maior parte de *The Age of Reason* consiste em críticas ao Antigo Testamento, do ponto de vista moral. Pouquíssima gente hoje em dia consideraria os massacres de homens, mulheres e crianças registrados no Pentateuco e no Livro de Jó como modelos de boa conduta, mas na época de Paine considerava-se um ato ímpio criticar os israelitas, quando o Antigo Testamento lhes dava a sua aprovação. Muitos religiosos piedosos escreveram-lhe respostas. O mais liberal deles foi o bispo de Llandaff, que chegou ao ponto de reconhecer que algumas partes do Pentateuco não tinham sido escritas por Moisés, e que alguns dos Salmos não haviam sido compostos por Davi. Devido a tais concessões, ele incorreu na hostilidade de Jorge III e perdeu toda a chance de ser traduzido para um público mais extenso. Algumas das respostas do bispo a Paine são curiosas. Por exemplo, *The Age of Reason* ousava pôr em dúvida se Deus realmente teria ordenado que todos os homens e todas as mulheres casadas entre os midianitas deveriam ser mortos, ao passo que as donzelas deveriam ser poupadas. O bispo, indignado, retrucou que as donzelas não tinham sido poupadas por razões imorais, como Paine maldosamente sugerira, mas como escravas, a respeito do que não poderia haver objeção ética. Os ortodoxos dos nossos dias se esqueceram do que era a ortodoxia há cento e quarenta anos. Esqueceram-se, ainda mais completamente, de que foram homens como Paine que, frente à perseguição, suavizavam os dogmas de que nossa época goza. Até mesmo os *quakers* recusaram o pedido de Paine para que o enterrassem em seu cemitério, apesar de um agricultor *quaker* ter sido uma das raras pessoas a acompanhar seu corpo até o túmulo.

Depois de *The Age of Reason,* a obra de Paine deixou de ter importância. Por um longo tempo, ele esteve muito doente; quando se recuperou, não encontrou campo de ação na França do *Directoire* e do Primeiro Cônsul. Napoleão não o tratou mal, mas naturalmente não tinha serventia para ele, a não ser como possível agente de uma rebelião democrática na Inglaterra. Ele passou a ter saudade da América do Norte, lembrando-se de seu antigo sucesso e popularidade naquele país e com o desejo de ajudar os partidários de Jefferson a lutar contra os federalistas. Mas o medo de ser capturado pelos ingleses, que certamente o teriam enforcado, mantiveram-no na França até o Tratado de Amiens. Por fim, em outubro de 1802, ele aportou em Baltimore e logo escreveu a Jefferson (que era então presidente):

> Cheguei aqui no sábado, vindo de Havre, depois de uma travessia de sessenta dias. Trago diversos caixotes com modelos, rodas etc., e, assim que conseguir retirá-los do navio e embarcá-los para Georgetown, partirei para levar-lhe meus cumprimentos. Seu concidadão agradecido,
>
> THOMAS PAINE

Ele não tinha dúvidas de que todos os seus velhos amigos, à exceção dos que eram federalistas, dariam-lhe as boas vindas. Mas havia uma dificuldade. A luta de Jefferson para chegar à presidência fora árdua, e, na campanha, a arma mais eficiente contra ele, usada sem escrúpulos por ministros de todas as denominações, tinha sido a acusação de infidelidade. Seus oponentes exageravam a intimidade dele com Paine e falavam da dupla como "os dois Toms". Vinte anos mais tarde, Jefferson continuava tão impressionado com o preconceito de seus compatriotas que respondeu a um ministro unitarista que desejava publicar uma carta sua: "Não, meu caro senhor, de jeito nenhum! (...) Eu preferiria antes me dispor a fazer as enlouquecidas cabeças de um manicômio parecerem sensatas a incutir a razão na de um atanasiano; mantenha-me, portanto, longe da fogueira de Calvino e de sua vítima Servetus". Não é de surpreender que, quando o destino de Servetus os ameaçou, Jefferson e seus seguidores políticos tenham se mostrado inibidos ante uma associação demasiado íntima com Paine. Este foi tratado com educação e não teve motivo para reclamar, mas as velhas e confortantes amizades estavam mortas.

Em outros círculos, sua sorte foi pior. Dr. Rush, da Filadélfia, um de seus primeiros amigos norte-americanos, não quis saber dele: "... seus princípios", ele escreveu, "expressos em seu *Age of Reason*, ofenderam-me tanto que não desejo renovar meu relacionamento com ele". Em seu próprio bairro, foi atacado por uma multidão e impedido de se sentar em um bonde; três anos antes de sua morte, não teve permissão para votar, sob o pretexto de que era estrangeiro. Foi falsamente acusado de imoralidade e intemperança, e seus últimos anos foram passados em solidão e pobreza. Ele morreu em 1809. Quando estava agonizando, dois ministros religiosos invadiram seu quarto e tentaram convertê-lo, mas ele simplesmente disse: "Deixem-me em paz, bom dia!". Mesmo assim, os ortodoxos inventaram um mito de retratação no leito de morte que foi amplamente aceito.

Sua fama póstuma foi maior na Inglaterra do que nos Estados Unidos. Claro que publicar suas obras era ilegal, mas isso foi feito repetidamente, apesar de muitos homens terem ido para a prisão devido a tal ofensa. O último processo relativo a essa acusação foi o de Richard Carlile e sua mulher, em 1819: ele foi sentenciado a três anos de prisão e a uma multa de 1.500 libras; ela, a um ano de detenção e à multa de 500 libras. Foi nesse ano que Cobbett levou os restos mortais de Paine para a Inglaterra e lá estabeleceu sua fama como um dos heróis que lutaram pela democracia na Inglaterra. No entanto, Cobbett não deu a seus ossos um local de repouso permanente. "O monumento contemplado por Cobbett", diz Moncure Conway*, "nunca foi erguido." Houve muita agitação parlamentar e municipal. Um pregoeiro público da cidade de Bolton ficou preso nove semanas por proclamar a chegada dos restos de Paine. Em 1836, os

---

* Sua biografia de Paine e a edição de suas obras são um monumento de devoção pacienciosa e cuidadosa pesquisa.

ossos passaram de Cobbett para as mãos de um destinatário (West). O Lorde Chanceler, recusando-se a considerá-los um bem, acabou fazendo com que fossem guardados por um velho empregado diarista até 1844, quando foram então transferidos para B. Tilley, 13 Bedford Square, Londres, um comerciante de móveis. Em 1854, o reverendo R. Ainslie (unitarista) disse a E. Truelove que possuía "o crânio e a mão direita de Thomas Paine", mas se esquivou de interrogações subsequentes. Hoje não restam quaisquer vestígios de seus despojos, nem mesmo o crânio e a mão direita.

A influência de Paine no mundo foi dupla. Durante a Revolução Americana, ele inspirou entusiasmo e confiança; portanto, teve papel importante na conquista da vitória.

Na França, sua popularidade foi transitória e superficial, mas, na Inglaterra, inaugurou a obstinada resistência dos plebeus radicais à longa tirania de Pitt e Liverpool. Suas opiniões a respeito da Bíblia, apesar de terem chocado seus contemporâneos mais do que seu unitarismo, eram tais que hoje podem ser defendidas por um bispo, mas seus verdadeiros seguidores foram os homens que trabalharam nos movimentos que partiram dele – aqueles que Pitt mandou prender, aqueles que sofreram sob os Seis Atos, os owenitas, os chartistas, os sindicalistas e os socialistas. A todos esses defensores dos oprimidos, ele legou um exemplo de coragem, humanidade e perseverança. Quando questões públicas estavam envolvidas, deixava de lado a prudência pessoal. O mundo decidiu, como geralmente acontece em tais casos, puni-lo por sua falta de egoísmo; até hoje, sua fama é menor do que seria se sua personalidade tivesse sido menos generosa. Uma certa sabedoria mundana se faz necessária, nem que seja para garantir o elogio por sua ausência.

8

Gente simpática*

A minha intenção é escrever um artigo para exaltar as pessoas simpáticas. Mas o leitor pode querer saber primeiro quem são as pessoas que considero simpáticas. Talvez seja um tanto difícil chegar à sua qualidade essencial, de modo que começarei enumerando certos tipos que se encaixam nessa denominação. Tias solteironas são invariavelmente simpáticas, sobretudo, é claro, quando são ricas; os ministros religiosos são simpáticos, à exceção daqueles casos raros em que escapam para a África do Sul com uma integrante do coro, depois de fingirem ter cometido suicídio. As moças, sinto dizer, raramente são simpáticas, hoje em dia. Quando eu era jovem, a maior parte delas era bem simpática; quer dizer, compartilhavam das opiniões das mães, não apenas a respeito de assuntos de toda ordem, mas, o que é mais notável, a respeito de indivíduos, até mesmo de rapazes. Elas diziam: "Sim, mamãe" e "Não, mamãe" nos momentos apropriados; amavam o pai, porque era sua obrigação, e a mãe, porque as protegia da menor insinuação de mau comportamento. Quando noivavam para casar, apaixonavam-se com moderação decorosa; depois de casadas, reconheciam como obrigação amar o marido, mas davam a entender às outras mulheres que era uma obrigação desempenhada à custa de muita dificuldade. Comportavam-se com simpatia em relação aos sogros, conquanto deixassem claro que qualquer pessoa menos empenhada não o faria; não maldiziam outras mulheres, mas apertavam os lábios de maneira tal, que deixavam claro o que poderiam ter dito, não fosse a sua caridade angelical. Este é o tipo que se chama de mulher pura

---
* Publicado pela primeira vez em 1931. (N.E.)

e nobre. Tipo que, no entanto – ai de mim! –, mal existe nos dias de hoje, exceto entre as senhoras de idade.

Por misericórdia, as que restaram ainda detêm grande poder: elas controlam a educação, onde se dedicam, não sem sucesso, a preservar um padrão vitoriano de hipocrisia; controlam a legislação relativa ao que chamam de "questões morais" e, assim, criaram e propiciaram a grande profissão do contrabando; asseguram que os rapazes que escrevem para os jornais exprimam as opiniões das idosas e simpáticas senhoras, e não as suas próprias, assim ampliando o alcance do estilo e a variedade da imaginação psicológica dos jovens. Elas mantêm vivos inumeráveis prazeres que, de outra maneira, logo acabariam por sua abundância: por exemplo, o prazer de ouvir palavras grosseiras no palco, ou de ver ali uma quantidade de pele desnuda ligeiramente maior do que o normal. Acima de tudo, mantêm vivos os prazeres da caça. Entre uma população campestre homogênea, como a de um condado inglês, as pessoas estão condenadas a caçar raposas, algo caro e às vezes até perigoso. Além do mais, a raposa não é capaz de explicar com muita clareza o quanto não aprecia ser caçada. Sob todos esses aspectos, a caça aos seres humanos é um esporte melhor, mas, não fosse pelas pessoas simpáticas, seria difícil caçá-las com a consciência tranquila. Aqueles que são condenados pelas pessoas simpáticas são passíveis de caça; ao gritar "Tally-ho*!", os caçadores se reúnem, e a vítima é perseguida até ser presa ou morta. O esporte é ainda mais recompensador quando a vítima é uma mulher, já que isso deleita a inveja das mulheres e o sadismo dos homens. Conheço, nesse momento, uma estrangeira que vive, na Inglaterra, uma união feliz, embora extralegal, com um homem a quem ela ama e que a ama; infelizmente, suas opiniões políticas não são tão conservadoras quanto se poderia desejar, apesar de serem meras opiniões, sobre as quais ela nada faz. As pessoas simpáticas, no entanto, usaram essa desculpa para pôr a Scotland Yard em seu encalço, de modo que ela será mandada de volta a seu país de origem, para padecer de fome. Na Inglaterra, assim como nos Estados Unidos, o estrangeiro representa uma influência moralmente degradante, de modo que estamos todos em dívida para

---

* *Tally-ho*: grito que os caçadores de raposa soltam ao avistarem o animal. (N.T.)

com a polícia, pela maneira como cuida para que apenas estrangeiros excepcionalmente virtuosos possam residir entre nós.

Não devemos supor que todas as pessoas simpáticas sejam mulheres, apesar de, é claro, ser muito mais comum encontrar uma mulher simpática do que um homem simpático. À exceção dos ministros religiosos, há muitos outros homens distintos. Aqueles, por exemplo, que fizeram grande fortuna e agora se aposentaram dos negócios para gastá-la com obras de caridade; os magistrados também são, quase invariavelmente, homens simpáticos. Não se pode dizer, no entanto, que todos os defensores da lei e da ordem sejam homens simpáticos. Quando jovem, lembro-me de ter ouvido uma mulher simpática dizer, como argumento contrário à pena de morte, que o carrasco dificilmente poderia ser um homem simpático. Jamais conheci algum carrasco pessoalmente, de modo que não pude testar esse argumento de maneira empírica. No entanto, conheci uma senhora que conheceu um carrasco em um trem sem saber quem ele era e, ao oferecer-lhe uma manta, por estar frio, disse ele: "Ah, a senhora não faria isso se soubesse quem sou", o que parece demonstrar que, afinal de contas, ele era um homem simpático, sim. Isso, no entanto, deve ter sido algo excepcional. O carrasco em *Barnaby Rudge*, de Dickens, que não é em absoluto um homem simpático, talvez seja mais típico.

Não acredito, no entanto, que devamos concordar com a mulher simpática que citei há pouco, que condenava a pena de morte simplesmente porque os carrascos tendem a não ser simpáticos. Para ser uma pessoa simpática é necessário estar protegido do contato cruel com a realidade, e não se deve esperar dos responsáveis por tal proteção que compartilhem a simpatia que preservam. Imaginemos, por exemplo, que um navio transportando vários trabalhadores de cor naufrague; as mulheres da primeira classe, presumivelmente todas simpáticas, serão salvas primeiro, mas, para que isso possa acontecer, deve haver homens que impeçam que os trabalhadores de cor tomem os botes salva-vidas, e é improvável que consigam fazer isso por meio de métodos simpáticos. As mulheres que forem salvas, assim que estiverem em segurança, começarão a sentir pena dos coitados dos trabalhadores que se afogaram, mas essa demonstração de bondade só foi possibilitada pelos homens rudes que as defenderam.

De maneira geral, os indivíduos simpáticos deixam o policiamento do mundo nas mãos de mercenários, porque sentem que o trabalho em questão não é adequado a pessoas razoavelmente simpáticas. Existe, no entanto, um departamento em que não delegam tarefas, que é o departamento da calúnia e de escândalos. As pessoas podem ser dispostas em uma hierarquia de simpatia pela força de suas línguas. Se A fala mal de B, e B fala mal de A, geralmente a sociedade em que ambos vivem entrará em acordo para determinar qual deles está prestando um serviço de utilidade pública, enquanto o outro está apenas sendo mesquinho; o que estiver prestando um serviço de utilidade pública é o mais simpático dos dois. Assim, por exemplo, uma diretora de escola é mais simpática do que uma diretora-assistente, mas uma senhora que pertença ao conselho da escola é mais simpática do que qualquer uma das duas. A fofoca bem direcionada pode facilmente fazer com que sua vítima perca o ganha-pão e, mesmo quando esse resultado extremo não é alcançado, pode transformar a pessoa em um pária. É, portanto, uma força importante do bem, e devemos nos sentir gratos por serem pessoas simpáticas as detentoras desse poder.

A principal característica das pessoas simpáticas é a prática louvável de aprimorar a realidade. Deus fez o mundo, mas as pessoas simpáticas acreditam que poderiam tê-lo feito melhor. Existem muitas coisas na obra divina que, por mais que constituísse blasfêmia desejar que fossem diferentes, não seria de jeito nenhum agradável mencioná-las. Teólogos defendem que, se os nossos pais originais não tivessem comido a maçã, a raça humana teria proliferado por meio de algum método inocente vegetativo, como Gibbons aponta. O plano Divino, no que diz respeito a esse assunto, com certeza é misterioso. Está muito bem observar tal ato, como os teólogos supramencionados o fazem, à luz de um castigo ao pecado, mas o problema com tal visão é que, embora isso possa ser um castigo para as pessoas simpáticas, as outras, infelizmente, o consideram bastante prazeroso. Portanto, parece que o castigo recaiu sobre o lugar errado. Uma das principais razões de ser das pessoas simpáticas é remediar essa injustiça, sem dúvida não intencional. Elas se esforçam para garantir que o modo vegetativo biologicamente sacramentado seja praticado de maneira furtiva ou frígida e que aqueles que o pratiquem de maneira furtiva, quando descobertos, sejam subjugados ao poder das pessoas simpáticas, devido aos danos que podem ser causados a eles por meio de escândalos. Elas se esforçam também para garantir que o mínimo de informações possíveis a respeito desse assunto seja divulgado de modo decente; tentam conseguir que o censor proíba livros e peças que representam essa questão, exceto quando ensejam o escárnio. Nisso, obtêm sucesso, na medida em que controlam as leis e a polícia. Não se sabe por que o Senhor fez o corpo humano da maneira como fez, já que se deve supor que a onipotência poderia tê-lo feito de maneira a não chocar as pessoas simpáticas. Talvez, contudo, haja uma boa razão para tanto. Tem havido na Inglaterra, desde o crescimento da indústria têxtil em Lancashire, uma estreita aliança entre os missionários e o mercado de algodão, pois os missionários ensinam os selvagens a cobrir o corpo humano e, assim, aumentam a demanda por bens de algodão. Se não houvesse nada vergonhoso a respeito do corpo humano, o mercado têxtil teria perdido sua fonte de lucro. Esse exemplo demonstra que jamais devemos temer que a disseminação da virtude venha a diminuir nossos lucros.

Quem quer que tenha inventado a expressão "a verdade nua" percebeu uma conexão importante. A nudez é chocante a todas as pessoas honradas, da mesma maneira que a verdade o é. Pouco importa o segmento com o qual se está conectado; logo se descobre que a verdade é tal, que as pessoas simpáticas não a admitirão em sua consciência. Não sei ao certo se foi falta de sorte minha estar presente em um tribunal para a audiência de um caso sobre o qual eu tinha um conhecimento de primeira mão, o caso é que fiquei estupefato ao constatar que nenhuma verdade crua tinha permissão de penetrar aqueles portais augustos. A verdade que entra em um tribunal de Justiça não é a verdade nua, mas a verdade vestida com roupas de tribunal, com todas as suas partes menos decentes escondidas. Não digo que isso se aplique ao julgamento de crimes mais diretos, tais como assassinato ou roubo, mas se aplica a todos aqueles em que algum elemento de preconceito entra, tais como julgamentos políticos, ou julgamentos relativos à obscenidade. Acredito que, a esse respeito, a Inglaterra é pior do que os Estados Unidos, porque a Inglaterra levou à perfeição, por meio dos sentimentos de clemência, o controle quase invisível e meio inconsciente de tudo o que é desagradável. Se alguém desejar mencionar em um tribunal de Justiça algum fato inadmissível, descobrirá que é contrário às leis da evidência fazê-lo, e que não apenas o juiz e o advogado da oposição, como também o seu próprio defensor impedirão que o dito fato venha à tona.

O mesmo tipo de irrealidade permeia a política, devido aos sentimentos das pessoas simpáticas. Se alguém tentar convencer qualquer pessoa simpática de que um político de seu próprio partido é um simples mortal, em nada melhor do que a maioria da humanidade, essa pessoa repudiará tal sugestão. Por conseguinte, é necessário aos políticos que pareçam imaculados. Na maior parte do tempo, os políticos de todos os partidos entram em um acordo tácito para impedir que qualquer coisa que traga prejuízo à sua profissão seja conhecida, porque as diferenças de partido geralmente fazem menos para dividir os políticos do que a identidade da profissão para uni-los. Dessa maneira, as pessoas simpáticas são capazes de preservar sua bela imagem de grandes homens da nação, e as crianças nas escolas podem ser convencidas de que tal eminência só poderá ser alcançada por meio da mais elevada das virtudes. Existem, é verdade, épocas excepcionais em que a política azeda de verdade – e em todos os tempos existem políticos que não são considerados suficientemente respeitáveis para que pertençam ao sindicato informal da profissão. Parnell*, por exemplo, foi primeiro acusado, sem sucesso, de cooperar com assassinos e depois, com sucesso, condenado por uma ofensa contra a moral, ofensa que, é claro, nenhum de seus acusadores jamais sonharia em cometer. Nos dias atuais, os comunistas na Europa e os radicais extremistas e agitadores trabalhistas nos Estados Unidos estão fora de questão; nenhum grupo significativo de pessoas simpáticas os admira, e, se cometerem alguma ofensa contra o código de convenções, podem estar certos de que não terão perdão. Dessa maneira, as convicções morais inabaláveis das pessoas simpáticas se ligam à defesa da propriedade, e assim mais uma vez elas provam seu inestimável valor.

---

* Charles Stewart Parnell (1846-1891), político irlandês, foi acusado de ter conexões com nacionalistas que mataram dois diplomatas britânicos, sendo depois inocentado. Sua carreira terminou quando o marido de sua amante pediu o divórcio, responsabilizando-o pelo fim do casamento. (N.T.)

As pessoas simpáticas muito convenientemente desconfiam do prazer, sempre que o detectam. Sabem que o que aumenta a sabedoria aumenta a dor, e, assim, inferem que maior a dor, maior a sabedoria. Portanto, sentem que, ao disseminar a dor, estão disseminando a sabedoria; como a sabedoria é mais preciosa do que os rubis, encontram justificativa para achar que agir assim é benéfico. Vão, por exemplo, mandar construir um *playground* público para crianças para convencer a si mesmos de que são filantropos, e, em seguida, farão tantas imposições em relação a seu uso que nenhuma criança poderá ser tão feliz ali quanto é na rua. Farão tudo o que puderem para impedir que *playgrounds*, teatros etc. fiquem abertos aos domingos, porque esse é o dia em que poderiam ser aproveitados. As moças que trabalham são impedidas o máximo possível de conversar com rapazes no serviço. As pessoas mais simpáticas que conheci carregavam essa atitude para o seio da família e faziam com que seus filhos brincassem apenas com jogos instrutivos. Esse grau de simpatia, no entanto, sinto dizer, está se tornando menos comum do que era. No passado, ensinava-se às crianças que

> Um golpe de Sua vara poderosa
> Pode rapidamente enviar jovens pecadores ao Inferno,

e estava entendido que isso provavelmente aconteceria se as crianças ficassem muito agitadas ou se se dedicassem a qualquer atividade que não fosse calculada para fazer com que se tornassem pessoas aptas para o clero. A educação baseada nesse ponto de vista é apresentada em *The Fairchild Family**, obra de valor incomensurável sobre como produzir pessoas simpáticas. Conheço poucos pais, no entanto, que nos dias de hoje conseguem agir de acordo com esse alto padrão. Infelizmente, tornou-se muito comum permitir que as crianças se divirtam, e deve-se temer que todos aqueles que foram educados de acordo com princípios tão negligentes não demonstrem o devido horror ao prazer quando crescerem.

---

* *The Fairchild Family*, ou "A Família Fairchild", obra de forte influência evangélica da inglesa Mary Martha Sherwood (1775-1851), escrita na primeira metade do século XIX, que descreve castigos terríveis aplicados a crianças, como surrá-las impiedosamente e prendê-las em sótãos escuros. (N.T.)

O reinado das pessoas simpáticas, creio, está chegando ao fim – duas coisas o estão matando. A primeira é a crença de que não há mal em ser feliz, desde que isso não prejudique ninguém; a segunda é a aversão à farsa, uma aversão que é tanto estética quanto moral. Essas revoltas foram incentivadas pela guerra, quando as pessoas simpáticas de todos os países estavam bem seguras no poder, e, em nome da mais alta moral, induziam os jovens a matar-se uns aos outros. Quando tudo acabou, os sobreviventes começaram a se perguntar se mentiras e desgraças inspiradas pelo ódio constituíam de fato a mais alta das virtudes. Creio que ainda vai demorar um certo tempo até que possam ser induzidos mais uma vez a aceitar essa doutrina fundamental, relativa a toda ética realmente soberba.

Em sua essência, as pessoas simpáticas odeiam a vida que se manifesta nas tendências à cooperação, na agitação das crianças e, sobretudo, no sexo – ideia pela qual são obcecadas. Em uma palavra: as pessoas simpáticas são aquelas que têm mentes repulsivas.

9

A nova geração

Este texto é a introdução de Russell ao livro *The New Generation** (A nova geração), que continha contribuições de diversos psicólogos e estudantes de ciências sociais de destaque. Em conexão com a observação de Russell de que unicamente na Rússia "o estado não tem o domínio dos preconceitos morais e religiosos", deve ser observado que isso foi escrito em 1930. Nos anos finais do regime de Stalin, todas as tentativas de estabelecer um código racional de moralidade sexual foram abandonadas e a legislação nessa esfera tornou-se mais repressiva e puritana do que nos países ocidentais. O próprio Russell havia previsto a probabilidade de tal desenvolvimento muito antes, em 1920.

Nas páginas seguintes, diversas ramificações de conhecimento que afetam o bem-estar das crianças e as relações dos filhos com os pais são tratadas por colaboradores que se especializaram nos diversos campos envolvidos. Como introdução a este estudo, proponho considerar o modo como os novos conhecimentos transformaram, e ainda transformarão, com muita probabilidade, as relações biológicas tradicionais. Não estou pensando apenas, nem principalmente, nos efeitos deliberados e intencionais do conhecimento, mas também, e mais especificamente, no conhecimento como força natural que produz resultados não intencionais dos tipos mais curiosos e inesperados. Tenho certeza de que James Watt não tinha desejo algum de estabelecer família matriarcal; e, no entanto, ao possibilitar que os homens durmam em locais distantes daqueles onde trabalham, fez com que isso acontecesse em grande parte das

---

* Londres: George Allen & Unwin Ltd.

nossas populações urbanas. O lugar do pai na família suburbana moderna é muito pequeno – principalmente se ele jogar golfe, o que normalmente faz. É um tanto difícil ver o que ele está comprando quando paga por seus filhos, e, se não fosse pala tradição, seria possível duvidar que considerasse ter filhos um bom negócio. A família patriarcal, em seu auge, garantia ao homem imensas vantagens: dava-lhe filhos que poderiam sustentá-lo na velhice e defendê-lo de seus numerosos inimigos. Agora, em todas as classes em que os homens vivem de investimentos ou economizam seus ganhos, o filho nunca se torna financeiramente vantajoso para o pai, por mais longa que seja a vida de ambos.

 Novos conhecimentos são a causa das mudanças econômicas e psicológicas que transformam nossa época em algo ao mesmo tempo difícil e interessante. No passado, o homem estava sujeito à natureza: à natureza inanimada, no que diz respeito ao clima e à abundância das colheitas; à natureza humana, no que diz respeito às necessidades cegas que o levavam a procriar e a lutar. A noção de impotência resultante foi utilizada pela religião para transformar o medo em uma obrigação e a resignação em uma virtude. O homem moderno, do qual por enquanto só existem poucos exemplares, tem perspectiva diferente. O mundo material não é para ele um dado a ser aceito com gratidão ou com súplicas devotadas; é matéria-prima para a manipulação científica. Um deserto é um lugar para onde a água precisa ser levada, um pântano cheio de malária é um lugar de onde a água precisa ser tirada. A nenhum dos dois lugares é dado manter sua hostilidade natural ao homem, de modo que, em nossa luta contra a natureza física, já não precisamos de Deus para nos ajudar contra o Satanás. Um fato provavelmente ainda menos apreciado é que uma mudança essencialmente similar começou a tomar lugar em relação à natureza humana. Ficou claro que, ao passo que o indivíduo pode ter dificuldade em alterar seu caráter de maneira deliberada, o psicólogo científico, se tiver a oportunidade de fazer um tratamento desimpedido com as crianças, poderá manipular a natureza humana com tanta liberdade quanto os californianos manipulam o deserto. Não é mais Satanás o culpado pelo pecado, mas as glândulas disfuncionais e o condicionamento insensato.

Talvez neste ponto o leitor espere uma definição de pecado. Isso, no entanto, não oferece dificuldade alguma: pecado é aquilo de que as pessoas que controlam a educação não gostam.

Deve-se confessar que essa situação impõe aos detentores do poder científico uma responsabilidade nova e séria. Até agora, a humanidade sobreviveu porque, por mais tolos que fossem seus objetivos, os homens não tinham o conhecimento necessário para atingi-los. Agora que o conhecimento está sendo adquirido, um grau maior de sabedoria do que existiu até então torna-se imperativo em relação à finalidade da vida. Mas onde, em nossa época perturbada, tal sabedoria pode ser encontrada?

As reflexões gerais acima têm a mera intenção de sugerir que todas as nossas instituições, até mesmo aquelas mais intimamente ligadas ao que se costumava chamar de instinto, estão fadadas a se tornar muito mais deliberadas e conscientes no futuro próximo do que já foram ou são hoje, e que isso deve se aplicar especificamente à maneira de tratar e de educar as crianças. A nova maneira pode ser melhor do que a antiga e também pode, facilmente, ser pior. Mas o novo conhecimento da nossa época foi enfiado com tanta brutalidade no mecanismo do comportamento tradicional que os antigos padrões não podem sobreviver, e padrões novos, para o bem ou para o mal, tornaram-se imperativos.

A família sobrevive desde o passado não especializado, quando o homem fazia suas próprias botas e assava o próprio pão. As atividades masculinas ultrapassaram esse estágio, mas os virtuosos defendem que não deveria haver mudanças correspondentes nas atividades das mulheres. Lidar com crianças é uma atividade especializada que requer conhecimento especializado e ambiente adequado. A educação das crianças em casa faz parte do mesmo mecanismo da roda de fiar, e é igualmente antieconômica. Com o avanço do conhecimento, cada vez mais a educação e a alimentação infantil se dão fora do lar. Já não é mais contumaz que a criança nasça dentro de casa. Quando fica doente, já não é mais tratada com as mandingas simples e tradicionais que mataram a maior parte dos filhos de seus ancestrais. As orações já não são mais ensinadas no colo da mãe, mas na escola de catecismo dominical. Os dentes não são mais extraídos, como eram quando eu era pequeno, com uma cordinha amarrada neles e na maçaneta da porta – e depois fechando-se a porta. O conhecimento médico em si possui uma parte da vida da criança, o conhecimento de higiene possui outra, a psicologia infantil exige uma terceira. No final, a mãe, perturbada, abre mão de sua função como se fosse um emprego ruim e, sob a ameaça do complexo de Édipo, começa a sentir que toda a sua afeição natural sugere pecado.

Uma das principais causas da mudança é a diminuição dos nascimentos e das mortes. Felizmente, ambos diminuíram juntos; porque, se qualquer uma dessas duas diminuições tivesse ocorrido sem a outra, o resultado seria um desastre. Os governos do mundo, em combinação com as igrejas, cuja influência depende da miséria e da impotência humana, fizeram tudo o que estava a seu alcance para produzir esse desastre, já que tentaram impedir qualquer diminuição na taxa de natalidade correlativa à diminuição na taxa de óbito. Nesse sentido, no entanto, felizmente para a humanidade, o egoísmo individual revelou-se mais forte do que a loucura coletiva.

O tamanho pequeno da família moderna deu aos pais uma nova noção do valor da criança. Pais que só têm dois filhos não desejam que nenhum deles morra, ao passo que, na família antiquada de dez ou quinze filhos, a metade podia ser sacrificada à negligência sem nenhuma aflição maior. O cuidado científico moderno em relação às crianças está intimamente ligado ao tamanho diminuto da família moderna.

Ao mesmo tempo, essa mudança fez da família um ambiente psicológico menos adequado às crianças e uma preocupação que já não exige tanta dedicação das mulheres. Ter quinze filhos, sendo que a maior parte deles acabava morta, sem dúvida era um trabalho de vida desagradável, mas, de qualquer forma, deixava pouco tempo livre para a realização pessoal das mulheres. Ter dois ou três filhos, por outro lado, é algo que não se considera um trabalho de vida adequado e, no entanto, enquanto o lar à moda antiga for preservado, ele interferirá enormemente em qualquer outra carreira. Assim, quanto menos filhos as pessoas têm, mais um fardo eles parecem ser.

Hoje em dia, quando a maior parte das pessoas vive nas cidades, em ambientes apinhados de gente devido aos altos aluguéis, o lar, em regra, é o ambiente físico errado para a criança. O homem que planta mudas em uma estufa lhes fornece o solo certo, a luz e a ventilação certas, o espaço certo e os vizinhos certos. Ele não tenta plantar as árvores, uma a uma, em locais isolados. No entanto, é isso que precisa ser feito com as crianças, enquanto permanecerem na residência urbana moderna. Crianças, assim como mudas de árvores, precisam de solo, de luz, de ventilação e de vizinhos da sua mesma espécie. As crianças deveriam viver no campo, onde podem desfrutar sua liberdade sem excitação. A atmosfera psicológica de um apartamento urbano pequeno é tão ruim quanto a física. Consideremos a questão do barulho. Adultos ocupados não têm como suportar uma algazarra contínua ao seu redor, mas dizer a uma criança que não faça barulho é uma forma de crueldade que produz nela uma exasperação que conduz a graves falhas morais. O mesmo se aplica à necessidade de não quebrar coisas. Quando um menino sobe nas prateleiras da cozinha e quebra toda a louça, raramente seus pais ficam muito satisfeitos. No entanto, essa atividade é de um tipo essencial para seu desenvolvimento físico. Em um ambiente feito para crianças, tais impulsos naturais e saudáveis não precisam ser reprimidos.

    Mudanças psicológicas nas perspectivas dos pais são inevitavelmente produzidas pelas mudanças científicas e econômicas que afetam a família. Com o crescimento da noção de segurança, surgiu, inevitavelmente, um aumento do individualismo. O que limitou o individualismo no passado foi o medo e a necessidade de cooperação mútua. Um grupo de colonizadores rodeado de índios tinha a necessidade de um senso comunitário forte, pois, do contrário, seria dizimado. No presente, a segurança é garantida pelo Estado, não pela cooperação voluntária, de modo que o homem pode se dar o luxo de ser individualista na parte de sua vida que controla individualmente. Isso se aplica especificamente às relações de família. A parte do homem no cuidado com as crianças é pouco mais do que financeira, e suas obrigações financeiras se farão cumprir pelos homens da lei, se assim for necessário, de modo que poucas exigências são feitas a respeito de sua noção pessoal de obrigação. A mulher, se for vigorosa e inteligente, provavelmente sentirá que as obrigações maternais truncadas que lhe sobraram são inadequadas como carreira, ainda mais porque a maior parte delas pode ser desempenhada, de maneira mais científica, por especialistas. Essa sensação poderia operar de maneira bem mais ampla se não fosse pelos homens que continuam gostando que as mulheres dependam deles financeiramente. Essa é, no entanto, uma noção remanescente de uma época passada, já muito enfraquecida e fadada a desaparecer em pouco tempo.

Todos esses desdobramentos diminuíram as razões que levavam as pessoas a evitar o divórcio. Na medida em que o divórcio vai se tornando mais frequente e mais fácil, a família vai ficando ainda mais enfraquecida, porque o resultado mais comum é que a criança fique só com um genitor.

Por todas essas e outras razões apresentadas na contribuição do dr. Watson*, parece inevitável, para o bem ou para o mal, que a família, como unidade, vá definhar cada vez mais, fazendo com que não exista nenhum grupo para interpor sua autoridade entre o indivíduo e o Estado. Isso não se aplica tanto aos abastados, que podem continuar desfrutando creches especiais, escolas especiais, médicos especiais e todos os mecanismos caros do empreendimento privado. Mas, para os assalariados, o custo de tal individualismo é proibitivo. No que diz respeito a seus filhos, é inevitável que quaisquer funções não mais desempenhadas pelos pais sejam assumidas pelo Estado. No que diz respeito à imensa maioria, portanto, a escolha não é entre os cuidados dos pais ou de especialistas selecionados pelos pais, mas sim entre os pais e o Estado.

Para todos aqueles que compreendem a moderna atitude científica, essa perspectiva envolve uma grande responsabilidade de propaganda. No momento, o Estado, à exceção da Rússia, está preso a preconceitos morais e religiosos que tornam absolutamente impossível lidar com as crianças de modo científico. Eu recomendaria aos leitores que considerassem, por exemplo, as contribuições de Havelock Ellis** e de Phyllis Blanchard*** nas próximas páginas. Todo

---

* Aqui, Russell se refere ao artigo de Watson "After the Family – What?" (Depois da família – o quê?), que faz parte do livro *The New Generation*. (N.E.)

** Hevelock Ellis: *Perversion in Childhood and Adolescence* (Perversão na infância e adolescência).

*** Phlyllis Blanchard: *Obscenity in Children* (Obscenidade em crianças).

leitor sincero precisa perceber que, enquanto a ética e a teologia tradicional não puderem ser escarnecidas pelos políticos, os métodos defendidos nessas contribuições não serão empregados em qualquer instituição sob a qual o Estado tenha controle. O governo de Nova York, por exemplo, ainda afirma oficialmente que a masturbação causa insanidade – e está claro que nenhum político pode refutar essa opinião sem que leve sua carreira a um fim abrupto. Portanto, não se pode esperar que a masturbação seja tratada de maneira científica por qualquer instituição governamental, a não ser um asilo de lunáticos ou um lar para débeis mentais. Apenas essas instituições têm permissão para adotar métodos adequados, porque lunáticos e débeis mentais não são considerados moralmente responsáveis. Esse estado de coisas é absurdo. Daria no mesmo decretar uma lei que estabelecesse que apenas os carros baratos pudessem ser consertados, ao passo que os carros caros deveriam ser chicoteados ou tratados por meio de sermões de ministros religiosos. Aqueles que visualizam uma grande extensão de instituições governamentais para crianças no futuro geralmente imaginam a si mesmos ou a seus amigos na chefia de tais instituições. Essa, obviamente, é uma ilusão tola. Como um salário considerável estaria atrelado ao controle de qualquer instituição importante desse tipo, está claro que o superintendente geralmente seria uma tia velha solteirona de algum político proeminente. Sob sua nobre inspiração, as crianças aprenderiam a rezar, a reverenciar a cruz e a bandeira, a sentir agonias de remorso quando se masturbassem e horror profundo quando ouvissem outras crianças mencionar a maneira como os bebês são feitos. Com instituições economicamente adaptadas à era da máquina, tal escravidão mental poderia ser prolongada por tempo indeterminado, ainda mais porque haveria muitos cientistas renegados dispostos a fechar a mente dos pequenos a todas as abordagens da razão. Pode até ser possível erradicar a prática do controle de natalidade; nesse caso, tendo em vista a eficiência da medicina moderna, seria necessário aumentar muito a frequência e a ferocidade da guerra, para poder lidar com o excesso populacional.

  Por essas razões, se o governo vai adquirir poderes assim tão imensos, é imperativo que seja esclarecido. Ele não fará isso sozinho;

só o fará quando a maioria da população tiver parado de insistir na preservação de superstições antigas. A maior parte das pessoas esclarecidas vive em um mundo irreal, associando-se a seus amigos e imaginando que apenas alguns desajustados não são esclarecidos hoje em dia. Um pouco de experiência na política prática e, ainda mais, na administração da lei sempre que as chamadas questões morais estivessem envolvidas seria altamente benéfico para todos aqueles que têm opiniões racionais, seja em relação à educação infantil ou a qualquer outro assunto. Estou convencido de que a ampla propaganda do racionalismo é muito mais importante do que pensa a maior parte dos racionalistas fora da Rússia.

Tendo por certo a dissolução da família e o estabelecimento de instituições infantis governamentais racionalmente conduzidas, provavelmente se perceberá que é necessário dar mais um passo na direção da substituição da regulamentação pelo instinto. Mulheres acostumadas ao controle de natalidade e sem permissão de ficar com os próprios filhos teriam poucos motivos para aguentar o desconforto da gestação e a dor do parto. Por consequência, para que a população seja mantida, provavelmente seria necessário fazer com que o ato de ter filhos fosse uma profissão bem remunerada, não, é claro, a ser assumida por qualquer mulher – nem mesmo pela maioria delas –, mas apenas por uma certa porcentagem que precisaria passar por testes relativos à sua saúde, do ponto de vista reprodutivo. Os testes que seriam impostos aos progenitores e que proporção deveriam formar dentro da população masculina são questões que ainda não precisam ser definidas. Mas a questão de garantir um número adequado de nascimentos provavelmente vai se tornar grave muito em breve, já que a diminuição da taxa de natalidade permanece e logo deve acarretar a diminuição da população, ou pelo menos da população capaz – porque, se a medicina conseguir fazer com que a maior parte das pessoas viva até os cem anos, o ganho para a comunidade seria problemático.

O ganho para a raça humana que deve ser esperado da psicologia racional no trato com as crianças é quase ilimitado. A esfera mais importante é, obviamente, a do sexo. As crianças são ensinadas a ter uma atitude supersticiosa a respeito de certas partes do corpo, a respeito de certas palavras e pensamentos e a respeito de certos tipos de brincadeiras a que a natureza as instiga. O resultado é que, quando se tornam adultas, elas são rígidas e desajeitadas em todas as questões relativas ao amor. Em todo o mundo de língua inglesa, a maior parte das pessoas se torna incapaz de ter um casamento satisfatório quando ainda está em seu cercadinho de brinquedos. Não existe nenhuma outra atividade adulta para qual as crianças estejam proibidas de se preparar por meio de brincadeiras, ou em relação à qual se espere que haja uma transição repentina do tabu absoluto para a competência perfeita.

A noção de pecado que domina muitas crianças e jovens e que geralmente se estende até a fase posterior da vida é uma tristeza e fonte de distorção que não serve a nenhum propósito útil. É produzida, quase que inteiramente, por ensinamentos morais convencionais na esfera do sexo. O sentimento de que o sexo é maligno faz com que o amor feliz seja impossível, levando os homens a desprezar as mulheres com quem têm relações e geralmente a ter impulsos de crueldade em relação a elas. Mais ainda, a distorção imposta ao impulso sexual quando este é inibido, fazendo com que assuma a forma de amizade sentimental, de ardor religioso ou do que quer que seja, acarreta uma falta de sinceridade intelectual que é muito hostil à inteligência e à noção de realidade. A crueldade, a estupidez, a incapacidade para relações pessoais harmoniosas, entre vários outros defeitos, têm sua origem, em muitos casos, nos ensinamentos morais sofridos durante a infância. A coisa deve ser dita com a maior simplicidade e da maneira mais direta possível: Nada há de ruim no sexo, e a atitude convencional a respeito desse assunto é mórbida. Acredito que nenhum outro mal em nossa sociedade seja uma fonte tão potente de miséria humana, já que não apenas causa toda uma sequência de males, mas também inibe a capacidade do homem de usar a gentileza e a afeição humana para remediar outros males econômicos, políticos e raciais remediáveis, pelos quais a humanidade é torturada.

Por essas razões, livros que disseminam conhecimentos e uma atitude racional para com a psicologia infantil se fazem muito necessários. Existe hoje um tipo de raça intermediária entre o crescente poder do Estado e o poder decrescente da superstição. O fato de os poderes do Estado crescerem parece inevitável, como vimos em relação às crianças. Mas, se esses poderes crescerem além do ponto em que as superstições ainda controlam a maioria, a minoria não supersticiosa será esmagada pela propaganda política, e mais protestos se tornarão impossíveis em todos os países democráticos. Nossa sociedade está se fechando a tal ponto que reformas em qualquer direção incutem reformas em todas as outras, de modo que nenhuma questão pode ser tratada de maneira adequada se estiver isolada. Mas penso que nossa época apresenta-se mais disposta a tratar as crianças com carinho do que qualquer outra época anterior, e, se chegarmos à compreensão de que os ensinamentos morais tradicionais são causa de sofrimento para os jovens, podemos esperar pela exigência de que sejam substituídos por algo ao mesmo tempo mais agradável e mais científico.

10

Nossa ética sexual*

I

O sexo, mais do que qualquer outro elemento na vida humana, continua sendo visto por muita gente, talvez pela maioria, de maneira irracional. Homicídio, pestilência, insanidade, ouro e pedras preciosas – todas as coisas, de fato, que são objeto de esperanças ou medos passionais – foram vistos, no passado, por meio de uma névoa de magia ou de mitologia; mas o sol da razão agora dispersou a névoa, a não ser aqui e ali. A nuvem mais densa que resta está no território do sexo, como talvez seja natural, já que o sexo diz respeito à parte mais passional da vida da maior parte das pessoas.

No entanto, está ficando evidente que as condições do mundo moderno estão operando para efetuar uma mudança na atitude pública em relação ao sexo. Agora, que mudança, ou mudanças, isso vai acarretar, ninguém pode dizer com qualquer grau de certeza; mas é possível observar algumas das forças hoje em ação, e discutir quais serão seus resultados prováveis sobre a estrutura da sociedade.

No que diz respeito à natureza humana, não se pode dizer que é *impossível* produzir uma sociedade em que existam pouquíssimos relacionamentos sexuais fora do casamento. As condições necessárias para esse resultado, no entanto, são tais que tornam quase impossível isso ser atingido na vida moderna. Consideremos, então, que condições são essas.

A maior influência no sentido de efetivar a monogamia é a imobilidade em uma região que contenha apenas alguns poucos

---

* Publicado pela primeira vez em 1936. (N.E.)

habitantes. Se um homem raramente tem oportunidade de sair de casa, e se quase nunca vê alguma mulher que não esposa, fica fácil para ele ser fiel; mas se viaja sem ela, ou se vive em uma comunidade urbana apinhada de gente, o problema é proporcionalmente mais difícil. O segundo fator que mais contribui para a monogamia é a superstição: pode-se esperar daqueles que genuinamente acreditam que o "pecado" leva ao castigo eterno que o evitem, e em certa medida é o que fazem, ainda que não da forma como seria de se esperar. O terceiro pilar da virtude é a opinião pública. Onde, como nas sociedades agrícolas, os vizinhos sabem tudo que um homem faz, ele tem motivos bem fortes para evitar tudo aquilo que a convenção condena. Mas essas causas de comportamento correto são muito menos poderosas do que costumavam ser. Menos pessoas vivem em isolamento, a crença no fogo do inferno está se extinguindo e, nas grandes cidades, ninguém sabe o que o vizinho faz. Portanto, não é surpreendente que tanto homens quanto mulheres sejam menos monogâmicos do que eram antes da disseminação do industrialismo.

Claro, é preciso dizer que, ao passo que um número crescente de pessoas deixe de observar a lei moral, isso não é razão para alterar nossos padrões. Aqueles que pecam, às vezes nos dizem, deveriam saber e reconhecer que pecam, e um código ético não é pior ou melhor por ser difícil de obedecer. Mas devo responder que a questão de saber se um código é bom ou ruim é a mesma questão de saber se ele promove ou não a felicidade humana. Muitos adultos, de coração, continuam acreditando em tudo o que lhes ensinaram na infância e se sentem maus quando sua vida não se conforma às máximas do catecismo. O mal feito não está simplesmente em introduzir uma divisão entre a personalidade consciente sensata e a personalidade inconsciente infantil; o mal também está no fato de que as partes válidas da moralidade convencional também são desabonadas junto com as partes inválidas, e chega-se a pensar que, se o adultério é perdoável, então também a preguiça, a desonestidade e a falta de gentileza o são. Esse perigo é inseparável de um sistema que ensina às crianças, *en bloc*, diversas crenças que quase com certeza elas desprezarão ao amadurecer. No processo da revolta social e econômica, provavelmente vão jogar fora as coisas boas junto com as ruins.

A dificuldade de se chegar a uma ética sexual razoável provém do conflito entre o impulso ao ciúme e o impulso à poligamia. Não há dúvida de que o ciúme, ao passo que é em parte intuitivo, também é em grande parte convencional. Nas sociedades em que o homem é considerado objeto de ridicularização se sua mulher lhe é infiel, ele terá ciúme dela, mesmo que já não tenha mais qualquer afeição por ela. Portanto, o ciúme está intimamente ligado à noção de propriedade, e é bem menor quando essa noção está ausente. Se a fidelidade não faz parte do que se espera convencionalmente, o ciúme diminui bastante. Mas, apesar de haver mais possibilidade de se amenizar o ciúme do que muita gente supõe, existem limites muito definidos para isso, enquanto os pais tiverem direitos e deveres. Enquanto esse for o caso, é inevitável que os homens desejem alguma garantia de que são os pais dos filhos de suas mulheres. Para que as mulheres tenham liberdade sexual, os pais devem desaparecer, e as esposas não devem mais esperar ser sustentadas pelo marido. Isso pode vir a acontecer com o tempo, mas será uma mudança social profunda, e seus efeitos, para o bem ou para o mal, serão incalculáveis.

Nesse ínterim, se o casamento e a paternidade desejarem sobreviver como instituições sociais, será preciso chegar-se a algum tipo de meio-termo entre a promiscuidade completa e a monogamia vitalícia. Decidir qual é o melhor meio-termo em dado momento não é fácil; e tal decisão deve variar de uma época a outra, de acordo com os hábitos da população e a eficiência dos métodos de controle de natalidade. Algumas coisas, no entanto, podem ser ditas de maneira definitiva.

Em primeiro lugar, é indesejável, tanto psicológica quanto educacionalmente, que as mulheres tenham filhos antes dos vinte anos. Nossa ética deve, portanto, ser tal que torne rara essa ocorrência.

Em segundo lugar, é improvável que uma pessoa sem experiência sexual prévia, homem ou mulher, seja capaz de distinguir entre a mera atração física e o tipo de compatibilidade necessária para que o casamento seja um sucesso. Além disso, motivos econômicos impulsionam os homens, em regra, a retardar o casamento, e não é nem provável que eles vão permanecer castos no período dos vinte aos trinta anos, nem psicologicamente desejável que o façam; mas é muito melhor que, se tiverem relações sexuais temporárias, que estas não sejam com profissionais, mas com moças de sua própria classe, movidas pelas afeição, e não pelo dinheiro. Por essas duas razões, os jovens solteiros deveriam ter liberdade considerável, desde que evitassem os filhos.

Em terceiro lugar, o divórcio deveria ser possível sem culpa de nenhuma parte, e não deve ser considerado, de modo algum, uma desgraça. Um casamento sem filhos deveria poder terminar de acordo com o desejo de um dos cônjuges, e qualquer casamento deveria poder ser interrompido por consentimento mútuo – sendo necessário um ano de aviso prévio em ambos os casos. O divórcio deve, é claro, ser possível de acordo com diversos outros pretextos – insanidade, abandono, crueldade, e assim por diante; mas o consentimento mútuo deveria ser o pretexto mais comum.

Em quarto lugar, todo o possível deveria ser feito para libertar as relações sexuais da contaminação econômica. No presente, as esposas, de maneira bem semelhante às prostitutas, vivem da venda de seus encantos sexuais; e, mesmo nas relações sexuais temporárias, espera-se do homem que assuma todas as despesas conjuntas. O resultado disso é uma confusão sórdida de dinheiro com sexo, em que a motivação das mulheres, não raro, carrega um elemento mercenário. O sexo, mesmo quando abençoado pela Igreja, não deveria ser uma profissão. É correto que a mulher seja paga para cuidar da casa para cozinhar ou por tomar conta dos filhos, mas não meramente por ter relações sexuais com um homem. Uma mulher que no passado amou e foi amada por um homem também não deveria poder viver para sempre de pensão quando o amor dele e o dela cessaram. A mulher, assim como o homem, deveria trabalhar por seu sustento, e uma esposa desocupada não merece mais valor ou respeito intrínseco que um gigolô.

II

Dois impulsos muito primitivos contribuíram, ainda que em graus bem diferentes, para o surgimento do código de comportamento sexual aceitável. Um deles é o pudor, e o outro, como mencionado acima, é o ciúme. O pudor, de alguma forma e até certo ponto, é quase universal na raça humana e constitui um tabu que só pode ser quebrado de acordo com certas formas e cerimônias, ou, pelo menos, em conformidade com algum tipo de etiqueta reconhecida. Nem tudo pode ser visto, nem todos os fatos podem ser mencionados. Isso não é, como alguns modernos supõem, uma invenção da era vitoriana; ao contrário, antropólogos descobriram formas elaboradíssimas de pudor entre selvagens primitivos. A concepção do obsceno tem raízes profundas na natureza humana. Podemos ir contra ela por amor à rebelião, ou por lealdade ao espírito científico, ou pela necessidade de sentir-nos maus, tal como a que existia em Byron; mas não a erradicamos de nossos impulsos naturais por meio dessas coisas. Sem dúvida a convenção estabelece, em uma determinada comunidade, exatamente o que deve ser considerado indecente, mas a existência universal de *alguma* convenção desse tipo é indício conclusivo de uma fonte que não é meramente convencional. Em quase todas as sociedades humanas, a pornografia e o exibicionismo são considerados ofensas, à exceção de quando, como acontece com frequência, fazem parte de cerimônias religiosas.

    O ascetismo – que pode ou não ter conexão psicológica com o pudor – é um impulso que parece surgir apenas quando um certo nível de civilização já foi alcançado, mas que pode então se tornar poderoso. Não será encontrado nos primeiros livros do Antigo Testamento, mas aparece nos livros posteriores, nos textos apócrifos e no Novo Testamento. Da mesma forma, entre os gregos primitivos existe em pequena quantidade, mas vai crescendo à medida que o tempo passa. Na Índia, surgiu em data muito remota e adquiriu grande intensidade. Não tentarei fazer uma análise psicológica de sua origem, mas não tenho como duvidar de que seja um sentimento espontâneo que existe, até certa medida, em quase todos os seres humanos civilizados. Sua forma mais fraca é a relutância em se imaginar um indivíduo reverenciado – principalmente uma pessoa dotada de santidade religiosa – envolvido no ato amoroso, o que é considerado pouquíssimo compatível com o mais alto grau de dignidade. O desejo de libertar o espírito da servidão da carne inspirou muitas das grandes religiões do mundo – e continua sendo poderoso, mesmo entre os intelectuais modernos.

    Mas o ciúme, creio eu, tem sido o fator isolado mais potente na gênese da moral sexual. O ciúme leva instintivamente à raiva; e a raiva, racionalizada, transforma-se em desaprovação moral. O motivo puramente instintivo deve ter sido reforçado, em um estágio inicial do desenvolvimento da civilização, pelo desejo dos homens de ter certeza da paternidade. Sem a certeza relativa a esse aspecto, a existência da família patriarcal teria sido impossível, e a paternidade, com todas as suas implicações econômicas, não poderia ter se transformado na base das instituições sociais. Assim sendo, era pernicioso ter relações com a esposa de outro homem, mas nem levemente repreensível ter relações com uma mulher solteira. Havia excelentes razões práticas para condenar o adúltero, já que ele causava confusão e, muito provavelmente, derramamento de sangue. O cerco de Troia foi um exemplo extremo dos levantes decorrentes do desrespeito aos direitos do marido, mas algo desse tipo, ainda que em escala menor, era de se esperar, mesmo quando as partes envolvidas estavam menos exaltadas. Não existiam, é claro, naquele tempo, direitos correspondentes para as esposas; o marido não tinha obrigação nenhuma para com a esposa, apesar de que tinha a obrigação de respeitar a propriedade dos outros maridos.

O antigo sistema da família patriarcal, com uma ética baseada nos sentimentos que estamos considerando, foi, em certo sentido, bem-sucedido: os homens, que dominavam, tinham liberdade considerável, e as mulheres, que sofriam, viviam em tão completa submissão que sua infelicidade não parecia importante. Foi a exigência de igualdade das mulheres em relação aos homens que fez necessário inventar um novo sistema no mundo hoje. A igualdade pode ser garantida de duas formas: exigindo-se dos homens a mesma monogamia rígida que era, no passado, exigida das mulheres; ou permitindo-se às mulheres, em igualdade com os homens, um certo relaxamento em relação ao código tradicional. O primeiro desses caminhos tem a preferência da maior parte das pioneiras na defesa dos direitos das mulheres, e ainda é o preferido das igrejas, mas o segundo tem muito mais adeptos na prática, apesar de a maior parte deles ter dúvidas em relação à justificativa teórica de seu próprio comportamento. E aqueles que reconhecem que algum tipo novo de ética é necessário acham difícil determinar exatamente quais deveriam ser seus preceitos.

Existe, ainda, outra fonte de novidade, que é o efeito do panorama científico sobre o enfraquecimento do tabu relativo ao conhecimento sexual. Compreende-se, hoje, que diversos males – por exemplo, as doenças venéreas – só podem ser combatidos com eficiência se forem discutidos de maneira mais aberta do que anteriormente se julgava permitido; e também se descobriu que a reticência e a ignorância podem surtir efeitos danosos sobre a psicologia do indivíduo. Tanto a sociologia quanto a psicanálise levaram estudiosos sérios a desprezar a política do silêncio em relação aos assuntos sexuais, e muitos educadores na prática, a partir de sua experiência com crianças, adotaram a mesma posição. Aqueles que têm uma visão científica do comportamento humano, além disso, acham impossível classificar qualquer ação como "pecado"; percebem que aquilo que fazemos tem origem na nossa hereditariedade, na nossa educação e no nosso ambiente, e que é por meio do controle dessas causas, e não por meio de denúncias, que condutas danosas à sociedade devem ser evitadas.

Ao buscar uma nova ética para o comportamento sexual, portanto, não devemos nos deixar dominar pelas paixões antigas e irracionais que deram origem à velha ética, ainda que devamos reconhecer que elas podem, por acidente, ter-nos levado a algumas máximas razoáveis, e que, como estas ainda existem, embora, talvez, em formato mais fraco, continuam entre os dados do nosso problema. O que precisamos fazer, de maneira positiva, é perguntar a nós mesmos quais regras morais têm maior probabilidade de levar à felicidade humana, lembrando-nos sempre de que, seja lá quais forem essas regras, provavelmente não serão observadas de maneira universal. Isso quer dizer que precisamos considerar o efeito que tais regras de fato terão, e não o efeito que teriam se fossem completamente eficientes.

III

Examinemos, a seguir, a questão do conhecimento a respeito de assuntos sexuais, que surge na mais tenra idade e que é o menos difícil e duvidoso dos vários problemas de que estamos tratando. Não existe razão sólida, de qualquer tipo ou espécie, para esconder tais fatos quando falamos com crianças. As perguntas delas devem ser respondidas e sua curiosidade satisfeita exatamente da mesma maneira, seja em relação ao sexo, aos hábitos dos peixes, ou a qualquer outro assunto que as interesse. Não deve haver sentimentos envolvidos, porque as crianças pequenas não têm como sentir as coisas da mesma maneira que um adulto as sente, tampouco há necessidade de palavras floreadas. É um erro começar com os amores das abelhas e das plantas; não há por que chegar aos fatos da vida por meio de desvios no trajeto. A criança que ouve aquilo que deseja saber, e que tem permissão para ver os pais nus, não apresentará lascívia nem obsessões de teor sexual. Meninos criados em ignorância oficial pensam e falam muito mais sobre sexo do que meninos que sempre ouviram esse assunto ser tratado da mesma maneira que qualquer outro. A ignorância oficial e o conhecimento factual os ensinam a ser ardilosos e hipócritas com os mais velhos. Por outro lado, a ignorância real, quando alcançada, provavelmente será fonte de choque e ansiedade, fazendo com que a adaptação à vida real seja difícil. Toda ignorância é lamentável, mas a ignorância de um assunto tão importante quanto o sexo é um perigo seriíssimo.

Quando digo que se deve falar sobre sexo às crianças, não estou afirmando que se deve dizer a elas apenas os fatos fisiológicos; deve-se dizer a elas tudo aquilo que desejam saber. Não se deve procurar apresentar os adultos com mais virtudes do que realmente têm, nem o sexo como algo que só ocorre no casamento. Não existe desculpa para enganar as crianças. E quando elas descobrem que os pais mentiram, como obrigatoriamente acontecerá nas famílias convencionais, elas perdem a confiança neles e se sentem justificadas ao mentir-lhes. Há fatos que não devo apresentar de maneira inoportuna a uma criança, mas eu preferiria lhe dizer qualquer coisa a dizer o que não é verdade. A virtude que se baseia em uma visão falsa dos fatos não é uma virtude real. Falando não apenas do ponto de vista teórico, mas da experiência prática, estou convencido de que a sinceridade completa em relação aos assuntos sexuais é a melhor maneira de impedir que as crianças pensem neles em excesso, de uma maneira sórdida ou incompleta, bem como uma preliminar quase indispensável para uma moral sexual esclarecida.

No que diz respeito ao comportamento sexual adulto, não é nada fácil chegar a um meio-termo racional entre considerações antagônicas que têm, cada uma, a sua própria solidez. A dificuldade fundamental é, obviamente, o conflito entre o impulso ao ciúme e o impulso à variedade sexual. Nenhum desses impulsos, é verdade, é universal: existem aquelas pessoas (apesar de serem pouquíssimas) que jamais sentem ciúme, e aquelas (tanto entre homens quanto entre mulheres) cuja afeição nunca se desvia do parceiro escolhido. Se qualquer um desses dois tipos pudesse se tornar universal, seria fácil determinar um código satisfatório. Deve-se reconhecer, no entanto, que ambos os tipos podem se tornar mais comuns por meio de convenções designadas com esse objetivo.

Muito terreno ainda precisa ser coberto por uma ética sexual completa, mas não penso que possamos dizer alguma coisa muito positiva até que tenhamos mais experiência tanto a respeito dos diversos sistemas quanto das mudanças resultantes de uma educação racional em questões de sexo. Está claro que o casamento, como instituição, só deve interessar ao Estado por causa dos filhos, e ser visto com uma questão puramente particular, em caso de não gerar crianças. Também está claro que, mesmo quando há filhos, o Estado só se interessa por meio das obrigações dos pais, que são principalmente financeiras. Nos lugares em que o divórcio é fácil, como na Escandinávia, os filhos geralmente ficam com a mãe, de modo que a família patriarcal tende a desaparecer. Se, como acontece cada vez mais quando a questão implica assalariados, o Estado assumir as obrigações que anteriormente eram dos pais, o casamento deixará de ter qualquer *raison d'être* e provavelmente não será mais contumaz, a não ser entre os ricos e os religiosos.

Nesse ínterim, seria bom se homens e mulheres pudessem lembrar-se de praticar as virtudes ordinárias de tolerância, gentileza, verdade e justiça nas relações sexuais, no casamento e no divórcio. Aqueles que, de acordo com os padrões convencionais, são sexualmente virtuosos, com frequência excessiva consideram-se absolvidos, por conta disso, de se comportar como seres humanos decentes. A maior parte dos moralistas tem se revelado tão obcecada pelo sexo que dá pouquíssima ênfase a outros tipos de conduta socialmente mais úteis e eticamente louváveis.

11

A liberdade e as faculdades

Este artigo foi publicado originalmente em maio de 1940, pouco depois de o juiz McGeehan concluir que Russell era "inapropriado" para ser professor da Faculdade Municipal de Nova York.

I

Antes de discutir a situação atual da liberdade acadêmica, vale a pena tecermos considerações a respeito do que queremos dizer com esse termo. A essência da liberdade acadêmica implica que os professores devam ser escolhidos por seu conhecimento do tema que ensinarão e que os juízes desse conhecimento devam ser outros conhecedores. Se um homem é ou não um bom matemático, físico ou químico, isso só pode ser julgado por outros matemáticos, físicos ou químicos. Por eles, ademais, o julgamento pode ser feito com um justo grau de unanimidade.

Os oponentes da liberdade acadêmica defendem que outras condições, além da habilidade de um homem em sua própria área, devem ser levadas em consideração. Ele jamais deveria, segundo o pensamento deles, ter expressado qualquer opinião contrária às opiniões dos detentores do poder. Essa é uma questão delicada, a respeito da qual os Estados totalitários assumiram uma postura rigorosa. A Rússia nunca gozou de liberdade acadêmica, a não ser durante o breve reinado de Kerensky, mas penso que hoje essa liberdade existe em proporção ainda menor do que nos tempos dos czares. A Alemanha, antes da guerra, ao passo que tolhia diversas formas de liberdade, reconhecia, de modo bastante amplo, o princípio da liberdade no ensino universitário. Agora tudo isso mudou, com o resultado de que, salvo poucas exceções, os mais capazes entre os homens letrados da Alemanha estão no exílio. Na Itália, ainda que em uma forma levemente mais branda, existe uma tirania similar sobre as universidades. Nas democracias ocidentais, geralmente é reconhecido que esse estado de coisas é deplorável. Não se pode negar, no entanto, que existem tendências que podem levar a danos em certa medida similares a esses.

O perigo é tal que a democracia em si não basta para evitá-lo. Uma democracia em que a maioria exerce seus poderes sem restrição pode ser quase tão tirânica quanto uma ditadura. A tolerância às minorias é parte essencial da democracia sábia, mas uma parte que nem sempre é lembrada de modo suficiente.

Em relação aos professores universitários, essas considerações gerais são reforçadas por algumas outras que se aplicam especificamente a seu caso. Professores universitários supostamente são homens com conhecimento e formação especiais, que lhes habilitam a abordar questões polêmicas de maneira peculiarmente capaz de lançar luz sobre elas. Decretar que devam silenciar frente a questões controversas é privar a comunidade do benefício que poderia derivar de seus ensinamentos sobre a imparcialidade. O Império Chinês, há muitos séculos, reconheceu a necessidade da crítica licenciada, de modo que estabeleceu um Conselho de Censores, formado por homens com reputação de cultura e sabedoria, e dotados do direito de apontar falhas no imperador e em seu governo. Infelizmente, como tudo na China tradicional, essa instituição foi submetida às convenções. Havia certas coisas que os censores tinham direito de censurar, notadamente o poder excessivo dos eunucos, mas, se enveredassem por campos não convencionais de crítica, o imperador estava pronto para esquecer-se da imunidade que desfrutavam. Algo bastante parecido está acontecendo entre nós. A crítica é permitida em relação a um vasto campo, mas quando se acredita que seja realmente perigosa, alguma forma de castigo tem a probabilidade de recair sobre seu autor.

A liberdade acadêmica neste país é ameaçada por duas fontes: a plutocracia e as igrejas, que se aliam para estabelecer uma censura econômica e teológica. Ambas se combinam facilmente pela acusação do comunismo, que é lançada de maneira imprudente sobre qualquer pessoa cujas opiniões não sejam apreciadas. Por exemplo, observei com interesse que, apesar de eu ter criticado o governo soviético de maneira severa desde 1920, e apesar de em anos recentes eu ter expressado de maneira enfática a opinião de que ele é no mínimo tão ruim quanto o governo dos nazistas, meus críticos ignoram tudo isso e citam, cheios de triunfo, uma ou duas frases nas quais, em momentos de esperança, sugeri que existe a possibilidade de que algo de bom derive da Rússia algum dia.

A técnica para lidar com homens cuja opinião não é apreciada por certos grupos de indivíduos poderosos foi bastante aperfeiçoada e representa grande perigo para o progresso ordenado. Se o homem em questão ainda for jovem e relativamente obscuro, seus superiores oficiais podem ser induzidos a acusá-lo de incompetência profissional, e ele poderá ser demitido com discrição. Com homens mais velhos e conhecidos demais para que esse método funcione, a hostilidade pública é despertada por meio de interpretações errôneas. A maioria dos professores naturalmente não está muito interessada em se expor a esses riscos, e evita dar expressão pública às suas opiniões menos ortodoxas. Esse é um estado de coisas perigoso, pelo qual a inteligência desinteressada é em parte amordaçada, e as forças do conservadorismo e do obscurantismo convencem a si mesmas de que podem triunfar.

II

O princípio da democracia liberal, que inspirou os fundadores da Constituição americana, era de que as questões controversas deveriam ser resolvidas por meio de argumentos, e não da força. Os liberais sempre defenderam que as opiniões devem ser formadas por meio do debate irrestrito, e não ao permitir que apenas um dos lados seja ouvido. Governos tirânicos, tanto antigos quanto modernos, adotaram a posição oposta. De minha parte, não vejo razão para abandonar a tradição liberal a respeito desse assunto. Se eu tivesse poder, não buscaria fazer com que meus oponentes não fossem ouvidos. Faria o possível para dar expressão igual a todas as opiniões, e deixaria a conclusão a cargo das consequências da discussão e do debate. Entre as vítimas acadêmicas da perseguição alemã na Polônia existem, que eu saiba, alguns lógicos eminentes que são católicos ortodoxos absolutos. Eu deveria fazer tudo o que estivesse ao meu alcance para obter posições acadêmicas para esses homens, apesar de seus correligionários não retribuírem a gentileza.

A diferença fundamental entre a perspectiva liberal e a iliberal é que a primeira considera todas as questões abertas à discussão e todas as opiniões abertas a uma medida maior ou menor de dúvida, ao passo que a última afirma, por antecedência, que algumas opiniões são absolutamente inquestionáveis e que nenhum argumento contrário a elas deve ter permissão de ser ouvido. O que é curioso a respeito dessa posição é a crença de que, se a investigação imparcial fosse permitida, ela levaria os homens à conclusão errada, e que a ignorância é, portanto, a única salvaguarda contra o erro. Esse ponto de vista é algo que não pode ser aceito por nenhum homem que deseje que a razão, e não o preconceito, governe a ação humana.

A perspectiva liberal é algo que surgiu na Inglaterra e na Holanda, durante o final do século XVII como reação contra as guerras religiosas. Essas guerras vinham sendo travadas com enorme fúria havia 130 anos, sem produzir a vitória de nenhuma das partes. Cada lado tinha plena certeza de que tinha razão e de que sua vitória era de extrema importância para a humanidade. No final, homens sensatos se cansaram da disputa indecisa e resolveram que ambos os lados estavam errados em sua certeza dogmática. John Locke, que expressou esse novo ponto de vista tanto na filosofia quanto na política, escreveu no início de uma era de tolerância crescente. Deu ênfase à possibilidade de falha dos juízos humanos e deu início a uma época de progresso que durou até 1914. É devido à influência de Locke e de sua escola que os católicos gozam de tolerância nos países protestantes, e os protestantes, nos países católicos. No que diz respeito às controvérsias do século XVII, os homens mais ou menos aprenderam a lição da tolerância, mas em relação às novas controvérsias que surgiram desde o final da Grande Guerra, as máximas sábias dos filósofos do liberalismo foram esquecidas. Já não nos horrorizamos com os *quakers*, como se horrorizavam os cristãos mais convictos da corte de Carlos II, mas nos horrorizamos com os homens que aplicam aos problemas do presente a mesma perspectiva e os mesmos princípios que os *quakers* do século XVII aplicavam aos problemas de sua época. Opiniões das quais discordamos adquirem uma certa respeitabilidade por sua antiguidade, mas uma nova opinião com a qual não concordamos invariavelmente nos parece chocante.

Há duas visões possíveis em relação ao funcionamento adequado da democracia. De acordo com uma delas, as opiniões da maioria deveriam prevalecer, absolutamente, em todos os campos. De acordo com a outra visão, sempre que uma decisão comum não se fizer necessária, opiniões diferentes devem ser representadas, o máximo possível, em proporção com sua frequência numérica. Os resultados dessas duas visões na prática são bem diferentes. De acordo com a primeira visão, quando a maioria decide a respeito de alguma opinião, nenhuma outra deve ter permissão para ser expressa, ou, se for expressa, deve se confinar a canais obscuros e sem influência. De acordo com a outra visão, as opiniões minoritárias deveriam receber as mesmas oportunidades de expressão dada às opiniões majoritárias, mas em menor grau.

Isso se aplica, especificamente, ao ensino. Não se deve exigir de um homem ou mulher que vá assumir um cargo de ensino estadual expressar as opiniões da maioria, apesar de a maior parte dos professores o fazer naturalmente. A uniformidade nas opiniões expressas pelos professores, além de não ser desejável, deve, se possível, ser evitada, já que a diversidade de opinião entre os preceptores é essencial para qualquer educação sólida. Nenhum homem que só ouviu um dos lados das questões que dividem o público pode passar por letrado. Uma das coisas mais importantes a ser ensinada nos estabelecimentos educacionais de uma democracia é o poder de pesar argumentos, e a mente aberta que é preparada com antecedência para aceitar qualquer lado que pareça mais razoável. Logo que a censura é imposta às opiniões que os professores possam expressar, a educação deixa de servir a seu propósito e tende a produzir, em vez de uma nação de homens, uma manada de intolerantes fanáticos. Desde o final da Grande Guerra, a intolerância fanática renasceu para tornar-se, em grande parte do mundo, tão virulenta quanto era durante as guerras religiosas. Todos aqueles que se opõem à discussão livre e que buscam impor a censura às opiniões a que os jovens são expostos estão fazendo sua parte para aumentar essa intolerância e afundar o mundo ainda mais no abismo de rivalidade e fanatismo do qual Locke e seus colaboradores o salvaram gradualmente.

Há duas questões que não são discriminadas de maneira suficiente: uma, em relação à melhor forma de governo; a outra, às funções do governo. Não tenho dúvida de que a democracia é a melhor *forma* de governo, mas ela pode se perder, como qualquer outra forma, em relação às *funções* do governo. Há certas questões sobre as quais uma ação comum é necessária; em relação a estas, tal ação comum deveria ser definida pela maioria. Há outras questões sobre as quais uma decisão comum não é necessária nem desejável. Essas questões incluem a esfera da opinião. Como há uma tendência natural naqueles que têm poder de exercê-lo ao máximo, é necessário que exista uma salvaguarda contra a tirania na forma de instituições e corpos organizados que possuam, tanto na prática quanto na teoria, uma certa independência limitada do Estado. Tal liberdade, como a que existe nos países que derivam sua civilização da Europa, pode ser traçada historicamente desde o conflito entre a Igreja e o Estado na Idade Média. No Império Bizantino, a Igreja era submetida ao Estado, e a esse fato podemos atribuir a ausência total de qualquer tradição de liberdade na Rússia, que derivou sua civilização de Constantinopla. No Ocidente, primeiro a Igreja Católica e depois as diversas seitas protestantes gradualmente foram adquirindo liberdades como opositoras do Estado.

A liberdade acadêmica, em especial, era originalmente parte da liberdade da Igreja e, consequentemente, foi eclipsada na Inglaterra de Henrique VIII. Em todos os Estados, repito, independentemente de sua forma de governo, a preservação da liberdade exige a existência de corpos formados por homens com certa independência limitada do Estado, e entre tais corpos é importante que as universidades sejam incluídas. Nos Estados Unidos, atualmente, existe mais liberdade nas universidades particulares do que nas que estão nominalmente sob o controle de uma autoridade democrática, e isso se deve a uma interpretação errônea muito disseminada no que diz respeito às funções próprias do governo.

III

Os contribuintes acham que, como pagam o salário dos professores universitários, têm o direito de decidir o que esses homens devem ensinar. Esse princípio, se logicamente levado a efeito, significaria que todas as vantagens da educação superior gozadas pelos professores universitários seriam anuladas, e que seus ensinamentos seriam os mesmos transmitidos por alguém sem nenhuma competência especial. A "habilidade controladora, típica de doutores, louca" é uma das coisas que fez Shakespeare clamar pelo repouso da morte. No entanto, a democracia, como é entendida por muitos norte-americanos, exige que tal controle deva existir em todas as universidades estaduais. O exercício do poder é agradável, especialmente quando é um indivíduo obscuro que exerce poder sobre um outro proeminente. O soldado romano que matou Arquimedes, se na juventude foi compelido a estudar geometria, deve ter vivido uma emoção bem especial por ter acabado com a vida de um malfeitor tão eminente. Um intolerante norte-americano ignorante pode gozar da mesma emoção ao lançar seu poder democrático contra homens cujas visões sejam repugnantes para os iletrados.

Talvez exista um perigo especial nos abusos democráticos do poder, pois que, por serem coletivos, são estimulados pela histeria da multidão. O homem que detém a arte de despertar os instintos de caça às bruxas na multidão tem um poder para o mal bastante peculiar em uma democracia em que o hábito do exercício do poder pela maioria tenha produzido aquela intoxicação e aquele impulso à tirania que o exercício da autoridade produz quase que invariavelmente, mais cedo ou mais tarde. Contra esse perigo, a principal proteção é uma educação sólida, planejada para combater a tendência a erupções irracionais de ódio coletivo. Tal é a educação que o grosso dos professores universitários deseja proporcionar, mas seus superiores na plutocracia e na hierarquia fazem com que seja o mais difícil possível executar essa tarefa de maneira efetiva. Porque esses homens devem seu poder às paixões irracionais da massa, e porque sabem que cairiam se o poder do pensamento racional se tornasse comum. Assim, o poder combinado da estupidez, embaixo, e do amor pelo poder, em cima, paralisa as iniciativas dos homens racionais. É apenas por meio de uma medida maior de liberdade acadêmica, que ainda precisa ser conquistada nas instituições educacionais públicas deste país, que esse mal poderá ser evitado. A perseguição a formas nada populares de inteligência é um perigo muito grave para qualquer país, e com frequência tem sido causa de ruína nacional. O exemplo típico disso é a Espanha, onde a expulsão dos judeus e dos mouros levou à decadência da agricultura e à adoção de uma economia maluca. Essas duas causas, apesar de ter seus efeitos iniciais mascarados pelo poder de Carlos V, foram as principais responsáveis pelo declínio da Espanha em sua posição dominante na Europa. Seguramente, é possível partir do princípio de que as mesmas causas no final produzirão os mesmos efeitos na Alemanha, se isso não acontecer no futuro próximo. Na Rússia, onde os mesmos males vêm operando há mais tempo, os efeitos tornaram-se claramente visíveis, mesmo na incompetência da máquina militar.

A Rússia é, neste momento, o exemplo mais perfeito de país em que fanáticos ignorantes têm o grau de controle que estão tentando adquirir em Nova York. O professor A. V. Hill cita o seguinte trecho, tirado do *Jornal Astronômico da União Soviética* de dezembro de 1938:

> 1   A cosmogonia burguesa moderna encontra-se em estado de profunda confusão ideológica, resultante de sua recusa em aceitar o único conceito materialista dialético verdadeiro, isto é, a infinidade do universo em relação ao espaço e ao tempo.
> 2   O trabalho hostil dos agentes do fascismo, que em dado momento conseguiram obter posições de destaque em certas instituições astronômicas e em outras, assim como na imprensa, levou à propaganda repugnante da ideologia burguesa contrarrevolucionária na literatura.
> 3   As poucas obras soviéticas materialistas existentes a respeito dos problemas da cosmologia permaneceram em isolamento e foram suprimidas pelos inimigos do povo até recentemente.
> 4   Amplos círculos interessados em ciência foram ensinados, na melhor das hipóteses, apenas no espírito da indiferença em relação ao aspecto ideológico das teorias cosmológicas burguesas correntes (...).

5   O *exposé* dos inimigos do povo soviético se faz necessário ao desenvolvimento de uma nova cosmologia materialista soviética (...).

6   Faz-se necessário que a ciência soviética entre na arena científica internacional carregando consigo conquistas concretas em relação a teorias cosmológicas, com base em nossa metodologia filosófica.

Substituamos "soviético" por "norte-americano", "fascismo" por "comunismo", "materialismo dialético" por "verdade católica" e assim obteremos um documento que os inimigos da liberdade acadêmica neste país quase poderiam subscrever.

IV

Há uma característica encorajadora a respeito dessa situação: a tirania da maioria na América do Norte, longe de ser nova, é provavelmente mais fraca do que era há cem anos. Qualquer pessoa pode tirar essa conclusão a partir de *A Democracia na América*, de Tocqueville. Muito do que ele diz ainda é aplicável, mas algumas de suas observações certamente já não são verdadeiras. Não posso concordar, por exemplo, "que em nenhum país do mundo civilizado presta-se menos atenção à filosofia do que nos Estados Unidos"; mas acho que ainda existe certa justiça, conquanto menor do que no tempo de Tocqueville, na seguinte passagem:

> Na América, a maioria ergue barreiras bastante formidáveis à liberdade de opinião: dentro dessas barreiras, um escritor pode escrever aquilo que desejar, mas irá se arrepender se algum dia der um passo além delas. Não que esteja exposto aos terrores de um *auto de fé*, mas é atormentado pelas desfeitas e perseguições do oblóquio diário. Sua carreira política fecha-se para sempre, já que ele ofendeu a única autoridade capaz de promover seu sucesso. Todo tipo de compensação, mesmo a da celebridade, lhe é recusada. Antes de publicar suas opiniões, ele imaginava que as compartilhava com muitas outras pessoas;

mas, assim que as declara abertamente, logo é censurado, de maneira ruidosa, por seus opositores autoritários, ao passo que aqueles que pensam como ele, mas que não têm coragem de falar, abandonam-no em silêncio. Ele se rende enfim, oprimido pelos esforços diários que tem feito, e imerge no silêncio, como se estivesse atormentado pelo remorso de ter falado a verdade.

Penso que também se deve admitir que Tocqueville está certo no que diz a respeito do poder da sociedade sobre o indivíduo em uma democracia:

> Quando o habitante de um país democrático se compara individualmente com todos os que estão à sua volta, ele sente, com orgulho, que é igual a cada um deles; mas quando faz um levantamento da totalidade de seus pares, e se coloca em contraste com essa massa tão extensa, instantaneamente é tomado pela noção de sua própria insignificância e fraqueza. A mesma qualidade que o torna independente de cada um dos outros cidadãos, tomada de maneira severa, irá expô-lo, sozinho e desprotegido, à influência do maior número. O público tem, portanto, entre um povo democrático, um poder singular, do qual nações aristocráticas jamais poderiam sequer conceber a ideia; porque isso não serve para persuadir a que se adotem certas opiniões, mas para impô-las, e as infunde nas faculdades por meio de um tipo de pressão enorme da mente de todos sobre as razões de cada um.

A diminuição da estatura do indivíduo em relação à enormidade do Leviatã fez grandes avanços, desde o tempo de Tocqueville, não apenas, e não principalmente, nos países democráticos. É uma ameaça seriíssima ao mundo da civilização ocidental e provavelmente, se não for detida, porá fim ao progresso intelectual. Porque todo progresso intelectual sério depende de um certo tipo de independência da opinião externa, independência que não pode existir quando a vontade da maioria é tratada com aquele tipo de respeito religioso que os ortodoxos manifestam pela vontade de Deus. O respeito à vontade da maioria é mais danoso do que o respeito à vontade de

Deus, porque o desejo da maioria pode ser determinado. Há cerca de quarenta anos, na cidade de Durban, um membro da Sociedade da Terra Plana desafiou o mundo ao debate público. Tal desafio foi aceito por um capitão marítimo cujo único argumento a favor de o mundo ser redondo era que tinha dado a volta nele. Esse argumento, é claro, foi facilmente refutado, e o propagandista da Terra Plana obteve a maioria de dois terços. A voz do povo tendo sido assim declarada, o verdadeiro democrata precisa concluir que, em Durban, a Terra é plana. Espero que daquela época em diante ninguém tenha obtido permissão para ensinar nas escolas públicas de Durban (acredito que não haja universidade lá), a menos que assinasse a declaração de que o formato arredondado da Terra é um dogma infiel que tem como objetivo levar ao comunismo e à destruição da família. Quanto a isso, no entanto, minha informação é deficiente.

A sabedoria coletiva, infelizmente, não é substituta adequada da inteligência dos indivíduos. Os indivíduos que se opõem às opiniões recebidas têm sido a fonte de todo o progresso, tanto moral quanto intelectual. Eles nunca foram populares, como era natural. Sócrates, Cristo e Galileu, todos igualmente incorreram na censura dos ortodoxos. Mas, em tempos antigos, o mecanismo da supressão era bem menos eficaz do que é em nossos dias, de modo que os hereges, mesmo quando executados, ainda obtinham publicidade adequada. O sangue dos mártires foi a semente da Igreja, mas isso não é mais verdade em um país como a Alemanha moderna, onde o martírio é secreto e não existem meios de disseminar a doutrina do mártir.

Os opositores da liberdade acadêmica, se pudessem fazer as coisas a seu modo, reduziriam este país ao nível da Alemanha, em relação à promulgação de doutrinas que desaprovam. Eles substituiriam a tirania organizada pelo pensamento individual; proscreveriam tudo o que é novo; fariam com que a comunidade se ossificasse; e, no final, produziriam uma série de gerações que passariam do nascimento à morte sem deixar nenhum vestígio na história da humanidade. Para algumas pessoas, pode parecer que aquilo que eles exigem no momento não tem importância assim tão grande. De que importa, pode-se dizer, uma questão como a liberdade acadêmica em um mundo distraído com a guerra, atormentado pela perseguição e abundante em campos de concentração para aqueles que não desejam ser cúmplices da iniquidade? Em comparação com tais coisas, reconheço, a questão da liberdade acadêmica não é em si de primeira magnitude. Mas é parte fundamental da mesma batalha. É preciso lembrar que o que está em jogo, nas maiores questões, assim como nas menores, é a liberdade do indivíduo humano de expressar suas crenças e esperanças à humanidade, sejam elas compartilhadas por muitas pessoas ou por ninguém. Novas esperanças, novas crenças e novos pensamentos são sempre necessários à humanidade, e não se deve esperar que surjam de uma uniformidade morta.

12

A existência de Deus – Um debate entre Bertrand Russell e o padre F.C. Copleston, da Sociedade de Jesus

Este debate foi originalmente transmitido em 1948, no Third Programme da BBC. Foi editado na publicação *Humanitas* do outono de 1948 e é aqui reimpresso com a gentil permissão do padre Copleston.

COPLESTON: Como vamos discutir a existência de Deus, talvez seja bom chegarmos a algum tipo de argumento provisório em relação ao que entendemos pelo termo "Deus". Presumo que estamos falando de um ser pessoal supremo – distinto do mundo e criador do mundo. O senhor concorda – ao menos de maneira provisória – em aceitar essa afirmação como o significado para o termo "Deus"?

RUSSELL: Sim, aceito esta definição.

COPLESTON: Bem, a minha posição é afirmar que tal ser de fato existe, e que a existência d'Ele pode ser comprovada de maneira filosófica. Talvez o senhor possa me dizer se a sua posição é a de um agnóstico ou a de um ateu. Quer dizer, o senhor diria que a não existência de Deus pode ser comprovada?

RUSSELL: Não, eu não diria isso: a minha posição é agnóstica.

COPLESTON: O senhor concordaria comigo que o problema de Deus é um problema de grande importância? Por exemplo, o senhor concordaria que, se Deus não existisse, os seres humanos e a história humana só poderiam ter o propósito que escolhem dar a si mesmos, o que – na prática – provavelmente significa o propósito imposto por aqueles que detêm o poder de o impor?

RUSSELL: De maneira geral, sim, mas devo colocar um certo limite na sua última frase.

COPLESTON: O senhor concordaria que, se não existe Deus – nenhum Ser absoluto –, não podem existir valores absolutos? Quer dizer, o senhor concordaria que, se não houver bem absoluto, o resultado será a relatividade de valores?

RUSSELL: Não, penso que essas questões são logicamente distintas. Tome, como exemplo, a *Principia Ethics de* G. E. Moore, em que ele defende que existe uma distinção entre bem e mal, que ambos são conceitos definidos. Mas ele não usa a ideia de Deus para embasar sua alegação.

COPLESTON: Bem, suponha que deixemos a questão do bem para depois, para quando chegarmos ao argumento moral, e que eu apresente primeiro um argumento metafísico. Gostaria de enfatizar o argumento metafísico com base no argumento da "Contingência" de Leibniz e, então, posteriormente poderemos discutir o argumento moral. Suponhamos que eu faça uma breve afirmação a respeito do argumento metafísico e que depois nos ponhamos a discuti-lo.

RUSSELL: Essa me parece uma ideia muito boa.

O ARGUMENTO DA CONTINGÊNCIA

COPLESTON: Bem, em nome da clareza, dividirei o argumento em estágios distintos. Em primeiro lugar, devo dizer, sabemos que existem pelo menos alguns seres no mundo que não contêm em si a razão de sua existência. Por exemplo, eu dependo dos meus pais e, agora, do ar, do alimento, e assim por diante. Depois, em segundo lugar, o mundo é simplesmente a totalidade ou a agregação real ou imaginária de objetos individuais, nenhum dos quais contêm apenas em si a razão de sua existência. Não existe qualquer mundo distinto dos objetos que o formam, da mesma maneira que a raça humana não é algo separado de seus integrantes. Portanto, devo dizer, como objetos ou acontecimentos existem, e como nenhum objeto da experiência encerra em si mesmo as razões de sua existência, essa razão, a totalidade de objetos, deve ter uma razão externa a si mesma. Essa razão tem de ser um ser existente. Bem, ou esse ser é ele mesmo a razão de sua existência, ou não é. Se o for, muito bem. Se não o for, então é necessário avançar. Mas se avançarmos até o infinito nesse sentido, então não existe absolutamente nenhuma explicação para a existência. Assim, devo dizer, para que expliquemos a existência, precisamos chegar a um ser que contenha em si a razão de sua própria existência, isto é, que não possa não existir.

RUSSELL: Isso suscita uma grande quantidade de pontos e, de maneira geral, não é fácil saber por onde começar, mas penso que, talvez, para responder ao seu argumento, o melhor ponto de partida seja a questão do ser necessário. A palavra "necessária", devo afirmar, só pode ser aplicada, de maneira significativa, a proposições. E, de fato, apenas àquelas que são analíticas – quer dizer –, àquelas que seja autocontraditório negar. Eu só poderia admitir a existência necessária se houvesse um ser cuja negação da existência fosse autocontraditório negar. Gostaria de saber se o senhor está disposto a aceitar a divisão de proposições de Leibniz em verdades de razão e verdades de fatos. Sendo as primeiras – as verdades de razão – necessárias.

COPLESTON: Bem, eu certamente não subscreveria o que parece ser a ideia de Leibniz quanto a verdades de razão e verdades de fato, já que, aparentemente, para ele, a longo prazo só existem proposições analíticas. Parece que, para Leibniz, as verdades de fato podem ser reduzidas, em última instância, a verdades de razão. Quer dizer, a proposições analíticas, pelo menos para a mente onisciente. Bem, não posso concordar com isso. Para começar, isso não consegue atingir os requerimentos para a experiência da liberdade. Não quero adotar toda a filosofia de Leibniz. Já usei o argumento dele, da existência contingente à necessária, baseando-o no princípio da razão suficiente, simplesmente porque me parece uma formulação sucinta e clara do que é, na minha opinião, o argumento metafísico fundamental da existência de Deus.

RUSSELL: Mas, a meu ver, a "proposição necessária" tem de ser analítica. Não vejo que outro significado possa ter. E as proposições analíticas são sempre complexas e, logicamente, um tanto tardias. "Animais irracionais são animais" é uma proposição analítica; mas uma proposição como "Isto é um animal" não pode jamais ser analítica. Na verdade, todas as proposições que podem ser analíticas são um tanto tardias na construção das proposições.

COPLESTON: Tome a proposição "se há uma existência contingente, há uma existência necessária". Considero que essa proposição expressa de maneira hipotética é uma proposição necessária. Se o senhor vai chamar toda proposição necessária de proposição analítica, então – para evitar uma discordância a respeito da terminologia – eu concordaria em chamá-la de analítica, apesar de não considerar essa uma proposição tautológica. Mas a proposição é uma proposição necessária somente diante a suposição de que a existência contingente existe. Que há um ser contingente que realmente existe é algo que tem de ser descoberto pela experiência, e a proposição de que existe um ser contingente certamente não é uma proposição analítica, apesar de, uma vez que se sabe da existência de um ser contingente, devo reiterar, segue-se a isso a necessidade da existência de um ser necessário.

RUSSELL: A dificuldade desse argumento é que não admito a ideia da existência necessária e não admito que exista qualquer significado especial em chamar os outros seres de "contingentes". Essas frases não têm significado para mim, a não ser no âmbito de uma lógica que rejeito.

COPLESTON: O senhor está dizendo que rejeita esses termos porque eles não se encaixam no âmbito da chamada "lógica moderna"?

RUSSELL: Bem, não sou capaz de encontrar nenhum significado para eles. A palavra "necessário", parece-me, é uma palavra inútil, a não ser que seja aplicada a proposições analíticas, e não a coisas.

COPLESTON: Em primeiro lugar, o que o senhor quer dizer com "lógica moderna"? Pelo que sei, existem sistemas um tanto diferentes entre si. Em segundo lugar, nem todos os lógicos modernos com certeza estariam dispostos a admitir a ausência de significado da metafísica. Ambos conhecemos, de todo modo, um pensador moderno de muito destaque cujo conhecimento da lógica moderna era profundo, mas que certamente não considerava a metafísica sem sentido ou, em particular, que o problema de Deus seja algo sem sentido. Mais uma vez, mesmo que todos os lógicos modernos defendessem que os termos metafísicos não têm sentido, isso não implicaria que têm razão. A proposição de que os termos metafísicos não têm sentido me parece uma proposição baseada em uma filosofia pressuposta. A posição dogmática por trás disso parece ser a seguinte: o que não entra em minha máquina não existe, ou não tem sentido; é a expressão da emoção. Estou simplesmente tentando salientar que qualquer pessoa que classifique um dado sistema da lógica moderna como o único critério de sentido está dizendo algo excessivamente dogmático; está insistindo, de maneira dogmática, que uma parte da filosofia é toda a filosofia. Afinal de contas, um ser "contingente" é um ser que não traz em si a razão completa de sua existência, e é isso que quero dizer com existência contingente. O senhor sabe, tão bem quanto eu, que nossa existência não pode ser explicada sem referência a algo ou alguém alheio a nós – nossos pais, por exemplo. Um ser "necessário", por outro lado, significa um ser que obrigatoriamente existe e que não pode não existir. O senhor poderá dizer que tal ser não existe, mas será difícil me convencer de que não compreende os termos que estou usando. Se o senhor não os entende, então como pode ter o direito de dizer que tal ser não existe, se é isso o que está dizendo?

RUSSELL: Bem, há pontos aqui sobre os quais não estou disposto a me aprofundar. Não defendo a ausência de significado na metafísica em geral, de maneira alguma. Defendo a ausência de sentido de certos termos específicos – não em qualquer campo geral, mas simplesmente porque não fui capaz de ver uma interpretação desses termos específicos. Não se trata de um dogma geral – é uma coisa específica. Mas, por ora, deixarei esses pontos de lado. E direi que o que o senhor está dizendo nos faz retornar, parece-me, ao argumento ontológico de que existe um ser cuja essência implica a existência, de modo que a existência é analítica. Isso me parece impossível e suscita, é claro, a questão do que se quer dizer com existência. Quanto a isso, penso que nunca se poderá dizer que um sujeito nomeado existe de maneira significativa, mas apenas um sujeito descrito. E essa existência, de fato, com bastante certeza não é um predicado.

COPLESTON: Bem, o senhor está dizendo, acredito, que é errado, em relação à gramática, ou melhor, à sintaxe, dizer, por exemplo, "T.S. Eliot existe"; o correto seria dizer, por exemplo, "O autor de *Assassinato na Catedral* existe". O senhor dirá, acaso, que a proposição "A causa do mundo existe" não tem significado? O senhor poderá dizer que o mundo não tem causa; mas não consigo enxergar como a proposição de que "a causa do mundo existe" possa não ter sentido. Coloque-a em forma de pergunta: "O mundo tem causa?" ou "A causa do mundo existe?". A maior parte das pessoas certamente compreenderia a questão, mesmo que não concordasse com a resposta.

RUSSELL: Bem, certamente a pergunta "A causa do mundo existe?" é uma pergunta que tem sentido. Mas, se o senhor disser "Sim, Deus é a causa do mundo", estará usando Deus como nome próprio; então "Deus existe!" não será uma afirmação com significado; essa é a posição que defendo. Porque, por conseguinte, admitiremos que jamais poderá ser uma proposição analítica dizer que isto ou aquilo existe. Por exemplo, suponhamos que o senhor tome como objeto "o quadrado redondo existente" – pareceria uma proposição analítica dizer "o quadrado redondo existente existe", mas não existe.

COPLESTON: Não, não existe então, certamente, o senhor não pode dizer que ele não existe, a menos que tenha uma concepção do que é a existência. Em relação à frase "o quadrado redondo existente", devo dizer que ela não tem, absolutamente, significado algum.

RUSSELL: Concordo plenamente. Então, devo dizer a mesma coisa em outro contexto, em relação ao "ser necessário".

COPLESTON: Bem, parece que chegamos a um impasse. Dizer que um ser necessário é um ser que deve existir obrigatoriamente e que não pode não existir tem um significado bem definido para mim. Para o senhor, não tem qualquer significado.

RUSSELL: Bem, creio que podemos nos aprofundar um pouco nesse ponto. Um ser que deve existir obrigatoriamente e que não pode não existir seria, com certeza, de acordo com o senhor, um ser cuja essência implica existência.

COPLESTON: Sim, um ser cuja essência é existir. Mas não estou disposto a argumentar a favor da existência de Deus simplesmente com base na ideia da essência d'Ele, porque não acho que tenhamos, por enquanto, qualquer intuição clara da essência de Deus. Penso que precisamos argumentar a favor de Deus a partir do mundo da experiência.

RUSSELL: Sim, consigo perceber bem a distinção. Mas, ao mesmo tempo, para um ser com conhecimento suficiente seria verdadeiro dizer "Aqui está o ser cuja essência implica existência!".

COPLESTON: Sim, certamente, se alguém visse Deus, essa pessoa diria que Deus existe obrigatoriamente.

RUSSELL: Então quero dizer que existe um ser cuja essência implica existência, apesar de não conhecermos essa essência. Só sabemos que tal ser existe.

COPLESTON: Sim, e devo acrescentar que não conhecemos a essência *a priori*. É somente *a posteriori*, por meio de nossa experiência do mundo, que chegamos ao conhecimento da existência desse ser. E então, argumenta-se, a essência e a existência devem ser idênticas. Porque, se a essência de Deus e a existência de Deus não fossem idênticas, então alguma razão suficiente para essa existência teria de ser encontrada além de Deus.

RUSSELL: Então, tudo gira em torno da questão da razão suficiente, e devo dizer que o senhor não definiu "razão suficiente" de um modo que eu possa compreender – o que quer dizer com razão suficiente? Não está falando de causa?

COPLESTON: Não necessariamente. A causa é um tipo de razão suficiente. Só um ser contingente pode ter uma causa. Deus é Sua própria razão suficiente; e Ele não é causa de Si mesmo. Por razão suficiente em seu amplo sentido, quero dizer uma explicação adequada para a existência de algum ser específico.

RUSSELL: Mas quando uma explicação é adequada? Suponha que eu esteja prestes a criar uma chama com um fósforo. O senhor poderia dizer que a explicação adequada disso é que o esfrego contra a caixa.

COPLESTON: Bem, por razões práticas – mas, teoricamente, essa é apenas uma explicação parcial. Uma explicação adequada deve ser, em última instância, uma explicação total, à qual nada mais possa ser acrescentado.

RUSSELL: Então, só posso dizer que o senhor está à procura de algo que não pode ser obtido, e que ninguém deve esperar obter.

COPLESTON: Dizer que ninguém o encontrou é uma coisa; dizer que não se deve buscá-lo me parece um tanto dogmático.

RUSSELL: Bem, não sei. Quero dizer, a explicação de uma coisa é outra coisa que faz a outra coisa depender de mais uma, e é preciso dominar inteiramente esse esquema deplorável de coisas para fazer o que o senhor deseja – e isso não podemos fazer.

COPLESTON: Mas o senhor vai dizer que não podemos ou que nem devemos levantar a questão da existência desse esquema deplorável de coisas por inteiro – do universo como um todo?

RUSSELL: Sim, não creio que haja qualquer tipo de significado nisso. Penso que a palavra "universo" é uma palavra útil em algumas conexões, mas não acho que diga respeito a qualquer coisa que tenha significado.

COPLESTON: Se a palavra não tem significado, não pode ser tão útil. De todo modo, não digo que o universo seja algo diferente dos objetos que o compõem (indiquei isso em meu breve sumário da prova); o que estou fazendo é buscar a razão, neste caso a causa dos objetos – a totalidade real ou imaginada do que constitui o que chamamos de universo. O senhor está dizendo que o universo – ou, se preferir, a minha existência, ou qualquer outra existência – é ininteligível?

RUSSELL: Em primeiro lugar, desejo abordar a questão de que, se uma palavra não tem significado, não pode ser útil. Isso me soa bem, mas de fato não é correto. Tomemos, digamos, uma palavra como "o" ou "que". Não é possível apontar nenhum objeto que essas palavras signifiquem, mas são palavras muito úteis; devo dizer a mesma coisa a respeito de "universo". Mas, abandonando essa questão, o senhor pergunta se considero que o universo é ininteligível. Eu não diria ininteligível – penso que seja desprovido de explicação. Ininteligível, para mim, é algo diferente. Ininteligível tem a ver com a coisa intrinsecamente em si, e não com suas relações.

COPLESTON: Bem, estou dizendo que aquilo que chamamos de mundo é intrinsecamente ininteligível, independentemente da existência de Deus. Veja, não acredito que a infinidade de uma série de eventos – estou falando de uma série horizontal, por assim dizer –, se tal infinidade pudesse ser comprovada, isso teria relevância ínfima à situação. Se somarmos chocolates, obteremos chocolates no final, e não ovelhas. Se adicionarmos chocolates infinitamente, presumivelmente obteremos um número infinito de chocolates. Então, se adicionarmos seres contingentes ao infinito, continuaremos obtendo seres contingentes, e não um ser necessário. Uma série infinita de seres contingentes será, a meu ver, tão incapaz de causar a si mesma quanto um ser contingente. No entanto, o senhor diz, creio eu, que é ilegítimo levantar a questão do que explicará a existência de qualquer objeto específico?

RUSSELL: Não há problema nenhum se o que o senhor quer dizer com explicar é simplesmente encontrar uma causa.

COPLESTON: Bem, por que nos determos em um objeto específico? Por que não levantarmos a questão da causa da existência de todos os objetos específicos?

RUSSELL: Porque não vejo razão para pensar que exista qualquer causa. Todo o conceito de causa é algo derivado de nossas observações de coisas específicas; não vejo razão alguma para supor que o total tenha qualquer causa.

COPLESTON: Bem, dizer que não existe qualquer causa não é a mesma coisa que dizer que não devemos buscar uma causa. A afirmação de que não existe causa deveria aparecer, se é que deveria, no fim do inquérito, e não no começo. De todo modo, se o total não tem causa, então, a meu ver, ele mesmo deve ser sua própria causa, o que me parece impossível. Além do mais, a afirmação de que o mundo simplesmente está aí, se essa for a resposta a uma pergunta, pressupõe que a pergunta tem sentido.

RUSSELL: Não, ele não precisa ser sua própria causa; o que estou dizendo é que o conceito de causa não se aplica ao total.

COPLESTON: Então, o senhor concordaria com Sartre em que o universo é o que ele chama de "gratuito"?

RUSSELL: Bem, a palavra "gratuito" sugere que poderia ser alguma outra coisa; eu diria que o universo simplesmente está aí, só isso.

COPLESTON: Bem, não compreendo como o senhor pode descartar a legitimidade de perguntar como o total, ou qualquer coisa, ocorre de estar aí. Por que alguma coisa e não nada – eis a questão. O fato de conquistarmos nosso conhecimento da causalidade empiricamente, a partir de causas específicas, não descarta a possibilidade de perguntarmos qual é a causa da série. Se a palavra "causa" não tivesse sentido, ou se houvesse maneira de demonstrar que a visão de Kant sobre o assunto está correta, a questão seria ilegítima, concordo; mas o senhor não parece defender que a palavra "causa" não tenha sentido, e não suponho que seja kantiano.

RUSSELL: Posso ilustrar o que para mim parece ser a sua falácia. Todo homem que existe tem mãe, e me parece que o seu argumento é que, portanto, a raça humana deve ter uma mãe, mas, obviamente, a raça humana não tem mãe – essa é uma esfera lógica diferente.

COPLESTON: Bem, realmente não consigo enxergar qualquer paridade. Se eu estivesse dizendo que "todo objeto tem uma causa fenomenal e que, portanto, a série toda tem uma causa fenomenal", haveria paridade; mas não estou dizendo isso; estou dizendo que todo objeto tem uma causa fenomenal, se insistirmos na infinidade da série – mas a série de causas fenomenais é explicação insuficiente para a série. Portanto, a série não tem uma causa fenomenal, mas uma causa transcendental.

RUSSELL: Isso sempre partindo do princípio de que não apenas todas as coisas específicas do mundo, mas o mundo, como um todo, deva obrigatoriamente ter uma causa. Para tal afirmação, não vejo qualquer fundamento. Se o senhor me apresentar algum fundamento, vou escutar.

COPLESTON: Bem, a série de eventos ou é causada, ou não é causada. Se é causada, obviamente deve haver uma causa externa à série. Se não é causada, então é suficiente a si mesma, e se é suficiente a si mesma, é o que chamo de necessária. Mas ela não pode ser necessária, já que cada integrante é contingente, e concordamos que o total não constitui realidade isolado de seus integrantes; portanto, não pode ser necessária. Assim, não pode ser "causada" – não causada – e, portanto, deve ter uma causa. E gostaria de observar, de passagem, que a afirmação "o mundo simplesmente está aí e é inexplicável" não pode decorrer de uma análise lógica.

RUSSELL: Não quero parecer arrogante, mas me parece que sou capaz de conceber coisas que o senhor diz que a mente humana é incapaz de conceber. No que diz respeito a coisas que não têm causa, os físicos nos garantem que transições quânticas individuais nos átomos não têm causa.

COPLESTON: Bem, agora me pergunto se essa não é simplesmente uma inferência temporária.

RUSSELL: Pode ser que sim, mas isso serve para mostrar que a mente dos físicos é capaz de concebê-la.

COPLESTON: Sim, concordo, alguns cientistas – físicos – estão dispostos a dar espaço para a indeterminação dentro de um campo restrito. Mas muitos outros cientistas não apresentam essa disposição. Acredito que o professor Dingle, da Universidade de Londres, defende que o princípio da incerteza de Heisenberg nos diz algo a respeito do sucesso (ou insucesso) da atual teoria atômica em observações correlacionadas, mas não a respeito da natureza em si, e muitos físicos aceitariam essa visão. De todo modo, não vejo como os físicos podem deixar de aceitar a teoria na prática, mesmo que não o façam em tese. Não consigo ver como a ciência poderia ser conduzida com base em qualquer outro ponto de partida que não o da ordem e da inteligibilidade na natureza. O físico pressupõe, pelo menos de maneira tácita, que existe algum sentido em investigar a natureza e buscar as causas dos acontecimentos, da mesma maneira que um detetive pressupõe que há sentido em procurar a causa de um assassinato. O metafísico parte do princípio de que há sentido em buscar a causa dos fenômenos e, por não ser kantiano, considero que o metafísico se justifica em seus princípios, assim como o físico. Quando Sartre, por exemplo, diz que o mundo é gratuito, creio que ele não considerou suficientemente o que "gratuito" implica.

RUSSELL: Creio haver aqui uma certa extensão injustificável; um físico procura causas; isso não implica, necessariamente, que haja causas em todos os lugares. Um homem pode procurar ouro sem partir do princípio de que há ouro em toda parte; se ele encontra ouro, muito bem; se não o encontra, é porque tem má sorte. O mesmo se aplica quando os físicos buscam causas. No que diz respeito a Sartre, não alego saber o que ele quer dizer, e não gostaria de ser visto como alguém que o interpreta, mas, de minha parte, penso que a noção de que o mundo tem uma explicação é um erro. Não vejo por que se deve esperar que tenha, e acredito que o ponto de partida dos cientistas descrito pelo senhor é um tanto exagerado.

COPLESTON: Bem, a mim parece que o cientista parte, sim, de tal pressuposto. Quando faz experiências para descobrir alguma verdade específica, por trás de tal experimento está o princípio de que o universo não é descontínuo. Existe a possibilidade de descobrir uma verdade por meio do experimento. O experimento pode ser ruim, pode conduzir a nenhum resultado, ou não ao resultado que ele deseja, mas, pelo menos, existe a possibilidade, por meio do experimento, de descobrir a verdade que ele utilizou como ponto de partida. E isso me parece o reconhecimento de que o universo é ordenado e inteligível.

RUSSELL: Creio que o senhor está generalizando mais do que o necessário. Sem dúvida o cientista parte do pressuposto de que esse tipo de coisa, provavelmente, será encontrado – e com frequência o é. Não parte do princípio de que será encontrado, e essa é uma questão muito importante na física moderna.

COPLESTON: Bem, creio que ele parte desse pressuposto, ou que tem a tendência de partir dele, de maneira tácita na prática. Pode ser que, citando o professor Haldane, "quando acendo o gás debaixo da chaleira, algumas das moléculas da água vão embora na forma de vapor, e não há como descobrir quais delas o farão", mas isso não pressupõe, necessariamente, que a ideia do acaso deve ser introduzida, a não ser em relação ao nosso conhecimento.

RUSSELL: Não, não pressupõe – pelo menos se eu puder acreditar no que ele diz. O cientista está descobrindo uma boa quantidade de coisas – está descobrindo uma boa quantidade de coisas que estão acontecendo no mundo e que são, em princípio, inícios de cadeias causais – causas primordiais que não tiveram, em si mesmas, causas. Ele não parte do princípio de que tudo tem uma causa.

COPLESTON: Com certeza essa é uma causa primordial no âmbito de um campo selecionado. É uma causa primordial relativa.

RUSSELL: Não acredito que o cientista colocaria assim. Se existe um mundo em que a maior parte dos acontecimentos, mas não todos, tem causas, ele então será capaz de representar as probabilidades e incertezas, se partir do princípio de que esse evento específico em que está interessado provavelmente tem uma causa. E como, de todo modo, o resultado obtido não será mais do que probabilidade, isso já basta.

COPLESTON: Pode ser que o cientista não esteja preocupado em obter algo mais do que probabilidade, mas, ao levantar a questão, ele pressupõe que a questão da explicação tem um significado. Mas então o senhor afirma, lorde Russell, de maneira geral, que é ilegítimo até mesmo suscitar a questão da causa do mundo?

RUSSELL: Sim, essa é a minha posição.

COPLESTON: Se essa é uma questão que para o senhor não tem sentido, então, obviamente, é muito difícil discuti-la, não é mesmo?

RUSSELL: Sim, é muito difícil. O que o senhor acha – podemos passar a alguma outra questão?

A EXPERIÊNCIA RELIGIOSA

COPLESTON: Façamos isso. Bem, talvez eu possa dizer uma palavra a respeito da experiência religiosa, e então poderemos prosseguir com a experiência moral. Não considero a experiência religiosa como prova rigorosa da existência de Deus, de modo que o caráter da discussão muda um pouco, mas acredito que seja verdadeiro dizer que a melhor explicação para ela é a existência de Deus. Quando digo experiência religiosa, não estou falando simplesmente de sentir-se bem. Estou falando da consciência cheia de amor, mas indefinida, de algum objeto que pareça à pessoa que está vivendo a experiência algo irresistível, algo que transcende a ele mesmo, algo que transcende a todos os objetos normais da experiência, algo que não pode ser visualizado nem conceitualizado, mas de cuja realidade a dúvida é impossível – pelo menos durante a experiência. Devo alegar que isso não pode ser explicado de maneira adequada e sem resíduos, simplesmente de maneira subjetiva. A verdadeira experiência básica, de todo modo, pode ser explicada com mais facilidade a partir da hipótese de que realmente existe alguma causa objetiva para a experiência.

RUSSELL: Devo responder a essa linha de argumento afirmando que todo argumento que parte de nossos próprios estados mentais para algo externo a nós é um assunto muito ardiloso. Mesmo nos pontos em que todos nós reconhecemos sua validade, só nos sentimos justificados em fazê-lo, penso, devido ao consenso da humanidade. Se houver uma multidão em uma sala e se houver um relógio em uma sala, todas as pessoas poderão enxergar o relógio. O fato de que todas elas são capazes de enxergá-lo as leva a pensar que não se trata de uma alucinação: ao passo que essas experiências religiosas tendem a ser muito íntimas.

COPLESTON: Sim, são mesmo. Estou falando, rigorosamente, da experiência mística propriamente dita, e certamente não incluo, aliás, o que se chama de visões. Estou falando simplesmente da experiência, e reconheço que ela é indefinível, do objeto transcendente ou do que parece ser um objeto transcendente. Lembro-me de Julian Huxley em alguma palestra dizer que a experiência religiosa, ou experiência mística, é uma experiência muito real, como se apaixonar ou apreciar poesia e arte. Bem, acredito que, quando apreciamos poesia e arte, apreciamos poemas definidos ou uma obra de arte definida. Se nos apaixonamos, bem, nós nos apaixonamos por alguém, e não por ninguém.

RUSSELL: Peço licença para interrompê-lo um instante. Esse nem sempre é o caso, de jeito nenhum. Os romancistas japoneses jamais acreditam que obtiveram êxito a menos que um grande número de pessoas reais cometa suicídio por amor à heroína imaginária.

COPLESTON: Bom, devo confiar em sua palavra no que diz respeito ao que acontece no Japão. Não cometi suicídio, fico feliz em dizê-lo, mas fui fortemente influenciado por duas biografias ao tomar dois passos importantes em minha vida. No entanto, devo dizer que vejo pouca semelhança entre a influência real desses livros sobre mim e a experiência mística propriamente dita, isto é, até o limite em que uma pessoa que observa de fora de obter uma ideia dessa experiência.

RUSSELL: Bem, o que quero dizer é que não colocaríamos Deus no mesmo nível dos personagens de uma obra de ficção. O senhor reconhece que há uma distinção aqui?

COPLESTON: Certamente. Mas o que eu escolheria como a melhor explicação parece ser a explicação não puramente subjetivista. Claro que uma explicação subjetivista é possível, no caso de certas pessoas em que existe pouca relação entre a experiência e a vida, no caso de pessoas iludidas e alucinadas, e assim por diante. Mas, quando se toma o que pode ser chamado de tipo puro, digamos São Francisco de Assis, quando se obtém uma experiência que resulta em um fluxo de amor dinâmico e criativo, a melhor explicação para isso me parece ser a existência verdadeira de uma causa objetiva da experiência.

RUSSELL: Bem, não estou defendendo, de maneira dogmática, que não exista um Deus. O que estou defendendo é que não sabemos que existe. Só posso levar em conta o que está registrado, como faria com outros registros, e acho, sim, que há muitas coisas registradas, e tenho certeza de que o senhor não aceitaria coisas sobre demônios, diabos e congêneres – mas elas estão registradas exatamente no mesmo tom de voz e com exatamente a mesma convicção. E se pode dizer que o místico, se sua visão for verídica, sabe que há demônios. Mas eu não sei se existem.

COPLESTON: Mas, certamente, no caso dos demônios, tem havido pessoas falando principalmente de visões, aparições, anjos ou demônios, e assim por diante. Eu deveria descartar as aparições visuais, porque penso que podem ser explicadas independentemente da existência do objeto que supostamente é enxergado.

RUSSELL: Mas o senhor não acha que existem casos registrados em abundância de pessoas que acreditam ter ouvido Satanás conversar com elas em seu coração, exatamente da mesma maneira como os místicos afirmam ouvir Deus – e agora não estou falando de uma visão externa, estou falando de uma experiência puramente mental. Essa parece ser uma experiência do mesmo tipo que a dos místicos que experimentam Deus, e, a partir do que os místicos dizem, não vejo como obter qualquer argumento a favor de Deus que também não seja igualmente um argumento a favor de Satanás.

COPLESTON: Eu até concordo, é claro, que as pessoas imaginaram ou pensaram ter ouvido ou visto Satanás. E não tenho, aliás, intenção de negar a existência de Satanás. Mas não penso que haja quem tenha declarado ter experimentado Satanás da mesma maneira precisa que os místicos declaram ter experimentado Deus. Tomemos, por exemplo, o caso de um não cristão, Plotino. Ele admite que a experiência é algo inexprimível, o objeto é um objeto de amor e, portanto, não um objeto que cause horror e nojo. E o efeito dessa experiência é, devo dizer, transmitida, ou melhor, a validade da experiência é transmitida pelos registros da vida de Plotino. De todo modo, é mais razoável supor que ele teve essa experiência, se estivermos dispostos a aceitar o relato de Porfírio a respeito da gentileza e benevolência de Plotino.

RUSSELL: O fato de uma crença ter efeito moral positivo sobre um homem não é, de maneira alguma, evidência a favor de sua verdade.

COPLESTON: Não, mas, se realmente pudesse ser comprovado que a crença tivesse de fato efeito benéfico sobre a vida de um homem, eu consideraria isso como uma presunção a favor de alguma verdade, pelo menos da parte positiva da crença, se não de sua validade total. Mas, de todo modo, estou usando o caráter da vida como evidência a favor da veracidade e da sanidade do místico, mais do que como prova da veracidade de suas crenças.

RUSSELL: Mas nem isso creio que constitua qualquer evidência. Eu próprio já tive experiências que alteraram meu caráter profundamente. E pensei na época, pelo menos, que tal alteração era para o bem. Aquelas experiências foram importantes, mas não envolveram a existência de alguma coisa alheia a mim, e não acho que, se tivesse pensado que envolvessem, o fato de que tiveram um efeito saudável serviria como evidência de que eu estava certo.

COPLESTON: Não, mas creio que o efeito benéfico atestaria a sua veracidade ao descrever sua experiência. Por favor, lembre-se de que não estou dizendo que a mediação ou a interpretação de um místico em relação à sua experiência deve ser imune à discussão ou à crítica.

RUSSELL: Obviamente, o caráter de um jovem pode ser – e com frequência o é – imensamente afetado pela leitura a respeito de algum grande homem na história, e pode ser que esse grande homem seja um mito e não exista, mas o menino é afetado para sempre, da mesma maneira que seria se ele existisse. Pessoas assim têm existido. *Vidas*, de Plutarco, toma Licurgo como exemplo, um homem que certamente não existiu, mas é possível ser muito influenciado pela leitura de Licurgo e ficar com a impressão de que ele existira. Seríamos, então influenciados por um objeto que amamos, mas que não seria um objeto existente.

COPLESTON: Concordo com o senhor em que, claro, um homem pode ser influenciado por um personagem de ficção. Sem entrar na questão do que precisamente o influencia (devo dizer um valor real), creio que a situação desse homem e a do místico são diferentes. Afinal de contas, o homem influenciado por Licurgo não fica com a impressão irresistível de que experimentou, de certo modo, a realidade extrema.

RUSSELL: Não creio que o senhor tenha compreendido muito bem o que quis dizer a respeito desses personagens históricos – esses personagens anti-históricos na história. Não estou pressupondo o que o senhor chama de efeito sobre a razão. Estou pressupondo que o jovem que lê a respeito dessa pessoa e acredita que ela é real a ama, o que é bem fácil de acontecer – e, no entanto, ele ama um fantasma.

COPLESTON: Em certo sentido, ele ama um fantasma que é perfeitamente verdadeiro, no sentido, quero dizer, que ele ama X ou Y, que não existem. Mas, ao mesmo tempo, não é, creio, o fantasma como tal que o jovem ama; ele apreende um valor real, uma ideia que reconhece como objetivamente válida, e é isso que excita seu amor.

RUSSELL: Bem, no mesmo sentido que tínhamos antes os personagens de ficção.

COPLESTON: Sim, em certo sentido, o homem ama um fantasma – perfeitamente verdadeiro. Mas, em outro sentido, ele ama o que apreende como um valor.

O argumento moral

RUSSELL: Mas agora o senhor está dizendo que, quando digo "Deus", dou a entender tudo o que é bom ou a soma total do que é bom – o sistema do que é bom. Portanto, quando um jovem ama qualquer coisa que seja boa, ele está amando Deus. É isso que o senhor está dizendo? Porque se for, exige um pouco de discussão.

COPLESTON: Não digo, é claro, que Deus seja a soma total ou sistema do que é bom no sentido panteísta; não sou panteísta, mas penso que toda a bondade reflete Deus de alguma maneira e origina-se d'Ele, de modo que, em certo sentido, o homem que ama aquilo que é verdadeiramente bom ama Deus, mesmo que não tome Deus em consideração. Mas, mesmo assim, concordo que a validade de tal interpretação da conduta de um homem depende do reconhecimento da existência de Deus, obviamente.

RUSSELL: Sim, mas esse é um ponto que precisa ser comprovado.

COPLESTON: Precisa, sim, mas considero o argumento metafísico como prova, e aí divergimos.

RUSSELL: Veja bem, sinto que algumas coisas são boas e outras, ruins. Adoro as coisas que são boas, que considero boas, e detesto as coisas que considero ruins. Não digo que essas coisas são boas porque fazem parte da bondade divina.

COPLESTON: Sim, mas qual é a sua justificativa para fazer a distinção entre bem e mal, ou como o senhor vê a distinção entre os dois?

RUSSELL: Não tenho qualquer justificativa além daquela que dou para distinguir entre azul e amarelo. Qual a minha justificativa para distinguir entre azul e amarelo? Posso ver que são diferentes.

COPLESTON: Bem, essa é uma justificativa excelente, concordo. O senhor distingue o azul e o amarelo com o olhar, então também distingue o bem e o mal com uma faculdade?

RUSSELL: Com os meus sentimentos.

COPLESTON: Com os seus sentimentos. Bem, era o que eu estava perguntando. O senhor acredita que bem e mal referem-se apenas aos sentimentos?

RUSSELL: Bem, por que um tipo de objeto parece amarelo e outro parece azul? Posso, mais ou menos, dar uma resposta a isso graças aos físicos, mas, no que diz respeito ao motivo por que penso que um tipo de coisa é bom e outro é ruim, provavelmente exista uma resposta da mesma espécie, mas as coisas não são vistas da mesma forma, de modo que não posso dá-la ao senhor.

COPLESTON: Bem, tomemos o comportamento do comandante de Belsen*. Tal comportamento parece ao senhor tão indesejável e danoso quanto a mim. A Adolf Hitler, supomos, parecia algo bom e desejável. Suponho que o senhor deva admitir que, para Hitler, era bom e, para o senhor, ruim.

RUSSELL: Não, eu não avançaria tanto. Quero dizer, penso que as pessoas podem cometer erros nisso, como podem cometer erros em relação a outras coisas. Uma pessoa que tem icterícia vê coisas amarelas que não são amarelas. O senhor está cometendo um erro.

COPLESTON: Sim, é possível cometer erros, mas será possível cometer um erro se a questão se refere simplesmente a um sentimento

---

* Belsen: campo de concentração na Alemanha estabelecido em 1943. O comandante aqui referido é Josef Kramer, que assumiu o posto em dezembro de 1944. (N.T.)

ou emoção? Com certeza Hitler seria a única pessoa capaz de julgar o que agrada a suas emoções.

RUSSELL: Seria bastante correto dizer que isso agradava às emoções dele, mas é possível dizer várias coisas a esse respeito, entre elas que, se aquele tipo de coisa tinha esse tipo de apelo às emoções de Hitler, então Hitler exerce um tipo de apelo bem diferente sobre minhas emoções.

COPLESTON: Concordo. Mas então não há, a seu ver, critérios objetivos além do sentimento para condenar a conduta do comandante de Belsen?

RUSSELL: Não mais do que há para uma pessoa daltônica que esteja exatamente no mesmo estado. Por que condenar intelectualmente o daltônico? Não é porque ele faz parte da minoria?

COPLESTON: Eu diria que é porque lhe falta uma coisa que normalmente pertence à natureza humana.

RUSSELL: Sim, mas, se ele fosse parte da maioria, não diríamos isso.

COPLESTON: Então, o senhor diria que não há critério, além do sentimento, que permita disntiguir entre o comportamento do comandante de Belsen e o comportamento, digamos, de sir Stafford Cripp* ou do arcebispo da Cantuária.

RUSSELL: O sentimento é um pouco simplificado demais. É preciso levar em conta os efeitos das ações e os sentimentos gerados por esses efeitos. Veja bem, é possível discutir o assunto se for possível dizer que certos tipos de ocorrências são do tipo de que se gosta e certas outras são do tipo de que não se gosta. Então, é necessário levar em conta os efeitos das ações. É perfeitamente possível dizer que os efeitos das ações do comandante de Belsen foram dolorosas e desagradáveis.

COPLESTON: Com certeza, concordo, muito dolorosas e desagradáveis para todas as pessoas no campo.

RUSSELL: Sim, mas não apenas para as pessoas no campo, mas também para quem estava de fora contemplando a situação.

---

* Sir Richard Stafford Cripp (1889-1952), figura de destaque na esquerda britânica, afiliado ao partido trabalhista e membro da Câmara dos Comuns. Cristão socialista, converteu-se ao marxismo na década de 1930. Pacifista, esteve envolvido em movimentos contra as duas grandes guerras e contra a Guerra Civil Espanhola. (N.T.)

COPLESTON: Sim, é bem verdade, na imaginação. Mas esse é o meu ponto. Não aprovo essas ações, e sei que o senhor não as aprova, mas não vejo que bases tem para não aprová-las, porque, afinal de contas, para o próprio comandante de Belsen, essas ações eram agradáveis.

RUSSELL: Sim, mas perceba que não preciso de mais embasamento nesse caso do que no caso da percepção das cores. Há algumas pessoas que pensam que tudo é amarelo, há pessoas que sofrem de icterícia, e não concordo com essas pessoas. Não posso provar que as coisas não são amarelas, não existe prova disso, mas a maior parte das pessoas concorda comigo que não são amarelas, assim como concorda comigo que o comandante de Belsen cometeu erros.

COPLESTON: Bem, o senhor aceita qualquer obrigação moral?

RUSSELL: Bem, eu precisaria dar uma resposta consideravelmente longa para responder a essa pergunta. Falando na prática – sim. Falando na teoria, precisaria definir a obrigação moral com muito cuidado.

COPLESTON: Bem, o senhor acha que a palavra "dever" tem uma conotação simplesmente emocional?

RUSSELL: Não, não penso isso, porque, veja bem, como eu dizia ainda há pouco, é necessário levar em conta os efeitos, e penso que a conduta correta é aquela que provavelmente produziria o maior equilíbrio possível, em valor intrínseco, de todos os atos possíveis sob determinadas circunstâncias, e é preciso levar em conta os efeitos prováveis de nossa ação considerando o que é certo.

COPLESTON: Bem, mencionei a obrigação moral porque penso que é possível abordar a questão da existência de Deus dessa maneira. A ampla maioria da raça humana fará, e sempre fez, alguma distinção entre certo e errado. A ampla maioria, penso, tem alguma consciência de uma obrigação na esfera moral. A minha opinião é de que a percepção de valores e a consciência da lei e da obrigação moral são mais bem explicadas por meio da hipótese de uma base transcendente de valor e de um autor da lei moral. Quando digo "autor da lei moral", estou falando de um autor arbitrário da lei moral. Penso, de fato, que os ateus modernos que argumentaram – de maneira inversa, "não existe Deus, portanto, não existem valores absolutos nem lei absoluta" –, são bastante lógicos.

RUSSELL: Não gosto da palavra "absoluto". Não penso que exista qualquer coisa absoluta. A lei moral, por exemplo, está sempre mudando. Em um certo período de desenvolvimento da raça humana, quase todo mundo considerava o canibalismo uma obrigação.

COPLESTON: Bem, não entendo que diferenças em julgamentos morais específicos sirvam como qualquer argumento conclusivo contra o caráter universal da lei moral. Consideremos, por um momento, que existam valores morais absolutos; mesmo com base nessa hipótese, é de se esperar que indivíduos diferentes e grupos diferentes devam apresentar graus variados de discernimento em relação a esses valores.

RUSSELL: Estou inclinado a pensar que "dever", o sentimento que se tem a respeito de "dever", é um eco do que foi dito às pessoas pelos pais ou pelas babás.

COPLESTON: Bom, me pergunto de que modo o senhor pode explicar o conceito de "dever" simplesmente em termos de babás e de pais. Eu realmente não vejo como isso pode ser transmitido a qualquer pessoa em outros termos, de outro modo que não por si mesmo. Parece, a mim que, se existe uma ordem moral que pesa sobre a consciência humana, essa ordem moral é ininteligível, salvo pela existência de Deus.

RUSSELL: Então, o senhor precisa dizer uma ou outra entre duas coisas. Ou Deus só fala com uma porcentagem muito pequena da humanidade – que por acaso inclui o senhor mesmo –, ou Ele, deliberadamente, diz coisas que não são verdadeiras ao falar à consciência dos selvagens.

COPLESTON: Bem, entenda, não estou sugerindo que Deus de fato dite preceitos morais à consciência. As ideias dos seres humanos em relação ao conteúdo da lei moral dependem, certamente, em grande parte, da educação e do ambiente, e um homem precisa usar seu raciocínio para estimar a validade das ideias morais de fato praticadas por seu grupo social. Mas a possibilidade de criticar o código moral aceito pressupõe que existe um padrão objetivo, e que existe uma ordem moral ideal, que se impõe (estou falando do caráter obrigatório daquilo que pode ser reconhecido). Penso que o reconhecimento dessa ordem moral ideal é parte do reconhecimento da contingência. Implica a existência de uma base real de Deus.

RUSSELL: Mas o legislador sempre foi, parece-me, os pais ou alguém com função parecida em relação às pessoas. Existem muitos legisladores terrenos que podem exercer essa função, e isso explicaria por que a consciência de cada pessoa é tão surpreendentemente diferente em épocas e locais diferentes.

COPLESTON: Ajuda a explicar diferenças na percepção de valores morais específicos, as quais, de outro modo, seriam inexplicáveis. Ajudará a explicar mudanças, quanto à questão da lei moral, no conteúdo dos preceitos, tais como são aceitos por esta ou aquela nação, ou por este ou aquele indivíduo. Mas sua forma, o que Kant chama de imperativo categórico, o "dever", realmente não vejo como isso poderia de algum modo ser transmitido a alguém por uma babá ou pelos pais, pois não existe qualquer termo possível, até onde posso ver, que possa ser usado para explicá-la. Não pode ser definida senão por si mesma, porque, uma vez definida em outros termos que não os seus, sua compreensão se perde. Deixa de ser um "dever" moral. Passa a ser outra coisa.

RUSSELL: Bem, penso que o sentido de "dever" é o efeito da desaprovação imaginada de alguém, pode ser a desaprovação imaginada de Deus, mas é a desaprovação imaginada de alguém. E acho que esse é o significado de "dever".

COPLESTON: Parece-me que são os costumes, tabus e coisas externas desse tipo que podem ser explicados com mais facilidade simplesmente por meio de ambiente e educação, mas tudo isso, parece-me, pertence ao que chamo de questão da lei, o conteúdo. A ideia do "dever", como tal, nunca poderá ser transmitida a um homem pelo chefe tribal ou por qualquer outra pessoa, porque não existem outros termos por meio dos quais poderia ser transmitida. Parece-me inteiramente...

[Russell interrompe]

RUSSELL: Mas não vejo razão, a mínima razão, para dizer tal coisa... Estou dizendo que todos conhecemos os reflexos condicionados. Sabemos que um animal, quando é punido sempre por causa de um certo tipo de ato, depois de um tempo deixará de praticá-lo. Não penso que o animal deixe de praticá-lo por meio de uma reflexão interna: "Meu dono ficará bravo se eu fizer isso". Ele simplesmente sente que aquilo não é o correto a fazer. É isso o que podemos fazer no que diz respeito a nós mesmos e nada mais.

COPLESTON: Não vejo razão para supor que um animal tenha consciência ou obrigação moral; e certamente não consideramos um animal como tendo responsabilidade moral por seus atos de desobediência. Mas o homem tem consciência da obrigação e dos valores morais. Não vejo razão para supor que seria possível condicionar todos os homens como se pode "condicionar" um animal, e não suponho que seria desejável fazê-lo, mesmo que fosse possível. Se o "behaviorismo" fosse verdadeiro, não haveria distinção moral entre o imperador Nero e São Francisco de Assis. Não posso deixar de sentir, lorde Russell, que o senhor considera a conduta do comandante de Belsen como moralmente repreensível e que o senhor mesmo, sob qualquer circunstância, jamais agiria daquela forma, mesmo que pensasse, ou tivesse razão para pensar, que possivelmente o equilíbrio da felicidade da raça humana pudesse aumentar se algumas pessoas fossem tratadas daquela maneira abominável.

RUSSELL: Não. Eu não imitaria a conduta de um cachorro louco. Mas o fato de que não o faria realmente não tem qualquer implicação na questão que estamos discutindo.

COPLESTON: Não, mas, se o senhor estivesse fazendo uma explanação utilitária do certo e do errado em termos de suas consequências, isso poderia ser dito – e suponho que alguns dos nazistas do melhor tipo defenderiam – que, apesar de ser lamentável terem de agir dessa maneira, o equilíbrio, a longo prazo, levaria a uma felicidade maior. Eu não penso que o senhor diria isso, não é mesmo? Penso que o senhor diria que esse tipo de ação é errado – e em si mesmo, muito independentemente de saber se o equilíbrio geral da felicidade aumentaria ou não. Então, se o senhor estiver preparado para dizer isso, creio que deve ter algum critério de certo e errado, que está além do critério do sentimento. Para mim, essa aceitação em última instância resultaria na aceitação de uma base extrema de valor em Deus.

RUSSELL: Creio que talvez estejamos fazendo confusão. Não é um sentimento direto em relação ao ato que fundamenta meu julgamento, mas um sentimento em relação a seus efeitos. E não posso admitir qualquer circunstância em que certos tipos de comportamento, tais como os que o senhor está discutindo, fariam algum bem. Não posso imaginar circunstâncias em que teriam efeito benéfico. Creio que as pessoas que pensam assim estão enganando a si mesmas. Mas, se houvesse circunstâncias em que seu efeito pudesse ser benéfico, então eu seria obrigado, ainda que com relutância, a dizer: "Bem, não gosto dessas coisas, mas tenho de aceitá-las", da mesma maneira que aceito o Direito Penal, apesar de minha aversão profunda às punições.

COPLESTON: Bem, talvez esteja na hora de eu resumir a minha posição. Argumentei duas coisas. Primeiro, que a existência de Deus pode ser comprovada de maneira filosófica por um argumento metafísico; segundo, que é apenas a existência de Deus que dará sentido à experiência moral e à experiência religiosa do homem. Pessoalmente, creio que sua maneira de descrever as decisões morais dos homens leva, inevitavelmente, a uma contradição entre o que a sua teoria exige e as suas próprias decisões espontâneas. Além do mais, a sua teoria interpreta a obrigação moral, e interpretar não é explicar. No que diz respeito ao argumento metafísico, aparentemente concordamos que o que chamamos de mundo consiste simplesmente de seres contingentes. Quer dizer, de seres que não podem, nenhum deles, responder por sua própria existência. O senhor diz que a série de eventos não precisa de explicação: eu digo que, se não houvesse a existência necessária – nenhum ser que deve existir obrigatoriamente e que não pode não existir –, nada existiria. A infinidade da série de seres contingentes, mesmo que seja provada, seria irrelevante. Algo existe; portanto, deve haver algo que responde por esse fato, um ser externo à série de seres contingentes. Se o senhor tivesse admitido isso, então poderíamos ter discutido se aquele ser é pessoal, bom, e assim por diante. No ponto que de fato foi discutido, se existe ou não existe um ser necessário, eu me vejo, creio, concordando com a grande maioria dos filósofos clássicos. O senhor defende, creio, que os seres existentes simplesmente existem, e que não tenho justificativa para suscitar a questão da explicação de sua existência. Mas eu gostaria de salientar que essa posição não pode ser substanciada pela análise lógica; ela expressa uma filosofia que por si só necessita de provas. Penso que chegamos a um impasse porque as nossas ideias de filosofia são radicalmente diferentes; parece-me que o que chamo de uma parte da filosofia o senhor chama de todo, pelo menos no que diz respeito à filosofia ser racional. Parece-me, se o senhor me permite dizê-lo, que, além de seu próprio sistema lógico – que o senhor chama de "moderno" em oposição à lógica antiquada (um adjetivo tendencioso) –, o senhor defende uma filosofia que não pode ser substanciada pela análise lógica. Afinal de contas, o problema da existência de Deus é um problema existencial, ao passo que a análise lógica não trata diretamente dos problemas de existência. Logo, parece-me que declarar que os termos envolvidos em um conjunto de problemas não têm sentido porque não são necessários para lidar com outro conjunto de problemas é o mesmo que estabelecer, desde o início, a natureza e a extensão da filosofia, e esse é, em si, um ato filosófico que requer justificativa.

RUSSELL: Bem, de minha parte, gostaria de dizer algumas palavras apenas, a título de resumo. Primeiro, em relação ao argumento metafísico: não admito as conotações de termos como "contingente" nem a possibilidade de explicação no sentido usado pelo padre Copleston. Penso que a palavra "contingente" sugere, inevitavelmente, a possibilidade de algo que não teria isso que o senhor poderia chamar de caráter acidental de simplesmente "estar aí", e não penso que isso seja verdade, exceto no sentido puramente casual. Às vezes é possível dar uma explicação casual de uma coisa como sendo efeito de outra, mas isso é meramente fazer referência de uma coisa a outra, e – para mim – não há explicação de absolutamente nada no raciocínio do padre Copleston, assim como não há qualquer significado em chamar as coisas de "contingentes", porque elas não poderiam ser nada além disso. Isso é o que tenho a dizer a esse respeito, mas também gostaria de dizer algumas palavras a respeito da acusação do padre Copleston de que considero a lógica como a totalidade da filosofia – esse não é o caso, de jeito nenhum. Não considero a lógica como o todo da filosofia, absolutamente. Penso que a lógica é uma parte essencial da filosofia e que a lógica tem de ser usada na filosofia – e, nesse sentido, acredito que estamos de acordo. Quando a lógica que ele usa era nova – isto é, no tempo de Aristóteles, havia muita agitação em torno dela; Aristóteles fez muito barulho a respeito dessa lógica. Hoje, ela se tornou antiga e respeitável, e já não é mais necessário agitar-se tanto por causa dela. A lógica em que acredito é relativamente nova, e, portanto, preciso imitar Aristóteles e causar agitação em torno dela; mas não acho que ela represente toda a filosofia, de jeito nenhum – não penso assim. Penso que ela é uma parte importante da filosofia, e quando digo isso não encontro um significado para esta ou aquela palavra, esta é uma posição de detalhe baseada no que descobri a respeito daquela palavra em particular, de pensar a respeito dela. Não é uma posição geral de que todas as palavras que são usadas na metafísica não têm sentido, nem nada do tipo – coisa que realmente não defendo. No que diz respeito ao argumento moral, vejo, ao estudar antropologia ou história, que há pessoas que consideram sua obrigação executar atos que considero abomináveis, e certamente não posso, portanto, atribuir origem divina à questão da obrigação moral, coisa que o padre Copleston não me pede para fazer; mas penso que mesmo a forma de obrigação moral, quando toma a forma de recomendar que se coma o próprio pai ou qualquer coisa do gênero, não me parece ser uma coisa assim tão bela e nobre; portanto, não posso atribuir uma origem divina a esse sentido de obrigação moral que, penso, é usado com muita facilidade como desculpa para várias outras coisas.

13

Será que a religião é capaz de curar nossos problemas?*

I

A humanidade corre perigo mortal, e o medo, tanto hoje como no passado, está levando os homens a buscar refúgio em Deus. Por todo o Ocidente há uma retomada generalizada da religião. Nazistas e comunistas desprezaram o cristianismo e fizeram coisas que deploramos. É fácil concluir que o repúdio do cristianismo por parte de Hitler e do governo soviético é, pelo menos em parte, a causa de nossas preocupações e que, se o mundo retornasse ao cristianismo, nossos problemas internacionais estariam resolvidos. Acredito que esse seja um delírio completo, derivado do terror. E penso que seja um delírio perigoso, porque desencaminha homens cujo raciocínio de outro modo poderia ser proveitoso e, portanto, coloca-se como obstáculo a uma solução válida.

A questão em apreço não diz respeito apenas ao presente estado do mundo. É uma questão muito mais geral, que vem sendo debatida há muitos séculos. É a questão de saber se as sociedades são capazes de terem a mínima moral se não forem auxiliadas pela religião dogmática. Eu, pessoalmente, não penso que a dependência da moral em relação à religião seja nem de longe tão religiosa quanto as pessoas julgam ser. Chego a pensar que algumas virtudes muito importantes são encontradas com mais probabilidade entre aqueles que rejeitam os dogmas religiosos do que entre aqueles que os aceitam.

---

* As duas partes deste ensaio foram publicadas originalmente no jornal *Dagens Nyheter*, de Estocolmo, nos dias 9 e 11 de novembro de 1954. (N.E.)

Penso que isso se aplica principalmente à virtude da verdade ou da integridade intelectual. Por integridade intelectual, refiro-me ao hábito de decidir questões aflitivas de acordo com as evidências, ou de deixá-las sem resposta quando as evidências forem inconclusivas. Essa virtude, apesar de ser subestimada por quase todos os adeptos de qualquer sistema dogmático, é, para mim, de importância social muito maior e tem muito mais propensão a beneficiar o mundo do que o cristianismo ou qualquer outro sistema organizado de crenças.

Consideremos, por um instante, de que modo as regras morais passaram a ser aceitas. As regras morais são, *grosso modo*, de dois tipos: há aquelas que não têm qualquer embasamento além da crença religiosa; e há aquelas que têm uma base óbvia na utilidade social. Na Igreja Ortodoxa Grega, o padrinho e a madrinha de uma criança não podem ser casados. Para tal regra, evidentemente, existe apenas uma base teológica; e, se você julgar que essa regra é importante, terá plena razão ao dizer que a decadência da religião deve ser condenada, porque levará ao descumprimento de tal regra. Mas não é esse tipo de regra moral que está em questão. As regras morais em questão são aquelas para as quais existe justificativa social, independentemente da teologia.

Tomemos o roubo como exemplo. Uma comunidade em que toda a gente roube é inconveniente para todos, e é óbvio que a maior parte das pessoas obtém algo mais parecido com o tipo de vida que deseja em uma comunidade na qual os roubos são raros. Mas, na ausência de leis, moral e religião, surge uma dificuldade: para cada indivíduo, a comunidade ideal seria aquela em que todos os outros fossem honestos e ele, o único ladrão. Segue-se daí que uma instituição social é necessária para que o interesse do indivíduo esteja de acordo com aquele da comunidade. Isso é efetivado, com mais ou menos sucesso, pelo direito penal e pela polícia. Mas os criminosos nem sempre são apanhados, e a polícia pode ser indevidamente tolerante com os poderosos. Se as pessoas puderem ser persuadidas de que existe um Deus que punirá o roubo, mesmo quando a polícia falhar, parece provável que essa crença virá a promover a honestidade. Dada uma população que já acredite em Deus, ela logo acreditará que Deus proibiu o roubo. A utilidade da religião, neste sentido, é ilustrada pela história do vinhedo de Naboth, onde o ladrão é o rei, que está acima da justiça terrena.

Não negarei que entre comunidades semicivilizadas do passado tais considerações devem ter ajudado a promover uma conduta socialmente desejável. Mas, no presente, o bem que pode derivar do fato de se atribuir origem religiosa à moral está ligado de maneira tão inseparável a males gravíssimos que o bem se torna, comparativamente, insignificante. À medida que a civilização progride, as sanções terrenas se tornam mais garantidas e as sanções divinas, menos. As pessoas veem cada vez mais razão para pensar que, se roubarem, serão apanhadas, e cada vez menos razões para pensar que, se não forem apanhadas, Deus as punirá, de qualquer maneira. Hoje em dia é difícil até mesmo pessoas altamente religiosas acreditarem que irão para o inferno se roubarem. Elas imaginam que poderão se arrepender a tempo, e que, de qualquer maneira, o inferno já não é mais tão certo nem tão quente quanto costumava ser. A maior parte das pessoas nas comunidades civilizadas não rouba, e acredito que o motivo mais comum seja a punição aqui na terra. Essa percepção deriva do fato de que em uma área de garimpo durante uma corrida do ouro, ou em qualquer comunidade tão desordenada quanto essa, quase todos roubam.

Mas, dirão vocês, apesar de a proibição teológica ao roubo já não ser tão necessária, de qualquer modo ela não faz mal algum, já que todos desejamos que ninguém roube. Mas o problema é que, assim que os homens passam a duvidar da teologia que receberam, esta passa a ser apoiada por meios odiosos e prejudiciais. Quando se acredita que uma teologia é necessária à virtude, e se pessoas que fazem questionamentos sinceros não veem razão para acreditar que tal teologia é verdadeira, as autoridades se empenharão para desestimular o questionamento sincero. Em séculos passados, isso era feito lançando essas pessoas questionadoras à fogueira. Na Rússia, ainda se usam métodos pouco melhores do que esse; mas, nos países ocidentais, as autoridades aperfeiçoaram maneiras um tanto mais brandas de persuasão. Destas, talvez as escolas sejam a mais importante: os jovens devem ser preservados de ouvir os argumentos a favor das opiniões que as autoridades não apreciam, e aqueles que, ainda assim, insistirem em mostrar disposição para o questionamento incorrerão no desagrado social e, se possível, se sentirão repreensíveis moralmente. Dessa maneira, qualquer sistema de moral que tenha base teológica se transforma em uma das ferramentas por meio das quais os detentores do poder conservam sua autoridade e prejudicam o vigor intelectual dos jovens.

Encontro entre muitas pessoas, hoje em dia, uma indiferença à verdade que só posso considerar extremamente perigosa. Quando as pessoas argumentam, por exemplo, a favor do cristianismo, não dão, como Tomás de Aquino, razões para supor que existe um Deus e que Ele expressou seu desejo por meio das Escrituras. Em vez disso, argumentam que, se as pessoas pensarem assim, agirão melhor do que se não pensarem. Portanto, não devemos nos permitir – segundo o que essas pessoas defendem – fazer especulações a respeito da existência de Deus. Se, num momento em que a guarda estiver baixa, a dúvida mostrar a face, é necessário suprimi-la com vigor. Se o pensamento justo é causa de dúvida, devemos evitar o pensamento justo. Se os expositores oficiais da ortodoxia dizem que é diabólico casarmos com a irmã de nossa esposa falecida, precisamos acreditar nisso, pela manutenção da moral. Se nos disserem que os métodos contraceptivos são um pecado, precisamos aceitar essa imposição, por mais óbvio que pareça que, sem o controle de natalidade, o desastre é certeiro. Logo que qualquer crença é considerada importante por algum motivo que não a verdade, seja lá qual ele for, toda uma lista de males está pronta para vir à tona. O desestímulo ao questionamento, que já mencionei antes, é o primeiro deles, mas, com toda a certeza, outros se seguirão a este. Posições de autoridade serão abertas aos ortodoxos. Registros históricos deverão ser falsificados se lançarem dúvidas sobre opiniões recebidas. Cedo ou tarde, tudo o que não for ortodoxo será considerado crime que deve ser resolvido com a fogueira, o expurgo ou o campo de concentração. Sou capaz de respeitar os homens que argumentam que a religião é verdadeira e que, portanto, deve-se acreditar nela, mas só posso sentir uma profunda aversão moral por aqueles que dizem ser necessário acreditar na religião porque ela é útil e que o ato de perguntar-se se ela é verdadeira ou não é perda de tempo.

É contumaz, entre os defensores do cristianismo, considerar o comunismo algo muito diferente do cristianismo e contrastar seus males com as supostas bênçãos desfrutadas pelas nações cristãs. Isso me parece um erro profundo. Os males do comunismo são os mesmos que existiam no cristianismo durante a Idade da Fé. O Ogpu só difere quantitativamente da Inquisição. Suas crueldades são do mesmo tipo, e os danos que causa à vida moral e intelectual dos russos são do mesmo tipo que foram causados pelos inquisidores, sempre que prevaleceram. Os comunistas falsificam a história, e a Igreja fez a mesma coisa até o Renascimento. Se a Igreja hoje não é tão má quanto o governo soviético, isso se deve à influência daqueles que a atacaram: do Concílio de Trento até hoje, todas as melhorias que foram efetuadas se devem a seus inimigos. Existem muitas pessoas que fazem objeção ao governo soviético por não gostar de sua doutrina econômica comunista, mas isso o Kremlin compartilha com os primeiros cristãos, os franciscanos e a maior parte dos hereges cristãos medievais. A doutrina comunista tampouco se restringia aos hereges: Sir Thomas Moore, um mártir ortodoxo, fala do cristianismo como comunístico e diz que esse era o único aspecto da religião cristã que a recomendava aos utópicos. Não é a doutrina soviética, em si, que pode ser considerada perigosa com justeza. É a maneira como essa doutrina é vista. É encarada como uma verdade sagrada e inviolável, de modo que duvidar dela é pecado e merece o mais severo dos castigos. O comunista, assim como o cristão, acredita que sua doutrina é essencial à salvação, e é essa crença que torna a salvação possível para ele. São as similaridades entre o cristianismo e o comunismo que os tornam incompatíveis entre si. Quando dois homens de ciência discordam, eles não invocam o braço secular; esperam até que haja mais evidências para resolver a questão, porque, na posição de homens de ciência, sabem que nenhum deles é infalível. Mas, quando dois teólogos discordam, já que não existem critérios a que possam recorrer, não há nada além de ódio mútuo e apelo à força, aberto ou dissimulado. O cristianismo, reconheço, hoje causa menos mal do que costumava causar; mas isso acontece porque se acredita nele com menos fervor. Talvez, com o tempo, a mesma mudança venha a se dar em relação ao comunismo; e, se isso acontecer, essa crença perderá muito daquilo que a torna detestável. Mas, se no Ocidente prevalecer a visão de que o cristianismo é essencial à virtude e à estabilidade social, o cristianismo irá mais uma vez adquirir os vícios que tinha na Idade Média; e, ao ficar cada vez mais parecido com o comunismo, será cada vez mais difícil reconciliar-se com ele. Não é por esse caminho que o mundo poderá ser salvo do desastre.

II

Em meu primeiro artigo, eu estava concentrado nos males resultantes de quaisquer sistemas de dogmas apresentados para sua aceitação não com base na verdade, mas em sua utilidade social. O que eu disse se aplica igualmente ao cristianismo, ao comunismo, ao islamismo, ao budismo, ao hinduísmo e a todos os sistemas teológicos, exceto quando contam com fundamentos que fazem um apelo universal, como o dos homens de ciência. Existem, no entanto, argumentos especiais apresentados em favor do cristianismo, relativos a seus supostos méritos especiais. Estes foram expostos, de maneira eloquente e com demonstrações de erudição, por Hebert Butterfield, professor de História Moderna na Universidade de Cambridge*, de modo que o tomarei como porta-voz do amplo conjunto de opiniões do qual ele é adepto.

O professor Butterfield busca garantir certas vantagens controversas por meio de concessões que o fazem parecer mais liberal do que de fato é. Reconhece que a Igreja cristã se fiou na perseguição e que foi a pressão vinda de fora que fez com que fosse abandonado essa prática. Ele reconhece que a tensão atual entre a Rússia e o Ocidente é resultado da política de poder que poderia ser esperada mesmo que o governo da Rússia tivesse continuado a aderir à Igreja Ortodoxa Grega. Reconhece que algumas das virtudes que considera especificamente cristãs foram apresentadas por alguns livres-pensadores e têm estado ausentes do comportamento de muitos cristãos. Mas, apesar dessas concessões, ele continua defendendo que os males de que o mundo sofre serão curados pela adesão ao dogma cristão, e inclui no dogma cristão o mínimo necessário: não apenas a crença em Deus

---

* *Christianity and History* (Cristianismo e História, Londres, 1950).

e na imortalidade, mas também a crença na Encarnação. Enfatiza a ligação entre o cristianismo e certos acontecimentos históricos, e aceita esses acontecimentos como históricos com base em evidências que certamente não o convenceriam, se não estivessem ligadas à sua religião. Não penso que a evidência relativa ao nascimento virginal seja tal que pudesse convencer qualquer questionador imparcial, se fosse apresentada fora do círculo de crenças teológicas a que ele estava acostumado. Existem numerosas histórias semelhantes na mitologia pagã, mas ninguém sonha em levá-las a sério. O professor Butterfield, no entanto, apesar de ser historiador, parece mostrar-se bastante desinteressado de questões de historicidade, sempre que o assunto está relacionado às origens do cristianismo. Seu argumento, privado de sua urbanidade e de seu ar enganoso de liberalidade, pode ser exposto de maneira grosseira, porém exata, a saber: "Não vale a pena questionar se Cristo realmente nasceu de uma Virgem, concebido pelo Espírito Santo, porque, tendo sido esse ou não o caso, a crença de que o foi oferece a melhor esperança de fuga dos problemas atuais do mundo". Não se encontra em lugar algum da obra do professor Butterfield a mínima tentativa de provar a verdade de qualquer dogma cristão. Há apenas o argumento pragmático de que a crença no dogma cristão é útil. Há muitos aspectos, no argumento do professor Butterfield, que não são colocados com toda a clareza e precisão que seria de se desejar, e temo que a razão disso é que a clareza e a precisão os tornariam implausíveis. Penso que seu argumento, despido do que não é essencial, é este: seria muito bom se as pessoas amassem seus próximos, mas elas não mostram muita inclinação para tal; Cristo disse que isso era necessário, e, se elas acreditarem que Cristo era Deus, estarão mais propensas a prestar atenção aos ensinamentos d'Ele, a respeito dessa questão, do que se não acreditarem; por conseguinte, homens que desejam que as pessoas amem seus próximos tentarão convencê-las de que Cristo era Deus.

As objeções a esse tipo de argumentação são tantas que é difícil saber por onde começar. Em primeiro lugar, o professor Butterfield e todos os que pensam como ele estão convencidos de que é bom amar o próximo, e suas razões para sustentar essa visão não derivam dos ensinamentos de Cristo. Ao contrário, é porque já sustentam essa visão que consideram os ensinamentos de Cristo evidência de sua divindade. Isso quer dizer que eles têm não uma ética baseada na teologia, mas uma teologia baseada em sua ética. Aparentemente, no entanto, defendem que as bases não teológicas que levam a pensar que é bom amar o próximo provavelmente não terão um apelo muito amplo e, assim, passam a inventar outros argumentos, esperando que estes sejam mais eficientes. Esse é um procedimento muito perigoso. Muitos protestantes costumavam pensar que era tão diabólico desrespeitar o sabá quanto cometer assassinato. Se os convencêssemos de que não era diabólico desrespeitar o sabá, poderiam inferir que não era diabólico cometer assassinato. Toda ética teológica tem uma parte que pode ser defendida de maneira racional e outra parte que não passa da corporificação de tabus supersticiosos. A parte que pode ser defendida racionalmente deveria ser, assim, defendida, já que, de outra maneira, aqueles que descobrirem a irracionalidade da outra parte poderão rejeitar o todo de maneira temerária.

Mas será que o cristianismo, de fato, defendeu uma moralidade melhor do que a de seus rivais e oponentes? Não vejo como algum estudante honesto de história possa afirmar que esse é o caso. O cristianismo tem se distinguido das outras religiões por sua maior prontidão à perseguição. O budismo jamais foi uma religião persecutória. O Império dos Califas era muito mais gentil para com os judeus e cristãos do que os Estados cristãos para com os judeus e maometanos. Não incomodava os judeus e os cristãos, desde que lhe pagassem tributos. O antissemitismo foi promovido pelo cristianismo desde o instante em que o Império Romano se tornou cristão. O fervor religioso das Cruzadas levou a massacres de judeus na Europa Ocidental. Foram cristãos que acusaram Dreyfus* injustamente, e livres-pensadores que garantiram sua reabilitação final. Em tempos modernos, abominações foram defendidas pelos cristãos, não apenas quando os judeus eram as vítimas, mas também em outras situações.

---

* Alfred Dreyfus (1859-1935), judeu, oficial do exército francês acusado de traição em 1894, por ter entregado segredos aos alemães. Sua condenação dividiu o mundo político e intelectual francês, causando fortes reações entre grupos militaristas e antissemitas. Em 1899, passou por um segundo julgamento, em que foi condenado mas perdoado, e, em 1906, o veredicto foi revertido. Documentos militares alemães descobertos em 1930 confirmaram sua inocência. (N.T.)

As abominações do governo do rei Leopoldo no Congo foram escondidas ou minimizadas pela Igreja e só tiveram fim devido a agitações causadas principalmente por livres-pensadores. Toda afirmação de que o cristianismo tem exercido influência moral elevada só pode ser mantida pela completa ignorância ou falsificação das evidências históricas.

A resposta habitual é que os cristãos que faziam as coisas que deploramos não eram *verdadeiros* cristãos, na medida em que não obedeciam aos ensinamentos de Cristo. Claro que é possível, igualmente, argumentar que o governo soviético não consiste em verdadeiros marxistas, porque Marx ensinava que os eslavos são inferiores aos alemães, e essa doutrina não é aceita pelo Kremlin. Os seguidores de um mestre sempre se afastam, em alguns pontos, da doutrina por ele professada. Aqueles que têm como objetivo fundar uma igreja precisam se lembrar disso. Toda igreja desenvolve um instinto de autopreservação e minimiza as partes da doutrina do fundador que não contribuem para esse objetivo. Mas, de todo modo, o que os apologistas modernos chamam de cristianismo "verdadeiro" é algo que depende de um processo muito seletivo. Ignora muito daquilo que se encontra nos Evangelhos: por exemplo, a parábola das ovelhas e dos cabritos, bem como a doutrina de que os maldosos sofrerão tormento eterno no fogo do inferno. Escolhe certas partes do Sermão da Montanha, apesar de até estas rejeitar na prática. Deixa que a doutrina da não resistência, por exemplo, seja praticada apenas por não cristãos, como Gandhi. Os preceitos que favorece em particular são considerados como imbuídos de moralidade tão elevada que devem ter mesmo origem divina. E, no entanto, o professor Butterfield deve saber que esses preceitos foram proferidos por judeus antes da época de Cristo. Podem ser encontrados, por exemplo, nos ensinamentos de Hillel e nos "Testamentos dos Doze Patriarcas", sobre os quais o reverendo dr. R.H. Charles, autoridade proeminente nessa questão, diz: "O Sermão da Montanha reflete, em várias passagens, o espírito e até mesmo reproduz as frases exatas do nosso texto: muitas passagens dos Evangelhos exibem vestígios do mesmo, e São Paulo parece ter usado o livro como vade-mécum". O dr. Charles é da opinião de que Cristo devia conhecer aquela obra. Se, como às vezes nos é dito, a altivez dos ensinamentos éticos prova a divindade de seu autor, é o autor desconhecido desses Testamentos que deve ter sido divino.

É inegável que o mundo está em mau estado, mas não há a menor razão histórica para supor que o cristianismo ofereça uma saída. Nossos problemas surgiram, com a inexorabilidade da tragédia grega, a partir da Primeira Guerra Mundial, da qual os comunistas e os nazistas foram produto. A Primeira Guerra Mundial foi completamente cristã em sua origem. Os três imperadores eram devotos, assim como os integrantes mais belicosos do Gabinete Britânico. A oposição à guerra partiu, na Alemanha e na Rússia, dos socialistas, que eram anticristãos; na França, de Jaurès*, cujo assassínio foi aplaudido por cristãos convictos; na Inglaterra, de John Morley**, um ateu notório. As características mais perigosas do comunismo são remanescentes da Igreja medieval. Consistem da aceitação fanática de doutrinas reunidas em um Livro Sagrado, da falta de disposição para examinar essas doutrinas de maneira crítica e da perseguição selvagem àqueles que as rejeitam. Não é uma retomada do fanatismo e do preconceito no Ocidente o que devemos procurar para obter uma resposta feliz. Tal retomada, se ocorrer, só significará que as características odiosas do regime comunista se tornaram universais. O mundo precisa é de pessoas razoáveis, tolerância e compreensão da interdependência entre as partes da família humana. Essa interdependência foi enormemente aumentada pelas invenções modernas, e os argumentos puramente mundanos para que se tenha uma atitude gentil para com o próximo são muito mais fortes do que eram anteriormente. É para esse tipo de consideração que devemos olhar, e não para o retorno a mitos obscurantistas. A inteligência, pode-se dizer, causou nossos problemas; mas não é a desinteligência que irá curá-los. Apenas uma inteligência mais sábia poderá tornar o mundo mais feliz.

---

* Jean Auguste Marie Joseph Jaurès (1859-1914), líder carismático do Partido Socialista Francês, defendia a solução dos problemas que levaram à Primeira Guerra Mundial por meio da diplomacia. Foi assassinado por um jovem nacionalista que desejava a guerra contra a Alemanha. (N.T.)

** John Morley (1838-1923), jornalista e liberal, era agnóstico. Partidário de Gladstone, foi seu secretário para a Irlanda. (N.T.)

14

Religião e moral*

Muita gente nos diz que, sem a crença em Deus, um homem não é capaz de ser nem feliz, nem virtuoso. No que diz respeito à virtude, posso falar apenas por observação, não por experiência pessoal. No que diz respeito à felicidade, nem a experiência nem a observação me levaram a pensar que quem tem fé é mais feliz ou mais infeliz, em média, do que aqueles que não a têm. É contumaz encontrar razões "grandiosas" para a infelicidade, porque é mais fácil manter o orgulho se for possível atribuir o infortúnio à falta de fé do que se for necessário atribuí-lo ao fígado. No que diz respeito à moralidade, muito depende de como se compreende esse termo. De minha parte, penso que as virtudes mais importantes são a gentileza e a inteligência. A inteligência é tolhida por qualquer credo, independentemente de qual seja, e a gentileza é tolhida pela crença no pecado e no castigo (essa crença, aliás, é a única que o governo soviético tomou do cristianismo ortodoxo).

Existem diversas maneiras práticas pelas quais a moralidade tradicional interfere naquilo que é socialmente desejável. Uma delas é a prevenção de doenças venéreas. Mais importante é a limitação da população. Avanços na medicina tornaram essa questão muito mais importante do que jamais o foi. Se as nações e raças que continuam se proliferando tanto quanto os britânicos se proliferaram há cem anos não mudarem seus hábitos relativos a esse aspecto, não haverá perspectivas para a humanidade além de guerras e pobreza. Isso é algo que todo estudante inteligente sabe, mas que não é reconhecido pelos dogmatistas teológicos.

---

* Escrito em 1952. (N.E.)

Acredito que a decadência das crenças dogmáticas só pode trazer o bem. Não hesito em reconhecer que os novos sistemas de dogmas, como aqueles dos nazistas e dos comunistas, são ainda piores do que os antigos, mas jamais teriam conseguido se apoderar do espírito dos homens se hábitos dogmáticos ortodoxos não lhes tivessem sido incutidos na infância. A linguagem de Stalin é cheia de reminiscências do seminário teológico em que recebeu sua educação. O que o mundo precisa não é de dogma, mas de uma atitude de investigação científica, combinada à crença de que a tortura de milhões de pessoas não é desejável, seja ela infligida por Stalin ou por uma Divindade imaginada à semelhança dos que acreditam.

Apêndice

Como Bertrand Russell foi impedido de lecionar na Faculdade Municipal de Nova York*

Paul Edwards

I

Depois da aposentadoria dos dois professores de filosofia, Morris Raphael Cohen e Harry Overstreet, os integrantes do Departamento de Filosofia da Faculdade Municipal de Nova York (College of the City of New York), bem como a administração da instituição, concordaram em convidar um filósofo eminente a preencher uma das posições vagas. O Departamento recomendou que fosse feito um convite a Bertrand Russell, que na época lecionava na Universidade da Califórnia. Essa recomendação foi aprovada com entusiasmo pelo corpo docente e pelo reitor em exercício da faculdade, pelo comitê administrativo do Conselho de Educação Superior e, finalmente, pelo próprio Conselho, que aprova as indicações nesse grau. Ninguém com fama e distinção comparáveis jamais havia lecionado na faculdade municipal. Dezenove dos vinte e dois integrantes do Conselho estiveram presentes à reunião em que a indicação foi discutida, e todos os dezenove votaram a seu favor. Quando Bertrand Russell aceitou o convite, Ordway Tead, presidente do Conselho, enviou-lhe a seguinte carta:

---

* Ao escrever este relato, fui enormemente ajudado pelo livro *The Bertrand Russell Case* [O Caso Bertrand Russell], obra excelente, editada pelo professor Horace M. Kallen e pelo já falecido John Dewey (The Viking Press, 1941). Tenho uma dívida pessoal com os ensaios de Kallen, Dewey e Cohen.

Meu caro professor Russell:

É com um profundo sentimento de privilégio que aproveito esta oportunidade para notificá-lo de sua indicação como professor de filosofia da Faculdade Municipal para o período de 1º de fevereiro de 1941 a 30 de junho de 1942, em observância à decisão tomada pelo Conselho de Educação Superior em sua reunião do dia 26 de fevereiro de 1940.

Sei que sua aceitação desta indicação trará brilho ao nome e às conquistas do Departamento e da Faculdade, bem como aprofundará e estenderá o interesse da faculdade pelas bases filosóficas da vida humana.

Concomitantemente, o reitor em exercício, Mead, divulgou um informativo à imprensa afirmando que a faculdade tinha a sorte singular de assegurar os serviços de um catedrático de renome mundial como lorde Russell. A data desse acontecimento foi 24 de fevereiro de 1940.

Tendo em vista os desdobramentos posteriores, faz-se necessário enfatizar dois fatos. Bertrand Russell deveria lecionar os seguintes três cursos, e não outro:

Filosofia 13: Estudo dos conceitos modernos de lógica e de sua relação com a ciência, a matemática e a filosofia.
Filosofia 24B: Estudo dos problemas dos fundamentos da matemática.
Filosofia 27: As relações das ciências puras com as aplicadas e a influência recíproca entre a metafísica e as teorias científicas.

Além do mais, na época em que Bertrand Russell foi nomeado, apenas homens podiam assistir a cursos diurnos em matérias de artes liberais na Faculdade Municipal.

II

Quando a indicação de Russell tornou-se pública, o bispo Manning, da Igreja Episcopal Protestante, escreveu uma carta a todos os jornais de Nova York, em que denunciava a ação do Conselho. "O que se pode dizer de faculdades e universidades", escreveu ele, "que afirmam à nossa juventude ser um professor responsável de filosofia (...) um homem que é propagandista reconhecido de um pensamento contrário à religião e à moral, e que especificamente defende o adultério (...). Será que alguém que se importe com o bem-estar do nosso país estará disposto a ver tais ensinamentos disseminados com a aceitação de nossas faculdades e universidades?" Retomando a ofensiva alguns dias depois, o bispo acrescentou: "Há aqueles que têm tanta confusão moral e mental que nada veem de errado na indicação (...) de alguém que, em seus escritos publicados, disse que 'fora dos desejos humanos não existe padrão moral'". Deve-se notar, aliás, que, se fosse requisito dos professores de filosofia rejeitar o relativismo ético em suas diversas formas, como o bispo Manning dava a entender, metade ou mais deles teria de ser sumariamente demitida.

A carta do bispo foi o sinal de uma campanha de difamação e intimidação sem igual na história dos Estados Unidos desde o tempo de Jefferson e Thomas Paine. Os jornais eclesiásticos, a editora Hearst e praticamente todos os políticos democratas juntaram-se ao coro de difamação. A indicação de Russell, dizia *The Tablet*, veio como um "choque brutal e aviltante para os antigos nova-iorquinos e todos os verdadeiros norte-americanos". Exigindo que a indicação fosse revogada, a publicação, em seu editorial, descreveu Russell como um "professor de paganismo", como "o anarquista filosófico e niilista moral da Grã-Bretanha (...) cuja defesa do adultério transformou-se em algo tão detestável que há relatos de um de seus 'amigos' falando mal dele". O jornal jesuíta semanal, *America*, foi ainda mais educado. Referia-se a Russell como um "defensor da promiscuidade sexual sem nenhuma vitalidade emocional ou intelectual, divorciado e decadente (...) que, no momento está doutrinando os alunos da Universidade da Califórnia (...) a respeito de suas regras libertárias relativas à vida licenciosa em questões de sexo e amor promíscuo e casamento inconstante (...). Esse indivíduo corrupto (...) que traiu sua 'mente' e 'consciência' (...), esse professor de imoralidade e ateísmo (...) que foi posto no ostracismo por ingleses decentes". As cartas aos editores desses periódicos eram ainda mais frenéticas. Se o Conselho de Educação Superior não rescindisse seu contrato, dizia um dos correspondentes de *The Tablet*, então "Areias movediças ameaçam! A serpente está no relva! O verme está ocupado na mente! Se Bertrand Russell fosse honesto pelo menos consigo mesmo, declararia, como fez Rousseau: 'Não posso olhar para nenhum dos meus livros sem tremer; em vez de instruir, corrompo; em vez de alimentar, enveneno. Mas a paixão me cega, e com todos os meus belos discursos não sou nada além de um canalha'." A carta era uma cópia de um telegrama enviado ao prefeito LaGuardia. "Imploro à V. Exa.", o texto prosseguia, "que proteja a nossa juventude da influência perniciosa dele e de sua pena envenenada – um símio de talento, ele é o ministro do mal entre os homens."

Nesse ínterim, Charles H. Tuttle, integrante do Conselho e leigo de destaque na Igreja Episcopal Protestante, anunciou que, na reunião seguinte do Conselho, no dia 18 de março, ele entraria com uma moção para que a indicação fosse reconsiderada. Tuttle explicou que, na época da indicação, ele não estava a par das opiniões de Russell. Teria votado contra se as conhecesse na época. Faltando apenas alguns dias para a reunião, os fanáticos então fizeram tudo o que podiam para amedrontar os integrantes do Conselho e expandir o catálogo de pecados de Russell. "Nosso grupo", disse Winfield Demarest, da Liga da Juventude Norte-Americana, "não concorda com a ideia de Russell relativa a alojamentos para ambos os sexos." Exigindo uma investigação do Conselho de Educação Superior, o *Journal & American* (hoje *Journal-American*), da editora Hearst, afirmava que Russell apoiava a "nacionalização das mulheres (...), a gravidez fora do casamento (...) e crianças educadas como penhor de um Estado leigo". Por meio do dispositivo de fazer citações fora de contexto de um livro escrito havia muitos anos, também classificava Russell como expoente do comunismo. Apesar da oposição bastante conhecida de Russell ao comunismo soviético, ele passou a ser, a partir de então, constantemente citado como "pró-comunista" pelos zelotes. De todos os aspectos dessa campanha de ódio, talvez nenhum tenha sido mais abjeto do que essa paródia deliberada.

Moções exigindo a expulsão de Russell e também, regra geral, a expulsão dos membros do Conselho que haviam votado a favor de sua indicação eram aprovadas diariamente por diversas organizações muito conhecidas por seu interesse na educação, tais como a Filhos de

Xavier, a representação em Nova York da Associação Central Católica da América, a Antiga Ordem dos Hibérnicos, os Cavaleiros de Colombo, a Ordem dos Advogados Católicos, a Sociedade do Santo Nome de Santa Joana d'Arc, a Conferência Metropolitana dos Ministros Batistas, a Conferência do Meio-Oeste da Sociedade das Mulheres da Nova Inglaterra e Os Filhos da Revolução Norte-Americana do Estado de Nova York. Essas eram relatadas na imprensa, juntamente com profundas orações da parte de luminares clericais, cujos ataques se centravam cada vez mais em torno de duas acusações: de que Russell era estrangeiro e, portanto, estava legalmente impedido de lecionar na faculdade, e de que suas opiniões a respeito do sexo eram, de algum modo, incentivos ao crime. "Por que não pôr os homens do FBI atrás do seu Conselho de Educação Superior?", perguntava o reverendo John Schultz, professor de Eloquência Sagrada no Seminário Redentorista em Esopus, Estado de Nova York. "Aos jovens desta cidade", prosseguia o notável erudito, "ensina-se que não existe tal coisa como a mentira. São ensinados que os assaltos são justificáveis, assim como os roubos e os saques. São ensinados, como Loeb e Leopold foram ensinados na Universidade de Chicago, que crimes cruéis e desumanos são justificáveis." Desnecessário dizer que todas essas coisas pavorosas estavam intimamente ligadas à indicação de Bertrand Russell – "a mente superior por trás do amor livre, da promiscuidade sexual para os jovens, do ódio aos pais". Como se isso não bastasse, Russell também foi associado, por outro orador, a "poças de sangue". Ao falar durante o café da manhã anual de confraternização da Sociedade do Santo Nome do Departamento de Polícia de Nova York, o monsenhor Francis W. Walsh lembrou aos policiais ali reunidos que eles tinham, na ocasião adequada, aprendido o significado completo do chamado "triângulo matrimonial" ao encontrar um dos cantos do triângulo em uma poça de sangue. "Ouso dizer, portanto", ele prosseguiu, "que os senhores se juntarão a mim ao exigir que qualquer professor culpado de ensinar ou escrever coisas que multiplicarão os palcos sobre os quais essas tragédias se representarão não sejam tolerados nesta cidade nem recebam apoio dos contribuintes (...)."

Ao passo que o prefeito LaGuardia permaneceu em um silêncio bem estudado, diversos políticos do Tammany entraram em ação. Sua concepção de liberdade acadêmica foi muito bem revelada por John F.X. McGohey, primeiro procurador distrital substituto do estado de Nova York e presidente da associação Filhos de Xavier (hoje juiz McGohey), que protestou contra o uso do dinheiro dos contribuintes para "pagar pelo ensino de uma filosofia de vida que nega a Deus, desafia a decência e contradiz completamente o caráter religioso fundamental de nosso país, nosso governo e nosso povo". No dia 15 de março, três dias antes da próxima reunião marcada do Conselho, o presidente distrital do Bronx, James J. Lyons, uma das principais armas da oposição a Russell, apresentou uma moção na Câmara Municipal pedindo que o Conselho cancelasse a nomeação do professor. A moção foi aprovada por 16 votos contra 5. Deve ficar aqui registrado, como testemunho permanente de sua coragem e indiferença ao sentimento da multidão, que o republicano Stanley Isaacs defendeu vigorosamente Bertrand Russell e o Conselho de Educação Superior. Além de apresentar sua resolução, Lyons anunciou que, na discussão do próximo orçamento, ele apresentaria uma moção para "acabar com a linha que fornece a compensação financeira para esta nomeação perigosa". O presidente distrital Lyons, no entanto, foi brando e suave, em comparação com o presidente distrital do Queens, George V. Harvey, que declarou, num comício popular, que, se Russell não fosse deposto, instalaria uma moção para que toda a verba de 7.500 milhões de dólares, para a manutenção das faculdades municipais no ano de 1941, fosse suspensa. Se as coisas acontecessem à sua maneira, ele disse, "as faculdades seriam religiosas, americanas, ou seriam fechadas". No mesmo comício de protesto, outros oradores eminentes e dignos foram ouvidos. Referindo-se a Russell como um "cão", o vereador Charles E. Keegan observou que, "se tivéssemos um sistema adequado de imigração, esse vagabundo não poderia aportar dentro de mil milhas de distância da nossa terra". Mas já que desembarcara, a senhorita Martha Byrnes, escrivã do condado de Nova York, disse ao público o que fazer com o "cão". Russell, bradou ela, deveria ser "coberto de piche e penas e ser expulso do país". Isso, acredito, é o que os oradores queriam dizer quando falavam em "devoção" e na maneira "americana" de fazer as coisas.

III

Se os zelotes eram poderosos na política local, os partidários do ensino independente também eram poderosos em todas as principais faculdades e universidades do país. Em defesa de Russell, acorreram diversos reitores de faculdades, incluindo Gideonse, de Brooklyn; Hutchins, de Chicago (onde Russell lecionara no ano anterior); Graham, da Carolina do Norte, que posteriormente veio a ser senador dos EUA; Neilson, da Smith University; Alexander, de Antioch; e Sproule, da Universidade da Califórnia, onde Russell estava, na época, "doutrinando os alunos em suas regras libertárias relativas à vida licenciosa em questões de sexo e amor promíscuo". Em defesa de Russell também acorreram presidentes e ex-presidentes sociedades letradas – Nicholson, da Phi Beta Kappa; Curry, da Associação Matemática Norte-Americana; Hankies, da Associação Sociológica Norte-Americana; Beard, da Associação Histórica Norte-Americana; Ducasse, da Associação Filosófica Norte-Americana; Himstead, da Associação Norte-Americana de Professores Universitários, e vários outros. Dezessete dos mais destacados eruditos do país (incluindo Becker, de Cornell; Lovejoy, da Johns Hopkins; e Cannon, Kemble, Perry e Schlesinger, de Harvard) enviaram uma carta ao prefeito LaGuardia protestando contra o "ataque organizado à nomeação do filósofo mundialmente renomado Bertrand Russell (...)". Se tal ataque se comprovasse bem-sucedido, prosseguia a carta, "nenhuma faculdade ou universidade norte-americana estaria a salvo do controle inquisitório por parte dos inimigos do pensamento livre (...). Receber instrução de um homem do calibre intelectual de Bertrand Russell é um raro privilégio para estudantes de qualquer lugar (...). Seus críticos deveriam enfrentá-lo no campo aberto e justo da discussão intelectual e da análise científica. Eles não têm o direito de silenciá-lo impedindo-o de lecionar (...). A questão é tão fundamental que não pode ser resolvida sem ameaçar toda a estrutura da liberdade intelectual sobre a qual a vida universitária norte-americana repousa". Whitehead, Dewey, Shapley, Kasner, Einstein – todos os principais filósofos e cientistas defenderam abertamente a nomeação de Russell. "Grandes espíritos", Einstein observou, "sempre encontraram forte oposição por parte das mediocridades. Estas não conseguem entender quando um homem conscientemente não se submete a preconceitos hereditários, mas usa sua inteligência de maneira honesta e corajosa."

O apoio a Russell não se limitou, de maneira alguma, à comunidade acadêmica. A nomeação de Russell e a independência da autoridade que fez a indicação foram, é claro, endossadas pela União de Liberdades Civis dos Estados Unidos e pelo Comitê de Liberdade Cultural, cujo presidente, na época, era Sidney Hook. Também tomaram o partido de Russell todos os porta-vozes dos grupos religiosos mais liberais, incluindo o rabino Jonah B. Wise; o professor J.S. Bixler, da Faculdade de Teologia de Harvard; o professor E.S. Brightman, diretor do Conselho Nacional de Religião e Educação; o reverendo Robert G. Andrus, conselheiro dos alunos protestantes da Universidade de Columbia; o reverendo Jonh Haynes Holmes e o reverendo Guy Emery Shipley, que questionaram o direito de o bispo Manning falar em nome da Igreja Episcopal. Nove editores de destaque – incluindo Bennet Cerf, da Random House; Cass Canfield, da Harper's; Alfred A. Knopf e Donald Brace, da Harcourt Brace – publicaram uma declaração exaltando a escolha de Russell como "algo que apenas reflete o mais alto crédito do Conselho de Educação Superior". Falando a respeito das "brilhantes conquistas em filosofia" de Russell e de suas "grandes qualidades como educador", os editores declararam que seria "uma pena para os alunos da cidade de Nova York não se beneficiarem dessa nomeação". Como editores, prosseguiam, "não concordamos necessariamente, de maneira pessoal, com todas as opiniões expressas pelos autores dos livros que publicamos, mas acolhemos grandes pensadores em nossas listas, especialmente neste momento, em que a força bruta e a ignorância ganharam tanta ascendência sobre a razão e o intelecto em tantas partes do mundo. Pensamos ser mais importante do que nunca honrar a superioridade intelectual sempre que essa oportunidade se apresenta". Sentimentos similares foram expressos pelos jornais *Publishers' Weekly* e *New York Herald Tribune*, tanto em seus editoriais como por Dorothy Thompson, em sua coluna "On the Record". "Lorde Russell não é imoral", ela escreveu. "Qualquer pessoa que o conheça tem ciência de que é um homem da mais distinta integridade intelectual e pessoal."

Na própria Faculdade Municipal havia muito ressentimento, igualmente entre estudantes e professores, em relação à da interferência eclesiástica e política nos assuntos internos da faculdade. Em um encontro geral realizado no grande salão, o professor Morris Raphael Cohen comparou a situação de Russell à de Sócrates. Se a nomeação de Russell fosse revogada, ele disse, "o bom nome de nossa cidade sofrerá, assim como sofreu Atenas ao condenar Sócrates como corruptor da juventude, ou Tennessee, ao considerar Scopes culpado por ensinar a teoria da evolução". No mesmo encontro, o professor Herman Randall Jr., distinto historiador da filosofia e ele próprio um homem religioso, denunciou a oposição dos homens da Igreja à nomeação de Russell como uma "afronta pura" e uma "impertinência grotesca". Trezentos membros da Faculdade Municipal assinaram uma carta felicitando o Conselho de Educação Superior pela esplêndida nomeação. Os pais dos alunos da Faculdade Municipal também não se alarmaram ante a perspectiva de que seus filhos fossem expostos à influência corrosiva da "mente superior por trás do amor livre". Apesar de a maior parte dos opositores de Russell desfilar como porta-voz dos "pais ofendidos", a Associação de Pais da Faculdade Municipal votou unanimemente a favor da ação do Conselho.

IV

Entre os berros e as ameaças dos zelotes, alguns integrantes do Conselho vacilaram. Mesmo assim, na reunião do dia 18 de março, a maioria permaneceu fiel às suas convicções, e a polêmica nomeação foi confirmada por 11 votos contra 7. A oposição esperava essa a derrota e estava pronta para atacar em todas as frentes. Havendo fracassado em obter a anulação da nomeação de Russell para a Faculdade Municipal, tentaram impedir que ele lecionasse em Harvard. Russell havia sido convidado para dar as aulas William James lá no semestre de outono [o primeiro semestre do ano letivo, com início em setembro] de 1940. No dia 24 de março, Thomas Dorgan, "agente legislativo" da cidade de Boston, escreveu ao reitor James B. Conant: "O senhor sabe que Russell defende o casamento igualitário e o relaxamento das obrigações que restringem a conduta moral. Contratar esse homem, convém observar, é um insulto a todos os cidadãos americanos do Estado do Massachusetts".

Ao mesmo tempo, a Assembleia Legislativa do Estado de Nova York recebeu o pedido para que fizesse com que o Conselho de Educação Superior rescindisse a nomeação de Russell. O senador Phelps, democrata de Manhattan, apresentou uma resolução que colocaria a Assembleia como assumindo publicamente a posição de que "um defensor da moralidade baixa é pessoa inadequada para ocupar posto importante no sistema educacional de nosso Estado, à custa dos contribuintes". Essa resolução foi adotada, e até onde sei, nenhuma voz se ergueu em oposição a ela.

Tal resolução foi o prelúdio de uma ação mais drástica. Onze integrantes do Conselho de Educação Superior haviam se mostrado tão teimosos a ponto de desafiar as ordens da hierarquia. Os hereges precisavam ser punidos. Era preciso mostrar a eles quem detinha o verdadeiro poder no Estado de Nova York. Baseando sua opinião nas afirmações do bispo Manning e do reitor Gannon, da Universidade Fordham, o senador John F. Dunigan, líder da minoria, declarou ao Senado que a filosofia de Russell "debocha da religião, do Estado e das relações familiares". Reclamou das "teorias ímpias e materialistas daqueles que hoje governam o sistema escolar da cidade de Nova York". A atitude do Conselho, que "insistiu na nomeação de Russell apesar da grande oposição pública", o argumentou senador, "é uma questão de preocupação para esta Legislatura". Ele exigiu uma investigação completa do sistema educacional da cidade de Nova York e deixou claro que tal investigação teria como alvo principal as instalações universitárias controladas pelo Conselho de Educação Superior. A resolução do senador Dunigan também foi adotada, com apenas uma pequena modificação.

Mas esses foram apenas conflitos menores. A manobra principal foi conduzida na própria cidade de Nova York. Uma tal sra. Jean Kay, do Brooklyn, que não tivera nenhum destaque anterior por seu interesse nas questões públicas, preencheu um formulário de queixa de contribuinte na Suprema Corte de Nova York para invalidar a nomeação de Russell, sob a alegação de ele ser estrangeiro e defensor da imoralidade sexual. Ela se declarou pessoalmente preocupada com o que poderia acontecer à sua filha Gloria, caso se formasse aluna de Bertrand Russell. O fato de que Gloria Kay poderia não ser aluna de Russell na Faculdade Municipal aparentemente não foi considerado relevante. Posteriormente, os advogados da sra. Kay apresentaram outras duas razões para barrar Bertrand Russell. Por um lado, ele não fora testado quanto à sua competência e, por outro, "era contrário à política pública indicar como professor qualquer pessoa que acreditasse no ateísmo".

A sra. Kay foi representada por um advogado chamado Joseph Goldstein, que, sob a administração Tammany anterior a LaGuardia, fora magistrado municipal. Em sua ação, Goldstein descreveu as obras de Russell como "devassas, libidinosas, lascivas, venéreas, erotomaníacas, afrodisíacas, irreverentes, limitadas, mentirosas e desprovidas de fibra moral". Mas isso não foi tudo. De acordo com Goldstein, "Russell dirigia uma colônia de nudismo na Inglaterra. Seus filhos desfilavam nus. Ele e sua esposa desfilavam nus em público. Esse homem, que tem hoje cerca de setenta anos, é adepto da poesia devassa. Russell assente à homossexualidade. Eu iria ainda mais longe e diria que ele a aprova." Mas nem isso foi tudo. Goldstein, que presumivelmente passa seu tempo livre estudando filosofia, concluiu sua acusação com um veredicto a respeito da qualidade do trabalho de Russell. Esse veredicto danoso diz o seguinte:

> Ele não é filósofo na verdadeira acepção da palavra; não é alguém que ame a sabedoria; nem alguém que busque a sabedoria; não é um explorador dessa ciência universal, que tem como objetivo a explicação de todos os fenômenos do universo por meio de suas causas supremas. Na opinião de seu depoente e de uma multidão de outras pessoas, é um sofista; pratica o sofismo; ao dissimular artifícios, engana e trama e por meio de evasivas, apresenta argumentos falaciosos e argumentos que não são embasados pelo raciocínio sólido; tira conclusões que não são deduzidas de premissas sólidas; e todas as suas supostas doutrinas, que ela chama de filosofia, não passam de fetiches e proposições baratas, de mau gosto, desgastadas e remendadas, arquitetadas com a intenção de desviar as pessoas.

De acordo com o jornal *Daily News*, nem a sra. Kay, nem seu marido, nem Goldstein diziam quem estava pagando as custas do processo.

Russell, até esse ponto, abstivera-se de tecer qualquer comentário, a não ser uma breve declaração, logo no início da campanha, em que dissera: "Não tenho desejo de responder ao ataque do bispo Manning (...). Qualquer pessoa que na juventude decida tanto falar quanto pensar com honestidade, independentemente da hostilidade e das interpretações errôneas, espera tais ataques e logo aprende que o melhor é ignorá-los". No entanto, agora que o ataque fora levado a um tribunal de Justiça, Russell sentiu-se na obrigação de publicar uma resposta. "Até agora, mantive um silêncio quase ininterrupto a respeito da controvérsia relativa à minha indicação à Faculdade Municipal", ele observou, "porque não pude admitir que minhas opiniões fossem relevantes. Mas, quando afirmações grosseiramente mentirosas a respeito de minhas ações são feitas em juízo, sinto que devo apresentar a minha versão. Nunca conduzi uma colônia de nudismo na Inglaterra. Nem minha esposa nem eu jamais desfilamos nus em público. Nunca fui adepto de poesias devassas. Tais afirmações são falsidades deliberadas, e aqueles que as proferem devem saber que elas não têm fundamento nos fatos. Ficarei feliz se tiver a oportunidade de negá-las sob juramento." Deve-se ainda ajuntar que Russell jamais "aprovou" o homossexualismo. Mas esse é um ponto que discutirei em detalhes mais à frente.

A acusação da sra. Kay foi ouvida pelo juiz McGeehan, que antes estivera associado à máquina do Partido Democrático do Bronx. McGeehan já tinha, antes desse caso, destacado-se ao tentar fazer com que um retrato de Martinho Lutero fosse removido de um mural que ilustrava a história do Direito em um fórum. Nicholas Bucci, advogado interno assistente, representou o Conselho de Educação Superior. Com muita propriedade, recusou-se a ser arrastado para uma discussão a respeito das opiniões malignas de Russell e de sua incompetência como filósofo. Ateve-se ao único ponto legalmente relevante do processo – que um estrangeiro não podia ser nomeado para um posto em faculdade municipal. Bucci negou que esse fosse o caso e, assim, pediu que o processo fosse arquivado. McGeehan respondeu, ameaçador: "Se eu descobrir que esses livros dão sustentação às alegações da petição, darei algo sobre o que refletir à Divisão de Recursos e ao Tribunal de Apelação". Os livros aqui referidos foram os indicados por Goldstein para apoiar suas acusações. Eram *Education and the Good Life* [A Educação e a Boa Vida], *Marriage and Morals* [Casamento e Moral], *Education and the Modern World* [Educação e o Mundo Moderno] e *What I Believe* [No que eu Acredito].

V

Dois dias depois, em 30 de março, o juiz revelou suas meditações. Baseando-se em "normas e critérios (...) que são as leis da natureza e o Deus da natureza", ele revogou a nomeação de Russell e a descreveu, tal como haviam feito antes dele os clericais, como um "insulto ao povo da cidade de Nova York". A ação do Conselho, ele concluiu, estava, "com efeito, estabelecendo uma cátedra de indecência" e, ao fazê-lo, "agiu com arbitrariedade, capricho e em infração direta da saúde e segurança pública, da moral do povo e, portanto, dos direitos da requerente, sendo que a requerente tem direito a uma ordem que revogue a nomeação do citado Bertrand Russell". De acordo com o jornal *Sunday Mirror*, o juiz reconhecia que seu veredicto era "dinamite". O fato de que sua mente não estava apenas na lei, se é que estava nela, também fica evidente em sua afirmação posterior de que "essa decisão preparou o terreno para o comitê de investigação legislativo, e ouso dizer que haverá interesse em descobrir como se deu a nomeação de Bertrand Russell".

O jornal *New Republic* destacou que a decisão de McGeehan "deve ter sido produzida em velocidade sobre-humana". John Dewey expressou a suspeita de que o juiz jamais chegara a ler os livros apresentados como prova pelo sr. Goldstein. O que é certo é que a decisão judicial foi pronunciada com pressa inadequada. É impossível que no decurso de dois dias McGeehan tenha estudado com cuidado quatro livros, além de redigir seu extenso parecer. O fato de o juiz não ter feito tentativa alguma de preservar os direitos de todas as partes, como faria qualquer juiz consciente, também fica evidente a partir de diversas outras características do caso. Assim, não procurou permitir que Russell negasse as acusações de Goldstein, e as aceitou, aparentemente, sem maiores problemas. McGeehan não deu a Russell oportunidade de dizer se a interpretação de suas opiniões estava correta. Nem procurou verificar se Russell ainda mantinha as opiniões expressas em livros que escrevera entre oito e quinze anos antes. Todas essas coisas, ao que parece, deveriam ter sido exigidas pelos cânones elementares da decência básica, se não também pela imparcialidade judicial.

Como vimos, o sr. Bucci, que representava o Conselho de Educação Superior, ateve-se, em sua resposta, à acusação de que, como estrangeiro, Russell não poderia legalmente ser designado para o corpo docente da Faculdade Municipal. McGeehan, no entanto, baseou sua anulação da nomeação principalmente em outras acusações da petição da sra. Kay. Tornou pública sua decisão sem dar ao sr. Bucci a oportunidade de responder às outras acusações. O respondente, disse McGeehan, havia "informado ao tribunal que não ofereceria uma resposta". Isso o sr. Bucci negou categoricamente em uma declaração escrita e juramentada que jamais foi contestada. O juiz dera a entender, o sr. Bucci jurou, que ele teria permissão para apresentar a resposta do Conselho depois da negação de sua moção para arquivar o processo.

Essas atrocidades processuais, no entanto, nada significavam se comparadas às distorções, aos libelos difamatórios e aos *non sequitur* contidos no julgamento em si, que merece um estudo dos mais detalhados. Ele mostra o que pode ser feito em plena luz do dia, mesmo em um estado democrático, se um guerrilheiro ardoroso alcança uma posição de poder judicial e percebe que conta com o apoio de políticos influentes. É necessário fazer citações extensas desse documento impressionante, já que, de outro modo, o leitor não acreditará que esse tipo de coisa de fato ocorreu. Além do mais, não tenho a intenção de imitar a prática de distorções do juiz, ao desvincular as citações de seu contexto. O juiz McGeehan, como veremos, revelou-se um praticante bem-sucedido dessa arte ignóbil, e com frequência conseguiu fazer com que Russell parecesse estar defendendo o oposto do que realmente argumentava.

A nomeação foi revogada com base em três pontos. Em primeiro lugar, Russell era estrangeiro:

O requerente cita, em primeiro lugar, a Seção 550 da Lei Educacional, que exige que "Nenhuma pessoa seja empregada pelas escolas públicas do Estado nem autorizada a nelas ensinar se for (...) 3. Não cidadão; as provisões desta subdivisão não devem se aplicar, no entanto, a um professor estrangeiro empregado agora ou daqui adiante, desde que tal professor faça o pedido devido para se tornar cidadão americano e depois, dentro do período estabelecido por lei, venha a se tornar cidadão". Reconhece-se que Bertrand Russell não é cidadão americano nem solicitou a cidadania americana. O advogado afirma que ele tem tempo razoável após a indicação para fazer o seu pedido. Afirma, ainda, que a seção não se aplica a professores das faculdades de Nova York, afirmando que, se a Seção 550 se aplicasse, a maior parte dos professores das faculdades de Nova York estariam empregando pessoas de maneira ilegal porque não são nem formados por uma escola normal estadual nem têm licença emitida pelo Comissariado de Educação (...). Não parece lógico que a seção jamais tenha tido a intenção de cobrir um caso similar ao de Bertrand Russell, que já está neste país há algum tempo e que a cidadania americana e que, aparentemente, como se verá adiante, terá seu pedido de cidadania negado. A seção se aplica, de maneira geral, a "professores e alunos", e não está limitada a escolas de ensino fundamental e médio, e o tribunal, portanto, sustenta que Bertrand Russell não está qualificado para lecionar por razão das provisões desta seção, mas a decisão aqui tomada não se baseia unicamente neste quesito.

Não é necessário ser especialista nesse assunto para detectar disparates legais no raciocínio do juiz. O estatuto invocado refere-se, muito claramente, a escolas públicas, não a faculdades. Contém um grande número de outras provisões que jamais se aplicam a professores de faculdades. Mas, mesmo nas escolas públicas, a lei permite que um estrangeiro lecione, se declarar sua intenção de se tornar cidadão. Russell dispunha de quase um ano para fazê-lo. McGeehan não tinha direito de supor que Russell não daria início ao processo de cidadania. Também não tinha direito nenhum de falar em nome dos representantes do Departamento de Imigração e Naturalização.

Devido unicamente a essa usurpação de poderes, um tribunal superior não poderia de modo algum ter aceitado a decisão de McGeehan. Além do mais, a superficialidade de suas constantes insinuações de que Russell seria pessoa de "mau caráter" e culpada de baixeza moral pode ser aferida pelo fato de que as autoridades de imigração não fizeram qualquer tentativa, nem antes nem depois do veredicto, de deportar Russell.

Em segundo lugar, a nomeação de Russell foi declarada nula e inválida com base no fato de que ele não tinha passado por exame de competência:

> A segunda alegação da requerente é a de que nenhum tipo de exame foi aplicado a Bertrand Russell na época de sua nomeação, e essa informação foi retirada das minutas do Comitê Administrativo da Faculdade Municipal da cidade de Nova York e do Conselho de Educação Superior na época de sua nomeação.

Essa lei contém uma disposição que reconhece a possibilidade de que um exame de competência possa não ser praticável e que, de todo modo, cabe ao Conselho de Educação Superior decidir se a situação é essa ou não. McGeehan não poderia ter ignorado completamente essa disposição. Mas Russell tinha de ser classificado como impróprio a todo custo. Por conseguinte, essa disposição foi evitada pelo seguinte argumento criativo:

> Ao passo que não se faz necessário a este tribunal adjudicar a ação do Conselho de Educação Superior, ao agir na suposição de que um exame de competência para o posto de professor de filosofia na Faculdade Municipal era impraticável, estima-se que tal suposição, por parte do Conselho de Educação Superior, seja injustificada, arbitrária e caprichosa e representa descumprimento direto da determinação da Constituição do Estado de Nova York. Se houvesse apenas uma pessoa no mundo que soubesse qualquer coisa a respeito de filosofia e matemática e se essa pessoa fosse o sr. Russell, então poderia ser pedido aos

contribuintes que o empregassem sem exame, mas é difícil acreditar, considerando-se as amplas somas de dinheiro que têm sido gastas na educação norte-americana, que não exista ninguém disponível, mesmo nos Estados Unidos, que seja positivo tanto ao aprendizado quanto à vida pública. Outras universidades e faculdades, tanto públicas quanto particulares, parecem ser capazes de encontrar cidadãos norte-americanos para empregar, e dizer que a faculdade de Nova York não poderia empregar um professor de filosofia por meio de algum tipo exame é uma suposição do Conselho de Educação Superior do poder que lhe foi negado pelo povo do Estado de Nova York na Constituição e nenhuma legislatura ou conselho pode infringir este mandato.

É difícil levar a sério a alegação de McGeehan de que o Conselho agia de maneira "injustificada, arbitrária e caprichosa" ao não submeter Russell a um exame de competência. É ainda mais difícil supor que o juiz tenha feito tal afirmação de boa-fé. Se um exame de competência fosse de fato um requisito legal para professores de faculdades, então todos os professores de todas as faculdades financiadas pelo Estado teriam de ser demitidos. Todos os membros do Conselho de Curadores de Educação Superior teriam de ser acusados de fazer nomeações ilegais. O Comissário de Educação do Estado de Nova York teria de ser punido por permitir que tantos professores ensinassem ilegalmente. Mas, de todo modo, o exame de competência não é um requisito legal, e não há nada na lei que impeça o Conselho de julgar as circunstâncias que formam o exame impraticável no caso de estrangeiros, tanto quanto no caso dos cidadãos*.

De acordo com a lógica de McGeehan, professores estrangeiros de distinção não poderiam ser contratados quase nunca, já que,

---

* Este aspecto da decisão de McGeehan é discutido com mais profundidade em três artigos de jornais de Direito: "Trial By Ordeal, New Style" (Julgamento por Experiência, um Novo Estilo), de Walter H. Hamilton *Yale Law Journal*, março de 1941; Comentário "The Bertrand Russell Litigation" (O Litígio Bertrand Russell, 1941), 8 *University of Chicago Law Review* 316; Comentário, "The Bertrand Russell Case: The History of a Litigation" (O Caso Bertrand Russell: A História de um Litígio, 1940), 53 *Harvard Law Review*, 1192. Sou grato a esses artigos por diversos outros pontos relativos às ilegalidades e irregularidades do procedimento de McGeehan.

presumivelmente, na maior parte dos casos existem americanos que poderiam preencher tais postos com competência. Todo mundo sabe que as principais instituições de ensino superior nos Estados Unidos empregam estrangeiros com regularidade. Antes da lei de imigração McCarran, isso foi oficialmente reconhecido isentando-se os professores estrangeiros das cotas de imigração habituais. Observo que, recentemente, Jacques Maritain, o renomado filósofo católico, foi indicado para o corpo docente de uma das faculdades municipais. Toda pessoa razoável deve dar boas-vindas a esta indicação, mas, até onde sei, Maritain é um estrangeiro que nunca deu início ao processo de naturalização. Tampouco submeteu-se a qualquer exame de competência. Não houve qualquer processo por parte dos contribuintes para invalidar sua nomeação. Também me pergunto se o juiz McGeehan trataria com seriedade os mesmos argumentos se fossem feitos com base em uma petição no caso de Maritain.

A terceira base da opinião do juiz foi abordada por ele com enorme gosto. Nas duas primeiras, um certo tom apologético ainda se fazia notar. Mas o mesmo não se deu na terceira, quando a "moralidade" teve de ser defendida contra o corruptor da juventude e seus promotores suspeitos do Conselho de Educação Superior. Agora, McGeehan transformava-se em um cruzado feroz. Como Russell posteriormente comentaria, "o juiz se deixou levar". Sua opinião a essa altura transformou-se em algo bastante confuso, e todo o argumento racional que pudesse existir nas porções anteriores se desfez. A fúria e a ira divina tomaram conta da questão de maneira incontestável. Nem sempre era fácil determinar em que pontos o juiz baseava sua ordem para impugnar a nomeação de Russell, já que ele próprio reconheceu, de maneira curiosa, que grande parte de suas observações era irrelevante à decisão. Mas estava claro, sem qualquer sombra de dúvida, que Russell tinha "caráter imoral" e que seus ensinamentos eram de natureza "lasciva":

> As razões precedentes já seriam suficientes para sustentar a petição e garantir a anulação requerida, mas há um terceiro ponto em que o requerente se baseia e que, para o tribunal, parece ser dos mais importantes a ser abordados. O requerente afirma que

a indicação de Bertrand Russell infringiu a política pública do Estado e da nação, devido aos seus ensinamentos, notórios por serem imorais e lascivos, e porque o requerente afirma tratar-se de um homem desprovido de bom caráter moral.

Já se argumentou que a vida particular e os escritos do sr. Russell nada têm a ver com sua nomeação como professor de filosofia. Também se argumentou que ele ensinará matemática. Sua indicação, no entanto, é para o departamento de filosofia na Faculdade Municipal.

Nessa consideração, o juiz prosseguiu, ele estava "ignorando completamente qualquer questão relativa aos ataques do sr. Russell à religião". Isso, somos obrigados a admitir, foi algo muito generoso da parte do juiz. Talvez, de vez em quando, valha a pena destacar que, apesar do poder de dignitários como o vereador Charles Keegan e o senador Phelps Phelps, a cidade de Nova York fica nos Estados Unidos da América, uma nação secular, e não faz parte da Espanha de Franco ou do Sacro Império Romano. De todo modo, o juiz estava preparado para exercer toda a leniência possível quanto à questão das críticas de Russell às teorias religiosas. Em relação a outros assuntos, no entanto, era necessário falar em termos mais severos:

> (...) mas existem certos princípios básicos sobre os quais este governo se firma. Se um professor, que é uma pessoa que não tem um bom caráter moral, é indicado por qualquer autoridade, a indicação infringe esses pré-requisitos legais. Um dos pré-requisitos para um professor é ter bom caráter moral. Aliás, esse é um pré-requisito para a indicação de funcionários públicos municipais e estaduais, ou nas subdivisões políticas, ou nos Estados Unidos. Não é necessário argumento algum para defender esta afirmação. Isto não precisa se encontrar na Lei Educacional. É encontrado na natureza da profissão do docente. Os professores, além de dar instruções em sala de aula, devem também ensinar os alunos a partir de seu exemplo. Os contribuintes da cidade de Nova York gastam milhões para manter suas faculdades municipais. Não gastam esse dinheiro para empregar professores que não tenham bom caráter moral. No

entanto, há ampla autoridade na Lei Educacional para apoiar tal alegação.

Deve-se notar que, apesar de suas inúmeras afirmações, ao longo de todo o julgamento, de que Russell era pessoa de "caráter imoral", em nenhum lugar McGeehan dignou-se listar condutas reais ou supostas de Russell que teoricamente serviriam para embasar tal conclusão. É impossível ter certeza, por exemplo, de que ele aceitou a acusação de Goldstein de que Russell e sua esposa tinham "desfilado nus em público", ou de que Russell tinha se tornado "adepto de poesias devassas". É igualmente impossível saber se o juiz baseou sua conclusão no fato de Russell ter sido preso por participar de atos pacifistas durante a Primeira Guerra Mundial, coisa que causou tanta excitação em Gosldstein, assim como em numerosos irlandeses que até então não eram conhecidos como defensores dos interesses do Império Britânico. Não sei como tal procedimento, de fazer afirmações derrogatórias sem oferecer sequer uma migalha de evidência, soa para as pessoas abençoadas com a penetração nas *normae de Deus*. Para pessoas como eu, menos afortunadas, isso parece altamente antiético; e, se vem de um juiz, no cumprimento de suas funções oficiais, parece representar um sério abuso de sua posição.

O caráter de Russell era bastante mau, mas suas doutrinas eram ainda piores:

> A afirmação da requerente de que o sr. Russell ensinava em seus livros doutrinas imorais e lascivas é amplamente sustentada pelos livros reconhecidos como sendo os escritos de Bertrand Russell, que foram oferecidos como evidência. Não é necessário detalhar a *imundice** contida nesses livros. Basta deixar registrado o seguinte. De *Education and the Modern World* [A Educação e o Mundo Moderno], páginas 119 e 120: "Tenho certeza de que a vida universitária seria melhor, tanto intelectual quanto moralmente, se a maior parte dos alunos universitários vivesse casamentos temporários, sem filhos. Isso forneceria uma solução para as necessidades sexuais que não seria nem inquie-

---

* Grifo meu.

tante nem lasciva, nem mercenária, nem casual, e de natureza tal que não precisaria tomar um tempo reservado aos estudos". De *Marrigae and Morals* [Casamento e Moral], páginas 165 e 166: "De minha parte, embora esteja bastante convencido de que o casamento igualitário seria um passo na direção certa, e que faria um enorme bem, não acho que baste. Creio que todas as relações sexuais que não envolvam filhos deveriam ser vistas como um assunto puramente particular e que, se um homem e uma mulher escolhem viver juntos sem ter filhos, isso deve ser problema deles e de mais ninguém. Não afirmarei que é desejável que tanto um homem quanto uma mulher entrem no negócio sério do casamento, com a intenção de ter filhos, sem ter tido uma experiência sexual prévia". "A importância peculiar atribuída, no presente, ao adultério é bastante irracional". (De *What I Believe* – No que eu Acredito, página 50).

Talvez o juiz não tenha detalhado nenhuma "imundice" contida nos livros de Russell, pela simples razão de que não há nenhuma imundície a ser encontrada neles. Como John Dewey observou em um artigo do jornal *The Nation*: "As pessoas, se é que existem, que recorrerão ao escritos do sr. Russell em busca de imundice e obscenidade ficarão decepcionadas. Essas coisas estão tão ausentes que a maneira moralmente destemperada e irresponsável com que estão sendo atribuídas ao sr. Russell é razão bastante para acreditar que aqueles que as fazem têm uma visão tão autoritária da moral que suprimiriam, se tivessem poder para isso, toda a discussão crítica das crenças e práticas que desejam impor aos outros". No que diz respeito à linguagem do juiz – "imundice", "poço de indecência" e outras expressões da mesma ordem – diversos autores destacaram que, se ele tivesse repetido essas observações fora de seu tribunal, ele se colocaria em posição de ser acusado por difamação.

Parece que McGeehan percebeu que o que tinha sido demonstrado a respeito de Russell e seus ensinamentos até então não bastava. É verdade, ele demonstrou que as doutrinas de Russell eram "lascivas"; mas esse fato em si não dava ao tribunal o direito de intervir. Algo mais se fazia necessário. Algo mais drástico ou, pode-se dizer, mais dramático. A situação pedia uma demonstração de imaginação criativa, e o juiz fez jus a ela de maneira brilhante. Como o reverendo professor Schultz e outros especialistas em eloquência sagrada, ele bateu na tecla de ligar Russell à incitação de infringir a lei penal.

O Código Penal do Estado de Nova York é um fator de grande importância na vida de nosso povo. Como cidadãos e residentes de nossa cidade, estamos incluídos dentro de seu escopo protetor. Ao lidar com o comportamento humano, os dispositivos do Código Penal e as condutas ali condenadas não devem ser tratadas com leviandade nem ser completamente ignoradas. Mesmo partindo do princípio de que o Conselho de Educação Superior possui o poder máximo que a Legislatura pudesse lhe conferir em relação à indicação de seus professores, o Conselho não deve agir de modo a infringir O Código Penal ou a incentivar sua violação. Quando age de modo a patrocinar ou incentivar infrações da lei penal, e suas ações afetam de maneira adversa à saúde, à segurança ou à moral pública, seus atos são nulos e não têm efeito legal. Um tribunal de equidade, com os poderes inerentes a esse tribunal, tem ampla jurisdição para proteger os contribuintes da cidade de Nova York de atos como esse do Conselho de Educação Superior.

Depois dessa defesa magnânima do Código Penal, o juiz prosseguiu com deleite evidente ao citar diversas de suas provisões:

O Código Penal do Estado de Nova York define o crime de abdução e estabelece que uma pessoa que usa, ou procura levar ou usar, uma mulher menor de dezoito anos de idade, quando não é marido dela, por motivos de relação sexual, ou uma pessoa que incita uma mulher solteira de qualquer idade de caráter previamente casto a ir a qualquer lugar por motivo de relação sexual, é culpado de abdução e passível de punição por encarceramento por no máximo dez anos (parágrafo 70). Além do mais, a lei penal estabelece que até mesmo o pai ou a mãe ou um guardião legal de uma mulher com menos de dezoito anos e que consinta que ela seja levada por qualquer pessoa por motivo de relação sexual infringe a lei e é passível de pena de encarceramento por no máximo dez anos (parágrafo 70).

Em relação ao crime de estupro, a lei penal estabelece que uma pessoa que perpetra um ato de relação sexual com uma mulher de menos de dezoito anos que não é sua esposa, sob circunstâncias que não caracterizam o estupro em primeiro grau é culpado de estupro em segundo grau e passível de pena por encarceramento por no máximo dez anos (parágrafo 2010). O parágrafo 100 do Código Penal considera o adultério ofensa criminal.

O parágrafo 2460 do Código Penal, entre outras coisas, estabelece que qualquer indivíduo que venha a induzir ou tente induzir qualquer mulher a residir com ele por motivos imorais deve ser culpado de delito grave e, ao ser indiciado, é passível de punição por encarceramento de no mínimo dois anos e no máximo vinte anos, e de multa de no máximo 5 mil dólares.

Dessas determinações, apenas a relativa ao adultério é de alguma relevância superficial. Em nenhum lugar Russell defendeu o "estupro", ou a "abdução", e jamais incentivou alguém a "induzir qualquer mulher a viver consigo por motivos imorais". Nem mesmo McGeehan, com toda a sua capacidade de fazer citações fora de contexto, seria capaz de apresentar, subsequentemente, quaisquer passagens que pudessem ser consideradas como incitação a esses crimes. Por que então citar tais determinações? Por que citá-las, se não pela intenção do juiz de estabelecer na mente do público, principalmente entre as pessoas que desconheciam os livros de Russell, uma associação entre esses crimes e o nome de Russell? Duvido que esse tipo de artimanha demagógica tenha sido alguma vez utilizada, antes disso, por um juiz de um tribunal norte-americano.

Reproduzirei o restante da decisão judicial sem interrupções, de modo a não perturbar a linha de raciocínio do juiz. Suas reflexões profundas a respeito da liberdade acadêmica "para fazer o bem" e sua doutrina notável de que a "influência indireta" por meio da qual um professor, ministrando aulas a respeito da filosofia da matemática ou da física, pode fazer com que haja "relação sexual entre alunos, em que a mulher tem menos de dezoito anos de idade", merece a atenção de alunos sérios. A última dessas teorias, que talvez possa ser chamada de doutrina de "influência extraordinária", deve certamente interessar aos psicólogos e àqueles interessados na percepção extra-sensorial.

> Levando em conta a ampla soma de dinheiro que os contribuintes pagam todos os anos para sustentar essas determinações legais, como deve ser repugnante para o bem-estar comum que haja qualquer gasto que tem como objetivo a infração das determinações da lei penal. Considerando, em nome da argumentação, que o Conselho de Educação Superior tenha o poder único e exclusivo de selecionar os docentes da Faculdade Municipal e que sua opinião não possa ser revista ou restringida por este tribunal ou por qualquer outra agência, mesmo assim tal poder único e exclusivo não pode ser usado para auxiliar, instigar ou incentivar qualquer curso de conduta com tendência à infração da lei penal. Partindo do princípio que o sr. Russell pudesse lecionar durante dois anos na Faculdade Municipal sem promulgar as doutrinas que parece julgar necessário disseminar em páginas impressas a intervalos frequentes, ainda assim sua nomeação infringe um cânone perfeitamente óbvio da pedagogia, isto é, o de que a personalidade do professor tem mais a ver com a formação da opinião de um aluno do que muitos silogismos. Uma pessoa que desprezamos e a quem falta habilidade não pode nos convencer a imitá-la. Uma pessoa de quem gostamos e que tem habilidade notável nem precisa tentar fazê-lo. Afirma-se que Bertrand Russell é extraordinário. Isso o torna uma pessoa mais do que perigosa. A filosofia do sr. Russell e sua conduta no passado estão em conflito direto e infração da lei penal do Estado de Nova York. Quando consideramos como a mente humana é suscetível às ideias e à filosofia de professores em exercício, fica evidente que o Conselho de Educação Superior ou desconsiderou as consequências prováveis de seus atos, ou estava mais preocupado com a defesa de uma causa que lhe pareceu apresentar um desafio à dita "liberdade acadêmica", sem atribuir considerações adequadas aos outros aspectos do problema em questão. Embora este tribunal não

pudesse interferir em qualquer ação do Conselho no que diz respeito à pura questão da liberdade acadêmica "válida", não vai tolerar que a liberdade acadêmica seja usada como um disfarce para promover a popularização de atos proibidos pela lei penal na mente dos adolescentes. Esta nomeação afeta a saúde, a segurança e a moral pública da comunidade e é dever deste tribunal agir. Liberdade Acadêmica não significa licenciosidade acadêmica. É a liberdade de fazer o bem, e não de ensinar o mal. A liberdade acadêmica não pode autorizar que um professor ensine que assassinato ou traição são coisas boas. Tampouco pode permitir que um professor ensine, direta ou indiretamente, que a relação sexual entre alunos, em que a mulher é menor de dezoito anos de idade, é adequada. Este tribunal pode tomar nota judicial do fato de que os alunos das faculdades de Nova York têm menos de dezoito anos de idade, apesar de alguns deles poderem ser mais velhos.

A liberdade acadêmica não pode ensinar que a abdução é legal nem que o adultério é atraente e bom para a comunidade. Existem normas e critérios de verdade que foram reconhecidos pelos pais fundadores dos EUA. Encontramos seu reconhecimento nas palavras de abertura da Declaração da Independência, onde eles se referem às leis da Natureza e à Natureza de Deus. As doutrinas ali apresentadas, que têm sido consideradas sagradas por todos os norte-americanos desde aquele dia até hoje, preservadas pela Constituição dos Estados Unidos e de todos os diversos Estados e defendidas com o sangue dos cidadãos, reconhecendo os direitos inalienáveis que os homens recebem de seu Criador, devem ser preservadas, e um homem cuja vida e ensinamentos vão contra essas doutrinas, que ensina e pratica a imoralidade e que incentiva e endossa infrações da lei penal do Estado de Nova York não está apto a ensinar em nenhuma escola deste território. A ramificação judicial de nosso governo, sob nossas instituições democráticas, não foi tão tolhida pelos opositores de nossas instituições a ponto de tornar-se impotente para agir de modo a proteger os direitos do povo. No caso de envolvimento direto da saúde, da segurança e da moral pública, nenhum conselho, administrativo ou não, pode agir de modo ditatorial, protegendo suas ações atrás do escudo da alegação de imunidade completa e absoluta da revisão judicial. O Conselho de Educação Superior da cidade de Nova York desconsiderou, deliberada e completamente, os princípios essenciais sobre os quais a seleção de qualquer professor deve repousar. A afirmação de que o sr. Russell vai ensinar matemática, e não sua filosofia, não elimina, de maneira alguma, o fato de que sua mera presença como professor fará com que os alunos se inspirem nele, busquem saber mais sobre ele e, quanto mais ele for capaz de encantá-los e impressioná-los com sua presença pessoal, mais poderosa será sua influência sobre todas as esferas de suas vidas, fazendo com que os estudantes, em muitas ocasiões, busquem imitá-lo em todos os aspectos.

Levando em conta o poder deste tribunal para rever a determinação e a nomeação do dr. Russell pelo Conselho de Educação Superior, este tribunal dividiu as provas deste processo em duas classes, isto é, as provas que tratavam de medidas controversas não prejudiciais em si no âmbito da lei, apesar de serem abomináveis e repulsivas para muitas pessoas, e as consideradas prejudiciais em si pelo tribunal. A opinião do dr. Russell a respeito da masturbação, tal como expressa, em seu livro intitulado *Education and the Good Life*, na página 211, é a seguinte: "Se não se der atenção a ela, a masturbação infantil não exerce, aparentemente, qualquer efeito nocivo sobre a saúde, nem qualquer efeito nocivo sobre o caráter; os efeitos nocivos que foram observados em ambos os casos estão, ao que parece, totalmente ligados às tentativas de tolhê-la. (...) Portanto, por mais difícil que isso seja, a criança não deve ser incomodada em relação a esse assunto". Sua opinião a respeito da nudez, tal como expressa no mesmo livro, na página 212, é a que segue: "Uma criança deve, desde o início, ter permissão de ver os pais, irmãos e irmãs despidos sempre que a coisa se der de maneira natural. Não se deve criar caso sob nenhuma hipótese; ela simplesmente não deve saber que as pessoas têm sentimentos em relação à nudez"; suas opiniões sobre religião e

política; sua própria vida e conduta pessoal, com as convicções e libelos incidentes, são todas questões que este tribunal considera assuntos a ser avaliados adequadamente pelo Conselho de Educação Superior ao qualificar o caráter moral do dr. Russell como professor, e nesses assuntos a determinação do Conselho de Educação Superior é final. Se os padrões do Conselho de Educação Superior, em relação a essas questões, são mais baixos do que requer o senso comum de decência, o remédio está nas mãos do poder encarregado da nomeação de indivíduos com padrões morais abaixo dos exigidos pelo bem público. Mas, em relação a essa conduta, este tribunal não tem poderes para agir, devido ao poder conferido por lei ao Conselho de Educação Superior. No entanto, quando a questão transcende ao campo da controvérsia e entra no campo do direito penal, então este tribunal tem poder para agir e, mais ainda, tem o dever de fazê-lo. Ao mesmo tempo em que incentiva o adultério na linguagem usada em *Education and the Good Life*, na página 221 – "Não devo ensinar que a fidelidade ao parceiro por toda a vida seja de algum modo desejável, ou que um casamento permanente seja visto como algo que exclui episódios temporários" –, pode-se afirmar que ele está apenas incentivando que se cometa um leve delito, e não um ato criminoso grave; no entanto, tal atenuante cai por terra quando somos confrontados com as opiniões do dr. Russell em relação ao crime condenável do homossexualismo, que acarreta pena por encarceramento de no máximo vinte anos no Estado de Nova York, e em relação a essa prática degenerada no livro intitulado *Education and the Modern World*, na página 119: "É possível que, se fossem toleradas, as relações homossexuais entre meninos não fossem tão prejudiciais; ainda assim, estas relações podem ser perigosas caso interfiram no amadurecimento da vida sexual mais tarde".
Levando em conta os princípios do dr. Russell, em referência à lei penal do Estado de Nova York, parece que não apenas a moral dos estudantes seria minada, mas suas doutrinas poderiam fazer com que eles, e em alguns casos seus pais e tutores, entrassem em conflito com a lei penal, e é de acordo com isso que este tribunal intervém.

O juiz, obviamente, dá a entender que Russell estava *incentivando* "o crime condenável do homossexualismo"; e essa era a pior acusação contra ele, acusação que fazia qualquer "atenuante cair por terra". Até onde sei, há apenas duas passagens em vários livros de Russell em que o homossexualismo é discutido. Uma é a citada pelo juiz. A outra está em *Marriage and Morals* (p. 90) e diz o seguinte: "O homossexualismo entre homens, mas não entre mulheres, é ilegal na Inglaterra, e seria muito difícil apresentar, para que a lei fosse mudada quanto a esse aspecto qualquer argumento que não fosse em si ilegal com base na obscenidade. E, no entanto, todas as pessoas que se deram o trabalho de estudar o assunto sabem que esta lei é efeito de uma superstição bárbara e ignorante, em favor da qual nenhum argumento racional de qualquer sorte pode ser apresentado". A partir disso, fica claro que Russell se opõe às leis existentes contra o homossexualismo. Noto que, em um despacho recente de Londres, católicos apostólicos se tornaram recentemente, ao que parece, adeptos da posição de Russell e agora também apoiam a abolição de tais leis*. Está claro, igualmente, que Russell não está incitando ninguém a infringir a lei a que ele se opõe. Na passagem citada pelo juiz, Russell não está nem mesmo criticando tais leis. Longe de incentivar o homossexualismo, ele menciona uma possibilidade e, depois, destaca alguns dos efeitos *danosos* das relações homossexuais. Essa é a lógica do livro *1984*: preto é branco, paz é guerra e liberdade é escravidão. Quão verdadeiro é o fato de todos os fanáticos serem fundamentalmente iguais, deste ou do outro lado da Cortina de Ferro.

Tampouco é verdade que Russell, tanto nas passagens citadas pelo juiz quanto em qualquer outro lugar, *incentivou* o adultério. O que Russell afirma, em primeiro lugar, é que relações sexuais entre

---

* "Uma comissão católica apostólica romana de leigos e clérigos recomendou ao Poder Legislativo que 'atos consensuais praticados em ambiente privado por homens homossexuais adultos não devem ser considerados crime', foi informado hoje (...). A respeito do problema do homossexualismo, a comissão disse o seguinte: 'O encarceramento é amplamente ineficiente na reorientação de pessoas com tendências homossexuais e, normalmente, tem efeito deletério sobre elas. Uma solução satisfatória ao problema não será encontrada em locais de confinamento normalmente reservados a homossexuais', *New York Post*, 4 de outubro de 1956. Tomara que esses membros da Igreja de índole humanitária e mente sensata jamais tenham de comparecer a um tribunal presidido pelo juiz McGeehan para responder pelo incentivo a um 'crime condenável'."

pessoas solteiras não são moralmente erradas, se estas tiverem afeição suficiente uma pela outra, e que isso constitui assunto puramente privado, em que o Estado não deve interferir. Em segundo lugar, afirma que relações extraconjugais ocasionais não são necessariamente motivo para a dissolução de um casamento. Isso, como ele insistiu em declarações públicas que McGeehan teve o cuidado de ignorar, não é, de jeito nenhum, a mesma coisa que "incentivar" o adultério. Se podemos dizer alguma coisa, os casamentos igualitários legalizados que Russell defende podem ser considerados argumento contrário ao adultério. Mas, de qualquer modo, a seção do Código Penal de Nova York que transforma o adultério em ofensa criminal não é usada há muito tempo. Todo mundo sabe disso. Talvez a maior evidência de que essa seja uma lei morta venha do próprio histórico de McGeehan, quando era procurador distrital do condado do Bronx. Durante esse período, um grande número de divórcios foi concedido com base legal suficiente de adultério. No entanto, McGeehan, assim como outros procuradores distritais, jamais acusou nenhuma das partes cuja culpa tivesse sido de fato registrada oficialmente.

As opiniões de Russell a respeito da nudez, apesar de não serem nocivas em si, foram condenadas como "abomináveis e repulsivas" pelo juiz. Ele retirou citações do livro *Education and the Good Life*, um dos primeiros trabalhos de Russell, em que este escrevera que "uma criança deve, desde o início, ter permissão de ver os pais, irmãos e irmãs despidos sempre que a coisa se der de maneira natural. Não se deve criar caso sob nenhuma hipótese; ela simplesmente não deve saber que as pessoas têm sentimentos em relação à nudez". Isso foi apresentado como evidência de que o titular de filosofia na Faculdade Municipal seria um professor de "indecências" se a indicação fosse levada a cabo. McGeehan aparentemente esperava fazer com que Russell parecesse alguém "libidinoso, venéreo, lascivo, erotomaníaco" (para usar a linguagem vívida do sr. Goldstein), que defendia uma espécie de *strip-tease* intrafamiliar. O juiz teve o cuidado de evitar citar as outras partes da discussão de Russell em que as razões por trás de sua opinião eram explicadas. Nessas outras passagens, que McGeehan suprimiu, Russell deixava bem claro que oferecia sua recomendação e condenava a prática oposta, a de esconder o corpo humano a todo custo, porque isso evocava "a noção de que existe um mistério, e, com essa noção, as crianças se tornarão libidinosas e indecentes".

O juiz também teve muito cuidado para não citar a discussão a respeito do mesmo assunto contida em *Marriage and Morals*, um dos livros apresentados por Goldstein e supostamente lido por McGeehan. A acusação de Goldstein de que Russell "dirigira uma colônia de nudismo" presumivelmente derivava de algumas afirmações contidas na seguinte passagem:

> O tabu contra a nudez é um obstáculo a uma atitude decente a respeito do sexo. No que diz respeito a crianças pequenas, muita gente hoje admite isso. É bom para as crianças verem-se umas às outras e seus pais nus, sempre que isso acontecer naturalmente. Haverá um breve período, provavelmente por volta dos três anos, em que a criança se interessará pelas diferenças entre o pai e a mãe, e as comparará com as diferenças entre ele e sua irmã, mas esse período logo acaba; depois disso, ela passa a demonstrar tanto interesse pela nudez quanto pelas roupas. Uma vez que os pais não estejam dispostos a permitir que seus filhos os vejam nus, as crianças necessariamente irão adquirir a noção de que existe um mistério, e, com essa noção, as crianças se tornarão libidinosas e indecentes. Só existe uma maneira de evitar a indecência: evitar o mistério. Também existem muitas bases importantes relacionadas à saúde a favor da nudez em condições adequadas, tais como quando se está a céu aberto e o dia está ensolarado. O sol sobre a pele exposta tem efeito extremamente saudável. Além do mais, qualquer pessoa que já tenha visto crianças correndo de um lado para o outro a céu aberto, sem roupas, deve ter se surpreendido com o fato de que elas mantêm um melhor equilíbrio e se movem com mais liberdade e mais graça do que quando estão vestidas. A mesma coisa se aplica aos adultos. O lugar adequado para a nudez é ao ar livre, ao sol e na água. Se nossas convenções permitissem isso, logo a nudez deixaria de ter qualquer apelo sexual; todos nós teríamos melhor equilíbrio, seríamos mais saudáveis, devido ao contato do ar e do sol com a pele, e nossos padrões de beleza coincidiriam mais com os padrões de saúde,

já que estaríamos também preocupados com o corpo e seus membros, e não apenas com o rosto. Nesse sentido, a prática dos gregos deveria ser louvada.

Devo confessar que não sou capaz de conceber uma atitude mais coesa a respeito desse assunto do que a expressa nessas observações. A reação de McGeehan me lembra de uma charge que se tornou famosa nos primeiros anos deste século, quando Anthony Comstock, um dos ancestrais espirituais do juiz, fazia campanha contra quadros e estátuas que retratavam as formas humanas desnudas. A charge mostrava Comstock arrastando uma mulher para dentro de um tribunal e dizendo ao juiz: "Meritíssimo, esta mulher deu à luz uma criança nua".

Sobre o assunto da masturbação, o juiz foi, como sempre, culpado de deturpar duplamente as opiniões Russell. Primeiro, citou Russell fora de contexto de tal modo a representar de maneira errônea a intenção real de sua discussão. Além disso, McGeehan interpretou de forma errônea a passagem que reproduziu em sua decisão. Procurou representar Russell como alguém que recomendava ou apoiava a prática da masturbação. Na passagem citada pelo juiz, Russell não fazia tal coisa. Simplesmente alegava que era melhor deixar uma criança em paz do que suprimir a masturbação por meio de ameaças terríveis. A passagem, além do mais, achava-se em um contexto em que Russell, longe de promover a masturbação, recomenda, em vez de uma proibição direta, métodos para *evitar* a masturbação. No que diz respeito às verdadeiras opiniões de Russell, elas são há muito tempo lugares-comuns na medicina. Nesse sentido, o jornal *New Republic* foi muito feliz ao ressaltar que o juiz simplesmente se monstrou ignorante em relação a "toda uma geração de pensamento científico no campo médico e psicológico". Talvez, mais do que submeter professores universitários a exames de competência, o melhor seria exigir dos candidatos a juízes um conhecimento mínimo de psicologia médica.

Mas McGeehan não apenas distorceu as opiniões de Russell em relação a assuntos específicos. O pior aspecto de sua opinião provavelmente foi a distorção dos motivos generalizados de Russell em sua crítica da moral convencional. Ninguém jamais concluiria, a partir da opinião do juiz, que Russell abordava o assunto da moralidade sexual com espírito de alta seriedade, e que sua intenção não era abandonar as restrições morais, mas formular um código mais brando e mais humano. "O sexo", Russell escreveu em uma passagem que o juiz provavelmente nunca leu, "não pode dispensar um código de ética, tal como ocorre com os negócios, esporte, a pesquisa científica ou qualquer outro ramo de atividade humana. Mas pode dispensar um código de ética baseado unicamente em proibições antigas propostas por pessoas iletradas em uma sociedade completamente diferente da nossa. No sexo, assim como na economia e na política, nossa ética continua sendo determinada por temores que as descobertas modernas transformaram em algo irracional. (...) É verdade que a transição do antigo sistema para este novo tem suas próprias dificuldades, como o têm todas as transições. (...) A moralidade que eu defenderia não consiste simplesmente em dizer aos adultos ou aos adolescentes: 'Siga seus impulsos e proceda como bem entender'. É necessário haver consistência na vida; é necessário haver um esforço contínuo direcionado a finalidades que não são imediatamente benéficas nem atraentes em todos os momentos; é necessário ter consideração pelos outros; e deve haver certos padrões de retidão." "A moralidade sexual", diz ele em outro trecho de *Marriage and Morals* [Casamento e Moral], "deve derivar de certos princípios morais, em relação aos quais talvez haja uma boa medida de concordância, apesar da ampla discordância relativa à consequência que será extraída dela. A primeira coisa que deve ser assegurada é que haja o máximo possível de amor profundo e sério entre um homem e uma mulher, envolvendo a personalidade de cada um deles como um todo e levando a uma fusão por meio da qual os dois se enriqueçam e se aprimorem (...). A segunda coisa importante é que haja o cuidado adequado das crianças, tanto físico quanto psicológico." Russell não é nem defensor da "vida desregrada", nem inimigo da instituição do casamento. O casamento, na visão dele, é "a melhor e mais importante relação que pode existir entre dois seres humanos"; ademais, ele insiste muito na ideia de que "é algo mais sério do que o prazer de duas pessoas na companhia uma da outra; é uma instituição que, pelo fato de gerar filhos, faz parte da textura íntima da sociedade e tem importância que vai muito além dos sentimentos pessoais de marido e de esposa".

Pode-se duvidar do grau de perigo representado por essas opiniões. Mas, de qualquer forma, não parece provável que McGeehan e os vários defensores da "moralidade" tivessem algum temor relativo à inocência e à pureza dos alunos da Faculdade Municipal, fossem eles maiores ou menores de dezoito anos. Não teria sido difícil verificar se a presença de Russell na Faculdade Municipal tendia a levar a uma "vida licenciosa", à "abdução" e a outras práticas terríveis. Russell fora professor durante a maior parte da vida – na Inglaterra, na China e nos Estados Unidos. Com certeza teria sido muito fácil pedir relatórios a respeito de sua influência aos reitores das universidades em que ele lecionou, a seus colegas nessas instituições e aos alunos que frequentaram suas aulas. Tais relatórios estavam de fato disponíveis, mas o juiz não demonstrou qualquer interesse por eles. Não demonstrou interesse por eles porque todos, sem exceção, falavam de Russell nos termos mais elogiosos possíveis. O reitor Hutchins, da Universidade de Chicago, onde Russell estivera no ano anterior, garantiu ao Conselho de Educação Superior que sua contribuição fora "importante" e que apoiava com vigor a sua nomeação. O reitor Sproule, da Universidade da Califórnia, assumiu posição parecida e falou de Russell como sendo "um colega dos mais valiosos". Richard Payne, editor do jornal dos estudantil da U.C.L.A. (Universidade da Califórnia em Los Angeles), enviou um telegrama a um comício de protesto na Faculdade Municipal, dizendo: "Os senhores têm o apoio completo dos alunos da U.C.L.A. que conhecem este grande homem. Boa sorte!". Marjorie Nicolson, pró-reitora da Faculdade Smith e presidente da Associação Nacional dos Comitês Unidos da Phi Beta Kappa, também apresentou sua posição. Ela frequentava dois dos cursos de Russell no Instituto Britânico de Estudos Filosóficos. De acordo com Nicolson, "o sr. Russell nunca apresentou em suas discussões de filosofia, nenhuma das questões controversas que seus oponentes levantaram (...). O sr. Russell é, antes de tudo, um filósofo, e em seus ensinamentos ele sempre nos lembra disso. Eu não teria podido conhecer as opiniões do sr. Russell a respeito de casamento, divórcio, teísmo ou ateísmo se elas não tivessem sido exageradas nos jornais". Testemunhos do mesmo tipo vieram de muitos outros lugares. Eu disse, acima, que os olhos do juiz McGeehan não estavam na lei. Creio ser justo acrescentar que também não estavam nos fatos.

VI

As reações ao veredicto foram as que se poderiam esperar. Os partidários de Russell ficaram desolados, ao passo que a oposição estava em júbilo. Os partidários de Russell temeram que a forte pressão política impedisse o Conselho de recorrer da decisão, de maneira efetiva, a instâncias superiores. Tais temores, como veremos, comprovaram-se inteiramente justificados. O Conselho Nacional da Associação Norte-Americana de Professores Universitários, em reunião em Chicago, adotou por unanimidade uma resolução que instava ao prefeito LaGuardia e ao Conselho a que recorressem da decisão de McGeehan. Diversas outras organizações fizeram o mesmo, incluindo a Associação Norte-Americana de Trabalhadores Científicos e a Associação de Educação Pública. Um grupo especial, o Liberdade Acadêmica – Comitê Bertrand Russell, foi formado, tendo o professor Montague, de Columbia, como presidente e o professor John Herman Randall Jr. como secretário. Entre seus patrocinadores estavam o dr. William A.Neilson, reitor emérito da Faculdade Smith; os reitores Sproule e Hutchins; o dr. J. S. Bryn, reitor da Faculdade William and Mary; a pró-reitora Nicolson; o dr. Frank Kingdon, e diversas outras personalidades de renome do mundo acadêmico. Sessenta membros do corpo docente da Universidade North-Western imediatamente enviaram contribuições financeiras para o comitê, elogiando a abordagem magnânima e corajosa de Bertrand Russell em relação a questões morais. O Comitê para a Liberdade Cultural enviou um telegrama ao prefeito LaGuardia, no qual destacava que McGeehan havia feito Russell parecer um "libertino e canalha". Isso, o Comitê ressaltou, era uma "variante disparatada em relação aos fatos conhecidos e facilmente verificáveis, atestados pelos reitores das universidades norte-americanas em que Russell lecionou".

Um comício de protesto foi organizado pelo Comitê Norte-Americano para a Democracia e a Liberdade Intelectual, em que os oradores incluíram o professor Walter Rautenstrauch, de Columbia; o professor Franz Boas, antropólogo; Dean N. H. Dearborn da Universidade de Nova York; e o reverendo H. N. Sibley. Na própria Faculdade Municipal, onde os alunos aparentemente já eram bastante corruptos, mesmo antes de Russell ter tido a oportunidade de estragar ainda mais sua saúde e sua moral, um comício maçiço tomou lugar no grande salão. Uma mensagem de apoio veio de um dos mais ilustres ex-alunos da faculdade, Upton Sinclair, que declarou que o juiz e o bispo tinham "divulgado o fato de que a Inglaterra nos tinha emprestado um dos homens mais letrados e generosos de nosso tempo". Os defensores dos dogmas sexuais, ele concluiu, "não deveriam ter permissão nos privar dos serviços de Bertrand Russell". Os principais oradores do encontro foram os professores Bridge, do Departamento de Línguas Clássicas; Wiener, do Departamento de Filosofia; Morris, do Departamento de História; e Lyman Bryson, da Faculdade de Educação de Columbia. "Se as faculdades sustentadas pelo dinheiro público não puderem ser tão livres quanto as outras", o professor Bryson observou, "elas não terão esperança alguma de desempenhar papel importante no progresso intelectual de nossas vidas." Essa última consideração talvez não pesasse muito para o juiz McGeehan, o bispo Manning e os catedráticos do Tammany que apoiavam seus esforços tão valorosos.

 A corrupção devia correr solta na Faculdade Municipal muitos anos antes de todo esse caso, pois o conselho de diretores da Associação de Ex-Alunos da Faculdade Municipal votou com unanimidade para que o Conselho de Educação Superior recorresse da decisão. Essa moção foi introduzida pelo dr. Samuel Schulman, rabino emérito do templo Emanu-El, uma organização muito conhecida por suas atividades subversivas. Um dos dezoito diretores que apoiavam a resolução foi o ministro da Corte Suprema Bernhard Shientag, que talvez não tenha sido adequadamente instruído em relação à doutrina da influência "indireta".

 O fato de que nem todos os juízes eram tão versados no Código Penal e tinham um conceito de liberdade acadêmica tão profundo quanto o de McGeehan, também ficou evidente, devido a certos acontecimentos na Califórnia. No dia 30 de abril, o afastamento de Bertrand Russell de seu posto na Universidade da Califórnia foi exigido pelo sr. I.R. Wall, um ex-ministro religioso que entrou com um mandado de proibição no Tribunal Distrital de Apelação de Los Angeles. O sr. Wall afirmava que as doutrinas de Bertrand Russell eram "subversivas". Na Califórnia, diferentemente de Nova York, o mandado foi imediatamente arquivado pelo tribunal.

VII

Nem é preciso dizer que a decisão judicial de McGeehan foi considerada um ato de grande heroísmo pelos inimigos de Russell. O juiz se transformou em objeto de loas nos jornais dos inquisidores. "Ele é um norte-americano, um norte-americano viril e firme", escreveu o semanário jesuíta *America*. Mais do que isso, "é um jurista puro e honrado, e (...) equipara-se aos melhores como autoridade em Direito". Ele também "vive sua religião, em mente e espírito", e, "com bem mais do que um metro e oitenta de altura, transborda sagacidade e benevolência". E essas não eram suas únicas virtudes. A acusação de Russell de que o juiz era "um sujeito muito ignorante" era bastante falsa. Um erudito clássico, um homem "de mente aguçada e brilhante erudição (...) lê Homero no original em grego e desfruta de Horácio e Cícero no original em latim". Muitas outras vozes se uniram ao periódico jesuíta, em um coro de adulação. Uma dessas vozes era a de Francis S. Moseley, presidente de uma associação de professores católicos, que classificou a decisão judicial de McGeehan como "um capítulo épico na história da jurisprudência" e "uma grande vitória das forças da decência e da moralidade, assim com um triunfo da verdadeira liberdade acadêmica". O jornal *Tablet*, depois de exigir uma investigação de Ordway Tead, reitor Mead em exercício, e de outros revolucionários responsáveis pela indicação de Russell, declarou, em um editorial, que "a decisão do juiz McGeehan (...) carrega uma nota de simplicidade e sinceridade merecedora de elogios imediatos".

Àquela altura, já devia estar bastante óbvio que Russell não era o único malfeitor que deveria ser punido. A maioria dos integrantes do Conselho de Educação Superior era igualmente passível de culpa, e ações adequadas contra eles precisavam ser tomadas. Em um encontro do Conselho de Educação do Estado de Nova York, o qual acredito ser considerado, de modo geral, como parte da "margem lunática" de políticos de direita dos Estados Unidos, o professor John Dewey e a sra. Franklin D. Roosevelt foram denunciados por pregar a tolerância ("uma coisa doentia e fraca"), em lugar da "decência comum" e do "jogo limpo", como foi exemplificado, creio eu, no processo de McGeehan. No mesmo encontro, Lambert Fairchild, presidente do Comitê Nacional para a Recuperação Religiosa, denunciou a maioria dos integrantes do Conselho de Educação Superior, que fora favorável à nomeação de Russell, como "judeus renegados e cristãos renegados", e exigiu que fossem substituídos por pessoas "que ainda acreditassem em seu país e em sua religião". Charles E. Keegan, o educado cavalheiro que conhecemos anteriormente, quando se referiu a Russell como um "cão" e um "vagabundo", trouxe o assunto à tona na Câmara Municipal. Comparando Russell aos "quinta-colunas" que ajudaram os nazistas a vencer e chamando-o de "comunista confesso", ele exigiu que os membros do Conselho que persistiram em sua tentativa de "colocar Russell no corpo docente da Faculdade Municipal" fossem demitidos. Apresentou uma resolução pedindo ao prefeito que reorganizasse o Conselho e que indicasse membros que servissem à cidade "de maneira mais louvável". Essa resolução foi aprovada por 14 votos a 5. Deve-se ajuntar, no entanto, que o prefeito não pode simplesmente demitir os membros do Conselho, e que a moção do vereador Keegan acabou não passando de um gesto nobre.

Além de impedir a nomeação de Russell e punir os membros do Conselho que tinham se mostrado favoráveis a ela, ainda restava a tarefa de esclarecer a opinião pública a respeito da verdadeira natureza da liberdade – um assunto sobre o qual muitos norte-americanos tinham sérias concepções errôneas, provavelmente por causa da influência de hereges delirantes como Jefferson e Paine. A concepção McGeehan-Moseley tinha de ser disseminada mais amplamente. Em sua campanha de esclarecimento, monsenhor Francis W. Walsh, o orador das "poças de sangue", desempenhou um papel de destaque. Mais uma vez tomando a tribuna no hotel Astor, desta vez durante o café da manhã anual de confraternização da Sociedade do Santo Nome dos Serviços de Correio de Nova York, ele primeiro aludiu, resumidamente, à épica decisão judicial. Da última vez em que estivera sobre essa plataforma, ele dissera: "Discuti um problema conhecido dos professores de matemática como triângulo matrimonial. Mas como este já foi abordado pelo meritíssimo juiz John E. McGeehan, passaremos a um assunto relacionado". Monsenhor Walsh seguiu em frente e discutiu "uma palavra de que se abusa muito", isto é, "liberdade". Já que os seres humanos, ele disse, "só podem continuar a existir pela obediência à lei de Deus – a lei da natureza, a lei dos Dez Mandamentos –, então, nesta nossa América do Norte, ninguém terá permissão de caçoar da lei de Deus em nome da liberdade. Ninguém deve ter permissão para se colocar sobre a plataforma da liberdade para apunhalar a liberdade pelas costas. E isso se aplica a todos os comunistas e seus companheiros de viagem, a todos os nazistas e fascistas que colocam a lei do Estado acima da lei de Deus, a professores universitários, a editores de livros ou a qualquer outra pessoa dentro dos limites territoriais dos Estados Unidos". Difícil negar que monsenhor Walsh tinha o direito de ser considerado no que se refere ao abuso da palavra "liberdade".

VIII

Este relato não estaria completo sem algumas palavras a respeito do papel desempenhado pelo jornal *New York Times* neste caso. Sempre que grupos de pressão religiosa não estão envolvidos, o *Times* geralmente é rápido em seu protesto contra os abusos de poder. No caso de Russell, a cobertura jornalística foi, como sempre, justa e abrangente. No entanto, durante todo o mês de março, quando Russell e os membros do Conselho de Educação Superior eram todos os dias difamados nos termos mais aviltantes, o *Times* manteve silêncio completo. Durante três semanas depois da decisão judicial de McGeehan, não houve qualquer comentário editorial. Finalmente, no dia 20 de abril, o *Times* publicou uma carta do chanceler Chase, da Universidade de Nova York, que destacava algumas das implicações da ação de McGeehan. "A verdadeira questão", o sr. Chase escreveu, "é tal que, até onde sei, jamais veio à toa na história da educação superior nos Estados Unidos. Trata-se de saber se, numa instituição financiada totalmente ou em parte por dinheiro público, um tribunal, ao receber um processo de um contribuinte, tem o poder de invalidar uma indicação para o corpo docente devido à opinião de um indivíduo. (...) Se a jurisdição do tribunal for preservada, foi dado um golpe contra a segurança e a independência intelectual de todos os integrantes de corpo docente em todas as faculdades e universidades públicas dos Estados Unidos. Suas consequências potenciais são incalculáveis."

O *Times* então sentiu-se obrigado a assumir uma posição editorial sobre o assunto. O texto começava com alguns comentários gerais deplorando os efeitos infelizes da controvérsia que tinha surgido. A disputa a respeito da indicação de Bertrand Russell, o *Times* escreveu, "causou muito mal a esta comunidade. Criou sentimentos amargos que não podemos aceitar quando a democracia de que todos fazemos parte é ameaçada por tantos lados". Erros de julgamento, o editorial prosseguia com ar de neutralidade, tinham sido cometidos "por todos os principais envolvidos. A indicação original de Bertrand Russell foi impolítica e imprudente; porque colocando totalmente de lado a questão do conhecimento de Bertrand Russell e seus méritos como professor, estava certo desde o início que os sentimentos de uma parte substancial desta comunidade se sentiriam ultrajados pelas opiniões que ele expressara em relação a diversas questões morais". Se uma indicação é "política" ou "impolítica" aparentemente deveria contar mais do que a questão da competência e do conhecimento do professor. Essa, com certeza, é uma doutrina notável a ser defendida por um jornal liberal.

No que diz respeito à decisão de McGeehan, o *Times* só pôde dizer que era "perigosamente ampla". A maior indignação do jornal liberal não estava reservada nem para o juiz, que abusava de sua posição, nem para o prefeito, cuja conduta covarde descreverei daqui a pouco, mas para a vítima do ataque malicioso, Bertrand Russell. O próprio sr. Russell, o *Times* afirmou, "deveria ter demonstrado a sabedoria de recusar a indicação assim que seus resultados danosos se tornaram evidentes". A isso, Russell respondeu em uma carta publicada no dia 26 de abril:

> Espero que me permitam comentar as referências feitas por este jornal à controvérsia originada pela minha indicação à Faculdade Municipal de Nova York e, particularmente, a respeito

da opinião de que eu "deveria ter demonstrado a sabedoria de recusar (...) assim que seus resultados danosos se tornaram evidentes".

Em certo sentido, essa teria sido a atitude mais sábia. Certamente teria sido bem mais prudente, na medida em que se consideram meus interesses pessoais, e muito mais agradável. Se eu tivesse considerado meus próprios interesses e inclinações, deveria ter me retirado imediatamente. Mas, por mais prudente que tal ação pudesse ter sido do ponto de vista pessoal, também teria sido, a meu ver, um ato covarde e egoísta. Um grande número de pessoas que perceberam que seus próprios interesses e os princípios da tolerância e da liberdade de expressão estavam ameaçados ficaram ansiosas, desde o início, para dar continuidade à controvérsia. Se eu tivesse me retirado, teria privado essas pessoas de seu *casus belli* e teria aceitado tacitamente a proposta da oposição de que grupos importantes devem ter permissão de afastar de cargos públicos pessoas cujas opiniões, raça ou nacionalidade julguem repugnantes. Isso, para mim, pareceria imoral.

Foi meu avô quem causou a revogação do English Test and Corporate Acts, que impedia que qualquer pessoa que não fosse membro da Igreja da Inglaterra, da qual ele próprio era membro, ocupasse um cargo público, e uma de minhas lembranças mais antigas e mais importantes é de uma representação de integrantes da Igreja Metodista comemorando embaixo da janela dele no 50º aniversário dessa revogação, apesar de o maior grupo afetado individualmente tenha sido o dos católicos.

Não acredito que, de maneira geral, a controvérsia seja danosa. Não são as controvérsias e as diferenças abertas que ameaçam a democracia. Ao contrário, essas são suas maiores salvaguardas. É parte essencial da democracia que grupos importantes, mesmo maiorias, estendam a tolerância a grupos dissidentes, por menores que sejam e por mais que sintam seus sentimentos ultrajados.

Em uma democracia, é necessário que as pessoas aprendam a suportar que seus sentimentos sejam ultrajados (...).

Na conclusão de seu editorial de 20 de abril, o *Times* fez questão de apoiar chanceler Chase, na esperança de que a decisão judicial do juiz McGeehan fosse revista por instâncias superiores. Posteriormente, quando tal revisão foi evitada, muito ardilosamente, pelos esforços conjuntos do juiz e do prefeito LaGuardia, o jornal não publicou uma palavra sequer de protesto. Um belo registro para os anais do "maior jornal do mundo" nesse caso.

IX

Quando a decisão de McGeehan tornou-se pública, alguns dos inimigos de Russell recearam que os tribunais a revogassem. Assim, Alderman Lambert, depois de se regozijar com "a grande vitória das forças da decência", observou que a luta ainda não estava vencida. Mostrando seu grande respeito pela independência do judiciário, acrescentou que "os cidadãos decentes devem mostrar ousadia de tal modo que nenhum tribunal ouse reverter essa decisão".

Os temores de Alderman eram bastante desnecessários. O prefeito LaGuardia e diversos integrantes da Câmara Municipal dedicaram-se a garantir que, mesmo que um tribunal aceitasse um recurso contra a decisão de McGeehan, Russell não pudesse ser restituído a seu posto original. O prefeito simplesmente eliminou do orçamento municipal a verba para os cursos a que Russell fora nomeado. Isso ele fez de maneira especialmente sorrateira. Publicou seu orçamento executivo sem dizer uma palavra a respeito do assunto. Alguns dias depois, repórteres repararam na eliminação da linha no orçamento. Quando interrogado a esse respeito, o prefeito deu a resposta hipócrita de que sua ação estava "de acordo com a política de eliminar posições em aberto". Roger Baldwin, diretor da União de Liberdades Civis dos Estados Unidos, então enviou ao prefeito um telegrama em que expressava o que estava na mente de muitos observadores. "Esta ação de negar a ação do seu Conselho de Educação Superior", ele escreveu, "parece-nos ainda mais censurável do que a decisão do juiz McGeehan baseada em seus próprios preconceitos." A ação do prefeito não tinha precedentes e, na opinião dos especialistas, não tinha força legal, já que os conselhos das escolas controlam diretamente qualquer gasto dentro de seu orçamento.

Mas não bastava tirar do orçamento a apropriação de recursos para as aulas de Russell. Todas as vias precisavam ser fechadas. Para assegurar que Russell não pudesse ser indicado para qualquer outra posição, o presidente distrital Lyons introduziu uma resolução no encontro do Conselho Orçamentário que passou a fazer parte dos termos e condições para o próximo orçamento. "Nenhum fundo aqui reservado", a resolução dizia, "deve ser utilizado para a contratação de Bertrand Russell."

Essas medidas tornaram bastante improvável que qualquer apelo aos tribunais resultasse na restituição efetiva de Russell. Ainda assim, como questão de princípio, a maioria do Conselho de Educação Superior decidiu levar a questão a instâncias superiores. Nesse estágio, o sr. W.C. Chandler, advogado interno, informou ao Conselho que não aceitaria o recurso. Ele compartilhava da opinião do Conselho de que a decisão de McGeehan "não era legalmente sólida" e inclusive chegou a dizer ao Conselho que este poderia ignorar tal decisão, ao fazer futuras indicações. Apesar disso, recomendou que não se desse continuidade ao caso. Devido às "controvérsias morais e religiosas" envolvidas, as instâncias superiores, ele disse, poderiam confirmar a decisão. Ao mesmo tempo, o prefeito anunciou que "apoiava" completamente a recusa do sr. Chandler em recorrer da decisão. Talvez "inspirava" fosse um termo mais preciso.

A maioria do Conselho, então, voltou-se para advogados particulares, e o escritório de advocacia Root, Clark, Buckner & Ballantine ofereceu seus serviços sem cobrança de honorários. O sr. Buckner, ex-procurador federal da Distrital Sul de Nova York, foi auxiliado pelo sr. John H. Harlan. Com base em diversos precedentes, o sr. Harlan entrou com pedido ao juiz McGeehan para que seu escritório de advocacia substituísse o advogado interno como representante legal do Conselho. Também deu ênfase ao fato de que o Conselho não tinha interposto uma resposta formal à decisão de McGeehan, e alegou que tinha o direito de fazer com que o decreto fosse anulado para tanto. Não será surpresa alguma para o leitor descobrir que o cruzado não encontrou mérito algum no pedido do sr. Harlan. Ele decidiu que o advogado interno não poderia ser substituído sem o seu consentimento e referiu-se com desdém à maioria do Conselho como uma "facção desgostosa" que "não pode restabelecer um litígio que já foi julgado". Todos os recursos relacionados a essa decisão foram rejeitados pelas instâncias superiores, e como o advogado interno se recusava a agir, o Conselho se viu impotente para recorrer da decisão de McGeehan, revogando a nomeação de Russell.

Depois que a decisão judicial de McGeehan foi publicada com as calúnias a respeito de seu caráter, Russell foi aconselhado a buscar representação legal independente. Ele contratou o sr. Osmond K. Fraenkel, que lhe foi sugerido pela União de Liberdades Civis dos Estados Unidos. Fraenkel, em nome de Russell, imediatamente fez pedido para que Russell tomasse parte no procedimento. Também entrou com pedido de resposta às acusações escandalosas de Goldstein. McGeehan negou tal pedido, com base no fato de que Russell não tinha "interesse legal" na questão. Essa decisão foi levada pelo sr. Fraenkel até a Divisão de Recursos da Suprema Corte, que acatou a decisão de McGeehan por unanimidade, sem dar qualquer razão para sua medida. Pediu-se então, à Divisão de Apelação que um recurso fosse levado ao Tribunal de Apelação, o que foi negado. As poucas ações legais que restaram ao sr. Fraenkel foram igualmente infrutíferas. É surpreendente, aliás, o fato de a sra. Kay, cuja filha não poderia ter se tornado aluna de Bertrand Russell, ter interesse legal no caso, ao passo que Russell, cuja reputação e ganha-pão estavam em jogo, não tivesse nenhum. O professor Cohen foi muito perspicaz ao observar que "se isso é lei, então certamente na linguagem de Dickens, 'a lei é burra'".

Dessa maneira, tanto o Conselho de Educação Superior como o próprio Bertrand Russell foram impedidos de entrar com um recurso efetivo, e a decisão judicial de McGeehan tornou-se final. "Como norte-americanos", disse John Dewey, "só podemos corar de vergonha por essa cicatriz em nossa reputação de fazer jogo limpo."

X

Da Califórnia, Russell foi para Harvard, cujo reitor e membros do conselho talvez não levassem assim tão a sério o pronunciamento do juiz McGeehan, de que Russell não era "adequado para ensinar em nenhuma escola deste território". Em resposta a Thomas Dorgan, divulgaram uma declaração dizendo que tinham "tomado conhecimento da crítica em relação a essa indicação", mas que tinham concluído, após revisar todas as circunstâncias, que era "para o bem da Universidade que reafirmariam sua decisão, e assim o tinham feito". As aulas de Russell em Harvard prosseguiram sem qualquer incidente, mas suponho que as estatísticas de estupro e abdução subiram um pouco em relação ao habitual. Russell então lecionou por diversos anos na Fundação Barnes, em Merion, no Estado da Pensilvânia. Em 1944, retornou à Inglaterra, onde alguns anos mais tarde o rei George VI lhe conferiu a Ordem do Mérito. Isso, devo dizer, serviu para mostrar a indiferença lamentável da monarquia britânica em relação ao Código Penal.

Em 1950, Russell proferiu as Palestras Machette na Universidade de Columbia. Foi recebido com animação tal que os presentes provavelmente jamais esquecerão. A comoção foi comparada à mesma demonstrada quando Voltaire retornou a Paris, em 1784, onde havia sido preso e de onde fora posteriormente banido. Ainda em 1950, um comitê sueco, cujos padrões presumivelmente eram "mais baixos do que a decência comum o exige", conferiu o Prêmio Nobel de Literatura a Bertrand Russell. Não houve qualquer comentário da parte da sra. Kay, do sr. Goldstein ou do juiz McGeehan. Pelo menos, nenhum foi publicado.

Ensaios céticos

Tradução de MARISA MOTTA

Aimer et penser: c'est la veritable vie des esprits.*
                                                    Voltaire

---
* Amar e pensar: eis a verdadeira vida das almas. (N.E.)

Prefácio

John Gray*

Bertrand Russell sempre se considerou um cético. Ao mesmo tempo, nunca duvidou que a vida humana pudesse ser transformada com o uso da razão. Os dois pontos de vista não coexistem com facilidade. Entre os antigos gregos, o ceticismo foi um caminho para a tranquilidade interna, não um programa de mudança social. No início da era moderna, Montaigne ressuscitou o ceticismo para justificar seu afastamento da vida pública. Para Russell esse distanciamento era impensável. Descendente de uma nobre família *Whig*** – seu avô, o lorde John Russell, introduziu o Grande Ato da Reforma que colocou a Inglaterra no caminho da democracia, em 1832 –, também era neto de John Stuart Mill. A reforma estava em seu sangue. Então, era natural que tentasse mostrar – para si e para os outros – que o ceticismo e a crença na possibilidade de progresso não precisavam estar em desacordo. O resultado é este volume, uma coletânea de alguns dos mais bonitos e interessantes ensaios escritos da língua inglesa, nos quais tenta mostrar que a dúvida cética pode mudar o mundo.

Em *Ensaios céticos*, Russell argumenta que devemos estar preparados para reconhecer a incerteza de nossas crenças. Quando especialistas em determinado campo não concordam, nos diz ele, a opinião contrária não está certa; quando não estão de acordo, nenhuma opinião está certa; e quando dizem que as bases são insuficientes para qualquer opinião assertiva, é melhor suspender o julgamento. Essas máximas são excelentes, porém o hábito da reserva intelectual que elas personificam está longe da paixão demonstrada por Russell no seu papel de reformador. Um cético em sua teoria do conhecimento,

---
* Escritor e filósofo, autor de *Al-Qaeda e o que significa ser moderno*, *Falso amanhecer e os equívocos do capitalismo global*, *Isaiah Berlin*, entre outros. (N.E.)

** Facção política que originou o Partido Liberal. (N.E.)

ele tinha uma abordagem ingênua e crédula das questões humanas. Quando seus instintos reformistas surgiram, ele abraçou as esperanças políticas convencionais e os esquemas de sua época com fervor missionário rigoroso.

Isso está bem ilustrado em suas correspondências com Joseph Conrad – ao contrário de Russell, um verdadeiro cético. Em 1922, Bertrand Russell enviou a Conrad uma cópia de seu livro, *The Problem of China* (*O problema da China*). Como muitos outros países, a China entrou no caos após a Primeira Guerra Mundial. Com a emergência do desastre, Russell advertiu, havia apenas uma única esperança para a China – e para o resto do mundo. A solução dos problemas da humanidade estava no socialismo internacional. Conrad recusou-se a aceitar. O socialismo internacional, como escreveu para Russell, é "o tipo de doutrina à qual não posso acrescentar qualquer espécie de significado definido". Prosseguiu:

> Afinal é um sistema, nem muito recôndito nem muito persuasivo (...) O único remédio para os chineses, e o restante, é a mudança no coração; mas, se examinarmos a história dos últimos mil anos, não há muitas razões para esperar por isso, mesmo que o homem tenha aprendido a voar – uma grande melhora, sem dúvida, mas sem grandes mudanças. Ele não voa como uma águia; mas como um besouro. E você deve ter observado quão feio, ridículo e tolo é o voo de um besouro.

Russell amava Conrad. E descreveu seu primeiro encontro como "uma experiência sem precedentes (...) tão intensa quanto o amor apaixonado, e ao mesmo tempo completa". Sua admiração por Conrad era profunda e duradoura; o nome que deu a seu filho – o nobre historiador e liberal democrata Conrad Russell – foi em sua homenagem. Em sua *Autobiografia*, Russell escreveu que os comentários de Conrad "mostraram uma sabedoria mais profunda do que demonstrei em minhas esperanças, um tanto artificiais, de uma saída mais feliz para a China". Porém, não conseguia aceitar o ceticismo de Conrad em relação às possibilidades do progresso.

A tensão na perspectiva de Russell se aprofunda. Ao contrário de muitos racionalistas, nem sempre via a ciência com reverência e sem críticas. Como cético da tradição de David Hume, ele sabia que a ciência dependia da indução – de acreditar que, como o mundo é regulado por causa e efeito, o futuro será como o passado. Como escreve no encantador ensaio "A ciência é supersticiosa?": "Os grandes escândalos na filosofia da ciência desde a época de Hume têm sido causalidade e indução. Todos nós acreditamos em ambos, mas Hume deixou transparecer que nossa crença é uma fé cega para a qual não se pode atribuir qualquer fundamento racional." Para Russell, como para Hume, acreditar em causa e efeito é um acréscimo de costume e hábito animais, porém sem os quais não há por que tentar formular teorias científicas. O questionamento científico depende da crença na causalidade, que não pode sobreviver à análise racional. Em resumo, a ciência depende da fé.

A visão de Russell da ciência estava cercada por um conflito não resolvido. Em seu papel de reformista racional, via a ciência como a principal esperança da humanidade. A ciência era a encarnação da racionalidade na prática, e a propagação do ponto de vista científico tornaria a humanidade mais razoável. Como filósofo cético, Russell sabia que a ciência não poderia tornar a humanidade mais racional, pois a própria ciência é produto de crenças irracionais.

De acordo com essa premissa, Russell deve ter visto a ciência em termos estritamente instrumentais e pragmáticos, como uma ferramenta pela qual os seres humanos exerceriam o poder sobre o mundo. Se não a via dessa maneira, era em parte porque sabia que muitos dos fins para os quais a ciência era utilizada eram provavelmente danosos. Grande parte desses ensaios foi escrita nos anos 1920, quando a guerra estava sendo fomentada na Europa e na Ásia. Russell sabia que a ciência seria usada para desenvolver novas armas de destruição. Insistia, para se assegurar, que isso não era inevitável; a humanidade poderia escolher usar o poder da ciência com fins benignos. Entretanto, não acreditava, é claro, que a razão pudesse distinguir entre os bons e maus objetivos. Havia sido um cético moral desde quando decidira abandonar a crença de G.E. Moore nas qualidades éticas objetivas, e reitera a convicção de Hume, em diversas partes deste livro, de que os objetivos da vida não podem ser determinados pela razão.

No ensaio-chave, "Pode o homem ser racional?", invoca a psicanálise como um meio de resolver os conflitos humanos. Por estarmos cientes de nossos desejos inconscientes, segundo ele, podemos ver com mais clareza como realmente somos, e desse modo – por intermédio de um processo que ele não explica – passar a viver em maior harmonia uns com os outros. Escreve: "Combinado a um treinamento do ponto de vista científico, esse método poderia, se ensinado de forma mais ampla, capacitar as pessoas a serem infinitamente mais racionais do que são hoje a respeito de todas as suas crenças objetivas, e sobre os possíveis efeitos de qualquer ação proposta". Continua: "E, se os homens não discordassem sobre tais assuntos, muito provavelmente considerariam as discordâncias remanescentes passíveis de ajustes amigáveis".

A confiança de Russell nos efeitos pacificadores da psicanálise é ao mesmo tempo comovente e cômica. Na medida em que é uma ciência, a psicanálise é similar a qualquer outro ramo do conhecimento. Pode ser utilizada com fins benéficos ou prejudiciais. Os tiranos podem valer-se de uma melhor compreensão dos desejos humanos inconscientes para reforçar seu poder, e os fomentadores da guerra, para incitar o conflito. Os nazistas rejeitaram a psicanálise, porém utilizaram um entendimento rudimentar do mecanismo psicanalítico de projeção para atingir os judeus e outras minorias. A ciência da mente pode ser usada para desenvolver uma tecnologia da repressão. Russell sabia disso, mas preferia não insistir nesse aspecto, por ele mostrar, de forma bastante clara, a debilidade de suas esperanças.

Em suas celebradas memórias, *My Early Beliefs*, Maynard Keynes diz que Russell tinha "duas crenças absurdamente incompatíveis: por um lado, acreditava que todos os problemas do mundo originavam-se do modo preponderadamente irracional de os negócios humanos serem conduzidos; e por outro, que a solução era simples, visto que bastaria termos um comportamento racional". Esta é uma observação precisa, mas não creio que chegue ao cerne do que há de errado com o racionalismo de Russell. A dificuldade não está em ele ter superestimado o grau de racionalidade dos seres humanos. Mas sim, segundo ele, na impotência da razão.

Conrad, na carta em que comenta o livro de Russell sobre a China, escreveu: "nunca fui capaz de ler em livro algum, ou ouvir nas palavras de nenhum homem, algo suficientemente convincente para colocar-me, por um momento sequer, contra meu sentimento profundo de fatalidade que governa o mundo habitado pelo homem". A admiração apaixonada de Russell por Conrad pode ter tido várias fontes. Com certeza, uma foi a suspeita de que o fatalismo cético de Conrad era uma contribuição mais verdadeira para a vida humana do que sua própria crença problemática na razão e na ciência. Como um reformador, acreditava que a razão poderia salvar o mundo. Como cético seguidor de Hume, sabia que a razão poderia apenas ser escrava das paixões. *Ensaios céticos* foi escrito em defesa da dúvida racional. Atualmente, é possível lê-lo como profissão de fé, o testamento da cruzada de um racionalista que duvidou do poder da razão.

1
Introdução: o valor do ceticismo

Gostaria de propor para apreciação favorável do leitor uma doutrina que pode, temo, parecer bastante paradoxal e subversiva. A doutrina, nesse caso, é a seguinte: não é desejável acreditar em uma proposição quando não existe nenhum fundamento para supô-la verdadeira. Devo, é claro, admitir que se essa opinião se tornasse comum transformaria completamente nossa vida social e nosso sistema político; uma vez que ambos são no momento irrepreensíveis, esse fato poderia exercer pressão contra eles. Estou, também, ciente (o que é mais grave) de que tenderiam a diminuir os ganhos dos futurólogos, corretores de apostas, bispos, entre outros, que vivem das esperanças irracionais daqueles que nada fizeram para merecer sorte aqui ou em outro mundo. Sustento, apesar dessas graves proposições, que é possível elaborar um argumento de meu paradoxo, e tentarei apresentá-lo.

Em primeiro lugar, gostaria de me defender da ideia de ser considerado um extremista. Sou um *Whig*, com amor britânico pelo compromisso e pela moderação. Conta-se uma história sobre Pirro de Élida, fundador do pirronismo, antiga designação do ceticismo. Ele sustentava que nunca sabemos o suficiente para estarmos certos se um curso de uma ação é mais sábio do que outro. Na juventude, em uma tarde, durante um passeio, viu seu professor de filosofia (de quem absorvera seus princípios) com a cabeça presa em um buraco, incapaz de sair. Depois de contemplá-lo por algum tempo, prosseguiu, argumentando que não havia fundamento suficiente para pensar que faria algo de bom ao retirar o velho homem do buraco. Outros, menos céticos, o salvaram, e acusaram Pirro de não ter coração. O professor, no entanto, fiel a seus princípios, louvou-o por sua coerência. Não advogo um ceticismo heroico como esse. Estou preparado para admitir as crenças triviais do senso comum, na prática, se não na teoria. Estou, também, preparado para admitir qualquer resultado bem estabelecido pela ciência não como verdadeiro, com certeza, mas como provável o bastante para proporcionar uma base para a ação racional. Se for anunciada a ocorrência de um eclipse da lua em determinado dia, acho que vale a pena observar se está acontecendo. Pirro pensaria o contrário. Nesse sentido, pode-se dizer que defendo uma posição intermediária.

Existem assuntos sobre os quais há concordância entre os pesquisadores; as datas dos eclipses podem servir de ilustração. Existem outros assuntos sobre os quais os especialistas discordam. Mesmo quando todos os especialistas concordam, também podem estar enganados. Há vinte anos, a visão de Einstein da magnitude da deflexão da luz pela gravitação teria sido rejeitada por todos os especialistas, e ainda assim provou estar certa. Mas a opinião dos especialistas, quando unânime, deve ser aceita pelos leigos como tendo maior probabilidade de estar certa do que a opinião contrária. O ceticismo que advogo corresponde apenas a: (1) quando os especialistas estão de acordo, a opinião contrária não pode ser tida como certa; (2) quando não estão de acordo, nenhuma opinião pode ser considerada correta por um não especialista; e (3) quando todos afirmam que não existem bases suficientes para a existência de uma opinião positiva, o homem comum faria melhor se suspendesse seu julgamento.

Essas proposições podem parecer moderadas; no entanto, se aceitas, revolucionariam de modo absoluto a vida humana.

As opiniões pelas quais as pessoas estão dispostas a lutar e seguir pertencem todas a uma das três classes que esse ceticismo condena. Quando existem fundamentos racionais para uma opinião, as pessoas contentam-se em apresentá-los e esperar que atuem. Nesses casos, as pessoas não sustentam suas opiniões de forma apaixonada; o fazem com calma, e expõem suas razões com tranquilidade. As opiniões mantidas de forma passional são sempre aquelas para as quais não existem bons fundamentos; na verdade, a paixão é a medida da falta de convicção racional de seu defensor. Opiniões sobre política e religião são quase sempre defendidas de forma apaixonada. Com exceção da China, um homem é considerado uma pobre criatura a menos que possua opiniões fortes sobre tais assuntos; as pessoas detestam os céticos muito mais do que detestam os advogados apaixonados com opiniões hostis às suas próprias. Acredita-se que as reivindicações da vida prática demandem opiniões sobre essas questões, e que, se nos tornássemos mais racionais, a existência social seria impossível. Penso o contrário, e tentarei deixar claro por que tenho essa crença.

Tomemos a questão do desemprego após 1920. Alguns alegavam que era consequência da iniquidade dos sindicatos; outros, que era devido à confusão no continente. Um terceiro partido, embora admitisse que essas causas tinham influência, atribuía grande parte dos problemas à política do Bank of England de tentar aumentar o valor da libra esterlina. Entre estes últimos, sou levado a crer, estava a maioria dos especialistas, mas ninguém mais. Os políticos não acham atraente o ponto de vista que não se preste ao discurso partidário, e os mortais comuns preferem as perspectivas que atribuam má sorte às maquinações de seus inimigos. Como consequência, as pessoas lutam a favor e contra medidas bastante relevantes, enquanto os poucos com opinião racional não são ouvidos porque não contribuem para o estímulo de paixões alheias. A fim de converter pessoas, teria sido necessário persuadir o povo de que o Bank of England é cruel. Para mudar a opinião do Partido Trabalhista, teria sido necessário mostrar que os diretores do Bank of England são hostis aos sindicatos; para converter o bispo de Londres, teria sido necessário mostrar que são "imorais". O próximo passo teria sido demonstrar que suas visões sobre a moeda estão equivocadas.

Vejamos outro exemplo. Diz-se, com frequência, que o socialismo é contrário à natureza humana, e essa afirmação é negada pelos socialistas com o mesmo calor com que o fazem seus oponentes. O falecido dr. Rivers, cuja morte não foi lamentada o suficiente, discutiu essa questão em uma conferência na University College, publicada no livro intitulado *Psychology and Politics*. Essa é a única discussão que conheço sobre esse tópico que se pode chamar de científica. Apresenta determinados dados antropológicos que mostram que o socialismo não é contrário à natureza humana na Melanésia; mostra, então, que desconhecemos se a natureza humana é a mesma na Melanésia e na Europa; e conclui que a única forma de constatar se o socialismo é contrário à natureza humana europeia seria experimentá-lo. É interessante que com base nessa conclusão ele pretendesse se tornar candidato do Partido Trabalhista. Mas, com certeza, não teria acrescentado nada ao ardor e paixão nos quais as controvérsias políticas estão, de modo geral, envolvidas.

Arriscar-me-ei agora em um tópico que as pessoas acham ainda mais difícil de tratar de forma não apaixonada, ou seja: costumes matrimoniais. A maioria da população de cada país está convencida de que todos os hábitos matrimoniais diferentes dos seus são imorais, e que aqueles que combatem esse ponto de vista o fazem apenas para justificar suas próprias vidas desregradas. Na Índia, o novo casamento de viúvas é visto, tradicionalmente, como algo horrível demais para ser pensado. Nos países católicos, o divórcio é considerado como algo bastante vil, mas algumas falhas na fidelidade conjugal são toleradas, ao menos nos homens. Na América, o divórcio é fácil, porém as relações extraconjugais são condenadas com a maior severidade. Os seguidores de Maomé acreditam na poligamia, que achamos degradante. Todas essas diferentes opiniões são mantidas com extrema veemência, e perseguições muito cruéis são infligidas àqueles que as desrespeitam. Contudo, ninguém, em nenhum dos diversos países, tenta mostrar que o costume de seu próprio país contribui mais para a felicidade humana do que o hábito dos outros.

Quando abrimos qualquer tratado científico sobre o assunto, assim como (por exemplo) *History of Human Marriage* (*História do casamento*), de Westermarck, nos deparamos com uma atmosfera extraordinariamente diferente do preconceito popular. Encontramos a existência de toda sorte de costume, muitos dos quais achamos repugnantes para a natureza humana. Acreditamos compreender a poligamia como um costume infligido às mulheres por homens opressores. Mas o que dizer do costume tibetano, segundo o qual cada mulher possui vários maridos? No entanto, os viajantes garantem que a vida familiar no Tibete é tão harmoniosa quanto na Europa. Um pouco dessa leitura deve logo reduzir qualquer pessoa ingênua ao total ceticismo, pois não parece haver dados que possibilitem afirmar que um hábito matrimonial é melhor ou pior do que outro. Quase todos envolvem crueldade e intolerância contra aqueles que ofendem o código local, mas não possuem nada mais em comum. Parece que o pecado é geográfico. A partir desta premissa, há apenas um pequeno passo para a conclusão de que a noção de "pecado" é ilusória, e que a crueldade habitualmente praticada na sua punição é desnecessária. Esta conclusão não é nada bem vinda para muitos, pois a aplicação da crueldade com uma boa consciência é um deleite para os moralistas. Eis por que inventaram o inferno.

O nacionalismo é, sem dúvida, um exemplo extremo de crença fervorosa sobre assuntos duvidosos. Creio que pode ser dito com segurança que qualquer historiador científico, ao escrever agora a história da Primeira Guerra, está prestes a fazer declarações que, se feitas durante a guerra, o teriam exposto à prisão em cada um dos países em luta em ambos os lados. Mais uma vez, com exceção da China, não há um país onde o povo tolere a verdade sobre si mesmo; nos tempos de paz, a verdade é apenas pensada de forma doentia, porém em tempos de guerra é vista como criminosa. Sistemas opostos com crenças violentas são construídos, cuja falsidade é evidente pelo fato de que os que neles acreditam compartilham o mesmo preconceito nacional. Mas acredita-se que aplicar a razão a esses sistemas de crença é tão perverso quanto antes era o emprego da razão a dogmas religiosos. Quando as pessoas são inquiridas sobre o motivo pelo qual nessas questões o ceticismo é considerado maléfico, a única resposta é que os mitos ajudam a vencer guerras, de modo que uma nação racional seria exterminada se não reagisse. A visão de que há algo vergonhoso em salvar a pele de alguém por calúnia indiscriminada contra estrangeiros, tanto quanto eu saiba, não encontrou até agora nenhum suporte entre profissionais moralistas fora da seita *quaker*. Caso se sugira que uma nação racional encontraria meios de se manter longe de todas as guerras, a resposta é em geral uma simples crítica.

Qual seria o efeito da disseminação do ceticismo racional? Os eventos humanos nascem de paixões, que geram sistemas concomitantes de mitos. Os psicanalistas estudaram as manifestações individuais desse processo em lunáticos, confirmados e não confirmados. Um homem que sofreu alguma humilhação inventa uma teoria de que é o rei da Inglaterra, e desenvolve todos os tipos de explicações engenhosas por não ser tratado com o respeito que sua alta posição exige. Nesse caso, seus vizinhos não simpatizam com sua ilusão e então o encarceram. Mas se, em vez de afirmar apenas sua própria grandeza, ele asseverasse a grandeza de sua nação, sua classe ou credo, ele ganharia uma multidão de adeptos, e se tornaria um líder político ou religioso, mesmo se, para o estrangeiro imparcial, suas visões parecessem tão absurdas como as encontradas nos hospícios. Dessa forma, cresce uma insanidade coletiva que segue leis bastante similares às da insanidade individual. Todos sabemos que é perigoso argumentar com o lunático que acredita ser o rei da Inglaterra, mas se ele for isolado, pode ser subjugado. Quando toda uma nação compartilha uma ilusão, sua raiva é do mesmo tipo da de um indivíduo lunático se suas pretensões forem questionadas, mas nada senão a guerra pode forçá-la a se submeter à razão.

Os psicólogos discordam bastante sobre a questão da contribuição dos fatores intelectuais no comportamento humano. Existem duas questões bem distintas: (1) O quanto as crenças atuam como causas das ações? (2) O quanto as crenças resultam de evidência lógica adequada, ou são capazes de derivar delas? Em ambas as questões, os psicólogos concordam em atribuir um espaço bem menor aos fatores intelectuais do que um homem comum, porém nessa concordância geral há lugar para diferenças consideráveis de gradação. Tomemos as duas questões sucessivamente.

(1) O quanto as crenças atuam como causas da ação? Não discutiremos de forma teórica a questão, mas observaremos um dia rotineiro na vida de um homem comum. Ele começa por se levantar pela manhã, talvez por força do hábito, sem a intervenção de qualquer crença. Toma seu café, pega o trem, lê o jornal e vai para o trabalho, tudo por força do hábito. Houve um tempo no passado quando ele formou esses hábitos, e na escolha do trabalho, pelo menos, a crença teve uma participação. Ele talvez acreditasse, nessa época, que o trabalho oferecido era tão bom quanto se poderia esperar. Para a maioria dos homens, a crença desempenha um papel na escolha original da carreira e, por conseguinte, todas as implicações dessa escolha.

No escritório, se ele for um subordinado, pode continuar a agir apenas por costume, sem vontade ativa e sem a intervenção explícita de um credo. Pode-se pensar que, se acrescentar pilhas de números, ele crê nas regras aritméticas que emprega. Mas isso também seria um erro; essas regras são apenas hábitos do corpo, como são os de um jogador de tênis. Foram adquiridos na juventude, e não da crença intelectual de que correspondiam à verdade, mas para agradar ao professor, assim como um cachorro aprende a sentar nas patas traseiras e a pedir comida. Não digo que toda educação seja desse tipo, porém a básica, com certeza.

Se, entretanto, nosso amigo for um sócio ou diretor, pode ser solicitado, durante o dia, a tomar decisões políticas difíceis. Nessas decisões é provável que a crença tenha uma participação. Ele acredita que algumas coisas melhorarão e outras ficarão piores, que fulano é um homem honesto e o outro está à beira da falência. Age sob essas crenças. É justamente por agir sob crenças e não por mero hábito que é considerado um homem mais importante do que um simples funcionário, e é capaz de ganhar muito mais dinheiro – desde que suas crenças sejam verdadeiras.

Na sua vida doméstica haverá a mesma proporção de ocasiões provocadas pelas crenças. Em circunstâncias comuns, seu comportamento para com sua mulher e filhos será dominado pelo hábito, ou pelo instinto modificado pelo hábito. Em situações mais importantes – quando propuser casamento, escolher uma escola para o filho, ou encontrar motivos para suspeitar da fidelidade de sua mulher – não poderá ser conduzido apenas pelo hábito. Ao propor casamento, ele pode ser guiado por mero instinto, ou influenciado pela crença de que a mulher é rica. Se for conduzido pelo instinto, sem dúvida acredita que a mulher possui todas as virtudes, e isso pode lhe parecer ser a causa de sua ação, porém, na verdade, é outro efeito do instinto que, sozinho, é suficiente para contribuir para essa ação. Ao escolher uma escola para o filho, talvez ele proceda de forma bastante semelhante às difíceis tomadas de decisão nos negócios; aqui acredita, em geral, desempenhar um papel importante. Se tiver evidências indicando que sua mulher foi infiel, seu comportamento talvez seja puramente instintivo, porém o instinto foi acionado por uma crença, que é a primeira causa de tudo o que se segue.

Assim, embora as convicções profundas não sejam responsáveis diretas por mais do que uma pequena parte de nossas ações, aquelas pelas quais o são estão entre as mais importantes, e determinam, em grande parte, a estrutura geral de nossas vidas. Em especial, nossas ações políticas e religiosas estão associadas a crenças.

(2) Abordo agora a nossa segunda questão, que é por si mesmo dupla: (*a*) O quanto, de fato, estão as crenças baseadas em evidências? (*b*) O quanto é possível ou desejável que estejam?

(*a*) As crenças estão bem menos baseadas em evidências do que os crédulos supõem. Vejamos o tipo de ação mais próximo do racional: o investimento de dinheiro por um cidadão rico. Você perceberá, com frequência, que sua visão (digamos) sobre a questão da alta ou queda do franco francês depende de suas simpatias políticas e, contudo, essas simpatias são tão arraigadas que ele está preparado a arriscar seu dinheiro. Nas falências, quase sempre parece que algum fator sentimental foi a causa original da ruína. As opiniões políticas dificilmente são baseadas em evidências, exceto no caso de servidores públicos, que estão proibidos de expressá-las. Existem, sem dúvida, exceções. Na controvérsia da reforma tarifária, que começou há 25 anos, a maioria dos fabricantes apoiou o lado que aumentaria sua própria receita, mostrando que suas opiniões estavam na verdade fundamentadas em evidências, por menos que suas declarações levassem a essa suposição. Temos aqui uma complicação. Os freudianos nos acostumaram a "racionalizar", ou seja, o processo de inventar o que nos parece ser a base racional para uma decisão ou opinião que é, de fato, bastante irracional. Mas existe, em especial nos países de língua inglesa, um processo contrário que pode ser chamado de "irracionalidade". Um homem astuto resumirá, de forma mais ou menos subconsciente, os prós e os contras de uma questão de um ponto de vista egoísta. (As considerações altruístas quase nunca pesam no subconsciente, a não ser quando os filhos estão envolvidos.) Para chegar a uma decisão egoísta saudável com a ajuda do inconsciente, um homem inventa, ou adota de outros, um conjunto de frases bem pomposas para mostrar como está buscando o bem público à custa do imenso sacrifício pessoal. Quem acreditar que essas frases exprimem suas verdadeiras razões deve imaginar que o bem não resultará de sua ação. Nesse caso, um homem parece menos racional do que é; o que é ainda mais curioso: sua parte irracional é consciente; e a parte racional, inconsciente. Esse é o traço de nosso caráter que tornou ingleses e americanos tão bem-sucedidos.

A astúcia, quando genuína, pertence mais à parte inconsciente do que à parte consciente de nossa natureza. Ela é, suponho, a principal qualidade necessária para o sucesso nos negócios. Do ponto de vista moral, é uma qualidade insignificante, pois é sempre egoísta; no entanto, é suficiente para manter os homens longe dos piores crimes. Se os alemães a tivessem, não teriam adotado uma forte campanha submarina. Se os franceses a possuíssem, não teriam se comportado como o fizeram em Ruhr. Se Napoleão a tivesse, não teria recomeçado uma guerra após o Tratado de Amiens. É uma regra geral que pode ser estabelecida e para a qual existem poucas exceções: quando as pessoas estão equivocadas sobre o que é seu próprio interesse, o caminho que acreditam ser prudente é mais perigoso para os outros do que o percurso realmente inteligente. Portanto, tudo o que leva as pessoas a julgarem melhor seus próprios interesses é benéfico. Existem inúmeros exemplos de homens fazendo fortuna porque, em bases morais, fizeram algo que acreditavam ser contrário a seus próprios interesses. Por exemplo, entre os primeiros *quakers*, vários lojistas adotaram a prática de não pedir mais por suas mercadorias do que estavam decididos a aceitar, em vez de barganhar com cada cliente, como todos faziam. Eles adotaram essa prática porque consideravam uma mentira pedir mais do que poderiam receber. Mas a conveniência para os clientes era tão grande que todos vinham para suas lojas e eles ficaram ricos. (Esqueci onde li isso, porém se minha memória é útil foi em alguma fonte confiável.) A mesma política *poderia* ter sido adotada por esperteza, mas na verdade ninguém era astuto o bastante. Nosso inconsciente é mais malevolente do que parece ser; por esse motivo, as pessoas que agem totalmente de acordo com seus interesses são as que, de maneira deliberada, com fundamentos morais, fazem o que acreditam ser contra seu interesse. Em seguida, estão as pessoas que tentam pensar de forma racional e consciente em relação a seu próprio interesse, eliminando, o máximo possível, a influência da paixão. Em terceiro lugar, vêm as pessoas que possuem esperteza instintiva. Por fim, aquelas cuja malevolência ultrapassa a astúcia, levando-as a buscar a ruína dos outros por meios que conduzem à sua própria ruína. Esta última categoria inclui noventa por cento da população da Europa.

Posso ter feito, de alguma forma, uma digressão do meu tópico, mas era necessário distinguir a razão inconsciente, chamada de astúcia, da variedade consciente. Os métodos comuns de educação quase não têm efeito sobre o inconsciente, de modo que a esperteza não pode ser ensinada por nossa técnica atual. A moralidade, exceto a que consiste em mero hábito, também parece desqualificada para ser ensinada pelos métodos atuais; de qualquer forma, jamais observei qualquer efeito benéfico naqueles expostos a estímulos frequentes. Por esse motivo, em nosso trabalho, hoje, qualquer melhora deliberada deve ser trazida por meios intelectuais. Não sabemos como ensinar as pessoas a serem astutas ou virtuosas, mas sabemos, com limitações, como ensiná-las a serem racionais: é apenas necessário reverter a prática das autoridades em educação em todos os detalhes. Podemos no futuro aprender a gerar virtude ao manipular glândulas sem duto, e impulsionar ou diminuir suas secreções. Mas no momento é mais fácil criar racionalidade do que virtude – entendendo-se por "racionalidade" o hábito científico da mente de prever os efeitos de nossas ações.

(*b*) Isso me traz à questão: o quanto podem ou devem as ações humanas ser irracionais? Tomemos primeiro o "devem". Existem limites bem definidos, para mim, dentro dos quais a racionalidade precisa estar confinada; alguns dos mais importantes segmentos da vida são arruinados pela invasão da razão. Leibniz, quando estava mais velho, disse a um correspondente que apenas uma vez pedira uma mulher em casamento, quando tinha cinquenta anos. "Felizmente", acrescentou, "ela pediu um tempo para pensar. E isso também me deu algum tempo para ponderar, e retirei minha oferta." Sem dúvida sua conduta foi bastante racional, mas não posso dizer que a admiro.

Shakespeare reuniu "o lunático, o amante e o poeta", todos com imaginação substancial. O problema é ficar com o amante e o poeta, sem o lunático. Darei um exemplo. Em 1919, vi *As mulheres de Troia* encenada no Old Vic. Existe uma cena insuportavelmente patética, na qual Astianax é condenado à morte pelos gregos por medo de que se torne um segundo Heitor. Quase todos choravam no teatro e a plateia achou a crueldade dos gregos, na peça, difícil de acreditar. No entanto, essas mesmas pessoas que choravam estavam, naquele momento, praticando a mesma crueldade em uma escala que a imaginação de Eurípides jamais poderia contemplar. Haviam acabado de votar (a maioria delas) em um governo que prolongava o bloqueio à Alemanha após o armistício e impunha o bloqueio à Rússia. Sabia-se que esses bloqueios causariam a morte de um grande número de crianças, mas desejavam diminuir a população dos países inimigos: as crianças, como Astianax, poderiam crescer e imitar seus pais. O poeta Eurípides despertara o amante na imaginação da plateia; mas o amante e o poeta foram esquecidos na porta do teatro, e o lunático (na forma de maníaco homicida) controlava as ações políticas desses homens e mulheres que se acreditavam bons e virtuosos.

É possível preservar o amante e o poeta sem conservar o lunático? Em cada um de nós, os três existem em graus variados. Estariam eles tão ligados que quando um fosse mantido sob controle os outros pereceriam? Não acredito nisso. Creio que em cada um de nós existe uma certa energia que deve encontrar expressão em ações não inspiradas pela razão, mas que pode exprimir-se na arte, no amor apaixonado, ou no ódio apaixonado, de acordo com as circunstâncias. A respeitabilidade, a regularidade e a rotina – as disciplinas de ferro fundido na sociedade industrial moderna – atrofiaram o impulso artístico e aprisionaram o amor de tal forma que ele não pode mais ser generoso, livre e criativo, mas sim sufocante e furtivo. O controle foi aplicado a questões que deveriam ser livres, enquanto a inveja, a crueldade e o ódio disseminaram-se amplamente com a bênção de quase todos os bispos. Nosso sistema instintivo consiste de duas partes – a que tende a impulsionar nossa vida e a de nossa descendência, e aquela propensa a se opor às vidas de nossos supostos rivais. A primeira inclui a alegria de viver, o amor, e a arte, que são, do ponto de vista psicológico, uma derivação do amor. A segunda inclui competição, patriotismo e guerra. A moralidade convencional faz tudo para suprimir a primeira e encorajar a segunda. A verdadeira moralidade procederia exatamente ao contrário. Nossas relações com aqueles que amamos podem ser entregues, com segurança, ao instinto; e nossa relação com aqueles que odiamos deve ser posta sob o domínio da razão. No mundo moderno, aqueles a quem efetivamente odiamos são grupos distantes, em especial nações estrangeiras. Nós os concebemos de forma abstrata e nos enganamos ao crer que os atos, que são na verdade encarnações do ódio, são praticados por amor à justiça ou por algum motivo nobre. Apenas uma grande dose de ceticismo pode rasgar os véus que escondem de nós essa verdade. Tendo alcançado isso, podemos começar a construir uma nova moralidade, que não esteja baseada na inveja e na restrição, mas no desejo de uma vida completa, e a perceber que outros seres humanos são uma ajuda e não um impedimento, depois que a loucura da inveja for curada. Isso não é uma esperança utópica; foi em parte realizada na Inglaterra elisabetana. Poderia ser alcançada amanhã, se os homens aprendessem a perseguir sua própria felicidade e não o infortúnio dos outros. Isso não é uma moralidade austera impossível; no entanto, sua adoção faria da terra um paraíso.

2

Sonhos e fatos

I

A influência de nossos desejos em nossas crenças é questão de conhecimento e observação comuns; contudo, a natureza dessa influência é, de modo geral, mal interpretada. É costume supor que a maioria de nossas crenças origina-se de alguma base racional, e o desejo é apenas uma força perturbadora ocasional. O exato oposto disso estaria mais próximo da verdade: a grande massa de crenças pelas quais somos apoiados em nossa vida cotidiana apenas representa o desejo, corrigido aqui e ali, em pontos isolados, pelo simples choque dos fatos. O homem é, em seu cerne, um sonhador despertado algumas vezes por um momento através de algum elemento peculiarmente desagradável do mundo externo, mas caindo, logo, mais uma vez, na alegre sonolência da imaginação. Freud demonstrou como nossos sonhos noturnos são, em grande parte, a representação da satisfação de nossos desejos; ele disse, com a mesma proporção de verdade, o mesmo sobre os sonhos diurnos; e talvez tenha incluído os sonhos diurnos que chamamos crenças.

Existem três meios pelos quais essa origem não racional de nossas convicções pode ser demonstrada: a via da psicanálise, que, começando pela compreensão do insano e da histérica, deixa claro, de forma gradual, quão pouco, na essência, essas vítimas da doença diferem das pessoas comuns saudáveis; depois, existe o caminho dos filósofos céticos, que mostram como é frágil a evidência racional até para nossas crenças mais valorizadas; e, por fim, a via da observação comum dos homens. Proponho considerarmos apenas a última destas três.

Os mais primitivos selvagens, como se tornaram conhecidos pelos trabalhos de antropólogos, não estão tateando na ignorância consciente por entre os fenômenos que sabem não compreender. Ao contrário, possuem inúmeras crenças, mantidas com firmeza para controlar todas as suas ações mais importantes. Eles acreditam que ao comer a carne de um animal ou de um guerreiro é possível adquirir as virtudes da vítima quando estava viva. Muitos creem que pronunciar o nome de seu chefe é um sacrilégio que pode trazer morte instantânea; chegam a ponto de alterar todas as palavras nas quais as sílabas de seu nome ocorrem; por exemplo, se tivéssemos um rei chamado Caio, deveríamos falar de um caiongo como (diríamos) *Carlongo*, e sapucaio por *sapucarlo**. também Quando progridem na agricultura, e o clima torna-se importante para o suprimento de alimentos, acreditam que pequenos feitiços ou acender pequenas fogueiras poderão fazer chover ou o sol raiar. Creem que quando um homem é assassinado, seu sangue ou sua alma persegue o assassino até ele se vingar, porém pode ser enganado por um simples disfarce como uma pintura vermelha no rosto ou pondo luto**. A primeira parte desta crença originou-se, sem dúvida, entre aqueles que temiam o assassinato, e a segunda, entre os que o haviam cometido.

Tampouco nossas crenças irracionais estão limitadas aos selvagens. A grande maioria da raça humana possui opiniões religiosas diferentes das nossas, e, portanto, sem fundamento. As pessoas interessadas em política, com exceção dos políticos, têm convicções apaixonadas sobre inúmeras questões que podem parecer não passíveis de decisões racionais a qualquer indivíduo não preconceituoso. Trabalhadores voluntários em uma eleição disputada sempre acreditam que seu lado vencerá, não importa que razão possa existir para esperar a derrota. Não há dúvida de que, no outono de 1914, a imensa maioria da nação alemã estava absolutamente certa da vitória da Alemanha. Nesse caso, o fato se impôs e dissipou o sonho. Mas se, de alguma forma, todos os historiadores não alemães pudessem ser impedidos de escrever

---

* O trocadilho usado no original é com o nome do rei John com as palavras *jonquil* (junquilho) e *dungeon* (calabouço) nas quais há a substituição de John por George, como segue: george-quil e dun-george. (N.T.)

** Ver o capítulo "The Mark of Caim" no *Folk-lore in the Old Testament*, de Frazer.

durante os próximos duzentos anos, o sonho seria restaurado: os primeiros triunfos seriam relembrados, ao passo que o desastre final seria esquecido.

A cortesia é a prática do respeito às crenças dos homens relacionadas, em especial, com seus próprios méritos ou os de seu grupo. Todo homem, onde quer que vá, está acompanhado de uma nuvem de convicções reconfortantes, que se move com ele como moscas em um dia de verão. Algumas dessas convicções são pessoais: falam de suas virtudes e excelências, do carinho dos amigos e respeito de seus conhecidos, das perspectivas agradáveis de sua carreira, e sua crescente energia apesar da saúde delicada. A seguir vêm as convicções da excelência de sua família: como seu pai possui uma retidão inflexível, hoje rara, e criou seus filhos com uma austeridade além da encontrada entre os pais modernos; como seus filhos são bem-sucedidos nos jogos da escola, e sua filha não é o tipo de garota que fará um casamento imprudente. Depois estão as crenças sobre sua classe, que, segundo sua posição, é a melhor social ou moralmente, ou a mais inteligente, das classes da comunidade – embora todos concordem que o primeiro desses méritos é mais desejável do que o segundo, e o segundo do que o terceiro. Em relação à sua nação, também, quase todos os homens compartilham ilusões reconfortantes. "As nações estrangeiras, sinto dizê-lo, agem só de acordo com seus interesses", disse o sr. Podsnap, expressando, com essas palavras, um dos mais profundos sentimentos do coração do homem. Por fim, chegamos às teorias que exaltam a humanidade, em geral, seja de forma absoluta ou comparadas à "criação bruta". Os homens têm almas, ao passo que os animais não; os homens são "animais racionais"; qualquer ação especialmente cruel ou artificial é chamada "brutal" ou "bestial" (embora tais ações sejam na verdade distintivamente humanas)*; Deus fez o homem à sua própria imagem, e o bem-estar do homem é a razão final do universo.

Temos, assim, uma hierarquia de crenças reconfortantes: as que são privadas do indivíduo, as que ele compartilha com sua família, as que são comuns à sua classe ou nação, e por fim as que são igualmente maravilhosas para toda a humanidade. Se desejamos ter um bom

---

* Compare com *O estranho misterioso* de Mark Twain.

relacionamento com os homens, devemos respeitar essas crenças; não podemos, portanto, falar de um homem diante dele como faríamos pelas costas. A diferença amplia-se à medida que aumenta sua distância de nós. Ao falar com um irmão, não precisamos de cortesia consciente em relação a seus pais. A necessidade de cortesia atinge o máximo ao falarmos com estrangeiros, e é cansativo a ponto de ser paralisante para os que estão apenas acostumados com os compatriotas. Lembro-me de ter sugerido uma vez a um americano que nunca viajara que talvez houvesse alguns pequenos pontos nos quais a constituição inglesa fosse melhor do que a dos Estados Unidos. Ele se sentiu instantaneamente tomado de crescente ódio; e, jamais tendo ouvido antes tal opinião, não podia imaginar que alguém a mantivesse com seriedade. Fomos ambos descorteses, e o resultado foi desastroso.

Mas o resultado do fracasso da cortesia, por pior que tenha sido no contexto da ocasião social, é admirável do ponto de vista da construção de mitos. Existem duas formas nas quais nossas crenças naturais são corrigidas: uma é o contato com o fato, como quando nos enganamos e confundimos um fungo venenoso com um cogumelo e sofremos em consequência disso; e outra, quando nossas crenças entram em conflito, não de forma direta, com os fatos objetivos, mas com crenças opostas de outros homens. Um homem acredita ser correto comer porco, mas não carne de vaca; outro come carne de vaca, porém não de porco. O resultado usual dessa diferença de opinião tem sido o derramamento de sangue; mas aos poucos está surgindo uma opinião racional de que talvez nenhuma delas seja realmente pecado. A modéstia, o correlativo da cortesia, consiste em pretender não pensar melhor sobre nós mesmos e nossos bens, menosprezando o homem com o qual estamos falando e seus pertences. Apenas na China essa arte é compreendida em sua plenitude. Soube que, se perguntar a um mandarim chinês pela saúde de sua mulher e filhos, ele responderá: "aquela prostituta contemplativa e sua cria abjeta estão, como sua Magnificência se digna ser informado, desfrutando de perfeita saúde"*. Mas essa elaboração demanda uma existência digna e disponibilidade de tempo; é impossível nos rápidos, porém

---

* Isso foi escrito antes de minha ida à China. Não seria verdadeiro na China que visitei (em 1920).

importantes, contatos de negócios ou política. As relações com outros seres humanos dissipam, passo a passo, os mitos de todos, menos os dos mais bem-sucedidos. O conceito pessoal é desfeito pelos irmãos; o da família, pelos colegas de escola; o conceito de classe, pelos políticos, e o de nação é derrotado na guerra ou no comércio. Mas o conceito do homem permanece e, nesse enfoque, no que diz respeito ao efeito da relação social, a faculdade de construir mitos é livre. Contra essa forma de ilusão, uma correção parcial pode ser encontrada na ciência; contudo, a correção só pode ser parcial, pois sem alguma credibilidade a ciência desmoronaria e entraria em colapso.

II

Os sonhos de um homem ou de um grupo podem ser cômicos, mas os sonhos humanos coletivos, para nós que não podemos ultrapassar o círculo da humanidade, são patéticos. O universo é muito vasto, como revela a astronomia. Não podemos dizer o que existe além do que os telescópios mostram. Mas sabemos que é de uma imensidão inimaginável. No mundo visível, a Via Láctea é um fragmento minúsculo; e, nesse fragmento, o sistema solar é uma partícula infinitesimal, e, dessa partícula, nosso planeta é um ponto microscópico. Nesse ponto, pequenas massas impuras de carbono e água, de estrutura complexa, com algumas raras propriedades físicas e químicas, arrastam-se por alguns anos, até serem dissolvidas outra vez nos elementos de que são compostas. Elas dividem seu tempo entre o trabalho designado para adiar o momento de sua dissolução e a luta frenética para acelerar o de outras do mesmo tipo. As convulsões naturais destroem periodicamente milhares ou milhões delas, e a doença devasta, de modo prematuro, mais algumas. Esses eventos são considerados infortúnios; mas quando os homens obtêm êxito ao impor semelhante destruição por seus próprios esforços, regozijam-se e agradecem a Deus. Na vida do sistema solar, o período no qual a existência do homem terá sido fisicamente possível é uma porção minúscula do todo; mas existe alguma razão para esperar que mesmo antes desse período terminar o homem tenha posto fim à sua existência por seus próprios meios de aniquilação mútua. Assim é a vida do homem vista de fora.

Mas tal visão da vida, como sabemos, é intolerável, e destruiria a energia instintiva pela qual o homem persiste. A forma que encontraram para escapar dessa cruel perspectiva foi por meio da religião e da filosofia. Por mais estranho e indiferente que o mundo externo possa parecer, somos assegurados, por aqueles que nos consolam, de que existe harmonia sob o conflito aparente. Todo longo desenvolvimento da nebulosa original levará, supomos, o homem ao ápice do processo. *Hamlet* é uma peça bastante conhecida, no entanto, poucos leitores lembrarão da fala do primeiro marinheiro, que consiste em quatro palavras: "Deus o abençoe, senhor". Mas presuma uma sociedade de homens cujo único trabalho na vida fosse desempenhar esse papel; suponha que estivessem isolados do contato com os Hamlets, Horácios e até Guildensterns: eles não inventariam sistemas de crítica literária segundo os quais as quatro palavras do primeiro marinheiro fossem o núcleo de toda a trama? Não puniriam com ignomínia ou exilariam qualquer um de sua espécie que sugerisse que outras partes tivessem talvez igual importância? E a vida da humanidade assume uma proporção menor do universo que a fala do primeiro marinheiro de *Hamlet*, mas não podemos ouvir por trás das cenas o resto da peça, e sabemos muito pouco sobre os personagens da trama.

Quando refletimos sobre a humanidade, pensamos basicamente em nós mesmos como seus representantes; portanto, temos apreço por ela e achamos importante sua preservação. O sr. Jones, um comerciante não conformista, está certo de que merece a vida eterna, e o universo que lhe negar isso será intoleravelmente perverso. No entanto, quando pensa no sr. Robinson, o concorrente anglicano, que mistura areia ao açúcar e é negligente para com os domingos, reflete que o universo pode, sem dúvida, levar a caridade longe demais. Para completar sua felicidade, existe a necessidade do fogo do inferno para o sr. Robinson; dessa forma, a importância cósmica do homem está preservada, porém a distinção vital entre amigos e inimigos não está obliterada por uma benevolência universal fraca. O sr. Robinson tem o mesmo ponto de vista com os papéis invertidos, e resulta na felicidade geral.

Nos dias anteriores a Copérnico, não havia necessidade de sutileza filosófica para manter a visão antropocêntrica do mundo.

O céu visivelmente girava em torno da Terra, e na Terra o homem dominava todos os animais do campo. Mas quando a Terra perdeu a posição central, também o homem foi deposto de sua eminência, e tornou-se necessário inventar a metafísica para corrigir as "cruezas" da ciência. Essa tarefa foi realizada pelos chamados "idealistas", que sustentam que o mundo da matéria é aparência irreal, enquanto a realidade é Mente ou Espírito – transcende a mente ou espírito do filósofo como ele transcende o homem comum. Além de não haver lugar como a própria casa, esses pensadores nos garantem que todo lugar assemelha-se à nossa casa. Da melhor forma possível, ou seja, em todas as tarefas que compartilhamos com o filósofo em questão, somos um com o universo. Hegel garante que o universo parece o Estado prussiano de seus dias; seus seguidores ingleses o consideram mais análogo à democracia plutocrática bicameral. As razões oferecidas para esses pontos de vista são camufladas com cuidado para ocultar, até de seus autores, a conexão com os desejos humanos: derivam, nominalmente, de fontes áridas como a lógica e a análise de proposições. Mas a influência dos desejos é conhecida pelas falácias perpetradas, que se inclinam todas em uma direção. Quando um homem acrescenta uma contribuição, tem maior probabilidade de cometer um erro a seu favor do que em seu detrimento; e, quando um homem raciocina, está mais apto a incorrer em falácias a favor de seus desejos do que de frustrá-los. Assim, no estudo dos pensadores abstratos são seus erros que dão a chave de sua personalidade.

Muitos podem contestar que, mesmo que os sistemas inventados pelos homens não sejam verdadeiros, são inofensivos e reconfortantes, e não devem ser perturbados. Porém, na verdade, não são inofensivos, e o conforto que trazem é comprado com carinho pela infelicidade previsível que leva os homens a tolerar. O mal da vida surge em parte de causas naturais, e em parte pela hostilidade do homem em relação a outros homens. Nos tempos antigos, a competição e a guerra eram necessárias para garantir alimentos, que podiam apenas ser obtidos pelos vencedores. Atualmente, graças ao domínio das forças da natureza que a ciência começou a ter, haveria mais conforto e felicidade para todos se nos dedicássemos à conquista da natureza e não um do outro. A representação da natureza como amiga, e algumas vezes até como aliada em nossas lutas com outros homens, obscurece a verdadeira posição do homem no mundo, e desvia suas energias da busca do poder científico, que é a única luta que pode trazer bem-estar contínuo à raça humana.

    Além de todos os argumentos utilitários, a busca da felicidade com base em crenças falsas não é nem muito nobre nem muito gloriosa. Há uma completa felicidade na firme percepção de nosso verdadeiro lugar no mundo, e um drama mais vívido do que qualquer um possível para aqueles que se escondem por trás das cortinas fechadas do mito. Existem "mares perigosos" no mundo do pensamento, que podem apenas ser navegados por aqueles que desejam encarar sua própria impotência física. E, sobretudo, existe a libertação da tirania do Medo, que destrói a luz do dia e mantém os homens humilhados e cruéis. Nenhum homem está livre do medo se não ousa ver qual é seu lugar no mundo; nenhum homem pode atingir a grandeza de que é capaz até que tenha se permitido ver sua pequenez.

3

A ciência é supersticiosa?

A vida moderna está construída sobre a ciência em dois aspectos. Por um lado, dependemos, todos, das invenções e descobertas científicas para nossa subsistência diária e para nossos confortos e diversões. Por outro, certos hábitos da mente, ligados à perspectiva científica, disseminaram-se de forma gradual nos últimos três séculos, por intermédio de poucos homens geniais, para grandes setores da população. Essas duas operações da ciência estão unidas quando consideramos períodos de tempo suficientemente longos, porém ambas podem existir uma sem a outra por vários séculos. Até o fim do século XVIII, o hábito científico da mente não afetava muito a vida cotidiana, pois não havia levado às grandes invenções que revolucionaram a técnica industrial. Por sua vez, o modo de vida produzido pela ciência pode ser assumido por populações que tenham apenas certos rudimentos práticos de conhecimento científico; tais populações podem fabricar e utilizar máquinas inventadas em outro lugar, e até mesmo fazer pequenas melhorias nelas. Se a inteligência coletiva da humanidade se degenerasse, o tipo de técnica e a vida cotidiana que a ciência produziu sobreviveria apesar disso, é bem provável, por muitas gerações. Mas não sobreviveria para sempre, pois, se sofresse um sério desequilíbrio em virtude um cataclismo, não poderia ser reconstruído.

A perspectiva científica, portanto, é uma questão importante para a humanidade, para o bem ou para o mal. Mas essa perspectiva é dupla, como a perspectiva artística. O criador e o apreciador são pessoas diferentes e demandam hábitos mentais bem diversos. O criador científico, como qualquer outro, está apto a ser inspirado por paixões para as quais dá expressão intelectual equivalente a uma fé não demonstrável, sem a qual provavelmente conseguiria muito pouco. O apreciador não precisa desse tipo de fé; pode ver as coisas de forma proporcional e fazer as reservas necessárias, e ver o criador como uma pessoa rude e bárbara, comparado a si mesmo. À medida que a civilização se difunde e se torna mais tradicional, existe uma tendência dos hábitos da mente do apreciador de conquistar os que podem ser criadores, e o resultado é a civilização em questão tornar-se bizantina e retrospectiva. Algo dessa ordem parece estar começando a acontecer na ciência. A fé simples que mantinha os pioneiros está desintegrando-se no centro. As nações distantes, como as dos russos, dos japoneses e dos jovens chineses, ainda dão as boas-vindas à ciência com o fervor do século XVII; assim como o faz grande parte das populações das nações ocidentais. Mas o alto clero começa a desinteressar-se pela adoração à qual está oficialmente dedicado. O devoto e jovem Lutero reverenciava um papa que fosse um livre-pensador, que permitisse que bois fossem sacrificados a Júpiter no Capitólio para promover sua recuperação da doença. Então, nos dias de hoje, os que estão longe dos centros de cultura possuem uma reverência pela ciência que seus profetas não mais sentem. O materialismo "científico" dos bolcheviques, como o início do protestantismo alemão, é uma tentativa de preservar a antiga devoção na forma em que tanto amigos quanto inimigos acreditam ser nova. Mas sua crença febril na inspiração verbal de Newton apenas acelerou a propagação do ceticismo científico entre outros cientistas "burgueses" do Ocidente. A ciência, como atividade reconhecida e encorajada pelo Estado, tornou-se politicamente conservadora, exceto onde, como no Tennessee, o Estado permaneceu pré-científico. Atualmente, a fé fundamental da maioria dos homens da ciência reside na importância de preservar o *status quo*. Em consequência, pretendem reivindicar para a ciência nada mais do que lhe é devido e conceder grande parte das reivindicações a outras forças conservadoras, como a religião.

Depararam-se, contudo, com uma grande dificuldade. Enquanto os homens da ciência são, na maior parte, conservadores, a ciência ainda é o principal agente das mudanças rápidas no mundo. As emoções suscitadas pela mudança na Ásia, África e entre as populações industriais da Europa são quase sempre desagradáveis para os conservadores. Por isso, surge uma hesitação sobre qual valor da ciência contribuiu para o ceticismo do alto clero. Se fosse único, poderia não ser importante. Mas é reforçado por autênticas dificuldades intelectuais que, se fossem insuperáveis, provavelmente levariam ao fim da era da descoberta científica. Não digo que isso acontecerá de forma súbita. A Rússia e a Ásia podem continuar por mais um século a manter a fé científica que o Ocidente está perdendo. Mais cedo ou mais tarde, se os argumentos lógicos contra essa fé forem irrefutáveis, convencerão os homens que, por qualquer razão, possam estar no momento desgastados; e, uma vez convencidos, acharão impossível recapturar a antiga e feliz confiança. Os argumentos contra o *credo* científico merecem, portanto, ser examinados com todo cuidado.

Quando falo em *credo* científico, não estou mencionando apenas o que está logicamente implicado na visão, em geral, de que a ciência é verdadeira; falo de algo mais entusiástico e menos racional – ou seja, o sistema de crenças e emoções que levam o homem a se tornar um grande descobridor científico. A questão é: podem essas crenças e emoções sobreviver entre homens que possuem poderes intelectuais sem os quais a descoberta científica seria impossível?

Dois novos livros bastante interessantes nos ajudarão a perceber a natureza do problema. Os livros são: *Metaphysical Foundations of Modern Science* (*As bases metafísicas da ciência moderna*) [1924], de Burtt, e *Science and the Modern World* (*A ciência e o mundo moderno*), de Whitehead (1926). Cada um deles critica o sistema de ideias que o mundo moderno deve a Copérnico, Kepler, Galileu e Newton – o primeiro, quase em sua totalidade do ponto de vista histórico; o último, tanto histórico quanto lógico. O livro do dr. Whitehead é mais importante, pois não é apenas crítico, mas construtivo, e procura fornecer bases intelectuais satisfatórias para a ciência no futuro que correspondam, ao mesmo tempo, emocionalmente, às aspirações extracientíficas da humanidade. Não posso aceitar os argumentos lógicos apresentados pelo dr. Whitehead a favor do que pode ser chamado de a parte agradável de sua teoria: ao mesmo tempo em que admito a necessidade de uma reconstrução intelectual de conceitos científicos, sou favorável ao ponto de vista de que novos conceitos serão tão desagradáveis para nossas emoções não intelectuais quanto os antigos, e serão, assim, aceitos apenas pelos que têm uma tendência emocional forte a favor da ciência. Mas vejamos qual é o argumento.

Existe, para começar, o aspecto histórico. "Não existe uma ciência viva", diz o dr. Whitehead, "a não ser que haja uma convicção instintiva muito difundida na existência de uma *ordem das coisas* e, em especial, de uma *ordem da Natureza*." A ciência poderia apenas ter sido criada pelos homens que já possuíssem essa crença e, portanto, as fontes originais de crença devem ter sido pré-científicas. Outros elementos também contribuíram para construir a mentalidade complexa necessária ao surgimento da ciência. A perspectiva da vida na Grécia, sustenta ele, era predominantemente dramática e, assim, tendia a enfatizar mais o fim do que o começo: isso era uma desvantagem do ponto de vista científico. Em contrapartida, a tragédia grega contribuiu para a ideia de Destino, o que facilitou a visão de que os eventos tornam-se necessários pelas leis naturais. "O Destino na tragédia grega converte-se na ordem da Natureza no pensamento moderno." O ponto de vista do determinismo foi reforçado pela lei romana. O governo romano, ao contrário do despotismo oriental, agiu (pelo menos na teoria) de forma não arbitrária, mas segundo regras previamente estabelecidas. Do mesmo modo, o cristianismo concebeu Deus atuando de acordo com leis, embora houvesse leis que o próprio Deus criara. Tudo isso facilitou o surgimento da concepção de lei natural, um ingrediente essencial na mentalidade científica.

As crenças não científicas que inspiraram o trabalho dos pioneiros dos séculos XVI e XVII são apresentadas de forma admirável pelo dr. Burtt, com a ajuda de muitas fontes originais pouco conhecidas. Parece, por exemplo, que a inspiração de Kepler deve-se, em parte, a uma espécie de adoração zoroastriana do Sol que adotou em um período crítico de sua juventude. "Foi basicamente por motivações como a deificação do Sol e sua correta posição no centro do universo que Kepler, nos anos de seu fervor adolescente e imaginação entusiasmada, foi induzido a aceitar o novo sistema." Ao longo da Renascença, existiu uma certa hostilidade ao cristianismo, com base, sobretudo, na admiração pela Antiguidade pagã; não ousava exprimir-se de forma aberta como regra, mas levou, por exemplo, ao renascimento da astrologia, que a Igreja condenava por envolver o determinismo físico.

A revolta contra o cristianismo estava associada à superstição quase tanto quanto à ciência – e algumas vezes, como no caso de Kepler, à união íntima de ambas.

No entanto, existe outro ingrediente, igualmente essencial, porém ausente na Idade Média, e incomum na Antiguidade – ou seja, um interesse em "fatos duradouros e inexoráveis". A curiosidade sobre os fatos é encontrada nos indivíduos antes da Renascença – por exemplo, o imperador Frederico II e Roger Bacon; mas durante o período renascentista tornou-se, de repente, comum entre as pessoas inteligentes. Em Montaigne, encontramos a ausência de interesse pela lei natural; por conseguinte, Montaigne não era um homem da ciência. Uma mistura peculiar de interesses gerais e particulares está envolvida na busca da ciência; e o particular é estudado na esperança de que possa lançar luz sobre o geral. Na Idade Média, acreditava-se que, em tese, o particular poderia ser deduzido dos princípios gerais; na Renascença, esses princípios gerais caíram em descrédito, e a paixão pela Antiguidade histórica provocou um forte interesse pelas ocorrências particulares. Esse interesse, atuando nas mentes treinadas pelas tradições grega, romana e escolástica, produziu, afinal, a atmosfera mental que tornou possível um Kepler e um Galileu. Mas é natural que algo dessa atmosfera circunde seu trabalho e tenha chegado com eles até seus sucessores nos dias de hoje. "A ciência nunca perdeu sua origem na revolução histórica do fim da Renascença. Permaneceu predominantemente um movimento antirracionalista baseado em uma fé ingênua. O raciocínio requerido foi tomado de empréstimo da matemática, uma relíquia sobrevivente do racionalismo grego, seguido do método dedutivo. A ciência repudia a filosofia. Em outras palavras, jamais se preocupou em justificar sua fé ou explicar seu significado, e permaneceu gentilmente indiferente à refutação feita por Hume."

A ciência pode sobreviver quando a separamos das superstições que nutrem os primórdios de sua infância? A indiferença da ciência à filosofia tem sido motivo, é claro, de seu impressionante sucesso; aumentou a sensação de poder do homem, e tem sido agradável, como um todo, a despeito dos conflitos ocasionais com a ortodoxia teológica. Mas em tempos bastante recentes, a ciência tem sido conduzida, por seus próprios problemas, a se interessar pela filosofia. Isso é especialmente verdadeiro na teoria da relatividade, com sua fusão do espaço e do tempo em uma única ordem de eventos espaço-tempo. Entretanto, também é verdade para a teoria dos quanta, com sua aparente necessidade de movimento descontínuo. Além disso, em outra esfera, a fisiologia e a bioquímica estão fazendo avanços na psicologia que ameaçam a filosofia em um ponto vital; o behaviorismo do dr. Watson é a ponta de lança desse ataque, que, enquanto envolve o oposto ao respeito pela tradição filosófica, não obstante, repousa necessariamente sobre uma nova filosofia própria. Por tais razões, a ciência e a filosofia não podem mais preservar uma neutralidade armada, mas devem ser amigas ou inimigas. Não podem ser amigas, serão amigas se a ciência passar no exame que a filosofia deve estabelecer como suas premissas. Caso não possam ser amigas, destruirão uma a outra; não é mais possível que apenas uma domine o campo do conhecimento.

Dr. Whitehead faz duas proposições com vistas a uma justificativa filosófica da ciência. Por um lado, ele apresenta determinadas concepções novas, por meio das quais a física da relatividade e dos quanta pode ser construída de modo mais intelectualmente satisfatório do que qualquer outra resultante de correções feitas aos poucos à antiga concepção da matéria sólida. Essa parte do trabalho, embora ainda não desenvolvida totalmente, como esperamos, está concebida de modo amplo na ciência, e é capaz de ser justificada pelos métodos usuais que nos levam a preferir uma interpretação teórica de um conjunto de fatos a outra. É uma dificuldade técnica, e não falarei mais sobre isso. Do ponto de vista atual, o aspecto importante do trabalho do dr. Whitehead é sua parte mais filosófica. Ele não apenas nos oferece uma ciência mais apurada, mas uma filosofia que torna essa ciência racional, em um sentido no qual a ciência tradicional não tem sido racional desde a época de Hume. Essa filosofia é, em grande parte, bastante semelhante à de Bergson. A dificuldade que sinto aqui é a de até que ponto os novos conceitos do dr. Whitehead podem ser incorporados em fórmulas capazes de serem submetidas a testes científicos ou lógicos comuns, uma vez que eles não parecem envolver sua filosofia; sua filosofia, portanto, deve ser aceita por seus méritos intrínsecos. Não devemos aceitá-la apenas com base em que, uma vez verdadeira, ela justifica a ciência, pois o ponto em questão é se a ciência pode ser justificada. Devemos examinar diretamente se nos parece ser verdade de fato; e aqui nos encontramos circundados por todas as antigas perplexidades.

Observarei apenas um ponto, mas que é crucial. Bergson, como todos sabem, considera o passado como existente na memória, e também sustenta que nada é realmente esquecido; nesses pontos pareceria que o dr. Whitehead concorda com ele. Isso cabe muito bem ao modo poético de falar, porém não pode (eu deveria ter pensado) ser aceito como um modo cientificamente acurado de assinalar os fatos. Caso relembre alguns eventos do passado – digamos, minha chegada à China – é uma mera figura de linguagem dizer que estou chegando à China outra vez. Determinadas palavras ou imagens ocorrem quando as lembro, e estão relacionadas ao que estou relembrando, tanto por causalidade quanto por certa similaridade, com frequência pouco mais do que uma similaridade de estrutura lógica. O problema científico da relação da lembrança com o evento passado permanece intacto, mesmo se preferirmos dizer que essa lembrança consiste na sobrevivência de um evento do passado. Porque, se dizemos isso, devemos, entretanto, admitir que o evento mudou no intervalo, e teremos de nos confrontar com o problema científico de encontrar as leis segundo as quais ele mudou. Chamar de lembrança um novo acontecimento ou o antigo evento bastante alterado, não faz diferença para o problema científico.

Os grandes escândalos na filosofia da ciência desde a época de Hume têm sido causalidade e indução. Todos nós acreditamos em ambos, porém Hume deixou transparecer que nossa crença é uma fé cega à qual não se pode atribuir qualquer fundamento racional. Dr. Whitehead acredita que sua filosofia oferece uma resposta para Hume. Kant fez o mesmo. Sinto-me incapaz de aceitar ambas as respostas. No entanto, assim como todas as demais pessoas, não posso deixar de acreditar que deve existir uma resposta. Essa situação é profundamente insatisfatória, e aumenta cada vez mais à medida que a ciência mistura-se mais com a filosofia. Devemos esperar que uma resposta seja encontrada; porém, sinto-me incapaz de acreditar que isso já tenha ocorrido.

A ciência, como existe hoje, é em parte agradável e em parte desagradável. É agradável pelo poder que nos dá de manipular nosso ambiente, e para uma pequena, mas importante, minoria é prazerosa porque proporciona satisfações intelectuais. Ela é desagradável, visto que, por mais que procuremos disfarçar o fato, assume um determinismo que envolve, em tese, o poder de prever as ações humanas; em relação a isso, parece diminuir o poder humano. Naturalmente, as pessoas desejam manter o aspecto agradável da ciência sem o aspecto negativo; mas até o momento as tentativas de fazer isso fracassaram. Se enfatizarmos o fato de que nossa crença na causalidade e na indução é irracional, devemos inferir que não sabemos se a ciência é verdadeira, e que ela pode, a qualquer momento, cessar de nos dar controle sobre o ambiente em benefício daquilo que gostamos. Essa alternativa, entretanto, é puramente teórica; não é uma alternativa que um homem moderno possa adotar na prática. Se, por outro lado, admitimos as reivindicações do método científico, não podemos evitar a conclusão de que a causalidade e a indução são aplicáveis às vontades humanas tanto quanto a qualquer outra coisa. Tudo o que aconteceu durante o século XX na física, fisiologia e psicologia reforça esta conclusão. O resultado parece ser que, embora a justificativa racional da ciência seja teoricamente inadequada, não existe método de garantir o que é agradável na ciência sem o que é desagradável. Podemos fazer isso, é claro, ao nos recusarmos a enfrentar a situação lógica; mas, se assim for, temos de acabar com o impulso da descoberta científica na fonte, que é o desejo de compreender o mundo. Devemos esperar que o futuro ofereça alguma solução satisfatória para esse problema intrincado.

4

Pode o homem ser racional?

Tenho o hábito de me considerar um racionalista; e um racionalista, suponho, deve ser alguém que deseja que os homens sejam racionais. Mas nos dias de hoje a racionalidade recebeu muitos golpes duros e, por isso, é difícil saber o que entendemos por racionalidade, ou, caso saibamos, se é algo que os seres humanos possam alcançar. A questão da definição da racionalidade possui dois lados, o teórico e prático: o que é uma opinião racional? O que é uma conduta racional? O pragmatismo enfatiza a opinião irracional, e a psicanálise enfatiza a conduta irracional. Ambos levaram as pessoas a perceber que não existe um ideal de racionalidade com o qual a opinião e a conduta possam estar em conformidade de forma vantajosa. A consequência parece ser que, se eu e você tivermos opiniões diferentes, é inútil apelar para o argumento, ou buscar a arbitragem de uma terceira pessoa imparcial; não há nada que possamos disputar pelos métodos da retórica, da propaganda ou da guerra, segundo o grau de nossas forças financeiras e militares. Acredito que essa perspectiva seja bastante perigosa e, a longo prazo, fatal para a civilização. Portanto, preciso esforçar-me para mostrar que o ideal de racionalidade permanece incólume às ideias que primeiro pensamos lhe serem fatais e que mantém toda a importância que se acreditou anteriormente para ter como um guia para o pensamento e a vida.

Começarei analisando a racionalidade na opinião: devo defini-la apenas como o hábito de considerar toda evidência relevante para chegar-se a uma crença. Quando a certeza for inatingível, um homem racional dará mais peso à opinião mais provável, e reterá em sua mente as outras que possuam uma probabilidade considerável, como hipóteses que evidências subsequentes possam vir a mostrar preferíveis. Isso, é claro, pressupõe que é possível em muitos casos analisar fatos e probabilidades por um método objetivo – isto é, um método que levará duas pessoas meticulosas ao mesmo resultado. Isso é com frequência questionado. Muitos dizem que a única função do intelecto é facilitar a satisfação dos desejos e necessidades do indivíduo. O Plebs Text-Books Committee, em seu *Outline of Psychology* (*Esboço sobre psicologia*) (p. 68), diz: "*O intelecto é acima de tudo um instrumento de parcialidade*. Sua função é garantir que as ações benéficas para o indivíduo ou a espécie sejam realizadas, e que as ações menos benéficas sejam inibidas" (grifado no original).

Mas os mesmos autores, nesse livro (p.123), declaram, mais uma vez em itálico: "*A fé dos marxistas difere profundamente da fé religiosa; a última baseia-se apenas no desejo e na tradição; a primeira está fundamentada na análise científica da realidade objetiva*". Isso parece inconsistente com o que dizem sobre o intelecto, a menos que, na verdade, queiram sugerir que não foi o intelecto que os levou a adotar a fé marxista. De qualquer forma, como admitem que "a análise científica da realidade objetiva" é possível, devem admitir que é possível ter opiniões que sejam racionais em um sentido objetivo.

Outros autores eruditos que defendem um ponto de vista irracional, tais como os filósofos pragmáticos, não são influenciados com tanta facilidade. Eles afirmam que não existe fato objetivo com o qual nossas opiniões devam estar em conformidade se forem verdadeiras. As opiniões, para eles, são apenas armas na luta pela existência, e as que ajudam um homem a sobreviver devem ser chamadas "verdadeiras". Essa concepção prevalecia no Japão do século VI d.C., quando o budismo chegou a esse país. O governo, em dúvida sobre a verdade da nova religião, ordenou a um dos membros da corte a adotá-la de modo experimental; se ele prosperasse mais do que os outros, a religião deveria ser adotada universalmente. Esse é o método (com modificações para se adaptar aos tempos modernos) que os pragmáticos advogam em relação a todas as controvérsias religiosas; e, no entanto, não ouvi isso de ninguém que tenha anunciado sua conversão para a fé judaica, embora pareça levar à prosperidade mais rápido do que qualquer outra.

Apesar da definição de "verdade" do pragmático, ele sempre tem, todavia, na vida comum, um padrão bem diferente para as questões menos refinadas que surgem nos assuntos práticos. Um pragmático no júri de um caso de assassinato pesará a evidência exatamente da mesma forma que qualquer outro homem faria, mas se adotasse o critério que professa deveria considerar quem, na população, seria mais vantajoso enforcar. Esse homem seria, por definição, culpado de assassinato, pois a crença na sua culpa seria mais útil e, portanto, mais "verdadeira", que a crença na culpa de qualquer outro. Temo que esse pragmatismo prático ocorra algumas vezes; soube de algumas tramas para culpar inocentes, na América e na Rússia, que correspondem a essa descrição. Mas nesses casos todos os esforços possíveis são feitos para encobri-las, e se falharem ocorre um escândalo. Esse esforço de ocultação mostra que mesmo a polícia acredita na verdade objetiva no caso do julgamento de um crime. É esse tipo de verdade objetiva – um fato bastante mundano e lugar-comum – que é buscada na ciência. Também é o tipo procurado na religião, desde que as pessoas esperem encontrá-la. Só quando as pessoas tiverem perdido a esperança de provar que a religião é verdadeira em um sentido direto, elas começarão a trabalhar para provar que é "verdadeira" em algum novo sentido. É possível estabelecer, de forma ampla, que o irracionalismo, ou seja, a descrença no fato objetivo, surja quase sempre do desejo de afirmar algo para o qual não há evidência, ou de negar alguma coisa para a qual existem evidências muito boas. Mas a crença em fatos objetivos sempre persiste em relação a questões práticas particulares, tais como investimentos ou contratação de funcionários. E, se o fato puder ser o teste da verdade de nossas crenças em qualquer lugar, deve ser o teste em todos os lugares, levando ao agnosticismo onde quer que não se possa aplicá-lo.

As considerações acima são, é óbvio, bastante inadequadas para o tema. A questão da objetividade do fato tem sido dificultada pelo obscurecimento dos filósofos, com quem tento lidar de uma maneira mais completa em outro lugar. Até o presente devo admitir que existem fatos, que alguns deles podem ser conhecidos, e a respeito de outros um grau de probabilidade pode ser verificado em relação aos que podem ser conhecidos. Nossas crenças são, contudo, quase sempre contrárias ao fato; mesmo quando apenas o sustentamos com a evidência de que é provável, pode ser que devamos mantê-lo como improvável pela mesma evidência. A parte teórica da racionalidade, então, consistirá em basear nossas crenças no que concerne à objetividade das evidências mais do que aos desejos, preconceitos ou tradições. De acordo com o assunto em questão, um homem racional será o mesmo que um jurista ou um cientista.

Há quem pense que a psicanálise demonstrou a impossibilidade de sermos racionais em nossas crenças ao apontar a estranha e quase lunática origem das convicções alimentadas por muitas pessoas. Tenho um respeito muito grande pela psicanálise, creio que pode ser bastante útil. Mas a mente comum perdeu de vista, de algum modo, o objetivo que inspirou em especial Freud e seus seguidores. Seu método é basicamente terapêutico, uma forma de cura da histeria e de vários tipos de insanidade. Durante a guerra, a psicanálise provou ser, de longe, o tratamento mais potente para as neuroses de guerra. *Instinct and the Unconscious*, de River, fundamentado amplamente na experiência de pacientes com distúrbio pós-traumático (*shell-shock*), nos fornece uma bela análise dos efeitos mórbidos do medo quando não é possível entregar-se a ele de forma direta. Esses efeitos, é claro, são em grande parte não intelectuais; incluem vários tipos de paralisias, e todas as espécies de doenças físicas aparentes. No momento, não estamos preocupados com eles; o nosso tema são as insanidades intelectuais. Achamos que muitas das ilusões dos lunáticos resultam das obstruções instintivas, e apenas podem ser curadas por meios mentais – isto é, fazendo com que o paciente traga à mente fatos que estavam reprimidos na memória. Esse tipo de tratamento, e a perspectiva que o inspira, pressupõe um ideal de sanidade, do qual partiu o paciente, e para o qual deve retornar ao tornar conscientes todos os fatos relevantes, inclusive aqueles que mais deseja esquecer. Isso é exatamente o oposto da indolente aquiescência na irracionalidade que algumas vezes é incitada por aqueles que sabem apenas que a psicanálise demonstrou a importância das crenças irracionais, e esquecem ou ignoram que seu propósito é diminuir essa importância por um método definido de tratamento médico. Um método bastante semelhante pode curar as irracionalidades daqueles que não são reconhecidamente lunáticos, caso se submetam ao tratamento por um praticante livre de suas ilusões. Entretanto, presidentes, ministros e pessoas eminentes raramente preenchem essa condição e, portanto, não se curam.

Até aqui temos considerado apenas o lado teórico da racionalidade. O lado prático, para o qual devemos agora voltar nossa atenção, é mais difícil. As diferenças de opinião nas questões práticas surgem de duas fontes: primeiro, das diferenças entre os desejos dos competidores; segundo, das diferenças em suas estimativas dos meios de realizar seus desejos. As diferenças do segundo tipo são realmente teóricas, e práticas apenas por derivação. Por exemplo, algumas autoridades sustentam que nossa primeira linha de defesa deve consistir em navios de guerra; outras, de aeronaves. Não existe, aqui, diferença em relação ao fim proposto, a saber, a defesa nacional, mas apenas em relação aos meios. O argumento pode, assim, ser conduzido de modo puramente científico, pois a discordância, causa da disputa, é somente em relação aos fatos presentes ou futuros, certos ou prováveis. A todos esses casos se aplica o tipo de racionalidade que chamei de teórica, apesar do envolvimento da questão prática.

Existe, contudo, em muitos casos que parecem estar incluídos nesse grupo, uma complicação bastante importante na prática. Um homem que deseja agir de determinada maneira estará convencido de que por atuar assim alcançará um fim considerado bom, mesmo quando, se não tivesse tal desejo, não visse razão para essa crença. E ele julgará de forma bem diferente a objetividade e as probabilidades da que um homem com desejos contrários julgaria. Os jogadores, como todos sabem, são cheios de crenças irracionais em sistemas que *devem* levá-los a ganhar a longo prazo. As pessoas que se interessam por política estão convencidas de que os líderes de seu partido jamais serão culpados de truques desonestos como os praticados por políticos da oposição. Homens que gostam de administração pensam que é benéfico para a população ser tratada como um rebanho de carneiros; homens que gostam de fumar alegam que acalma os nervos, e homens que gostam de álcool dizem que estimula a inteligência. O viés produzido por tais causas falsifica os julgamentos dos homens em relação aos fatos de uma maneira difícil de evitar. Mesmo um artigo científico conhecido sobre os efeitos do álcool no sistema nervoso revelará, em geral, por evidência interna, se o autor era ou não abstêmio; em ambos os casos, ele tem uma tendência a ver os fatos de modo a justificar sua própria prática. Na política e na religião essas considerações tornam-se bastante importantes. A maioria dos homens pensa que ao moldar as opiniões políticas age pelo desejo do bem público; mas nove entre dez homens políticos podem ser previsíveis pela forma como ganham a vida. Isso levou algumas pessoas a afirmar, e muitas outras a acreditar, na prática, que em tais assuntos é impossível ser objetivo, e que não há método possível senão uma luta pela supremacia entre as classes com tendências opostas.

É apenas nesses assuntos, entretanto, que a psicanálise é útil, em especial, porque permite ao homem tornar-se ciente de uma tendência até agora inconsciente. Fornece-nos uma técnica para nos vermos como os outros nos veem, e uma razão para supormos que essa visão de nós mesmos é menos injusta do que estamos inclinados a pensar. Combinado a um treinamento do ponto de vista científico, esse método poderia, se ensinado de forma ampla, permitir às pessoas serem infinitamente mais racionais do que são hoje a respeito de todas as suas crenças objetivas e sobre os possíveis efeitos de qualquer ação proposta. E se os homens não discordassem sobre tais assuntos, as discordâncias remanescentes seriam quase com certeza passíveis de ajustes amigáveis.

No entanto, permanece um resíduo que não pode ser tratado por métodos puramente intelectuais. Definitivamente, os desejos de um homem não se harmonizam completamente com os de outro. Dois concorrentes na bolsa de valores podem estar plenamente de acordo sobre qual seria o efeito dessa ou daquela ação, mas isso não produziria a harmonia prática, pois cada um deseja ficar rico às expensas do outro. Contudo, mesmo aqui a racionalidade é capaz de prevenir grande parte do dano que de outra forma ocorreria. Chamamos um homem de irracional quando ele age de forma passional, quando ele, ao querer se vingar, faz mais mal a si do que ao outro. Ele é irracional porque se esquece de que, para satisfazer o desejo que acaba de sentir com mais intensidade no momento, frustra outros desejos que a longo prazo são mais importantes para si. Se os homens fossem racionais, eles optariam por um ponto de vista mais correto sobre seus próprios interesses do que o fazem agora; e se todos os homens agissem no interesse próprio mais esclarecido, o mundo seria um paraíso em comparação ao que é. Eu não sustento que não haja nada melhor do que o interesse próprio como motivação da ação; mas afirmo que o interesse próprio, como o altruísmo, é melhor quando é esclarecido do que quando não o é. Em uma comunidade ordenada, é bastante raro o interesse de um homem fazer qualquer coisa que seja muito danosa para os outros. Quanto menos racional um homem é, com menos frequência perceberá que o que fere os outros também o fere, pois a vontade cheia de ódio ou inveja o cega. Portanto, embora não pretenda que o esclarecimento do desejo próprio seja a moralidade máxima, sustento que, caso se tornasse comum, converteria o mundo em um lugar incomensuravelmente melhor do que é.

Na prática, a racionalidade pode ser definida como o hábito de relembrar todos os nossos desejos relevantes, e não apenas os que parecem mais fortes no momento. Como a racionalidade na opinião, é uma questão de grau. A racionalidade total é sem dúvida um ideal inatingível, mas, desde que continuemos a classificar alguns homens de lunáticos, fica claro que achamos alguns homens mais racionais do que outros. Acredito que todo progresso sólido no mundo consiste no aumento da racionalidade, tanto prática quanto teórica. Preconizar uma moralidade altruística parece-me um tanto inútil, porque apelaria só para aqueles que já tivessem desejos altruístas. Mas apelar para a racionalidade é de alguma forma diferente, uma vez que a racionalidade nos ajuda a realizar nossos próprios desejos como um todo, quaisquer que sejam. Um homem é racional na proporção em que sua inteligência informa e controla seus desejos. Creio que o controle de nossas ações por nossa inteligência é, em última análise, o mais importante e o que faria com que a vida social continuasse a ser possível à medida que a ciência aumentasse os meios à nossa disposição para nos ferirmos uns aos outros. A educação, a imprensa, a política e a religião – em uma expressão, todas as grandes forças do mundo – estão, no momento, do lado da irracionalidade; estão nas mãos de homens que adulam o rei Demos para desencaminhá-lo. O remédio não está em nenhum cataclismo heroico, mas nos esforços individuais em direção a uma visão mais sã e equilibrada de nossas relações com nossos vizinhos e com o mundo. É na inteligência, cada vez mais disseminada, que devemos buscar a solução das doenças de que nosso mundo sofre.

5
A filosofia no século XX

Desde o fim da Idade Média, a importância social e política da filosofia tem diminuído de forma constante. William de Ockham, um dos maiores filósofos medievais, foi contratado pelo cáiser para escrever panfletos contra o papa; naquela época, muitas questões cruciais estavam vinculadas à disputa nas escolas filosóficas. Os avanços da filosofia no século XVII estavam mais ou menos conectados à oposição política à Igreja Católica; Malebranche, é verdade, era padre, mas os padres não tinham permissão para aceitar sua filosofia. Os discípulos de Locke, na França do século XVIII, e os benthamitas, na Inglaterra do século XIX, eram, em grande parte, radicais extremos em política, e criaram o ponto de vista liberal burguês moderno. Mas a correlação entre as opiniões políticas e filosóficas reduz-se à medida que progredimos. Hume era um *Tory* na política, embora fosse um radical extremo na filosofia. Apenas na Rússia, que permaneceu na Idade Média até a revolução, sobreviveu a clara conexão existente entre a política e a filosofia. Os bolcheviques são materialistas, enquanto os brancos são idealistas. No Tibete a conexão é ainda mais próxima; o segundo funcionário no escalão do Estado é chamado de "metafísico-chefe". A filosofia, em outros lugares, não é mais tida em tão alta estima.

A filosofia acadêmica, em todo o século XX, está dividida principalmente em três grupos. O primeiro consiste dos adeptos da filosofia alemã clássica, de modo geral, Kant, e algumas vezes Hegel. O segundo está formado pelos pragmáticos e por Bergson. O terceiro é constituído por aqueles que se vinculam às ciências, acreditando que a filosofia não possui um traço peculiar de verdade e nenhum método particular de atingi-la; esses homens, por conveniência, podem ser chamados de realistas, embora na verdade existam muitos entre eles para os quais esse nome não seja aplicável de modo estrito. A distinção entre as diferentes escolas não é definida, e os indivíduos pertencem em parte a uma delas e em parte a outra. William James pode ser visto como o fundador tanto do realismo quanto do pragmatismo. Os livros recentes do dr. Whitehead empregam os métodos dos realistas na defesa de uma metafísica mais ou menos bergsoniana. Muitos filósofos, não sem apresentar razões suficientes, veem as doutrinas de Einstein como inspiradoras das bases científicas para as crenças de Kant na subjetividade do tempo e do espaço. As diferenças, de fato, são então menos claras do que as distinções na lógica. Não obstante, as distinções na lógica são úteis para oferecer uma estrutura para a classificação das opiniões.

O idealismo alemão, em todo o século XX, esteve na defensiva. Os novos livros, reconhecidos não só por professores mas também por outras pessoas como importantes, representavam escolas mais novas, e uma pessoa que as tenha julgado por resenhas de livros poderia imaginar que essas escolas tivessem agora o controle do pensamento filosófico. Mas, na verdade, a maioria dos professores de filosofia na Alemanha, França e Grã-Bretanha – talvez não na América – ainda aderem à tradição clássica. É com certeza muito mais fácil para um jovem chegar a um posto se pertencer a essa corrente do que se não o fizer. Seus oponentes tentaram mostrar que ela compartilhava a iniquidade alemã, e que de alguma forma fora responsável pela invasão da Bélgica*. Mas seus adeptos eram muito eminentes e respeitáveis para que essa linha de ataque fosse bem-sucedida. Dois deles, Émile Boutroux e Bernard Bosanquet, foram, até a morte, os porta-vozes oficiais da filosofia francesa e britânica, respectivamente, em congressos internacionais. A religião e o conservadorismo procuraram, sobretudo, essa escola para defesa contra a heresia e a revolução. Eles têm a força e a fraqueza daqueles que são a favor do *status quo*: a força que vem da tradição e a fraqueza da falta de frescor no pensamento.

No mundo de língua inglesa, essa posição foi assumida apenas pouco antes do início do século XX. Comecei a estudar filosofia se-

---

* Ver *Egotism in German Philosophy* de Santayana, por exemplo.

riamente em 1893, o ano em que foi publicado *Appearance and Reality*, de Bradley. Bradley foi um dos que lutaram para obter o devido reconhecimento da filosofia alemã na Inglaterra, e sua atitude estava bem longe da de alguém que defenda uma ortodoxia tradicional. Para mim, assim como para a maioria de meus contemporâneos, sua *Logic* e seu *Appearance and Reality* tiveram um apelo profundo. Ainda vejo esses livros com grande respeito, embora há muito tenha deixado de concordar com suas doutrinas.

    O ponto de vista do hegelianismo caracteriza-se pela crença de que apenas a lógica pode nos dizer o bastante sobre o mundo real. Bradley partilha dessa crença; ele defende que o mundo, como parece ser, é autocontraditório, e, portanto, ilusório, enquanto o mundo real, visto que deve ser logicamente autoconsistente, com certeza terá determinadas características surpreendentes. Não pode ser no espaço e no tempo, não pode conter uma variedade de coisas inter-relacionadas, não pode conter egos separados ou até o grau de divisão entre sujeito e objeto que está envolvido no conhecimento. Consiste, assim, em um absoluto único, eternamente comprometido com algo mais análogo ao sentimento do que ao pensamento ou à vontade. Nosso mundo sublunar é uma ilusão e o que nele parece acontecer na verdade não importa. Essa doutrina deve destruir a moralidade, porém a moralidade é temperamental e desafia a lógica. Os hegelianos advogam como seu princípio moral básico que devemos nos comportar como se a filosofia hegeliana fosse verdadeira; mas não percebem que se fosse real nosso comportamento não importaria.

    O ataque a essa filosofia veio de duas vertentes. De um lado estavam os lógicos, que apontaram as falácias em Hegel, e argumentaram que relações e pluralidade, espaço e tempo, não são de fato autocontraditórios. Do outro, estavam os que não gostam da arregimentação e da ordem envolvidas em um mundo criado pela lógica; e os mais importantes entre eles foram William James e Bergson. As duas linhas de ataque não eram logicamente inconsistentes, exceto em algumas de suas manifestações acidentais, mas tinham características diversas, e inspiravam-se em diferentes tipos de conhecimento. Além disso, o apelo era bem distinto; o de uma era acadêmico, e o da outra, humano. O apelo acadêmico argumentou que o hegelianismo era falso: o apelo humano, que ele era desagradável. Naturalmente, o último tinha mais sucesso popular.

No mundo de língua inglesa, a maior influência na superação do idealismo alemão foi William James – não como se tornou conhecido, em *Psychology*, mas por meio das séries de pequenos livros que foram publicados nos últimos anos de sua vida e após a sua morte. Em um artigo publicado em *Mind* (*Mente*), há muito tempo, em 1884, reeditado em um volume póstumo de *Essays in Radical Empirism**, ele manifesta sua tendência temperamental com um charme extraordinário:

> Como nós, na maioria, não somos céticos, podemos prosseguir e confessar com franqueza uns para os outros os motivos de nossas várias crenças. Eu confesso os meus com franqueza – não posso senão pensar que no fundo são de sorte estética, e não lógica. O universo "completo" parece sufocar-me com sua infalível e impecável invasão total. Sua necessidade, sem possibilidades; suas relações, sem sujeitos, me fazem sentir como se tivesse entrado em um contrato sem direitos reservados, ou melhor, como se tivesse de viver em uma grande pousada à beira-mar sem quarto privado no qual pudesse me refugiar da sociedade local. Tenho plena consciência, além do mais, de que a antiga disputa entre pecadores e fariseus tem algo a ver com a questão. Com certeza, segundo meu conhecimento pessoal, nem todos os hegelianos não são puritanos, porém sinto, de alguma forma, como se todos os puritanos tivessem de terminar, se desenvolvidos, por se tornarem hegelianos. Existe uma história de dois padres chamados, por engano, para realizar o mesmo funeral. Um chegou primeiro e não foi além de "Eu sou a ressurreição e a vida", quando o outro entrou. "*Eu* sou a ressurreição e a vida", gritou o último. A filosofia "completa", como existe atualmente, nos lembra esse padre. Parecem por demais janotas com seus colarinhos brancos apertados e barbeados em excesso para falar sobre o vasto e lento cosmos inconsciente, com seus terríveis abismos e marés desconhecidas.

---

* P. 276-8.

Creio que podemos apostar que nenhum ser humano, exceto William James, teria pensado em comparar o hegelianismo a uma pousada na praia. Em 1884, esse artigo não teve efeito, pois o hegelianismo ainda estava sendo atualizado, e os filósofos não haviam aprendido a admitir que seus temperamentos não tinham relação com suas opiniões. Em 1912 (a data da reedição), o cenário havia mudado em muitos casos – entre outros, a influência de William James sobre seus alunos. Não posso dizer que o tenha conhecido, senão superficialmente, exceto por seus escritos, mas me parece que é possível distinguir três tendências em sua natureza, e todas contribuem para formar seu ponto de vista. A última, porém a mais importante de suas manifestações filosóficas, foi a influência de sua educação em fisiologia e medicina, que lhe deu um viés científico e ligeiramente materialista comparado aos filósofos puramente literários provenientes de Platão, Aristóteles e Hegel. Essa tendência domina *Psychology*, salvo em poucas passagens cruciais, tais como a discussão da liberdade da vontade. O segundo elemento de sua composição filosófica foi o viés místico e religioso herdado do pai e compartilhado com o irmão. Isso inspirou *A vontade de crer* e o interesse na pesquisa física. O terceiro foi uma tentativa, feita com toda a honestidade de uma consciência da Nova Inglaterra, de exterminar as exigências excessivas naturais, que também partilhava com o irmão, e substituí-las por um sentimento democrático *à la* Walt Whitman. A impertinência é visível na citação acima, em que expressa o horror de uma pousada sem quarto privado (que Whitman teria amado). O desejo de ser democrático é visível na alegação de ser um pecador, não um fariseu. Com certeza, não era fariseu, mas, com toda probabilidade, cometera alguns pecados, como todos os mortais. Nesse ponto, faltou-lhe a modéstia usual.

As pessoas melhor capacitadas devem, em geral, sua excelência à combinação de qualidades supostamente incompatíveis, e esse era o caso de James, cuja importância era maior do que pensava a maioria de seus contemporâneos. Ele defendia o pragmatismo como um método de apresentar esperanças religiosas como hipóteses científicas, e adotou a concepção revolucionária de que não existe algo como a "consciência", como forma de superar a oposição entre mente e matéria sem que uma delas predomine. Nesses dois segmentos de sua filosofia ele tinha diferentes aliados: Schiller e Bergson estão relacionados ao primeiro, e os novos realistas, ao último. Apenas Dewey, entre os homens proeminentes, concordava com ele em ambas as questões. Os dois segmentos têm diferentes histórias e afiliações, e devem ser considerados separadamente.

A vontade de crer de James é de 1897 e seu *Pragmatismo*, de 1907. O *Humanism* de Schiller e *Studies in Logical Theory* datam, ambos, de 1903. Ao longo dos primeiros anos do século XX, o mundo filosófico estava entusiasmado com o pragmatismo; então Bergson apostou mais alto, ao apelar para os mesmos gostos. Os três fundadores do pragmatismo diferem bastante *inter se*; podemos distinguir James, Schiller e Dewey como protagonistas, respectivamente, religioso, literário e científico – pois, embora James tivesse muitas vertentes, foi principalmente a vertente religiosa que encontrou abertura no pragmatismo. Mas ignoremos essas diferenças e tentemos apresentar a doutrina como uma unidade.

A base da doutrina é um determinado tipo de ceticismo. A filosofia tradicional professou ser capaz de provar as doutrinas fundamentais da religião; seus adversários declararam-se aptos a refutá-las ou, no mínimo, como Spencer, demonstrar que não podiam ser provadas. Parece, entretanto, que, se não poderiam ser provadas, também não poderiam ser contestadas. E isso parecia ser o caso de muitas doutrinas que homens como Spencer pensavam ser inabaláveis: causalidade, o reinado da lei, o valor da confiabilidade da memória, a validade da indução e assim por diante. Todas essas doutrinas, do ponto de vista puramente racional, deveriam ser abraçadas com isenção de julgamento dos agnósticos, pois, até o ponto em que podemos constatar, são radicalmente incapazes de provar ou contestar. James argumentou que, como homens práticos, não podemos manter a dúvida sobre essas questões se queremos sobreviver. Devemos presumir, por exemplo, que o tipo de comida que nos alimentou no passado não nos envenenará no futuro. Algumas vezes nos enganamos, e morremos. O teste de uma crença não é a conformidade ao "fato", porque nunca conseguimos alcançar os fatos envolvidos; o teste é o sucesso em promover a vida e a realização de nossos desejos. Desse ponto de vista, como James tentou mostrar em *As variedades da experiência religiosa*, as crenças religiosas, com frequência, passam no teste e são, portanto, chamadas "verdadeiras". Não é em nenhum outro sentido – sustenta ele – que as teorias que têm mais crédito na ciência podem ser chamadas "verdadeiras": elas funcionam na prática, e é tudo que sabemos sobre o assunto.

Há muito a ser comentado quanto a essa visão, da forma como foi aplicada a hipóteses gerais da ciência e da religião. Dada uma definição cuidadosa do que se entende por "funcionar", e a condição de que os casos envolvidos são aqueles sobre os quais não sabemos realmente a verdade, não há necessidade de contestar a doutrina nesse ponto. Tomemos exemplos mais modestos, em que a verdade incontestável não é tão difícil de obter. Suponhamos que, ao ver um raio, podemos esperar escutar um trovão, ou julgar que o raio estava longe demais para que o trovão pudesse ser ouvido ou, então, esquecer o assunto. O último é o caminho mais sensato, mas suponhamos que você adote um dos outros dois. Quando ouvir o trovão, sua crença será confirmada ou refutada, não por qualquer vantagem ou desvantagem que lhe foi trazida, mas pelo "fato", a sensação de escutar o trovão. Os pragmáticos prestam atenção em especial a crenças que são incapazes de serem confirmadas por quaisquer fatos que aconteçam em nossa experiência. Grande parte das nossas crenças diárias sobre assuntos mundanos – por exemplo, que o endereço de fulano é tal e tal – pode ser confirmada em nossa experiência, e nesses casos o critério pragmático é desnecessário. Em muitos casos, como o do trovão, citado no exemplo acima, não se aplica, pois a verdadeira crença não possui vantagem prática sobre a falsa, e nenhuma delas é tão vantajosa como pensar sobre outra coisa. É um defeito comum dos filósofos apreciar mais "grandes" exemplos dos os que acontecem na nossa vida comum e cotidiana.

Embora o pragmatismo não contenha, em última análise, a verdade filosófica, tem certos méritos importantes. Primeiro, percebe que a verdade que podemos alcançar é apenas a verdade humana, falível e mutável como tudo no homem. O que está fora do ciclo das ocorrências humanas não é verdadeiro, mas sim acontecimentos factuais (de determinados tipos). A verdade é uma propriedade das crenças, e as crenças são eventos físicos. Além disso, sua relação com os fatos não tem a simplicidade esquemática que a lógica presume; ter demonstrado isso é o segundo mérito do pragmatismo. As crenças são vagas e complexas, e não apontam para um fato preciso, mas para diversas regiões vagas de fatos. As crenças, portanto, ao contrário das proposições esquemáticas da lógica, não são opostos definidos como verdadeiro ou falso, mas são uma névoa de verdade e falsidade; possuem tons variados de cinza, nunca brancos ou pretos. As pessoas que falam com reverência da "Verdade" fariam melhor se falassem sobre Fato e percebessem que as qualidades da reverência que homenageiam não são encontradas nos credos humanos. Existem vantagens práticas e teóricas nesse aspecto, pois as pessoas perseguem umas as outras em virtude de acreditarem que conhecem a "verdade". Do ponto de vista psicanalítico, pode-se estabelecer que qualquer "grande ideal" mencionado com reverência pelas pessoas é, de fato, uma desculpa para infligir dor a seus inimigos. Quem tem méritos não precisa apregoá-los, e bons preceitos morais não necessitam ser expressos.

Na prática, entretanto, o pragmatismo tem um lado mais ameaçador. A verdade, segundo ele, é o que convém para as crenças. Hoje uma crença pode ser válida para o funcionamento da lei criminal. No século XVII, o catolicismo era vantajoso nos países católicos e o protestantismo, em países protestantes. Pessoas mais enérgicas podem produzir a "verdade" controlando o governo e perseguindo opiniões diferentes das suas. Essas consequências derivam do exagero em que caiu o pragmatismo. Admitindo-se, como assinalam os pragmáticos, que a verdade é uma questão de intensidade e uma propriedade de ocorrências puramente humanas, ou seja, de crenças, isso ainda não significa que o grau de verdade pertencente a um credo dependa apenas das condições humanas. Ao aumentar o grau de verdade em nossas crenças, nos aproximamos de um ideal, e o ideal é determinado pelo Fato, que só está sob nosso controle até certo ponto, no tocante a algumas circunstâncias menores perto ou na superfície de determinado planeta. A teoria do pragmatismo provém da prática do anunciante que, ao dizer repetidas vezes que suas pílulas valem uma libra a caixa faz com que as pessoas queiram dar seis *pennies* por ela, e com isso torna sua assertiva mais próxima da verdade do que se tivesse sido formulada com menos confiança. Esses exemplos de verdades criadas pelo homem são interessantes, mas seu escopo é bastante limitado. Ao exagerar o escopo, as pessoas envolvem-se em uma orgia de propaganda, que é, em última instância, terminada abruptamente por fatos comprovados na forma de guerra, peste ou fome. A história recente da Europa é uma lição objetiva da falsidade desse enfoque do pragmatismo.

É curioso que Bergson tenha sido saudado como aliado pelos pragmáticos, já que, à primeira vista, sua filosofia é a antítese perfeita da deles. Enquanto os pragmáticos ensinam que a utilidade é o teste da verdade, Bergson ensina, ao contrário, que nosso intelecto, tendo sido moldado por necessidades práticas, ignora todos os aspectos do mundo pelos quais não tem interesse, o que constitui um obstáculo à apreensão da verdade. Temos, pensa ele, uma faculdade chamada "intuição" que podemos usar se fizermos um esforço, e que nos capacita a conhecer, pelo menos na teoria, todo o passado e o presente, mas aparentemente não o futuro. Contudo, como seria inconveniente ser perturbado com tanto conhecimento, nós desenvolvemos um cérebro cuja função é o esquecimento. Mas para o cérebro, devemos lembrar tudo; devido a suas operações de falta de memória, lembramos, em geral, apenas o que é útil, e tudo o que é errado. A utilidade, para Bergson, é a fonte do erro, ao passo que a verdade chega pela contemplação mística por meio da qual todo pensamento de vantagem prática está ausente. No entanto, Bergson, como os pragmáticos, prefere a ação à razão, Otelo a Hamlet; acha melhor matar Desdêmona por intuição do que deixar o rei vivo por causa do intelecto. Isso é o que faz com que os pragmáticos o vejam como um aliado.

Donnés immédiates de la conscience de Bergson, foi publicado em 1839; e seu *Matéria e memória*, em 1896. Mas a grande reputação começou com *A evolução criadora*, publicado em 1907 – não que este livro fosse melhor do que os outros, mas continha menos argumentos e mais retórica, de modo que tinha efeito mais persuasivo. Não há, nesse livro, do começo ao fim, nenhum argumento e, portanto, nenhum mau argumento; existe apenas um retrato poético que apela para a fantasia. Não há nada nele para ajudar-nos a concluir se a filosofia por que advoga é verdadeira ou falsa; essa questão, que pode ser encarada como frívola, Bergson deixou para os outros refletirem.

Porém, segundo suas próprias teorias, ele está correto, pois a verdade deve ser alcançada pela intuição, não pelo intelecto e, assim, não é uma questão de argumento.

Uma grande parte da filosofia de Bergson é apenas misticismo tradicional expresso em uma linguagem com algumas conotações novas. A doutrina da interpenetração, segundo a qual coisas diferentes não estão realmente separadas, mas o estão só pela concepção do intelecto analítico, encontra-se em cada místico, ocidental ou oriental, de Parmênides a Bradley. Bergson imprimiu um ar de novidade à sua doutrina por meio de dois dispositivos. Primeiro, ele vincula "intuição" com os instintos dos animais; sugere que a intuição é o que permite à solitária vespa *Ammophila* picar a larva na qual coloca seus ovos com precisão para paralisá-la sem matá-la. (O exemplo é infeliz, visto que o dr. e a sra. Peckham demonstraram que essa pobre vespa não é mais infalível do que um simples homem da ciência com seu intelecto estúpido.) Isso dá um sabor de ciência moderna a suas doutrinas, lhe permite citar exemplos zoológicos que fazem com que os incautos pensem que seus pontos de vista sejam baseados nos últimos resultados da pesquisa biológica. Segundo, ele dá o nome de "espaço" à separação das coisas como surgem para o intelecto analítico e o nome de "tempo" ou "duração" para a sua interpenetração como revelada à intuição. Isso possibilita que diga muitas coisas novas sobre "espaço" e "tempo", que parecem muito profundas e originais quando se supõe que possuam a significação comum dessas palavras. "Matéria", sendo o que está no "espaço", é na verdade uma ficção criada pelo intelecto, e é vista dessa forma, assim que nos colocamos na perspectiva da intuição.

Nesse ponto de sua filosofia, à parte a fraseologia, Bergson não acrescentou nada a Platão. A invenção da fraseologia com certeza mostra grande habilidade, mas podemos considerá-la mais uma aptidão de um promotor de uma empresa do que de um filósofo. Não é essa parte de sua filosofia, entretanto, que fez com que alcançasse grande popularidade. Ele deve isso à sua doutrina do *élan vital* e o devir. Sua significativa e admirável inovação é ter combinado misticismo com a crença na realidade do tempo e do progresso. Vale a pena observar como ele atingiu esse feito.

O misticismo tradicional tornou-se contemplativo, convencido da irrealidade do tempo. É essencialmente uma filosofia do homem preguiçoso. O prelúdio psicológico à iluminação mística é a "noite escura da alma", que aparece quando um homem está frustrado, sem esperanças em suas atividades práticas, ou por alguma razão perde, de repente, interesse nelas. Excluídas assim as atividades, ele passa à contemplação. É lei de nosso ser, sempre que for de alguma forma possível, que dotemos tais crenças como desejo de preservar nosso autorrrespeito. A literatura psicanalítica tem inúmeros exemplos grotescos dessa lei. Do mesmo modo, o homem que foi levado à contemplação descobre que esta é o fim precípuo da vida, e que o mundo real está escondido dos que estão imersos nas atividades mundanas. Nessas bases, o restante das doutrinas do misticismo tradicional pode ser deduzido. Lao-Tse, talvez o primeiro grande místico, escreveu seu livro (afirma a tradição) em uma alfândega enquanto esperava que sua bagagem fosse examinada*; e, como era de esperar, está repleto de doutrina sobre a futilidade da ação.

Bergson procurou adaptar o misticismo àqueles que acreditam na atividade e na "vida", que creem na realidade do progresso e não estão, de forma alguma, desiludidos com sua existência terrena. O místico é, de modo geral, um homem de temperamento ativo forçado à inatividade; o vitalista é um homem de índole inativa com admiração romântica pela ação. Antes de 1914, o mundo estava cheio dessas pessoas, indivíduos retratados na peça *A casa da desilusão*, de Bernard Shaw. As características de seu temperamento eram o tédio e o ceticismo, ocasionando o amor pela excitação e a ânsia por uma fé irracional – uma fé que encontraram, em última análise, na crença de que era seu dever fazer com que as pessoas matassem umas às outras. Mas em 1907 eles não tinham essa saída, e Bergson forneceu um bom substituto.

A concepção de Bergson é algumas vezes expressa em uma linguagem que pode levar à desorientação, porque os assuntos que vê como ilusórios são às vezes mencionados de modo a sugerir que são reais. Porém quando evitamos as possibilidades de mal-entendidos, acredito que sua doutrina do tempo é a seguinte. O tempo não é uma

---

* O principal argumento contra essa tradição é que o livro não é muito longo.

série de momentos ou eventos separados, mas um crescimento contínuo, no qual o futuro não pode ser previsto porque é genuinamente novo e, portanto, inimaginável. Tudo o que realmente acontece persiste, como as camadas sucessivas no crescimento de uma árvore. (Isso não é uma ilustração.) Assim, o mundo está em perpétuo crescimento: mais cheio e mais rico. Tudo o que aconteceu subsiste na memória pura da intuição, em oposição à pseudomemória do cérebro. Essa persistência é a "duração", enquanto o impulso para a nova criação é o "*élan vital*". Recuperar a memória pura da intuição é uma questão de autodisciplina. Não sabemos como fazê-lo, mas suspeitamos que seja algo semelhante à prática dos iogues.

Se alguém se aventura a aplicar a filosofia de Bergson a algo tão vulgar como a lógica, certas dificuldades aparecerão nessa doutrina de transição. Bergson nunca se cansa de falar com desdém dos matemáticos por pensarem o tempo como uma série, cujas partes são mutuamente externas. Mas se existe de fato uma novidade genuína no mundo, como insiste (e sem essa característica sua filosofia perde suas qualidades atrativas), e se o que quer que venha de fato ao mundo persista (que é a simples essência de sua doutrina da duração), então a soma total da existência em qualquer tempo anterior é parte da soma total de qualquer tempo posterior. O conjunto de condições do mundo nos diversos tempos forma uma série em virtude dessa relação do todo e da parte, e essa série possui todas as propriedades que o matemático deseja e que Bergson professa ter banido. Se os novos elementos que são acrescentados nos estágios posteriores do mundo não forem externos aos antigos elementos, não há novidade genuína, a evolução criativa não criou nada, e retornamos ao sistema de Plotino. É evidente que a resposta de Bergson para esse dilema é que ocorre um "crescimento", no qual tudo muda e ainda assim permanece o mesmo. Essa concepção, entretanto, é um mistério, que o profano não espera compreender. No fundo, o apelo de Bergson é à fé mística, não à razão; porém, nas regiões em que a fé está acima da lógica, não podemos acompanhá-lo.

Nesse ínterim, proveniente de muitas direções, cresceu uma filosofia com frequência descrita como "realismo", mas que se caracteriza, na verdade, pela análise como método e pelo pluralismo como metafísica. Não é necessariamente realista, pois é, de algumas formas, compatível com o idealismo berkleiniano. Não é compatível com o idealismo kantiano ou hegeliano, porque rejeita a lógica na qual esses sistemas estão baseados. Tende cada vez mais à adoção e ao desenvolvimento da concepção de James, de que a substância fundamental do mundo não é nem mental nem material, mas algo mais simples e essencial, do qual tanto a mente quanto a matéria são construídos.

Nos anos 1890, James era quase a única figura eminente, exceto entre os muito idosos, que se posicionou contra o idealismo alemão. Schiller e Dewey ainda não haviam começado a despontar, e mesmo James era visto como um psicólogo que não precisava ser levado muito a sério na filosofia. Contudo, em 1900 iniciou-se uma revolta contra o idealismo alemão, não do ponto de vista do pragmatismo, mas da perspectiva estritamente técnica. Na Alemanha, salvo os admiráveis trabalhos de Frege (que começam em 1879, mas não foram lidos até recentemente), *Logische Untersuchungen*, de Husserl, obra monumental publicada em 1900, logo começou a exercer um grande efeito. *Über Annahmen* (1902) e *Gegenstandstheorie und Psychologie* (1904), de Meinong, influenciaram no mesmo sentido. Na Inglaterra, G.E. Moore e eu começamos a defender concepções similares. Seu artigo sobre "The Nature of Judgement" ("A natureza do julgamento") foi publicado em 1899; seu *Principia Ethica*, em 1903. Meu *Filosofia de Leibniz* foi editado em 1900, e *Os princípios da matemática*, em 1903. Na França, o mesmo tipo de filosofia era fortemente advogado por Couturat. Na América, o empirismo radical de William James (sem seu pragmatismo) foi associado à nova lógica para criar uma filosofia radicalmente inédita, dos *novos realistas*, de alguma forma posterior, porém mais revolucionária do que os trabalhos europeus acima mencionados, embora a *Analyse der Empfindungen*, de Mach, tenha antecipado parte de seu ensinamento.

A nova filosofia, assim inaugurada, ainda não chegou à sua forma final, e ainda é imatura em alguns aspectos. Além disso, existe uma dose considerável de discordância entre seus vários defensores. Algumas partes são, de certa forma, difíceis de compreender. Por essas razões, é impossível fazer mais do que apresentar algumas de suas características proeminentes.

A primeira característica da nova filosofia é que ela abandona a reivindicação de um método filosófico especial ou um ramo distinto de conhecimento a ser obtido por seus meios. Considera a filosofia e a ciência essencialmente uma única entidade, diferindo das ciências especiais apenas pela generalidade de seus problemas, e pelo fato de que está preocupada com a formação de hipóteses para as quais ainda não existem evidências empíricas. Concebe todo o conhecimento como saber científico, a ser provado e verificado pelos métodos da ciência. Não procura, de modo geral, como a filosofia, até então, fazer proposições sobre o universo como um todo, nem construir um sistema abrangente. Acredita, com base na sua lógica, que não há razão para negar, aparentemente, a natureza gradativa e confusa do mundo. Não considera o mundo como "orgânico", no sentido de que se qualquer parte for compreendida de modo adequado, o todo poderá ser entendido, como o esqueleto de um monstro extinto pode ser inferido a partir de um único osso. Em especial, não tenta, como fez o idealismo alemão, deduzir a natureza do mundo, como um todo, da natureza do conhecimento. Julga o conhecimento um fato natural como qualquer outro, sem nenhum significado místico e nenhuma importância cósmica.

 A nova filosofia possuía originalmente três fontes principais: a teoria do conhecimento, a lógica e os princípios da matemática. Desde Kant, o saber tem sido concebido como uma interação, na qual algo conhecido foi modificado pelo entendimento que temos dele e, portanto, sempre teve determinadas características devidas a esse conhecimento. Afirmou-se também (embora não Kant), ser logicamente impossível algo existir sem ser conhecido. Por conseguinte, as propriedades adquiridas por serem familiares são propriedades inerentes a tudo. Dessa forma, sustentou-se que podemos descobrir muito sobre o mundo real apenas ao estudar as condições do conhecimento. A nova filosofia sustentou, ao contrário, que o saber, como regra, não faz diferença para o que é conhecido, e que não há a menor razão para não existirem coisas desconhecidas por alguma mente. Como consequência, a teoria do conhecimento deixa de ser a chave mágica para abrir a porta dos mistérios do universo, e fomos jogados de volta ao trabalho laborioso da investigação da ciência.

Na lógica, de modo similar, o atomismo substituiu a concepção "orgânica". Sustentou que tudo é afetado em sua natureza intrínseca por suas relações com todo o resto, de modo que um conhecimento completo de algo envolveria o completo entendimento de todo o universo. A nova lógica afirmou que o caráter intrínseco de algo não nos permite deduzir de modo lógico suas relações com outras coisas. Um exemplo esclarecerá a questão. Leibniz alega (e nisso concorda com os idealistas modernos) que se um homem estiver na Europa e sua mulher morrer na Índia, ocorre uma mudança intrínseca no homem no momento da morte da mulher. O senso comum diz que não há mudança intrínseca no homem até que saiba de seu falecimento. Essa concepção é adotada pela nova filosofia; suas consequências têm maior alcance do que pode parecer à primeira vista.

Os princípios da matemática sempre tiveram uma relação importante com a filosofia. A matemática aparentemente contém conhecimento *a priori* com elevado grau de certeza, e grande parte da filosofia aspira a possuir um saber *a priori*. Desde Zenão, adepto da escola aleática, os filósofos idealistas têm procurado lançar descrédito na matemática elaborando contradições a fim de mostrar que os matemáticos não haviam chegado à verdade metafísica real, e que os filósofos eram capazes de fornecer algo melhor. Essa teoria é abundante em Kant, e mais ainda em Hegel. Durante o século XIX, os matemáticos destruíram essa parte da filosofia de Kant. Lobatchevski, ao inventar a geometria não euclidiana, minou o argumento matemático da estética transcendental de Kant. Weierstrass provou que a continuidade não envolve os infinitesimais; Georg Cantor inventou uma teoria da continuidade e uma teoria do infinito que aboliram todos os antigos paradoxos nos quais os filósofos floresceram. Frege mostrou que a aritmética segue a lógica, o que Kant havia negado. Todos esses resultados foram obtidos por métodos matemáticos comuns, e eram tão inquestionáveis quanto a tabela de multiplicação. Os filósofos confrontaram a situação não lendo os autores envolvidos. Apenas os novos filósofos assimilaram os resultados recém-adquiridos e, por isso, obtiveram uma vitória argumentativa fácil sobre os partidários da manutenção da ignorância.

A nova filosofia não é só crítica. É construtiva, porém como a ciência é construtiva: pouco a pouco e por tentativa. Tem um método técnico especial de construção, ou seja, a lógica matemática, um novo campo da matemática de imagens mais parecidas com a filosofia do que os ramos tradicionais. A lógica matemática torna possível, como nunca, perceber qual o resultado, para a filosofia, de determinado corpo da doutrina científica, que entidades devem ser presumidas, e as relações entre elas. A filosofia da matemática e da física fez enormes avanços com a ajuda desse método; parte dos resultados para a física foi a apresentação feita pelo dr. Whitehead em três trabalhos recentes*. Existe motivo para esperar que o método provará ser igualmente útil em outros campos, porém é técnico demais para ser mostrado aqui.

Grande parte da filosofia pluralista moderna tem sido inspirada pela análise lógica de proposições. No início, esse método foi aplicado com demasiado respeito à gramática; Meinong, por exemplo, sustenta que, como podemos de fato dizer "o quadrado redondo não existe", deve haver um objeto como um quadrado redondo, embora deva ser um objeto inexistente. O presente escritor, no início, não se eximiu desse tipo de raciocínio, porém descobriu em 1905 como escapar dele por meio da teoria das "descrições", da qual se infere que o quadrado redondo não é mencionado quando dizemos "o quadrado redondo não existe". Pode parecer absurdo perder tempo em tópicos ridículos como esse do quadrado redondo, mas esses temas com frequência propiciam os melhores testes lógicos das teorias. A maioria das teorias lógicas é condenada pelo fato de que levam a absurdos; portanto, o lógico precisa estar ciente dos absurdos e manter-se vigilante. Muitos experimentos laboratoriais pareceriam triviais a qualquer um que não soubesse de sua importância, e os absurdos são os experimentos dos lógicos.

Em virtude da preocupação com a análise lógica das proposições, a nova filosofia teve no início uma forte coloração platônica e de realismo medieval; considerava que a abstração tinha o mesmo tipo de existência que a concretude. A partir dessa concepção, à medida que a lógica se aperfeiçoava, tornava-se cada vez mais livre. O que resta não choca o senso comum.

---

* *The Principle of Natural Knowledge*, 1919; *The Concept of Nature*, 1920; *The Principle of Relativity*, 1922. Todos publicados pela Cambridge University Press.

Embora a matemática pura estivesse mais preocupada do que qualquer outra ciência com o início da nova filosofia, a influência mais importante nos dias atuais é a da física. Isso ocorreu em particular pelo trabalho de Einstein, que alterou de modo fundamental nossas noções de espaço, tempo e matéria. Este não é o lugar para uma explicação sobre a teoria da relatividade, porém umas poucas palavras sobre algumas de suas consequências filosóficas são inevitáveis.

Dois itens especialmente importantes na teoria da relatividade, do ponto de vista filosófico, são: (1) de que não existe um tempo único que abrange tudo e no qual todos os eventos do universo têm lugar; (2) de que a parte convencional ou subjetiva em nossa observação dos fenômenos físicos, embora bem maior do que se supunha antes, pode ser eliminada por meio de determinado método matemático conhecido como cálculo tensorial. Não direi nada sobre este último tópico, pois é intoleravelmente técnico.

Ao considerar o tempo, deve-se ter em mente, para começar, que não estamos lidando com uma especulação filosófica, mas com uma teoria necessária aos resultados experimentais e incorporada às fórmulas matemáticas. Existe o mesmo tipo de diferença entre os dois tal como entre as teorias de Montesquieu e a Constituição americana. O que emerge é: enquanto os eventos que acontecem a certa parte da matéria têm uma ordem de tempo definida do ponto de vista do observador que compartilha seu movimento, os eventos que acontecem a pedaços de matéria em lugares diferentes nem sempre têm uma ordem de tempo definida. Para ser preciso: se um sinal luminoso é enviado da Terra para o Sol, e refletido de volta para a Terra, retornará à Terra dezesseis minutos depois de ter sido enviado. Os eventos que ocorrem na Terra durante esses dezesseis minutos não são anteriores nem posteriores à chegada do sinal luminoso ao Sol. Se imaginarmos observadores que se movem por todos os caminhos possíveis em relação à Terra e ao Sol, verificando os eventos na Terra durante esses dezesseis minutos, e também a chegada do sinal luminoso ao Sol; se presumirmos que todos esses observadores levam em consideração a velocidade da luz e empregam cronômetros precisos; então alguns desses observadores julgarão qualquer evento sucedido na Terra durante esses dezesseis minutos como sendo anterior à chegada do sinal luminoso ao Sol, alguns os julgarão simultâneos, e outros, posteriores. Todos estão igualmente certos e errados. Do ponto de vista impessoal da física, os eventos na Terra durante esses dezesseis minutos não são nem anteriores nem posteriores à chegada do sinal luminoso ao Sol, nem mesmo simultâneos. Não podemos dizer que o evento A em um pedaço de matéria é definitivamente anterior ao evento B em outro, a menos que a luz possa viajar de A a B, começando quando o evento anterior acontece (segundo o tempo de A), e chegando antes de o evento posterior ocorrer (segundo o tempo de B). Caso contrário, a aparente ordem de tempo dos dois eventos varia segundo o observador e não representará, portanto, qualquer fato físico.

Se velocidades comparáveis à da luz fossem comuns em nossa experiência, é provável que o mundo físico parecesse complicado demais para ser estudado pelos métodos científicos e, assim, teríamos de nos contentar com os curandeiros até os dias de hoje. Mas se a física *tivesse* de ser descoberta, deveria ter sido a física de Einstein, já que a física newtoniana seria inaplicável por razões óbvias. As substâncias radioativas enviam partículas que se movem com velocidade próxima à da luz, e o comportamento dessas partículas seria ininteligível sem a nova física da relatividade. Não há dúvida de que a antiga física contém erros, e do ponto de vista filosófico não há desculpa para dizer que é "apenas um pequeno erro". Precisamos reconhecer que, em determinados limites, não existe nenhuma ordem de tempo definida entre eventos que acontecem em diferentes lugares. Este é o fato que levou à introdução de um complexo único chamado "espaço-tempo", em vez de dois complexos separados denominados "espaço" e "tempo". O tempo que consideramos como cósmico é, na verdade, o "tempo local", um tempo vinculado ao movimento da Terra com pouca reivindicação de universalidade, assim como um navio que não altera seus relógios ao cruzar o Atlântico.

Quando consideramos o papel que o tempo desempenha em todas as nossas noções comuns, torna-se evidente que nosso ponto de vista mudaria profundamente se pensássemos de modo imaginativo o que os físicos realizaram. Tomemos a noção de "progresso": se a ordem de tempo for arbitrária, haverá progresso ou retrocesso segundo a convenção adotada na mensuração do tempo. A noção de distância no espaço está, é claro, também afetada: dois observadores que empregam todos os dispositivos possíveis para garantir a precisão chegam a diferentes estimativas da distância entre dois lugares se os observadores estiverem em movimento relativo rápido. É óbvio que a própria ideia de distância tornou-se vaga, porque a distância deve ser medida entre coisas materiais, e não entre pontos de espaço vazio (que são ficções); e deve ser a distância em determinado tempo, pois essa distância entre dois corpos quaisquer muda continuamente; e um determinado tempo é uma noção subjetiva, dependendo do deslocamento do observador. Não mais podemos falar de um corpo em um dado tempo, mas falar apenas de um evento. Entre dois eventos existe, de modo bastante independente de qualquer observador, uma certa relação chamada de "intervalo". Esse intervalo será analisado distintamente por diferentes observadores em um componente espacial e um temporal, mas essa análise não possui validade objetiva. O intervalo é um fato físico objetivo, porém sua separação nos elementos espacial e temporal não é.

É óbvio que nossa antiga e confortável noção de "matéria sólida" não pode perdurar. O pedaço de matéria nada é senão uma série de eventos que obedece a certas leis. A concepção de matéria surgiu em uma época em que os filósofos não tinham dúvidas sobre a validade da concepção de "substância". A matéria era a substância no espaço e no tempo; a mente, a substância que estava só no tempo. A noção de substância tornou-se mais vaga na metafísica no decorrer dos anos, porém sobreviveu na física porque era inócua – até a relatividade ser inventada. A substância, tradicionalmente, é uma noção composta de dois elementos. Primeiro, tinha a propriedade lógica de ocorrer apenas como sujeito em uma proposição, mas não como predicado. Segundo, era algo que persistia ao longo do tempo, ou, no caso de Deus, que era totalmente atemporal. Essas duas propriedades não tinham necessariamente conexão, contudo, isso não era percebido, visto que os físicos ensinavam que pequenos pedaços de matéria eram imortais e a teologia ensinava que a alma era imortal. Ambos, portanto, pensavam ter as duas características da substância. Agora, entretanto, a física nos força a considerar os eventos evanescentes como substâncias no sentido lógico, ou seja, como sujeitos que não podem ser predicados. Um pedaço de matéria, que tomávamos como uma entidade persistente única, é na verdade uma cadeia de entidades, como os objetos aparentemente contínuos em um filme. E não há razão pela qual não possamos dizer o mesmo quanto à mente: o ego persistente parece tão fictício quanto o átomo permanente. Ambos são apenas uma cadeia de eventos que têm certas relações interessantes uns com os outros.

A física moderna nos permite dar corpo à sugestão de Mach e de James de que a "essência" do mundo mental e do mundo físico é a mesma. A "matéria sólida" era, obviamente, bem diferente dos pensamentos e também do ego persistente. Mas, se a matéria e o ego são apenas convenientes agregações de eventos, é bem menos difícil imaginá-los compostos dos mesmos materiais. Além disso, o que pareceu ser, até então, uma das peculiaridades mais marcantes da mente, ou seja, a subjetividade, ou a posse de um ponto de vista, invadiu agora a física, e percebeu-se que não envolve a mente: câmeras fotográficas em diferentes lugares podem fotografar o "mesmo" evento, porém fotografarão de modo diverso. Mesmo os cronômetros e as réguas métricas tornaram-se subjetivos na física moderna; o que registram de forma direta não é um fato físico, mas sua relação com o fato físico. Assim, física e psicologia aproximaram-se uma da outra, e o antigo dualismo de mente e da matéria entrou em colapso.

Talvez valha a pena salientar que a física moderna ignora o termo "força" no sentido antigo ou popular da palavra. Costumávamos pensar que o Sol exercia uma "força" sobre a Terra. Agora pensamos que o espaço-tempo, na proximidade do Sol, é moldado de forma que a Terra encontre menos dificuldade de se mover. O grande princípio da física moderna é o "princípio da menor ação", isto é, que ao passar de um lugar para outro um corpo sempre escolhe a rota que envolve menor ação. (Ação é um termo técnico, mas seu significado não deve nos preocupar no momento.) Os jornais e alguns escritores que querem ser tidos como assertivos gostam da palavra "dinâmico". Não há nada "dinâmico" na dinâmica, que, ao contrário, acha tudo dedutível da lei da preguiça universal. E não existe algo como um corpo "controlando" os movimentos de outro. O universo da ciência moderna é bem mais parecido com o de Lao-Tse do que com o dos que tagarelam sobre "grandes leis" e "forças naturais".

A filosofia moderna do pluralismo e do realismo tem, de alguma forma, menos a oferecer do que as primeiras filosofias. Na Idade Média, a filosofia era uma teologia manufaturada; até hoje, seus títulos constam dos catálogos dos vendedores de livros. Considerou-se, de modo geral, como assunto da filosofia provar as grandes verdades da religião. O novo realismo não professa ser capaz de prová-las, ou mesmo de não prová-las. Tem por objetivo apenas esclarecer as ideias fundamentais das ciências, e sintetizar as diferentes ciências em uma concepção única e abrangente desse fragmento do mundo que a ciência obteve êxito em explorar. Desconhece o que se encontra mais além; não possui talismã para transformar ignorância em conhecimento. Oferece prazeres intelectuais àqueles que os valorizam, mas não tenta bajular conceitos humanos como a maioria das filosofias faz. Se parece árida e técnica, devemos culpar o universo, que escolheu funcionar de um modo matemático e não do modo que os poetas e os físicos teriam desejado. Talvez isso seja lastimável, mas dificilmente espera-se que um matemático o lamente.

6

As máquinas e as emoções

As máquinas destruirão as emoções ou as emoções destruirão as máquinas? Esta pergunta há muito sugerida por Samuel Butler, em *Erewhon*, está cada vez mais atual graças ao crescimento do império do maquinário.

À primeira vista, não parece óbvio que deva existir qualquer oposição entre máquinas e emoções. Qualquer menino normal adora máquinas; quanto maiores e mais poderosas, mais são amadas. Nações que possuem uma longa tradição de excelência artística, como os japoneses, ficam fascinadas pelos métodos mecânicos ocidentais assim que se deparam com eles, e tratam logo de nos imitar. Nada aborrece mais um oriental educado e viajado do que ouvir elogios sobre "a sabedoria do Oriente" ou as tradicionais virtudes da civilização asiática. Ele sente o mesmo que um garoto ao ser obrigado a brincar com bonecas em vez de carrinhos. E assim como um menino, prefere um carro real a um de brinquedo, sem perceber que o verdadeiro poderia atropelá-lo.

No Ocidente, quando a maquinaria era novidade, as pessoas sentiam o mesmo fascínio por ela, salvo alguns poetas e estetas. O século XIX considerava-se superior aos seus antecessores, principalmente devido ao progresso mecânico. Peacock, em seus primórdios, ridicularizava a "sociedade do intelecto a vapor" porque era um literato, para quem autores gregos e latinos representam a civilização; mas tem a consciência de que não está atualizado com as tendências de sua época. Os discípulos de Rousseau e o seu retorno à Natureza, os Poetas de Lake e seu medievalismo, William Morris e seu *News from Nowhere* (um país onde é sempre junho e todos estão ocupados na fenação), representam uma pura oposição sentimental e essencialmente reacionária ao maquinismo. Samuel Butler foi o primeiro homem a apreender do ponto de vista intelectual os argumentos não sentimentais contra as máquinas, mas nele não passou de um *jeu d'esprit* – com certeza não era uma convicção muito sólida. Na sua época, várias pessoas das nações mais mecanizadas sentiam-se inclinadas a adotar com seriedade a visão similar à dos *erewhonianos*; essa visão estava latente ou explícita na atitude de muitos que se rebelam contra os métodos industriais existentes.

As máquinas são adoradas porque são bonitas e valorizadas por conferirem poder; são odiadas porque são horrendas e detestadas por imporem escravidão. Imaginar que uma dessas atitudes esteja "certa" e a outra "errada" seria o mesmo que afirmar que os homens têm cabeça, mas errado argumentar que têm pés, embora possamos imaginar liliputianos discutindo essa questão sobre Gulliver. Uma máquina é como um Djinn das *Mil e uma noites*: belo e bondoso para seu mestre, mas hediondo e terrível com seus inimigos. Porém nos dias de hoje nada se expõe com tanta simplicidade. O mestre da máquina, na verdade, mora distante dela, onde não ouve seu ruído ou vê suas pilhas de resíduos, nem aspira sua fumaça nociva. Caso veja, é antes de sua instalação, quando pode admirar sua força ou sua precisão delicada sem ser importunado pela poeira e pelo calor. Mas ao ser desafiado a considerar a máquina do ponto de vista daqueles que precisam viver e trabalhar com ela, ele tem uma resposta pronta. Destaca que, em razão de seu funcionamento, esses homens podem comprar mais mercadorias – geralmente muito mais – do que seus tataravôs – caso tivéssemos de aceitar uma suposição feita por quase todo mundo.

Essa suposição denota que a posse de bens materiais é o que faz o homem feliz. Imagina-se que um homem que tenha dois quartos, duas camas e dois pães deva ser duas vezes mais feliz do que aquele que tem um quarto, uma cama e um pão. Em suma, pensa-se que a felicidade é proporcional à renda. Algumas pessoas, nem sempre com muita sinceridade, contestam essa ideia em nome da religião ou da moralidade, mas ficam contentes se têm sua renda aumentada pela eloquência de sua pregação. Não é do ponto de vista religioso ou moral que quero contestá-la; mas sim do ponto de vista da psicologia e da observação da vida. Se a felicidade é proporcional à renda, os argumentos a favor da maquinaria não foram respondidos; e, portanto, toda a questão precisa ser examinada.

Os homens têm necessidades físicas e têm emoções. Enquanto as necessidades físicas não são satisfeitas, elas ocupam o primeiro lugar; contudo, quando são saciadas, as emoções não associadas a elas tornam-se importantes para decidir se o homem deve ser feliz ou infeliz. Em comunidades industriais modernas, há muitos homens, mulheres e crianças cujas necessidades físicas mais elementares não são satisfeitas de maneira adequada; no que concerne a eles, não nego que o primeiro requisito para a felicidade seja o aumento da renda. No entanto, eles são minoria, e não seria difícil prover suas necessidades elementares de vida. Não é dessas pessoas que eu quero falar, mas daquelas que têm mais do que o necessário para manter uma existência – não apenas das que têm muito mais, mas também das que têm só um pouco mais.

Por que nós, na verdade quase todos nós, queremos aumentar nossa renda? Pode parecer, à primeira vista, que os bens materiais são o que desejamos. Porém, de fato, nós os ambicionamos, sobretudo, para impressionar nossos vizinhos. Quando um homem se muda para uma casa maior, em um quarteirão mais elegante, ele pensa que pessoas "melhores" visitarão sua mulher e que poderá deixar de ver os antigos amigos que não prosperaram. Ao mandar seu filho para uma boa escola ou uma universidade cara, consola-se das grandes despesas com pensamentos sobre o prestígio social que será alcançado. Em toda cidade grande, na Europa ou na América, as casas em alguns bairros são mais caras do que casas similares em outros bairros, apenas por estarem na moda. Uma das nossas paixões mais poderosas é o desejo de ser admirado e respeitado. Na nossa sociedade atual, admiração e respeito são dados ao homem que parece ser rico. Esta é a razão principal de as pessoas desejarem enriquecer. Os bens adquiridos com seu dinheiro desempenham um papel secundário. Vejamos, por exemplo, um milionário que não consiga distinguir uma pintura de outra, mas comprou uma galeria de antigos mestres com a ajuda de especialistas. O único prazer que extrai de suas telas é o pensamento de que os outros saberão o quanto custou; talvez sentisse mais prazer com uma série de cromos natalinos sentimentais, porém isso não conseguiria satisfazer a sua vaidade.

Todo esse contexto poderia ser diferente, e foi diferente em muitas sociedades. Em épocas aristocráticas, os homens eram admirados pela sua ascendência. Em alguns círculos de Paris, os homens são admirados por sua excelência artística ou literária, por mais estranho que isso possa parecer. Em uma universidade alemã, um homem pode ser respeitado por sua erudição. Na Índia, santos são venerados; na China, sábios. O estudo dessas diversas sociedades mostra a correção de nossa análise, pois em todas elas encontramos uma grande porcentagem de homens indiferentes ao dinheiro, contanto que tenham o suficiente para se manterem, mas que aspiram com intensidade aos méritos pelos quais, em seu meio, o respeito deve ser conquistado.

A importância desses fatos reside em que o desejo moderno de riqueza não é inerente à natureza humana e poderia ser destruído por diferentes instituições sociais. Se, por lei, todos tivéssemos a mesma renda, deveríamos encontrar uma outra maneira de sermos superiores aos nossos vizinhos, e muito de nossa ânsia por adquirir bens materiais cessaria. Além disso, como essa ânsia está na natureza da competição, só traz felicidade ao nos distanciarmos de um rival com uma dor correlata. O aumento geral da riqueza não proporciona vantagem competitiva; portanto, não traz felicidade na competição. Existe, é claro, *algum* prazer oriundo da alegria real na aquisição de bens, mas, conforme observamos, é uma parte muito pequena daquilo que nos faz desejar a riqueza. E, na medida em que nosso desejo é competitivo, não há acréscimo de felicidade humana decorrente do aumento da riqueza, geral ou particular.

Por esse motivo, se tivéssemos de argumentar que a maquinaria aumenta a felicidade, o acréscimo da prosperidade material que ela traz não pode pesar muito a seu favor, exceto até o ponto em que possa ser usada para evitar a pobreza absoluta. Entretanto, não há razão intrínseca para que ela seja utilizada. A pobreza pode ser evitada sem a maquinaria em lugares onde a população está estável; a França pode servir como exemplo, já que há muito pouca pobreza e menos máquinas do que na América, na Inglaterra ou na Alemanha pré-guerra. De modo oposto, pode haver mais pobreza onde há mais maquinaria; temos exemplos disso nas áreas industriais da Inglaterra, há cem anos, e atualmente no Japão. A prevenção à pobreza não depende das máquinas, mas de muitos outros fatores – em parte, densidade populacional, em parte, condições políticas. E sem considerar a prevenção à pobreza, o preço para aumentar a riqueza não é muito alto.

Nesse ínterim, as máquinas nos privam de dois ingredientes importantes da felicidade humana: espontaneidade e diversidade. As máquinas têm seu próprio ritmo e suas próprias exigências: um homem que tenha uma fábrica dispendiosa precisa mantê-la em funcionamento. O grande problema das máquinas, do ponto de vista das emoções, é sua *regularidade*. E, é claro, o contrário, a grande objeção às emoções, da perspectiva da máquina, é sua *irregularidade*. Como a máquina domina os pensamentos das pessoas que se consideram "sérias", o maior elogio que pode ser feito a um homem é sugerir que ele tem as qualidades de uma máquina – confiabilidade, pontualidade, precisão, etc. E uma vida "irregular" tornou-se sinônimo de uma má qualidade de vida. Em contestação a esse ponto de vista, a filosofia de Bergson foi um protesto – não, a meu ver, totalmente admissível do ponto de vista intelectual, mas inspirado no temor salutar de ver o homem cada vez mais transformado em máquina.

Na vida, em oposição ao pensamento, a rebelião de nossos instintos contra a escravização ao mecanicismo até agora tomou uma infeliz direção. O impulso à guerra sempre existiu desde que o homem começou a viver em sociedade; todavia, não teve, no passado, a mesma intensidade ou virulência de agora. No século XVIII, Inglaterra e França viveram inúmeras guerras e lutaram pela hegemonia do mundo, mas se admiraram e se respeitaram durante todo o tempo. Oficiais prisioneiros compartilhavam da vida social de seus captores e eram convidados de honra em jantares. No início de nossa guerra contra a Holanda, em 1665, um homem chegou da África contando histórias de atrocidades cometidas pelos holandeses; nós [os britânicos] nos convencemos de que suas histórias eram falsas, o punimos e publicamos a negativa holandesa. Na última guerra, deveríamos tê-lo tornado cavaleiro e prendido qualquer um que lançasse dúvidas sobre sua veracidade. A grande ferocidade da guerra moderna é atribuída às máquinas, que funcionam de três maneiras diferentes. Em primeiro lugar, tornam possível a existência de exércitos maiores. Em segundo, facilitam a imprensa marrom, que floresce pelo apelo às paixões mais baixas do homem. E por fim – e este é o ponto que nos interessa – estão destituídas do lado anárquico e espontâneo da natureza humana que age em nosso subconsciente, produzindo um descontentamento obscuro ao qual o pensamento da guerra apela, fornecendo um possível alívio. É um erro atribuir uma ampla convulsão social e política como a da última guerra apenas às maquinações dos políticos. Na Rússia, talvez, essa explicação fosse adequada; foi uma das razões de a Rússia ter lutado sem entusiasmo e feito uma revolução para assegurar a paz. Mas, na Inglaterra, Alemanha ou Estados Unidos (em 1917), nenhum governo poderia ter resistido à demanda popular pela guerra. Uma demanda popular desse tipo deve ter uma base instintiva e, de minha parte, acredito que o atual aumento dos instintos belicosos deve-se à insatisfação (na maioria inconsciente) causada pela regularidade, monotonia e domesticação da vida moderna.

É óbvio que não podemos lidar com essa situação abolindo a maquinaria. Esta medida seria reacionária e, de qualquer modo, impraticável. A única forma de evitar os males atualmente associados à maquinaria é promover quebras na monotonia, incentivando aventuras radicais durante os intervalos. Muitos homens cessariam de desejar a guerra se tivessem oportunidade de arriscar suas vidas no alpinismo; um dos mais capazes e vigorosos defensores da paz que eu tenho a sorte de conhecer tem por hábito passar o verão escalando os picos mais perigosos dos Alpes. Se cada trabalhador tivesse um mês no ano durante o qual, se quisesse, aprendesse a pilotar aviões ou fosse encorajado a procurar safiras no Saara, ou então se engajasse em qualquer busca perigosa e excitante envolvendo rapidez na iniciativa pessoal, o amor popular à guerra estaria restrito a mulheres e inválidos. Confesso que não conheço método de tornar essas classes pacíficas, porém estou convencido de que uma psicologia científica encontraria um procedimento, se assumisse a tarefa com seriedade.

As máquinas alteraram nosso modo de vida, mas não os nossos instintos. Por conseguinte, existe um desajuste. A psicologia das emoções e dos instintos ainda está engatinhando; foi iniciada com a psicanálise, contudo, é apenas um começo. O que podemos absorver da psicanálise é o fato de que as pessoas perseguirão, na ação, vários objetivos que não desejam *conscientemente* e terão um conjunto associado de crenças tão irracional que permitirá que busquem esses objetivos sem saber que os estão procurando. Mas a psicanálise ortodoxa simplificou de modo excessivo nossos propósitos inconscientes, que são numerosos e diferentes de uma pessoa para outra. Espera-se que os fenômenos sociais e políticos venham a ser em breve compreendidos desse ponto de vista e, portanto, esclareçam a natureza humana média.

O autocontrole moral e a proibição externa de atos prejudiciais não são métodos adequados de lidar com nossos instintos anárquicos. A razão de serem impróprios é que esses instintos são capazes de tantos disfarces como o demônio da lenda medieval, e alguns deles enganam até os eleitos. O único procedimento adequado é descobrir as necessidades da nossa natureza instintiva e depois buscar o caminho menos pernicioso de satisfazê-las. Como a espontaneidade é o que mais se opõe às máquinas, a única coisa que pode ser *dada* é a oportunidade; o uso da oportunidade deve ser deixado à iniciativa do indivíduo. Sem dúvida, despesas consideráveis estariam envolvidas, mas não seriam comparáveis às despesas com a guerra. A compreensão da natureza humana deve ser a base de qualquer progresso da vida humana. A ciência fez maravilhas ao dominar as leis do mundo físico, porém nossa própria natureza é muito menos compreendida, ainda, do que a natureza das estrelas e dos elétrons. Quando a ciência aprender a compreender a natureza humana, será capaz de trazer para nossas vidas a felicidade que as máquinas e as ciências físicas falharam em criar.

7

Behaviorismo e valores

Encontrei certa vez em uma revista americana erudita a declaração de que só havia um behaviorista no mundo, o dr. Watson. Eu deveria ter dito que existem tantos comportamentalistas quanto homens progressistas. Isso não significa que os behavioristas sejam comuns nas universidades nem que eu seja um behaviorista – pois, quando observei a Rússia e a China, percebi que estava desatualizado. A autocrítica objetiva, entretanto, me obriga a admitir que seria melhor que eu fosse. Neste ensaio, gostaria de expor certas dificuldades sentidas por pessoas como eu, que, ao aceitarem o que é moderno na ciência, têm dificuldade em se despojar do medievalismo em relação ao que vale a pena viver. Gostaria de perguntar não apenas qual é a posição lógica do behaviorismo sobre valores, mas também qual é o seu efeito provável em homens e mulheres caso seja amplamente aceito em seu estado bruto. Ainda não se tornou mania, como a psicanálise, mas se isso acontecer, seu enfoque popular, com certeza divergirá bastante dos ensinamentos do dr. Watson – tanto quanto o popular freudismo difere de Freud.

A versão popular do behaviorismo será, acredito, a seguinte: no passado, supunha-se que houvesse algo chamado mente, capaz de realizar três tipos de atividade – sentir, saber e querer. Agora, foi constatado que não existe mente, só o corpo. Todas as nossas atividades consistem em processos corporais. "Sentir" consiste em ocorrências viscerais, em especial aquelas associadas às glândulas; "saber" consiste em movimentos da laringe; "querer", em todos os outros movimentos que dependem dos músculos estriados. Quando, há pouco, um intelectual renomado casou-se com uma famosa bailarina, alguns expressaram dúvidas sobre sua coerência. Mas do ponto de vista behaviorista, essa dúvida foi mal-empregada: ela cultivara os músculos das pernas e braços, ele os músculos da laringe, sendo ambos, portanto, acrobatas, embora pertencentes a ramos diferentes da profissão. Como a única coisa que podemos fazer é mover nossos corpos, os devotos populares do credo provavelmente concluirão que devemos mexê-los o máximo possível. Nesse ponto, surgirão dificuldades concernentes à relatividade. Será que as diferentes partes do corpo se movem em relação umas às outras? Ou será que o corpo como um todo se move no tocante ao veículo em que se encontra? Ou o movimento relativo à Terra é o critério da eficiência? O homem ideal à primeira vista é o acrobata; a seguir, o homem que sobe uma escada rolante que está descendo; depois, o homem que passa a sua vida em um aeroplano. Não é fácil distinguir segundo qual princípio essas controvérsias devem ser decididas, mas, no final das contas, aposto nos aeronautas.

Ao considerarmos as concepções da excelência humana que dominam os setores mais relevantes dos países mais poderosos, chegamos à conclusão de que o behaviorismo apenas fornece uma justificativa teórica para aquilo em que já se crê. O acrobata deveria ser o ideal para aqueles que acreditam na cultura física e afirmam que a virilidade de uma nação depende dos esportes, que é a opinião da classe governante britânica. O homem que sobe uma escada rolante que está descendo deve ser o *beau idéal* dos cristãos musculosos, que consideram o desenvolvimento do músculo o objetivo final, embora possa estar divorciado do prazer. Essa é a visão que a Associação Cristã de Moços (ACM) esforça-se para apregoar na China, e que nossos governantes julgam apropriada a todas as raças e classes súditas. O aeronauta representa um ideal mais aristocrático, reservado àqueles que exercitam o poder mecânico. Mas, apesar e acima de tudo isso, há uma concepção suprema que sugere o motor imóvel de Aristóteles: é o governante em repouso no centro, enquanto todos os outros se movimentam ao redor dele em velocidades variáveis, assegurando, assim, para ele o máximo absoluto de movimento *relativo*. Esse papel está reservado para nossos super-homens, especialmente os financistas.

Existe, então, uma concepção bastante diferente de excelência humana que veio da Grécia e da Idade Média, mas que está sendo de forma gradual deslocada pela perspectiva da dominação das máquinas sobre a imaginação. Acredito que essa perspectiva mais antiga se reconcilia de forma mais lógica com o behaviorismo, mas não *psicologicamente* no comportamento do cidadão médio. Nessa perspectiva mais antiga, sentir e saber são julgados tão importantes quanto fazer; a arte e a contemplação são consideradas tão admiráveis quanto a alteração das posições no espaço de grandes quantidades de matéria. Os querubins amam a Deus e os serafins O contemplam, e nisso consiste sua excelência suprema. O ideal todo é estático. É verdade que no paraíso os hinos são cantados e as harpas são tocadas, porém são os mesmos todos os dias, e o aperfeiçoamento na construção de harpas não é tolerado. Esse tipo de existência entedia o homem moderno. Uma das razões de a teologia ter perdido sua influência é ter falhado em fornecer maquinaria progressiva no paraíso, embora Milton o tivesse feito no inferno.

Deve-se apontar que todo sistema ético se baseia num certo *non sequitur*. O filósofo primeiro inventa uma teoria falsa sobre a natureza das coisas, depois deduz que são ações más que demonstram que sua teoria é falsa. Começando com o cristão tradicional: ele declara que, como tudo é feito segundo a vontade de Deus, a maldade consiste em desobedecer à vontade de Deus. Chegamos, então, aos hegelianos, que argumentam ser o universo composto de partes que se harmonizam em um organismo perfeito e que, portanto, a maldade constitui-se em comportamento que deprecia a harmonia – embora seja difícil perceber como esse comportamento é possível, porque a harmonia completa é necessária metafisicamente. Bergson, ao se dirigir ao público francês, mantém uma ameaça contra aqueles cujos atos o contestam, o que é mais terrível do que a condenação moral – ou seja, a ameaça do ridículo. Ele mostra que os seres humanos nunca se comportam de forma mecânica e, depois, em seu livro *Riso: ensaio sobre a significação do cômico*, afirma que o que nos faz rir é ver uma pessoa se comportar mecanicamente, isto é, você só é ridículo quando faz algo que demonstre que a filosofia de Bergson é falsa. Espero que esses exemplos tenham esclarecido plenamente que a metafísica jamais terá consequências éticas, exceto em virtude de sua falsidade: se fosse verdade, os atos que define como pecado seriam impossíveis.

Aplicando essas observações ao behaviorismo, deduzo que se – e até ao ponto em que – tem consequências éticas, ele deve ser falso, enquanto que, ao contrário, se for verdadeiro, não pode ter relação com a conduta. Empregando esse teste ao behaviorismo popular (não à forma científica estrita), encontro várias evidências de falsidade. Em primeiro lugar, quase todos os seus adoradores perderiam todo o interesse nele se pensassem que não há consequências éticas. Nesse ponto, deve-se fazer uma distinção. Uma verdadeira doutrina pode ter consequências *práticas*, embora possa não ter consequências *éticas*. Se você tentar extrair coisas de uma máquina com uma moeda e ela foi fabricada para exigir duas, a verdade tem uma consequência *prática*, ou melhor, você deve pôr outra moeda. Mas ninguém chamaria essa consequência de "ética"; tem relação apenas com a forma de realizar seus desejos. Do mesmo modo, o behaviorismo, como desenvolvido no livro do dr. Watson com esse título, tem, sem dúvida, todos os tipos de resultados práticos, em especial na educação. Se quiser que uma criança se comporte de determinada maneira, será mais prudente seguir os conselhos do dr. Watson, em vez dos de (digamos) Freud. Porém essa é uma questão científica, não ética. A ética apenas surge quando é dito que aquela ação tem certos objetivos finais ou (alternativamente) que certas ações podem ser classificadas como boas ou más, independentemente de suas consequências.

Acho que o behaviorismo tende, embora de forma ilógica, a ter uma ética no sentido próprio da palavra. O argumento parece ser: como a única coisa que podemos fazer é induzir a matéria a se mover, devemos mover tanta matéria quanto possível; como consequência, a arte e o pensamento só têm valor na medida em que estimulam movimentos da matéria. Contudo, isso é um critério muito metafísico para a vida cotidiana; o critério prático é a renda. Observe a declaração do Dr. Watson:

> Na minha opinião, um dos elementos mais importantes no julgamento da personalidade, caráter e capacidade é a história das realizações do indivíduo a cada ano. Podemos mensurá-la com objetividade ao avaliar o tempo que o indivíduo dedicou a suas várias ocupações e a renda anual que recebeu (...) Se o

indivíduo for um escritor, poderíamos desenhar uma curva dos preços que obtém por seus livros ano a ano. Se aos trinta anos de idade receber das principais lojas o mesmo preço médio por cada palavra de suas histórias que recebia aos 24 anos, provavelmente é um escritor incompetente e nunca passará disso.

Aplicando esse critério a Buda, Cristo e Maomé, a Milton e Blake, vemos que ele envolve um reajuste interessante em nossas estimativas dos valores de personalidades. Além dos pontos assinalados anteriormente, há duas máximas éticas implícitas nessa passagem. A primeira é a de que a excelência deve ser medida com facilidade, e a segunda é a de que deve estar de acordo com a lei. Essas são consequências naturais da tentativa de deduzir a ética de um sistema baseado na física. De minha parte, não posso aceitar a ética sugerida pela declaração do dr. Watson. Não posso acreditar que a virtude seja proporcional à renda e tampouco que seja errado ter dificuldade de agir de acordo com a massa. Sem dúvida, minha visão sobre esses assuntos é tendenciosa, já que sou pobre e excêntrico; mas, embora reconheça esse fato, me atenho a ela apesar disso.

Abordarei agora outro aspecto do behaviorismo, ou seja, sua visão da educação. Aqui não posso citar dr. Watson, cujo ponto de vista sobre o assunto, conforme aparece em seus trabalhos, me parece excelente. No entanto, ele não trata dos últimos períodos da educação, e neles repousam minhas maiores dúvidas. Citarei um livro que, embora não seja behaviorista de modo explícito é, na verdade, amplamente inspirado pela perspectiva à qual o behaviorismo está associado: *The Child: His Nature and His Needs* (*A criança: sua natureza e suas necessidades*)*. Tenho o maior respeito por este livro, porque sua psicologia é admirável, mas sua ética e estética me parecem mais sujeitas à crítica. Para ilustrar a ausência de estética, reproduzo a seguinte passagem (p. 384):

> Há 25 anos os alunos aprendiam a soletrar de dez a quinze mil palavras; mas, em resultado de pesquisas realizadas ao longo

---

* Preparado sob a supervisão editorial de M.V. O'Shea, professor de Educação da Universidade de Wisconsin. Uma contribuição da *Children's Foundation*.

das duas últimas décadas, observou-se que um formando típico do ensino médio não precisa, em seu trabalho escolar, e não precisará, em sua vida futura, conhecer a ortografia de mais do que 3 mil palavras, a não ser que se envolva em alguma ocupação técnica em que possa ser necessário que ele domine um vocabulário técnico especial. O americano típico quase nunca emprega mais de quinze mil palavras diferentes em sua correspondência e em seus artigos para os jornais; em geral, não usamos mais do que a metade desse número. Em vista disso, o curso de ortografia nas escolas hoje está sendo elaborado sob o princípio de que as palavras que realmente serão usadas no dia a dia devem ser dominadas para que sejam escritas de forma automática, e as palavras técnicas e incomuns, que eram ensinadas antes, mas que talvez nunca sejam usadas, estão sendo eliminadas. Nem uma única palavra está sendo preservada atualmente nos cursos de ortografia sob a teoria de que será valiosa para o treinamento da memória.

Na última frase temos um apelo perfeitamente sólido para a psicologia, refutando um antigo argumento a favor da memorização. Parece que a memorização não treina a memória; portanto, nada deve ser decorado sob nenhum argumento, exceto quando aquele fato deva ser conhecido. Assim, examinaremos as outras implicações da passagem acima.

Em primeiro lugar, não se trata de ser capaz de escrever alguma coisa. Shakespeare e Milton não conseguiam soletrar corretamente; Marie Corelli e Alfred Austen, sim. Acredita-se que a ortografia seja necessária, em parte, por razões esnobes, como uma maneira fácil de distinguir os "educados" dos "não educados"; em parte, como um modo de se vestir de forma correta, um elemento de dominação da massa, e também porque o devoto da lei natural sente desconforto na demonstração de qualquer esfera em que persista a liberdade individual. Se julgarem que pelo menos as publicações têm o dever de ser escritas na forma convencional, sempre é possível manter revisores com essa finalidade.

Em segundo lugar, a linguagem escrita, salvo na China, é representativa da linguagem falada, na qual reside toda a qualidade estética da literatura. No tempo em que os homens conservavam o sentimento de que a linguagem poderia e deveria ser bela, eles não se importavam com a ortografia, mas eram cuidadosos com a pronúncia. Atualmente, até as pessoas com nível universitário não sabem pronunciar a não ser as palavras mais comuns e, por conseguinte, são incapazes de analisar qualquer poesia. Sem considerar os estudantes de literatura, é possível que nenhuma pessoa abaixo de quarenta anos na América possa escandir:

> A esparsa incerteza
> Sua nuança aérea.

Em vez de ser ensinada a soletrar, a criança deveria ser ensinada a ler em voz alta, se houvesse qualquer preocupação com aspectos estéticos na educação. Antigamente os pais de família liam a Bíblia em voz alta, o que servia de modo admirável para esse propósito; mas agora essa prática está quase extinta.

Não é apenas importante saber a pronúncia, mas também é desejável esteticamente possuir um grande vocabulário. Aqueles que sabem apenas quinze mil palavras serão incapazes de se expressar com precisão ou beleza, a não ser em tópicos simples e com rara sorte. Cerca de metade da população dos Estados Unidos gasta hoje tanto tempo em sua educação quanto Shakespeare despendeu, mas seu vocabulário mal chega a um décimo do dele. Embora o dele fosse inteligível ao cidadão comum da sua época, visto que foi usado em peças teatrais que precisavam ser um sucesso comercial. A visão moderna é a de que o homem domina de modo suficiente a linguagem se consegue se fazer entender; a visão antiga era a de que em ambas, falada e escrita, deveria ser capaz de proporcionar prazer estético.

Qual é a conclusão para uma pessoa que, como este escritor, aceita, por finalidades práticas, a parte científica do behaviorismo, enquanto rejeita as consequências éticas e estéticas? Tenho a mais profunda admiração por dr. Watson e considero seus livros sumamente importantes. Acredito que a física, nos dias de hoje, é a mais importante atividade teórica, e a industrialização, o mais importante fenômeno sociológico. Não obstante, não posso deixar de admirar o conhecimento "inútil" e a arte cuja finalidade é dar prazer. O problema não é lógico, pois, como vimos, se o behaviorismo for verdadeiro, não pode ter relação com as questões de valor, exceto no modo secundário de ajudar a mostrar que meios usar para um determinado objetivo. O problema é, em sentido amplo, político: considerando que a maior parte do gênero humano comete erros, seria melhor se chegasse a conclusões falsas de premissas verdadeiras ou a deduções verdadeiras de premissas falsas? Uma questão desse tipo é insolúvel. A única solução verdadeira parece ser a de que homens e mulheres comuns deveriam aprender lógica para conseguir abster-se de tirar conclusões que apenas *parecem* apreender. Quando se diz, por exemplo, que os franceses são lógicos, o que se quer dizer é que, ao aceitarem uma premissa, também aceitam tudo o que uma pessoa destituída totalmente de sutileza lógica suporia, de modo equivocado, deduzir da premissa. Essa é uma qualidade bastante indesejável, da qual as nações de língua inglesa, em geral, estiveram no passado mais livres do que quaisquer outras. Mas há sinais de que, se quiserem permanecer livres, precisarão de mais filosofia e lógica do que tiveram no passado. A lógica era, antigamente, a arte de tirar conclusões; agora, tornou-se a arte de se abster das deduções, pois parece que as conclusões a que somos inclinados a chegar com naturalidade quase nunca são válidas. Concluo, portanto, que a lógica deve ser ministrada nas escolas com o propósito de ensinar as pessoas a não raciocinar. Porque, se raciocinarem, certamente o farão de forma equivocada.

8

Ideais de felicidade oriental e ocidental

Todo mundo conhece a Máquina do Tempo de Wells, que possibilitou ao proprietário viajar através do tempo e ver como era o passado e como será o futuro. Mas as pessoas nem sempre percebem que muitas vantagens do equipamento de Wells podem ser verificadas ao se viajar ao redor do mundo atualmente. Um europeu que viaja de Nova York a Chicago antevê o futuro, o futuro ao qual é provável que a Europa chegue, se escapar ao desastre econômico. Em contrapartida, ao viajar para a Ásia, divisa o passado. Na Índia, disseram-me, pode-se contemplar a Idade Média; na China, pode-se ver* o século XVIII. Se George Washington voltasse à Terra, o país que ele criou o deixaria terrivelmente perplexo. Ele se sentiria um pouco menos confuso na Inglaterra, menos ainda na França; mas, na verdade, não se sentiria em casa até chegar à China. Lá, pela primeira vez em suas fantasmagóricas perambulações, encontraria homens que ainda acreditam na "vida, liberdade e busca da felicidade", e que concebem essas ideias mais ou menos como os americanos da época da Guerra da Independência. E acho que não demoraria muito a se tornar presidente da República Popular da China.

    A civilização ocidental abrange as Américas do Sul e do Norte, a Europa, excluindo-se a Rússia, e os domínios autônomos britânicos. Nessa civilização, os Estados Unidos lideram; todas as características que distinguem o Oriente do Ocidente são muito marcantes e, de longe, mais desenvolvidas na América. Estamos acostumados a admitir o progresso como correto: aceitar sem hesitação que as mudanças ocorridas durante as últimas centenas de anos foram inquestionavelmente

---
* 1920.

para melhor, e que mudanças futuras benéficas com certeza ocorrerão indefinidamente. No continente europeu, a guerra e suas consequências abalaram essa crença firme, e os homens começaram a olhar para a época anterior a 1914 como a idade de ouro, que talvez nunca torne a ocorrer por séculos. Na Inglaterra, houve um choque bem menor no otimismo, e na América, menor ainda. Para aqueles como nós, que tomamos como certo o progresso, é especialmente interessante visitar um país como a China, que permaneceu onde estivemos há 150 anos, e a nos perguntar se, no final das contas, as mudanças que aconteceram nos trouxeram algum benefício real.

A civilização da China, como todos sabem, baseia-se nos ensinamentos de Confúcio, que floresceu quinhentos anos a.C. Como os gregos e os romanos, ele não concebia a sociedade humana como naturalmente evolutiva; ao contrário, acreditava que os governantes da remota Antiguidade foram sábios, e as pessoas foram felizes em um nível tal que o presente decadente poderia admirar, mas dificilmente alcançar. Isso, é claro, foi uma ilusão. Porém, o resultado prático foi que Confúcio, como outros mestres da Antiguidade, sonhava em criar uma sociedade estável, mantendo um certo nível de excelência, mas nem sempre se empenhando para obter novos êxitos. Nisso ele foi mais bem-sucedido do que qualquer outro homem que jamais viveu. Sua personalidade ficou gravada na civilização chinesa desde aquela época até os nossos dias. Durante sua vida, os chineses ocupavam apenas uma pequena parte da China atual e estavam divididos em vários reinos combatentes. Ao longo de trezentos anos, estabeleceram o que agora é a China e fundaram um império que excede em território e população qualquer outro que tenha existido nos últimos cinquenta anos. Apesar das invasões bárbaras, dinastias mongóis e manchus, e de períodos de caos e guerra civil ocasionais, longos ou curtos, o sistema confucionista sobreviveu, trazendo com ele a arte e a literatura e um modo de vida civilizado. Somente hoje, graças ao contato com o Ocidente e com japoneses ocidentalizados, esse sistema começou a ruir.

Um sistema que possuía esse poder extraordinário de sobrevivência deve ter grandes méritos, e com certeza merece nosso respeito e consideração. Não é uma religião, assim como entendemos essa palavra, porque não está associado ao sobrenatural ou às suas crenças míticas. É apenas um sistema ético, mas sua ética, diferentemente da do cristianismo, não é por demais elevada para que o homem comum possa praticá-la. Na essência, o que Confúcio ensina é algo muito parecido com o ideal antiquado de um "cavalheiro", como existia no século XVIII. Um dos seus provérbios ilustra isso (citação do livro de Lionel Giles, *Sayings of Confucius*):

> O verdadeiro cavalheiro nunca é belicoso. Se há um lugar em que existe o espírito de rivalidade inevitável, é no tiro ao alvo. Mesmo ali, ele saúda com cortesia seus oponentes antes de tomar sua posição e, novamente, quando, ao perder, afasta-se para beber da taça da derrota. Portanto, mesmo competindo, continua um verdadeiro cavalheiro.

Ele fala muito, como um professor de moral é obrigado a fazer, sobre dever e virtude e assuntos afins, mas nunca exige algo contrário à natureza e às afeições naturais. Isso é demonstrado na seguinte conversa:

> O duque de She dirigiu-se a Confúcio, dizendo: "Temos um homem honrado em nosso país. Seu pai roubou uma ovelha e seu filho testemunhou contra ele." "Em nosso país", respondeu Confúcio, "honradez significa algo diferente. Um pai esconde a culpa de seu filho e seu filho esconde a culpa de seu pai. É em tal conduta que reside a verdadeira honradez."

Confúcio era moderado em todas as coisas, até na virtude. Ele não acreditava que se devesse recompensar o mal com o bem. Certa ocasião lhe perguntaram: "Como o senhor considera o princípio de recompensar o mal com o bem?" E ele respondeu: "Qual, então, será a recompensa para o bem? Seria preferível recompensar injustiça com justiça e bem com bem." O princípio de se recompensar o mal com o bem estava sendo ensinado na sua época na China pelos taoistas, cujo ensinamento era muito mais parecido com o cristianismo do que o de Confúcio. O fundador do taoismo, Lao-Tse (supostamente um antigo contemporâneo de Confúcio), diz: "Aos bons, eu seria bom; aos maus, eu também seria bom, para torná-los bons. Aos fiéis, eu manteria a fé; aos infiéis, eu ainda manteria a fé, para torná-los fiéis. Mesmo que um homem seja mau, seria correto abandoná-lo? Retribua a ofensa com a gentileza." Algumas palavras de Lao-Tse são surpreendentemente parecidas com as do Sermão da Montanha. Por exemplo, ele diz:

> Aquele que é humilhado, será exaltado. Aquele que se curva, será erguido. Aquele que está faminto, será alimentado. Aquele que está esgotado, será renovado. Aquele que tem pouco, será recompensado. Aquele que tem muito, dele muito será tirado.

É uma característica chinesa não ter sido Lao-Tse, mas Confúcio a se tornar reconhecido nacionalmente como sábio. O taoísmo sobreviveu, porém, sobretudo como magia e entre os incultos. Suas doutrinas pareciam visionárias aos homens práticos que gerenciavam o Império, ao passo que as doutrinas de Confúcio eram eminentemente calculadas para evitar atrito. Lao-Tse pregava uma doutrina de inércia: "O império", diz, "sempre venceu por deixar as questões tomarem seu curso. Aquele que está sempre agindo é incapaz de manter o império." No entanto, os governantes chineses preferiam uma mescla das máximas de Confúcio, de autocontrole, benevolência e cortesia, dando grande ênfase no bem que poderia ser feito por governantes sábios. Nunca ocorreu aos chineses, como aconteceu às raças brancas, ter um sistema de ética na teoria e outro na prática. Não quero dizer que eles sempre vivam de acordo com suas próprias teorias, mas que tentam fazê-lo e espera-se que o façam, ao passo que grande parte da ética cristã é universalmente considerada boa demais para este mundo perverso.

Temos, de fato, dois tipos de moralidade lado a lado: uma que pregamos mas não praticamos, e outra que praticamos, porém quase nunca pregamos. O cristianismo, como todas as religiões, exceto o mormonismo, tem uma origem asiática; nos primeiros séculos, enfatizava o individualismo e a espiritualidade, uma característica do misticismo asiático. Desse ponto de vista, a doutrina da não resistência era inteligível. Mas quando o cristianismo se tornou a religião oficial dos enérgicos príncipes europeus, achou-se necessário afirmar que alguns textos não deveriam ser considerados literalmente, enquanto outros, como "a César o que é de César", adquiriam grande popularidade. Atualmente, sob a influência da industrialização competitiva, a menor abordagem à não resistência é desdenhada, e espera-se que os homens sejam capazes de manter seu ânimo. Na prática, nossa moralidade efetiva é a de que o sucesso material é adquirido com a luta; e isso se aplica a nações e a indivíduos. Qualquer outra coisa nos parece fraca e tola.

Os chineses não adotam nossa ética teórica nem prática. Admitem, em teoria, que há ocasiões em que é legítimo lutar e, na prática, que essas ocasiões são raras; ao passo que sustentamos, em teoria, que não há ocasiões em que é legítimo lutar e, na prática, que tais ocasiões são muito frequentes. Os chineses lutam algumas vezes, mas não são uma raça combativa e não admiram muito o sucesso na guerra ou nos negócios. Na tradição, admiram o aprendizado mais do que qualquer outra coisa; e a seguir, em geral aliado à aprendizagem, eles cultuam a urbanidade e a cortesia. Em épocas passadas, os cargos administrativos eram conferidos, na China, por meio de concursos. Como não havia aristocracia hereditária há duzentos anos – com a única exceção da família de Confúcio, da qual o chefe é um duque – o aprendizado atraiu para si o tipo de respeito que foi dado a nobres poderosos na Europa feudal, bem como o respeito que inspirou por sua própria conta. O antigo aprendizado, entretanto, era muito limitado, e consistia apenas em um estudo sem critério dos clássicos chineses e seus comentaristas reconhecidos. Sob a influência do Ocidente, os chineses aprenderam que a geografia, a economia, a geologia, a química, etc. têm mais uso prático do que os moralismos de períodos passados. A jovem China – ou seja, os estudantes que foram educados na corrente europeia – reconhece as necessidades modernas e talvez tenha pouco respeito à antiga tradição. Contudo, até os mais modernos, com poucas exceções, mantêm as virtudes tradicionais da moderação, cortesia e temperamento pacífico. Mas talvez seja duvidoso que essas virtudes sobreviveram a algumas poucas décadas de ensino ocidental ou japonês.

Se eu tivesse de resumir em uma frase a principal diferença

entre os chineses e nós, deveria dizer que eles, em sua maioria, visam ao prazer, enquanto nós, na maioria, visamos ao poder. Gostamos de exercer poder sobre nosso semelhante e sobre a Natureza. Em virtude do primeiro construímos Estados fortes, e por causa da segunda construímos a ciência. Os chineses são muito preguiçosos e muito afáveis para tais atividades. Dizer que sejam preguiçosos é, entretanto, verdadeiro apenas em um certo sentido. Eles não são indolentes como os russos, pois trabalham duro pela sua sobrevivência. Os empregadores os consideram extraordinariamente industriosos. Mas eles não trabalham como os americanos ou os europeus ocidentais, só porque se tornariam entediados se não trabalhassem, nem gostam de disputar espaço em interesse próprio. Quando conseguem renda suficiente para viver, eles vivem com isso, em vez de tentar aumentá-la por meio do trabalho pesado. Eles têm uma capacidade infinita de se divertir com tranquilidade – ir ao teatro, conversar durante o chá, admirar a antiga arte chinesa ou passear por belos locais. Para nosso modo de pensar, há algo excessivamente leniente nesse modo de levar a vida; respeitamos mais um homem que vai ao escritório todos os dias, mesmo que o que ele faça em seu escritório seja nocivo.

Viver no Oriente tem, talvez, uma influência corruptora sobre o homem branco, mas devo confessar que desde que conheci a China tenho considerado a preguiça uma das melhores qualidades que a maioria dos homens pode ter. Conseguimos certas coisas sendo enérgicos, porém devemos nos questionar se, no final das contas, o que obtemos tem algum valor. Desenvolvemos habilidades maravilhosas na fabricação, em parte nos dedicando a construir navios, automóveis, telefones e outros recursos para viver com luxo sob alta pressão, ao passo que a outra parte volta-se para fabricar armas, gases venenosos e aviões cujo propósito é o extermínio em massa. Temos um excelente sistema de administração e taxação, parte do qual é dedicado à educação, saneamento e outros objetivos úteis, enquanto o resto é dedicado à guerra. Na Inglaterra, atualmente, a maioria da receita nacional é gasta em guerras passadas e futuras, e somente o residual é despendido em propósitos úteis. No continente, na maioria dos países, a proporção é ainda pior. Temos um sistema político de eficiência sem precedentes, parte do qual é devotado à detenção e prevenção do crime, e parte a prender qualquer um que tenha novas ideias políticas construtivas. Na China, até há pouco tempo, não havia nada disso. A indústria era muito ineficiente para produzir automóveis ou bombas; o Estado, muito ineficaz para educar seus próprios cidadãos ou matar os de outros países; a polícia, muito ineficiente para prender bandidos ou bolcheviques. O resultado foi que na China, comparada ao país de qualquer homem branco, havia liberdade para todos e um nível de felicidade difusa surpreendente, considerando-se a pobreza de todos exceto uma pequena minoria.

Ao compararmos o verdadeiro ponto de vista do chinês médio com o de um ocidental médio, duas diferenças chamam a atenção: primeiro, os chineses não admiram a atividade, a menos que sirva para algum propósito útil; segundo, eles não consideram a moralidade como a verificação de nossos próprios impulsos e a interferência com os dos outros. A primeira diferença já foi discutida, mas a segunda talvez seja igualmente importante. O professor Giles, um eminente estudioso chinês, ao final de suas Conferências Gifford sobre "O Confucionismo e seus rivais", afirma que o principal obstáculo ao sucesso das missões cristãs na China foi a doutrina do pecado original. A doutrina tradicional do cristianismo ortodoxo – ainda pregado pela maioria dos missionários cristãos no Extremo Oriente – preconiza que nascemos maus, tão maus que merecemos castigo eterno. Os chineses poderiam não ter dificuldade em aceitar essa doutrina se ela fosse aplicada apenas aos homens brancos, porém quando souberam que seus pais e avós estavam no fogo do inferno ficaram indignados. Confúcio ensinou que os homens nascem bons e que se tornam maus pela força de exemplo maléfico ou maneiras corrompidas. Essa diferença da ortodoxia ocidental tradicional teve uma influência profunda no ponto de vista dos chineses.

Entre nós, as pessoas consideradas como luminares morais são as que se abstêm dos próprios prazeres comuns e compensam-se interferindo nos prazeres dos outros. Há um elemento do indivíduo intrometido em nossa concepção de virtude: a menos que um homem se torne um incômodo para muitas pessoas, não achamos que ele seja um homem excepcionalmente bom. Essa atitude advém de nossa noção do Pecado. Ela conduz não só à interferência da liberdade, mas também à hipocrisia, já que é muito difícil para a maioria das pessoas viver à altura do padrão convencional. Esse não é o caso da China. Os preceitos morais são positivos, em vez de negativos. Espera-se que um homem seja respeitoso com seus pais, gentil com as crianças, generoso com seus parentes pobres e cortês com todos. Esses deveres não são muito difíceis e a maioria dos homens realmente os cumpre, e o resultado talvez seja melhor do que o de nosso padrão mais elevado, inexistente para grande parte das pessoas.

Outro resultado da ausência de noção de Pecado é que os homens desejam mais submeter suas diferenças para argumentar e raciocinar do que no Ocidente. Entre nós, as diferenças de opinião logo se tornam questões de "princípio": cada lado pensa que o outro é maligno, e que qualquer consentimento envolve participação na culpa. Isso torna nossas disputas amargas e contém em si, na prática, uma grande disposição para apelar à força. Na China, embora houvesse militares prontos a apelarem à força, ninguém os levou a sério, nem mesmo seus próprios soldados. Eles travaram batalhas quase sem derramar sangue e causaram muito menos prejuízo do que era esperado de acordo com nossa experiência de conflitos ferozes no Ocidente. A grande massa da população, incluindo a administração civil, continuou com suas vidas como se esses generais e seus exércitos não existissem. No cotidiano, as disputas em geral são ajustadas pela mediação amigável de um terceiro. O compromisso é o princípio aceito, porque é necessário manter as aparências de ambas as partes. Manter as aparências, embora de certa forma faça os estrangeiros rirem, é uma instituição nacional muito valorizada, e torna a vida política e social bem menos cruel do que a nossa.

Há um sério defeito, e apenas um, no sistema chinês, que é o de não permitir que a China resista mais a nações belicosas. Se o mundo inteiro fosse como a China, todos seriam felizes; mas enquanto os outros forem belicosos e enérgicos, os chineses, agora que não estão mais isolados, serão compelidos a copiar nossos vícios até certa medida, se quiserem preservar sua independência. No entanto, não nos vangloriemos de que essa imitação será um aperfeiçoamento.

9

O mal que os homens bons fazem

I

Há cem anos, viveu um filósofo chamado Jeremy Bentham, universalmente conhecido como um homem muito perverso. Lembro-me até hoje da primeira vez que cruzei com seu nome, quando era menino. Era uma declaração do rev. Sydney Smith sobre as consequências do pensamento de Bentham, no qual ele dizia que as pessoas deveriam fazer uma sopa de seus avós mortos. Essa prática me pareceu desagradável tanto do ponto de vista culinário quanto moral e, portanto, formei uma opinião negativa sobre Bentham. Muito tempo depois, descobri que a declaração fora uma daquelas mentiras irresponsáveis que pessoais respeitáveis têm o costume de tolerar no interesse da virtude. Descobri, ainda, qual era a acusação verdadeiramente séria contra ele. Era apenas isto: ele definia como um homem "bom" aquele que faz o bem. Essa definição, como o leitor perceberá logo se for honesto, é subversiva a toda moralidade verdadeira. Mais exaltada é a atitude de Kant, que afirma que uma boa ação não é virtuosa se tiver origem em um afeto pelo beneficiário, mas somente se for inspirada pela lei moral, que é, sem dúvida, capaz de inspirar ações cruéis. Sabemos que o exercício da virtude seria sua própria recompensa, e que a tolerância por parte do conformado deveria ser sua própria punição. Kant é, portanto, um moralista mais sublime do que Bentham e tem os sufrágios de todos aqueles que nos dizem que amam a virtude por seu próprio interesse.

É verdade que Bentham satisfaz sua própria definição de homem bom: ele praticou muito o bem. Os meados da década de 40 do século XIX na Inglaterra foram anos de incrível e rápido progresso material, intelectual e moral. No início do período, foi promulgada a Lei da Reforma, que tornou o Parlamento representativo da classe média, e não, como antes, da aristocracia. Essa lei representou o passo mais difícil em direção à democracia na Inglaterra e foi rapidamente seguido por outras reformas importantes, tais como a abolição da escravatura na Jamaica. No começo do período, a penalidade para pequenos roubos era a morte por enforcamento; logo após a pena de morte ficou restrita àqueles acusados de assassinato ou alta traição. As Leis do Milho, que fizeram do alimento algo tão caro a ponto de causar pobreza atroz, foram abolidas em 1846. A educação compulsória foi introduzida em 1870. Está na moda depreciar os vitorianos, não obstante, eu gostaria que nossa era tivesse a metade dos índices que eles tiveram. Entretanto, isso não vem ao caso. Meu ponto é o de que uma grande parte do progresso ocorrido naqueles anos deve ser atribuída à influência de Bentham. Não há dúvida de que nove entre dez das pessoas que viveram na Inglaterra na última parte do século passado eram mais felizes do que teriam sido se ele nunca tivesse existido. Sua filosofia era tão superficial que ele a considerava uma justificativa para suas atividades. Nós, em uma época mais iluminada, podemos constatar que tal visão é absurda; mas pode nos encorajar a rever as causas da rejeição ao utilitarismo humilhante como o de Bentham.

II

Todos nós sabemos o que queremos dizer com homem "bom". O homem bom ideal não fuma nem bebe, evita linguagem de baixo calão, conversa na presença de homens exatamente o que falaria se houvesse mulheres presentes, vai à igreja com regularidade e tem opiniões corretas sobre todos os assuntos. Tem verdadeiro horror ao mau procedimento e está ciente de que é nosso doloroso dever punir o Pecado. Tem horror ainda maior a pensamentos errados e considera ser responsabilidade das autoridades proteger os jovens contra os que questionam a sabedoria das opiniões aceitas, de modo geral, pelos cidadãos de meia-idade bem-sucedidos. Além dos seus deveres profissionais, aos quais é assíduo, ele dedica muito tempo a trabalhos que visam ao bem: pode estimular o patriotismo e o treinamento militar; pode promover a indústria, a sobriedade e a virtude entre os assalariados e seus filhos, cuidando para que as falhas sejam devidamente punidas; pode ser o curador de uma universidade e evitar uma admiração imprudente e precipitada pelo aprendizado por permitir a admissão de professores com ideias subversivas. Acima de tudo, é claro, sua "moral", em um sentido limitado, deve ser irrepreensível.

Pode-se duvidar se um homem "bom" no sentido acima descrito faz, na média, mais bem do que o homem "mau". Quando digo "mau", me refiro ao homem oposto ao que estive descrevendo. Um homem "mau" fuma e bebe ocasionalmente e até xinga quando pisam nos seus calos. Sua conversa nem sempre pode ser impressa e, às vezes, passa os domingos ao ar livre, e não na igreja. Algumas de suas opiniões são subversivas; por exemplo, ele pode pensar que, se desejamos a paz, devemos trabalhar pela paz, não pela guerra. Assume uma atitude científica contra o mau procedimento, como tomaria com seu automóvel se ele se comportasse mal; argumenta que sermões e prisões não irão curar mais o vício do que remendar um pneu furado. No que se refere aos maus pensamentos, ele é ainda mais perverso. Sustenta que o chamado "mau pensamento" é apenas um pensamento, e o chamado "bom pensamento" consiste na repetição de palavras como um papagaio, o que lhe confere empatia a todos os tipos de excentricidades indesejáveis. Suas atividades fora do horário de trabalho podem consistir, basicamente, em divertimento ou, ainda pior, em fomentar descontentamento em relação a males evitáveis que não interferem no conforto dos homens no poder. E é até mesmo possível que, em se tratando de "moral", talvez ele não considere seus lapsos de modo tão cuidadoso como faria um homem verdadeiramente virtuoso, defendendo-se com a perversa contra-argumentação de que é melhor ser honesto do que fingir dar um bom exemplo. Ao falhar em um ou em vários desses aspectos, um homem será considerado doente pelo cidadão médio respeitável e não terá permissão de assumir qualquer cargo de autoridade, como a de um juiz, um magistrado ou um diretor de escola. Esses cargos são ocupados somente por homens "bons".

Toda essa conjuntura é mais ou menos moderna. Existiu na Inglaterra durante o breve reinado dos puritanos, na época de Cromwell, e foi por eles transplantado para a América. Não reapareceria com força na Inglaterra até após a Revolução Francesa; quando foi considerado o melhor método de combater o jacobismo (isto é, o que agora devemos chamar bolchevismo). A vida de Wordsworth ilustra a mudança. Durante sua juventude, ele simpatizava com a Revolução Francesa, foi para a França, escreveu boa poesia e teve uma filha natural. Nesse período ele era um homem "mau". Depois se tornou "bom", abandonou sua filha, adotou princípios corretos e escreveu poesia ruim. Coleridge passou por uma mudança semelhante: quando era perverso, escreveu *Kubla Kahn*, e quando se tornou bom, escreveu sobre teologia.

É difícil pensar em qualquer exemplo de um poeta que tenha sido "bom" quando escrevia poesia de qualidade. Dante foi deportado por propaganda subversiva; Shakespeare, a julgar pelos *Sonetos*, não teria sido autorizado pela imigração americana a pisar em Nova York. Faz parte da essência do homem "bom" que ele apoie o governo; entretanto, Milton foi moralmente correto durante o reinado de Cromwell, e incorreto antes e depois; mas foi antes e depois que ele escreveu sua poesia – de fato, a maioria foi escrita depois de ter escapado por um triz de ser enforcado como bolchevique. Donne era virtuoso até se tornar reitor de St. Paul, mas todos os seus poemas foram escritos antes daquela época, e por conta deles sua designação causou um escândalo. Swinburne foi perverso durante sua juventude, quando escreveu *Songs Before Sunrise* em homenagem àqueles que lutaram pela liberdade; foi virtuoso em sua velhice, quando escreveu ataques ferozes contra os bôeres por defenderem sua liberdade contra a agressão desumana. É desnecessário multiplicar exemplos; já foi dito o suficiente para sugerir que os padrões de virtude agora predominantes são incompatíveis com a produção da boa poesia.

Em outras direções, o mesmo é verdadeiro. Todos sabemos que Galileu e Darwin eram homens de má índole; Spinoza era considerado terrivelmente perverso até cem anos após sua morte; Descartes foi morar no exterior por temer a perseguição. Quase todos os artistas renascentistas eram homens malévolos. Quando se trata de assuntos modestos, aqueles que contestam a mortalidade evitável são necessariamente maléficos. Vivi em uma região de Londres onde uma parte é muito rica e a outra muito pobre; a mortalidade infantil é anormalmente alta, e os ricos, por corrupção ou intimidação, controlam o governo local. Eles usam esse poder para cortar os investimentos no bem-estar infantil e na saúde pública, e contratam um médico por um preço inferior ao padrão estipulado, com a condição de que ele trabalhe em tempo parcial. Ninguém consegue obter respeito das pessoas locais influentes, a não ser que considere os saborosos jantares para os ricos mais importantes do que a vida das crianças pobres. O mesmo acontece em todas as partes do mundo que conheço, o que sugere que podemos simplificar nossa ideia do que constitui um homem bom: um homem bom é aquele cujas opiniões e atividades são agradáveis aos que detêm o poder.

III

Foi doloroso ter de pensar sobre os homens maus que, no passado, infelizmente tornaram-se eminentes. Voltemo-nos à contemplação mais prazerosa do virtuoso.

Jorge III foi um homem virtuoso típico. Quando Pitt quis que ele emancipasse os católicos (que, na época, não estavam autorizados a votar), ele não concordou, argumentando que isso iria de encontro ao juramento de sua coroação. Ele se recusou, justificadamente, a ser corrompido pela premissa de que seria bom emancipá-los; a questão, para ele, não era se seria um ato magnânimo, mas se, de modo geral, seria "certo". Sua interferência na política foi totalmente responsável pelo regime que fez com que a América reivindicasse a independência; mas sua interferência sempre foi ditada pelos motivos mais elevados. O mesmo pode ser dito do ex-cáiser, um homem muitíssimo religioso, e com a sincera convicção, até sua queda, de que Deus estava ao seu lado e (até onde sei) completamente livre de vícios pessoais. Embora seja difícil apontar qualquer homem de nossa época que tenha feito mais para causar a infelicidade humana.

Entre os políticos, os homens bons têm suas utilidades; a principal é fornecer uma cortina de fumaça para que outros possam dar continuidade a suas atividades de modo insuspeito. Um homem de boa índole nunca irá suspeitar que seus amigos cometem ações duvidosas: isso faz parte de sua bondade. Um bom homem nunca será suspeito de usar sua bondade para esconder vilões: isso faz parte de sua utilidade. Está claro que essa combinação de qualidades torna um homem bom bastante desejável, embora um público de certa forma intolerante se oponha à transferência de fundos para as mãos dos ricos merecedores. Disseram-me – longe de mim endossar esta declaração – que em um período não muito distante da história houve um presidente americano, um homem bom, que servia a esse propósito. Na Inglaterra, Whittaker Wright, no auge da fama, cercava-se de fidalgos inocentes, cuja virtude os tornava incapazes de compreender sua aritmética, ou de saberem que não compreendiam.

Outra utilidade do homem bom é que as pessoas indesejáveis podem ser mantidas fora da política por meio de escândalos. Noventa e nove entre cem cometem infrações à lei moral, mas em geral esse fato não se torna público. E quando o nonagésimo nono caso torna-se público, o único homem genuinamente inocente entre os cem expressa um horror verdadeiro, enquanto os outros noventa e oito são compelidos a agir da mesma forma por medo de se tornarem suspeitos. Portanto, quando qualquer homem de opiniões detestáveis aventura-se na política, basta que aqueles que têm a preservação de nossas instituições mais antigas no coração acompanhem de perto suas atividades privadas até descobrirem algo que, se revelado, irá arruinar sua carreira política. Então eles têm três caminhos a seguir: tornar os fatos públicos e fazê-lo desaparecer em uma nuvem de descrédito; obrigá-lo a se retirar para a vida privada sob ameaça de exposição; ou receberem uma renda confortável por meio de chantagem. Desses três caminhos, os dois primeiros protegem o público, enquanto o terceiro protege aqueles que protegem o público. Todos os três, portanto, são recomendados e apenas se tornam possíveis pela existência de homens bons.

Consideremos, novamente, a questão da doença venérea. Sabe-se que ela pode ser quase inteiramente prevenida por precauções adequadas tomadas previamente, mas, devido às atividades dos homens bons, esse conhecimento é disseminado o menos possível, e todos os tipos de obstáculos são colocados à sua utilização. Por conseguinte, o pecado ainda assegura sua punição "natural" e as crianças continuam sendo castigadas pelos pecados de seus pais, de acordo com o preceito bíblico. Seria terrível se acontecesse o contrário, pois, se o pecado não recebesse punição, poderia haver pessoas abandonadas a seus impulsos a fim de fingir que o pecado não era mais pecado, e se o castigo não fosse aplicado ao inocente, não pareceria tão terrível. Assim, como devemos ser gratos aos homens bons que asseguram que as rígidas leis de retribuição decretadas pela Natureza durante nossos dias de ignorância ainda podem ser postas para funcionar, a despeito do conhecimento ímpio adquirido de modo descuidado pelos cientistas. Todas as pessoas de pensamento política ou moralmente correto sabem que um ato mau é mau, independentemente do fato de causar ou não sofrimento; mas como nem todos os homens são capazes de se guiar pela lei moral pura, é bastante desejável que o sofrimento acompanhe o pecado para garantir a virtude. Os homens devem ser mantidos na ignorância no que diz respeito às formas de escapar às penalidades, que foram impostas por ações pecaminosas nas eras pré-científicas. Estremeço ao pensar o quanto todos nós conheceríamos sobre a preservação da saúde mental e física se não fosse a proteção contra esse conhecimento perigoso que nossos homens bons com tanta gentileza proporcionam.

Outra maneira de os homens bons tornarem-se úteis é serem assassinados. A Alemanha conquistou a província de Shan-tung, na China, devido à sorte de ter dois missionários assassinados lá. O arquiduque assassinado em Sarajevo foi, acredito, um homem de boa índole: e como devemos ser agradecidos a ele! Se ele não houvesse morrido, talvez não tivéssemos a guerra, e o mundo não tivesse sido salvo pela democracia, nem o militarismo houvesse sido derrotado, nem estivéssemos agora desfrutando dos despotismos militares na Espanha, Itália, Hungria, Bulgária e Rússia.

Falando com seriedade: os padrões de "bondade" reconhecidos em geral pela opinião pública não são aqueles calculados para tornar o mundo um lugar melhor. Isso se deve a uma série de causas, das quais a principal é a tradição, e a segunda mais poderosa é o poder injusto das classes dominantes. A moralidade primitiva parece ter desenvolvido a noção do tabu: ou seja, era originalmente pura superstição e proibia certos atos perfeitamente inócuos (tais como comer do prato do chefe) na suposição de que produziam desastres por mágica. Assim vieram as proibições, que continuaram a ter autoridade sobre os sentimentos das pessoas, e as suas supostas razões foram esquecidas. Uma parte considerável da moral corrente ainda é desse tipo: certos tipos de conduta produzem emoções de terror, independentemente do fato de terem ou não efeitos nocivos. Em muitos casos, a conduta que inspira horror é de fato prejudicial; se não fosse esse o caso, a necessidade de revermos nossos padrões morais seria, de modo geral, mais reconhecida. O assassinato, por exemplo, pode, é claro, não ser tolerado em uma sociedade civilizada; embora a origem da proibição do assassinato seja apenas uma superstição. Pensava-se que o sangue do homem morto (ou, depois, seu fantasma) demandaria vingança e poderia punir não apenas o homem culpado, mas qualquer um que demonstrasse bondade para com ele. O caráter supersticioso da proibição do assassinato é demonstrado pelo fato de que era possível ser purificado da culpa em certas cerimônias rituais que, aparentemente, eram realizadas, em princípio, para disfarçar o assassino, de modo que o seu fantasma jamais o reconhecesse. Essa, pelo menos, é a teoria de *Sir* J.G. Frazer. Quando falamos de arrependimento e "lavar a culpa", estamos usando uma metáfora oriunda do fato de que há tempos a lavagem no sentido concreto era usada para remover manchas de sangue. Essas noções de "culpa" e "pecado" têm um fundo emocional associado a esse costume na remota Antiguidade. Mesmo no caso de assassinato, uma ética racional verá esse assunto de forma diferente: estará ligado à prevenção e cura, como no caso de uma doença, em vez de culpa, castigo e expiação.

 Nossa ética atual é uma mistura curiosa de superstição e racionalismo. O assassinato é um crime antigo e o percebemos através de uma longa névoa de horror. A falsificação é um crime moderno e o encaramos de forma racional. Punimos os falsificadores, mas não os consideramos seres estranhos, ou os discriminamos, como fazemos com os assassinos. E ainda pensamos, na prática social, qualquer que seja nossa teoria, que a virtude consiste em não fazer, em vez de fazer. O homem que se abstém de certos atos rotulados de "pecados" é um homem bom, embora nunca faça nada para o bem-estar dos outros. Isso, é claro, não é uma atitude recomendada pelo Evangelho: "Amar ao próximo como a si mesmo" é um preceito positivo. Mas em todas as comunidades cristãs o homem que obedece a esse preceito é perseguido, torna-se no mínimo pobre, em geral é preso e, às vezes, morto. O mundo está cheio de injustiças, e aqueles que lucram com a injustiça estão numa posição de administrar as recompensas e os castigos. As recompensas vão para os que inventam justificativas engenhosas para a desigualdade; os castigos para aqueles que tentam remediá-la. Não conheço nenhum país onde o homem que tenha um amor genuíno por seu vizinho possa evitar a desonra. Em Paris, antes da eclosão da guerra, Jean Jaurès, o melhor cidadão da França, foi assassinado; o assassino foi absolvido sob o argumento de que tinha realizado um serviço público. Esse caso foi peculiarmente dramático, porém o mesmo tipo de incidente acontece em todo lugar.

Aqueles que defendem a moralidade tradicional às vezes admitem que ela não é perfeita, mas sustentam que qualquer crítica fará com que toda a moralidade entre em colapso. Esse não será o caso se a crítica estiver baseada em algo positivo e construtivo, porém apenas se for conduzida tendo em vista só o prazer momentâneo. Voltando a Bentham: ele defendia, como base da moral, "a maior felicidade do maior número". Um homem que age sob esse princípio terá uma vida muito mais árdua do que aquele que apenas obedeça a preceitos convencionais. Ele, necessariamente, se transformará no campeão dos oprimidos, e por isso estará sujeito à inimizade dos grandes. Ele proclamará fatos que o sistema deseja ocultar; ele negará falsidades destinadas a afastar a simpatia daqueles que precisam dela. Esse modo de vida não conduz ao colapso de uma moralidade genuína. A moralidade oficial sempre foi opressora e negativa: diz-se "não deverás" sem se dar ao trabalho de investigar o efeito das atividades não proibidas pelo código. Contra esse tipo de moralidade todos os grandes professores místicos e religiosos protestaram em vão: seus seguidores ignoraram seus pronunciamentos mais explícitos. Parece improvável, portanto, que qualquer melhoria em larga escala advenha desses métodos.

Penso que devemos esperar mais do progresso da razão e da ciência. Os homens, aos poucos, se conscientizarão que um mundo cujas instituições baseiam-se no ódio e na injustiça não é o que terá maior probabilidade de gerar felicidade. A última guerra ensinou essa lição a alguns poucos, e teria ensinado a muitos mais se tivesse terminado em empate. Precisamos de uma moralidade baseada no amor à vida, no prazer de crescer e nas realizações positivas, não na repressão e na proibição. Um homem deveria ser considerado "bom" se fosse feliz, expansivo, generoso e alegre quando os outros estivessem felizes; se fosse assim, uns poucos pecadilhos seriam considerados como de importância menor. No entanto, um homem que adquire fortuna por meio de crueldade e exploração deveria ser visto como hoje vemos o chamado homem "imoral"; e assim deveria ser julgado, mesmo se frequentasse a igreja com regularidade e desse uma parte de seus ganhos ilícitos com propósitos públicos. Para trazer esse assunto à discussão, é apenas necessário instilar uma atitude racional a questões éticas, em vez da mistura de superstição e opressão que ainda é aceita como "virtude" entre personagens importantes. O poder da razão é pequeno nestes dias, mas continuo sendo um racionalista não arrependido. A razão pode ser uma força pequena, porém é constante e trabalha sempre em uma direção, enquanto que as forças da irracionalidade destroem-se umas às outras em uma luta fútil. Portanto, cada orgia do irracionalismo acaba por fortalecer os amigos da razão e mostra, mais uma vez, que são os únicos verdadeiros amigos da humanidade.

10

O recrudescimento do puritanismo

Durante a guerra, os detentores do poder em todos os países acharam necessário cooptar a população mediante concessões incomuns. Os assalariados teriam um salário vitalício, os indianos foram comunicados que eram homens e irmãos, as mulheres ganharam o direito de votar, e aos jovens permitiu-se que usufruíssem os prazeres inocentes de que os mais velhos, em nome da moralidade, sempre desejaram lhes privar. Após o final da guerra, os países vitoriosos começaram a excluir os instrumentos que propiciavam as vantagens concedidas temporariamente. Os assalariados foram duramente prejudicados pelas greves de 1921 e 1926; os indianos foram segregados por meio de diversas decisões; as mulheres, embora não pudessem ser privadas do direito de voto, eram demitidas de seus trabalhos ao se casarem, a despeito de uma Lei do Parlamento contrária a essa conduta. Todas essas questões são "políticas" – ou seja, determinadas por corporações com direito a voto que representavam os interesses das classes dominantes na Inglaterra e as organizações de resistência na Índia. No entanto, como nenhuma corporação organizada representa o ponto de vista daqueles que acreditam que um homem ou uma mulher devem ser livres para desfrutar os prazeres que não causam prejuízo aos outros, os puritanos não enfrentaram uma séria oposição e sua tirania não foi considerada passível de suscitar uma questão política.

Pode-se definir um puritano como um homem que pensa que certos tipos de atos, mesmo sem efeitos prejudiciais visíveis a outras pessoas a não ser ao agente, são inerentemente pecaminosos e, por serem um pecado, devem ser evitados pelos meios mais eficazes – a lei criminal se possível e, caso contrário, a opinião pública endossada pela pressão econômica. Essa visão possui uma venerável antiguidade; na verdade, provavelmente foi responsável pela origem da lei criminal. Mas, em seus primórdios, ela se reconciliava com uma base utilitária legislativa em virtude da crença de que determinados crimes provocavam a fúria dos deuses contra comunidades que os cultuavam e, portanto, eram socialmente nocivos. Esse ponto de vista personifica a história de Sodoma e Gomorra. Aqueles que acreditam nessa história podem justificar, com um fundamento utilitarista, as leis existentes que causaram a destruição dessas cidades. Entretanto, nos dias de hoje, mesmo os puritanos raramente adotam essa perspectiva. Tampouco o bispo de Londres disse que o terremoto de Tóquio ocorreu em razão da maldade peculiar de seus habitantes. Nesse sentido, as leis em questão podem ser justificadas apenas pela teoria da punição vingativa que afirma que certos pecados, embora não prejudiquem ninguém salvo o pecador, são tão hediondos que nos obrigam a infligir um castigo ao delinquente. Essa ótica, sob a influência do benthamismo, perdeu sua força durante o século XIX. Mas nos anos mais recentes, com a deterioração generalizada do liberalismo, ela retomou o fundamento perdido e pressagia uma nova tirania tão opressiva quanto a da Idade Média.

Esse novo movimento obtém seus maiores impactos nos Estados Unidos, em consequência do fato de que a América foi a única vitoriosa na guerra. A carreira do puritanismo tem sido curiosa. Por um breve espaço de tempo, teve poder na Inglaterra no século XVII, mas desgostou tanto a massa dos cidadãos comuns que eles nunca mais permitiram que ele controlasse o governo. Os puritanos, perseguidos na Inglaterra, colonizaram a Nova Inglaterra e, subsequentemente, o Meio Oeste. A guerra civil americana foi uma continuação da guerra civil inglesa, visto que os estados sulistas haviam sido basicamente colonizados pelos oponentes dos puritanos. Mas, ao contrário da guerra civil inglesa, esse fato resultou na permanente vitória do partido puritano. Por conseguinte, o maior Poder do mundo é controlado por homens que herdaram a visão de mundo da cavalaria comandada por Cromwell.

Seria injusto apontar os inconvenientes do puritanismo sem mencionar os serviços prestados à humanidade. Na Inglaterra, no século XVII e até os tempos modernos, ele apoiou a democracia contra a tirania dos reis e dos aristocratas. Nos Estados Unidos, lutou pela emancipação dos escravos e colaborou muito para converter a América no campeão da democracia no mundo inteiro. Esses foram grandes serviços em benefício da humanidade, mas pertencem ao passado. O problema atual não é tanto a política democrática, quanto uma combinação de ordem com liberdade para as minorias. Este problema requer uma perspectiva diferente da dos puritanos; ele precisa de tolerância e concórdia em vez de fervor moral. E a concórdia nunca foi o ponto forte dos puritanos.

Nada direi sobre a vitória mais relevante do puritanismo, ou seja, a decretação da Lei Seca nos Estados Unidos. De qualquer modo, os opositores à lei não podiam tornar sua oposição uma questão de princípios, visto que a maioria deles apoiaria a proibição da cocaína, o que provoca os mesmos questionamentos de princípios.

A objeção prática ao puritanismo, tal como a qualquer forma de fanatismo, é que ele destaca certos malefícios como sendo tão mais graves do que outros que devem ser suprimidos a qualquer custo. O fanático não consegue reconhecer que a supressão de um mal verdadeiro, caso seja realizada de um modo por demais drástico, produz outros males ainda de maiores proporções. Pode-se ilustrar o fato citando a lei contra publicações obscenas. Ninguém nega que o prazer da obscenidade é ignóbil, ou que aquele que contribui para ela causa danos. Mas quando a lei tomou medidas para suprimi-la, muitas coisas extremamente importantes foram eliminadas ao mesmo tempo. Há poucos anos, alguns quadros de um eminente artista holandês foram enviados pelo correio para um comprador inglês. Os funcionários dos Correios, após uma inspeção minuciosa dos quadros, concluíram que eles eram obscenos. (A apreciação de um mérito artístico não é função de servidores civis.) Assim, eles os destruíram e o comprador não recebeu nenhuma compensação. A lei confere poder aos Correios para destruir qualquer coisa enviada pelo correio que os funcionários considerem obscena, e não há apelo contra a decisão deles.

O exemplo mais importante dos males resultantes da legislação puritana é o controle de natalidade. É óbvio que "obscenidade" não é um termo capaz de ter uma definição legal exata: nos processos dos tribunais, ele significa "qualquer coisa que choque o magistrado". Atualmente, um magistrado comum não se choca com informações acerca do controle da natalidade se estiverem contidas em um livro caro com longas palavras e frases com rodeios. No entanto, escandaliza-se se lhe derem um panfleto barato com uma linguagem simples que pessoas sem instrução possam entender. Por conseguinte, hoje é ilegal fornecer informações sobre controle de natalidade para assalariados, embora seja legal oferecê-las a pessoas instruídas. Contudo, as informações são importantes, antes de todos, para os assalariados. Cabe assinalar que a lei não leva em conta o propósito da publicação, exceto em uns poucos casos reconhecidos como livros didáticos de medicina. A única questão a ser considerada é: se a publicação cair nas mãos de um garoto maldoso, ela poderia lhe dar prazer? Caso possa, ela deve ser destruída qualquer que seja a importância social da informação nela contida. O dano causado pela ignorância imposta tem resultados incalculáveis. Indigência, doenças crônicas entre mulheres, o nascimento de crianças doentes, excesso populacional e a guerra são vistos pelos nossos legisladores puritanos como males insignificantes comparados com o prazer hipotético de uns poucos garotos tolos.

Considera-se que a lei, tal como existe, não é suficientemente drástica. Sob os auspícios da Liga das Nações, uma Conferência Internacional sobre Publicações Obscenas, como relatado no *Times* de 17 de setembro de 1923, recomendou mais severidade na lei nos Estados Unidos e em todos os países que pertencem à Liga das Nações. O delegado britânico foi aparentemente o mais zeloso na consecução desse trabalho moral.

Outra questão que constitui a base de uma legislação mais ampla é o tráfico de escravas brancas. A crueldade real nesse caso é muito grave e é uma questão bem adequada à aplicação da lei criminal. O mal evidente é que jovens mulheres ignorantes seduzidas por falsas promessas são levadas a uma condição de semiescravidão, em que sua saúde é exposta a sérios perigos. Isso é, na essência, uma questão trabalhista, a ser lidada segundo os preceitos dos *Factory Acts* e dos *Truck Acts*. Porém, constitui-se em uma desculpa para uma grande interferência na liberdade pessoal em casos nos quais os malefícios peculiares do tráfico de escravas brancas não existem. Há alguns anos, um caso foi relatado em jornais ingleses em que um homem apaixonara-se por uma prostituta e se casara com ela. Depois de viverem felizes por algum tempo, ela decidiu retornar à antiga profissão. Não havia evidência de que ele tivesse sugerido que tomasse essa decisão, ou de qualquer modo houvesse aprovado sua ação, mas ele não discutiu com ela e nem a expulsou logo de casa. Em razão desse crime, ele foi chicoteado e jogado na prisão. Ele sofreu essa punição em virtude de uma lei à época recente e que ainda permanece no livro estatutário.

Nos Estados Unidos, sob uma lei similar, embora não fosse ilegal ter uma amante, era ilegal viajar com ela para outros estados; um nova-iorquino poderia levar a amante a Brooklyn, mas não para Jersey City. A diferença de torpeza moral entre essas duas ações não é óbvia para um homem comum.

Em relação a essa questão também a Liga das Nações está empenhando-se para assegurar uma legislação mais severa. Há algum tempo, o delegado canadense da Comissão das Ligas das Nações sugeriu que nenhuma mulher, mesmo idosa, poderia viajar em um navio a vapor, a menos que estivesse acompanhada pelo marido ou um de seus pais. Essa proposta não foi aceita, mas ilustra a direção na qual estamos nos movendo. É claro que essas medidas convertem todas as mulheres em "escravas brancas"; as mulheres não poderiam ter qualquer tipo de liberdade sem o risco de que alguém utilizasse isso com a alegação de "imoralidade". O único objetivo lógico desses reformistas é o *purdah**.

Há outro argumento mais geral que se opõe ao ponto de vista puritano. A natureza humana tal como foi concebida, implica que as pessoas insistirão em obter algum prazer na vida. *Grosso modo*, para propósitos práticos, os prazeres devem ser divididos entre aqueles que se baseiam essencialmente nos sentidos e os que são, sobretudo, mentais. O moralista tradicional elogia os últimos em detrimento dos primeiros; ou melhor, aceita os últimos porque não os considera prazeres. Sua classificação, claro, não é cientificamente defensável

---

* Entre os muçulmanos, véu, cortina ou convenção para manter as mulheres fora da vista de homens. (N.E.)

e em muitos casos ele tem dúvidas. Os prazeres advindos das artes pertencem aos sentidos ou à mente? Se ele for na verdade rígido, condenará a arte *in toto*, como Platão e os Pais da Igreja; se ele for mais ou menos latitudinário, tolerará a arte se tiver um "propósito espiritual", o que significa em geral uma arte de má qualidade. Essa era a visão de Tolstói. O casamento é outro caso difícil. Os moralistas mais estritos o consideram deplorável; os menos estritos o louvam baseados no conceito de que é em geral desagradável, em especial quando logram torná-lo indissolúvel.

    Entretanto, esse não é meu ponto de vista. Creio que os prazeres que restaram possíveis de serem usufruídos depois que os puritanos chegaram ao grau extremo, são mais prejudiciais do que aqueles condenados por eles. Após nos deleitarmos, o próximo grande prazer consiste em impedir que outros se deleitem, ou de forma mais generalizada, na obtenção de poder. Por conseguinte, os que vivem sob o domínio do puritanismo tornam-se excessivamente ávidos pelo poder. Então, o gosto pelo poder traz mais malefícios do que o gosto pela bebida ou quaisquer outros vícios contra os quais os puritanos protestam. É claro, em pessoas virtuosas o amor ao poder camufla-se na benevolência de praticar o bem, mas isso representa uma diferença ínfima quanto aos seus efeitos sociais. Significa apenas que punimos nossas vítimas por serem malévolas e não porque sejam nossas inimigas. Em ambos os casos, o resultado é a tirania e a guerra. A indignação moral é uma das forças mais nocivas do mundo moderno, ainda mais porque pode sempre ser desviada para usos sinistros por aqueles que controlam a propaganda.

    A organização política e econômica expandiu-se, inevitavelmente, com o crescimento do industrialismo e está prestes a aumentar ainda mais, a menos que o industrialismo colapse. O mundo está cada vez mais populoso, e a dependência em relação aos nossos vizinhos torna-se mais íntima. Nessas circunstâncias, a vida não pode ser tolerável, salvo se aprendermos a deixar os outros sozinhos em todos os aspectos que não constituam uma preocupação imediata e evidente para a comunidade. Devemos aprender a respeitar a privacidade alheia e a não impor nossos padrões morais aos outros. O puritano imagina que seu preceito moral é *o* paradigma moral; ele não percebe que outras épocas e países, e mesmo outros grupos em seu próprio país têm padrões morais diferentes dos seus – padrões que esses têm tanto direito de exercer quanto ele de exercer o seu. Infelizmente, o amor ao poder, que é a consequência natural da autonegação puritana, torna os puritanos mais decididos em suas ações do que as outras pessoas e, por isso, é mais difícil lhes resistir. Esperemos que uma educação mais abrangente e um conhecimento maior da humanidade possam gradualmente enfraquecer o ardor dos nossos dominantes por demais virtuosos.

11

A necessidade do ceticismo político*

Uma das peculiaridades do mundo de língua inglesa é seu imenso interesse e crença nos partidos políticos. Uma grande percentagem de seus habitantes acredita realmente que todos os males dos quais padecem seriam curados se um determinado partido político estivesse no poder. Esta é a razão do balanço do pêndulo. Um homem vota em um partido e permanece infeliz; ele conclui que era o outro partido que traria o período de felicidade e prosperidade. No momento em que estivesse desencantado com todos os partidos, já seria um homem idoso à beira da morte. Seus filhos teriam a mesma crença de sua juventude e a oscilação continua.

    Eu gostaria de sugerir que, se aspiramos realizar algo benéfico na política, seria preciso enfocar as questões políticas de um modo bem diferente. Um partido que está prestes a obter o poder deve, em uma democracia, fazer um apelo ao qual a maioria da nação reaja de modo positivo. Por razões que surgirão no curso dessa discussão, um apelo com amplo sucesso no contexto da democracia existente dificilmente deixa de ser prejudicial. Por conseguinte, é provável que nenhum partido político importante tenha um programa útil, e se medidas úteis fossem tomadas isso ocorreria por meio de algum outro mecanismo, abstraindo-se o partido governamental. Como harmonizar esse mecanismo com a democracia é um dos mais urgentes problemas de nossa época.

    Há hoje dois tipos muito diferentes de especialistas em questões políticas. Por um lado, existem os políticos práticos de todos os par-

---

* Discurso presidencial dirigido à Associação dos Estudantes da London School of Economics and Political Science em 10 de outubro de 1923.

tidos; por outro, os peritos, sobretudo funcionários civis, mas também economistas, financistas, cientistas, etc. Cada uma dessas duas classes tem um tipo especial de capacidade. A habilidade do político consiste em imaginar o que as pessoas devem ser induzidas a *pensar* que é vantajoso para elas; a habilidade do especialista consiste em calcular o que é na verdade vantajoso, desde que as pessoas venham a pensar dessa forma. (Essa condição é essencial porque medidas que provocam sérios ressentimentos são raramente vantajosas, quaisquer que sejam seus méritos.) O poder do político, em uma democracia, depende da adoção das opiniões que *pareçam* corretas para o homem comum. É inútil esperar que os políticos sejam suficientemente íntegros para defender a opinião esclarecida que consideram boa, visto que se assim fizessem seriam postos de lado por outros. Além disso, a habilidade intuitiva requerida para prever opiniões não implica qualquer aptidão para formar suas próprias opiniões, assim, muitos dos mais capazes (do ponto de vista do partido político) estarão em posição de defender, de modo bastante honesto, medidas que a maioria considera benéficas, mas que os especialistas sabem que são ruins. Portanto, exortações morais para que os políticos sejam imparciais é um despropósito, exceto no caso de aceitarem subornos.

Onde quer que exista um partido político, o apelo de um político é primordialmente dirigido a um segmento da população, enquanto seus opositores recorrerão ao segmento oposto. Seu sucesso depende de converter seus adeptos em maioria. Uma medida que atingisse igualmente todos os segmentos seria, como presumível, a base de comum acordo entre os partidos e, portanto, inútil para o partido ao qual pertence o político. Em consequência, ele concentra a atenção em medidas que desagradam ao setor que constitui o núcleo de apoio de seus oponentes. Além disso, uma medida, mesmo que admirável, é inútil para o político a menos que ele possa justificá-la de maneira convincente para o cidadão comum por ocasião de um discurso público. Temos então duas condições que devem ser cumpridas pelas medidas enfatizadas pelos políticos do partido: (1) precisam parecer favoráveis a uma parte da nação; (2) os argumentos em relação a elas devem ser extremamente simples. Isso não se aplica, é claro, a épocas de guerra, porque nesse momento o conflito partidário está suspenso em benefício da disputa com o inimigo externo. Durante a guerra, as habilidades do político voltam-se para os indivíduos neutros, que correspondem ao eleitor em dúvida sobre questões políticas comuns. A última guerra mostrou, como deveríamos ter esperado, que a democracia proporciona um treinamento admirável para o exercício de apelo a pessoas neutras. Essa foi uma das principais razões por que a democracia venceu a guerra. É verdade que perdeu a paz, mas esse é outro assunto.

A aptidão especial do político consiste em saber quais são as paixões que podem ser despertadas com mais facilidade e como impedi-las de causar dano a ele próprio e a seus associados. Existe uma lei de Gresham em política tal como no monetarismo; um homem que aspira a nobres objetivos diversos desses será rechaçado, exceto nos raros momentos (sobretudo em revoluções) em que o idealismo alia-se a algum movimento poderoso de exaltação egoísta. Além disso, visto que os políticos dividem-se em grupos rivais, eles visam de modo similar a dividir a nação, a menos que tenham a sorte de uni-la durante a guerra contra alguma outra nação. Eles vivem em "som e fúria, sem nenhum significado". São incapazes de prestar atenção a qualquer coisa difícil de ser explicada ou a algo que não envolva uma divisão (seja entre nações ou no âmbito da nação), ou a qualquer assunto que diminuiria o poder dos políticos como uma classe.

O especialista é um tipo curiosamente diferente. Em regra, é um homem que não deseja poder político. Sua reação natural em relação a um problema político é a de investigar o benefício que poderia advir, em vez de pesquisar a popularidade que acarretaria. Em determinadas diretrizes, ele possui um conhecimento técnico excepcional. Se for um funcionário público ou um diretor de uma grande empresa, ele possui uma experiência considerável no tocante a indivíduos, e pode ser um juiz arguto de como eles atuarão. Tudo isso são circunstâncias favoráveis, que conferem uma grande respeitabilidade à sua opinião acerca de sua especialidade.

No entanto, por ser um dirigente ele possui alguns defeitos correlatos. Ao especializar seu conhecimento, é provável que tenha superestimado a importância de seu setor. Se você for sucessivamente a dentistas, oculistas, cardiologistas, neurologistas e assim por diante, cada um deles lhe dará conselhos formidáveis para evitar a doença em que são especializados. Caso siga os conselhos de todos, as 24 horas do dia serão exclusivamente dedicadas a cuidar de sua saúde, e não sobrará tempo para desfrutá-la. Esse mesmo fato pode acontecer com facilidade com especialistas políticos: se todos forem ouvidos, não haverá tempo para a nação viver sua vida usual.

O segundo defeito do funcionário público competente resulta do fato de ser obrigado a usar o método de persuasão de modo dissimulado. Ele poderá superestimar em demasia a possibilidade de persuadir as pessoas a serem sensatas, ou preferirá usar métodos clandestinos, pelos quais os políticos são induzidos a levar a cabo medidas cruciais desconhecendo o que estão fazendo. Em geral, ele incorrerá no primeiro erro quando jovem e no último na meia-idade.

Considerando o especialista como detentor do poder executivo, seu terceiro defeito consiste em não saber julgar as exaltações populares. Ele, em geral, compreende muito bem a estrutura de um comitê, mas raramente entende uma multidão. Ao descobrir alguma medida que todas as pessoas bem informadas e com boas intenções consideram de imediato desejável, ele não percebe que, se ela for defendida publicamente, algumas pessoas poderosas que pensam que serão prejudicadas podem incitar o sentimento popular até o ponto de qualquer defensor da medida em questão ser linchado. Na América, os magnatas, segundo dizem, contratam detetives para vigiar qualquer homem de quem não gostam e, em breve, se ele não for excepcionalmente astuto, podem envolvê-lo em uma situação comprometedora. O indivíduo deve, então, mudar sua conduta política, caso contrário será denunciado na imprensa como um homem imoral. Na Inglaterra, esses métodos não são ainda tão bem desenvolvidos, mas é provável que logo venham a ser. Mesmo onde não há nada ameaçador, as exaltações populares são, com frequência, tão intensas que surpreendem os incautos. Todos desejam que o governo diminua as despesas em geral, porém qualquer medida econômica especial é sempre impopular porque as pessoas que são demitidas atraem a simpatia do povo. Na China, no século XI, um funcionário público chamado Wang An Shi, ao se tornar imperador, empenhou-se para introduzir o socialismo. Contudo, em um momento irrefletido, ele ofendeu os letrados (a Northcliffe Press da época), foi destituído do poder e permaneceu difamado por todos os historiadores chineses subsequentes até a era moderna.

O quarto defeito está associado, digamos, ao fato de que os especialistas estão aptos a subestimar a importância da aquiescência em relação a medidas administrativas, além de ignorarem a dificuldade de administrar uma lei impopular. Os médicos, caso tenham poder, são capazes de descobrir meios para eliminar doenças infecciosas, desde que suas regras sejam obedecidas; mas se essas normas forem muito além do consenso da opinião pública, eles serão postos de lado. A questão administrativa durante a guerra resultou da grande submissão das pessoas às leis vigentes com vistas a vencer a guerra, ao passo que em épocas normais de paz a legislação não teria um apelo tão forte.

Dificilmente qualquer especialista se permitiria ser negligente e indiferente. Defrontamo-nos com vários problemas para evitar os perigos óbvios, mas nos esforçamos muito pouco para impedir aqueles apenas visíveis para um especialista. Pensamos que o dinheiro nos é prazeroso e a poupança nos economiza muitos milhões por ano; não obstante, jamais admitimos isso até que sejamos impelidos a fazê-lo como uma medida de guerra. Gostamos de nossos hábitos mais do que de nossos rendimentos, frequentemente mais do que de nossa vida. Esta constatação parece inacreditável para uma pessoa que tenha refletido sobre o aspecto prejudicial de alguns de nossos hábitos.

É provável que grande parte dos especialistas não percebam que, por terem um poder executivo, seus impulsos em direção à tirania se desenvolverão, e que não mais serão os homens amistosos e de nobres princípios dos dias atuais. Pouquíssimas pessoas são capazes de inferir o efeito das circunstâncias em suas personalidades.

Por todas essas razões, não podemos escapar dos males de nossos políticos atuais apenas concedendo poder a funcionários públicos de carreira. Não obstante, é imperativo em nossa sociedade cada vez mais complexa, que os especialistas obtenham mais influência. Atualmente, há um conflito violento entre exasperações instintivas e necessidades industriais. Nosso meio ambiente, tanto humano quanto material, foi subitamente alterado pela industrialismo. É presumível que nossos instintos não tenham mudado, e quase nada foi feito para adaptar nossos pensamentos costumeiros às circunstâncias alteradas. Pessoas imprudentes que mantêm castores em suas bibliotecas constatam que quando o tempo úmido aproxima-se, os castores constroem barreiras com os livros para obstruir a umidade, porque eles viviam nas margens dos rios. Somos igualmente mal-adaptados aos nossos novos ambientes. Nossa educação ainda nos ensina a admirar as qualidades que eram biologicamente úteis à época de Homero, a despeito do fato de que agora elas são prejudiciais e ridículas. O apelo instintivo de qualquer movimento político bem-sucedido é o de invejar, rivalizar ou odiar, jamais o de buscar a cooperação. Isso é inerente a nossos métodos políticos atuais, em conformidade com os costumes pré-industriais. Só um esforço deliberado pode mudar a maneira de pensar a esse respeito.

É uma propensão natural atribuir infortúnio à malignidade de alguém. Quando os preços aumentam, o fato é devido ao especulador; quando os salários diminuem, culpa-se o capitalista. O leigo não questiona a ineficácia do capitalista no momento em que os salários sobem, assim como a do especulador quando os preços caem. Tampouco ele percebe que os salários e os preços sobem e baixam ao mesmo tempo. Se ele for um capitalista, desejará que os salários declinem e os preços subam; se for um assalariado almejará o oposto. Quando um especialista em monetarismo tenta explicar que os especuladores, os sindicatos e empregados comuns pouco têm a ver com a questão, ele irrita todas as pessoas, do mesmo modo que o homem que lançou dúvida sobre as atrocidades praticadas pelos alemães. Não gostamos de ser privados de um inimigo; queremos ter alguém à nossa disposição no momento em que estivermos sofrendo. É muito deprimente pensar que sofremos porque somos tolos; contudo, considerando a humanidade como uma multidão do ponto de vista social, cultural e social, essa é a verdade. Por esse motivo, nenhum partido político obtém uma força instigadora, exceto por meio do ódio; é preciso manter alguém em desgraça. Se a maldade desse fulano é a única causa de nossa infelicidade, vamos puni-lo e assim ficaremos felizes. O exemplo supremo desse tipo de pensamento político foi o Tratado de Versalhes. No entanto, a maioria das pessoas está apenas procurando um novo bode expiatório para substituir os alemães.

Ilustrarei esse ponto comparando dois livros que defendem o socialismo internacional, *O capital*, de Marx, e o *Allied Shipping Control* (*O controle naval dos aliados*), de Salter. (Sem dúvida, Sir Arthur Salter não se autodenominava um socialista internacional, mas era visto como tal.) Podemos considerar esses dois livros como representativos dos métodos dos políticos e dos funcionários públicos, respectivamente, que advogavam a necessidade de uma mudança econômica. O objetivo de Marx era criar um partido político que, por fim, sobrepujasse todos os outros. Salter visava a influenciar os administradores no âmbito do sistema existente e a modificar a opinião pública por meio de argumentos baseados no proveito geral. Marx demonstrou de forma conclusiva que sob o capitalismo os assalariados haviam sofrido terríveis privações. Ele não provou e nem tentou evidenciar que eles sofreriam menos sob o regime comunista; isso é uma premissa implícita em seu estilo e na ordenação dos capítulos. Qualquer leitor que começasse a ler o livro com um viés da classe proletária se veria compartilhando esse pressuposto à medida que prosseguisse a leitura, e nunca perceberia que ele não fora comprovado. Ainda mais: Marx repudia enfaticamente considerações éticas, como se não tivessem nenhum relacionamento com o desenvolvimento social, que se supõe que seja guiado por leis econômicas inexoráveis, tal como em Ricardo e Malthus. Mas Ricardo e Malthus pensavam que as leis inexoráveis fatalmente traziam felicidade para sua classe social junto com o sofrimento dos assalariados; ao passo que Marx, como Tertuliano, tinha uma visão apocalíptica de um futuro no qual a classe proletária desfrutaria todas as benesses enquanto os burgueses se lamentariam. Embora Marx professasse que não considerava os homens nem bons nem maus, mas apenas personificações das forças econômicas, ele, na verdade, representa o burguês como um ser cruel e empenha-se em estimular um ódio feroz dele no assalariado. *O capital*, de Marx, é, em essência, como o Relatório Bryce, uma coleção de histórias atrozes destinadas a instigar um fervor bélico contra o inimigo*. Obviamente, ele também fomentou o fervor belicoso do inimigo. Isso, então, gerou a luta de classes com seus vaticínios. Foi por meio do estímulo ao ódio que Marx comprovou essa força política extraordinária, e pelo fato de que ele retratou com sucesso os capitalistas como seres abjetos.

Em *Allied Shipping Control,* de Salter, o enfoque é diametralmente oposto. Salter tinha a vantagem, que Marx não possuía, de ter se dedicado por algum tempo a elaborar uma análise do sistema de socialismo internacional. Esse sistema foi concebido não para matar os capitalistas, mas pelo desejo de matar os alemães. Entretanto, como os alemães eram irrelevantes em relação a questões econômicas, eles estão em segundo plano no livro de Salter. O problema econômico era exatamente o mesmo, como se os soldados e os trabalhadores do setor de material bélico, além daqueles que forneciam as matérias-primas das munições, tivessem permanecido ociosos, enquanto o resto da população era incumbida de realizar todo o trabalho. Ou, de modo alternativo, se tivesse sido subitamente decretado que todos fariam apenas a metade do trabalho até então realizado. A experiência da guerra nos propiciara uma solução *técnica* para esse problema, mas não uma solução *psicológica,* porque não demonstrou como prover um estímulo à cooperação em tempos de paz, tão poderosa quanto o ódio e o medo dos alemães durante a guerra:

Salter diz:

> Não há provavelmente tarefa neste momento que mereça mais atenção dos economistas profissionais, que abordarão o problema com um enfoque puramente científico, sem uma tendência a favor ou contra o princípio do controle do Estado, do que uma pesquisa dos verdadeiros resultados do período da guerra. Os fatos *prima facie* com que eles se depararão no início são, na realidade, tão surpreendentes que constituem pelo menos um desafio para o sistema econômico normal. É verdade que diversos fatores contribuíram para os resultados

---

* A parte teórica de *O capital* é análoga ao nosso colóquio sobre uma "guerra para terminar a guerra", uma "guerra para nações pequenas", uma "guerra para a democracia", etc. Seu único propósito é o de fazer com que o leitor sinta que o ódio despertado nele é uma indignação legítima, e que essa raiva pode beneficiar a humanidade.

(...) Uma investigação profissional não tendenciosa asseguraria peso total para esses e outros fatores, mas provavelmente ainda daria muito crédito aos novos métodos de organização. O sucesso desses métodos sob as condições da guerra está, de fato, além de um debate racional. Com uma estimativa moderada, e contabilizando a produção das pessoas que estavam ociosas antes da guerra, entre metade e dois terços da capacidade produtiva do país foram direcionadas para os combatentes ou outro serviço bélico. Contudo, durante a guerra, a Grã-Bretanha sustentou todo seu esforço militar e manteve a população civil em um padrão de vida que nunca chegou a ser intolerável, e por alguns períodos e para algumas classes sociais foi uma época talvez tão confortável quanto o tempo de paz. Ela fez isso, em contrapartida, sem qualquer ajuda de outros países. Ela importou ou pediu menos dinheiro da América do que forneceu, como empréstimo, para seus aliados. A Grã-Bretanha manteve, portanto, o total do consumo em curso tanto em seu esforço bélico quanto na população civil, com um mero remanescente de seu poder de produção por meio da produtividade vigente.
(p. 19)

Ao discutir o sistema comercial usual em tempos de paz, ele sublinhou:

Então, era a essência do sistema econômico na época de paz que estava desprovida de uma direção deliberada e controlada. Dado o critério oneroso das condições da guerra, esse sistema provou ser, pelo menos nessas condições, profundamente inadequado e deficiente. Pelos novos padrões, era irracional e perdulário. Produzia muito pouco, fabricava coisas erradas e as distribuía para pessoas inadequadas.
(p. 17)

O sistema que estava sendo gradualmente construído sob a pressão da guerra tornou-se, em 1918, em sua essência, um socialismo internacional completo. Os governos aliados, em conjunto, eram os únicos compradores de comida e de matérias-primas, além de serem os únicos juízes a decidirem o que deveria ser importado, não apenas em seus próprios países, mas até mesmo pelos países europeus neutros. Eles tinham total controle do sistema porque controlavam as matérias-primas e podiam suprir as fábricas como quisessem. Quanto à comida, eles monitoravam a venda a varejo. Eles fixavam preços, assim como quantidades. Esse poder era exercido, sobretudo, por intermédio do Conselho Aliado de Transporte Marítimo, que, por fim, controlava quase toda a frota mercante do mundo e, por conseguinte, podia ditar as condições de importação e exportação. O sistema, com todas as suas características de socialismo internacional, voltava-se basicamente para o comércio exterior, o cerne da questão que causa as maiores dificuldades para os políticos socialistas.

O aspecto peculiar desse sistema é que ele foi introduzido sem antagonizar os capitalistas. Era fundamental para a política, durante a guerra, que a qualquer custo nenhum setor importante da população sofresse oposição. Por exemplo, na época do maior rigor no controle da navegação mercantil, discutiu-se que a produção de munições seria reduzida em favor da alimentação, por medo de descontentar a população civil. A hostilidade aos capitalistas teria sido muito perigosa e, de fato, toda a transformação foi realizada sem sérios atritos. A atitude não era: esta ou outra classe de homens é má e deve ser punida. A postura era: o sistema nos tempos de paz era ineficiente, e um novo sistema precisa ser estabelecido com um mínimo de sofrimento para todos os envolvidos no processo. Sob o estresse do perigo nacional, a aprovação de medidas que o governo considerava necessárias não era tão difícil de obter quanto teria sido em circunstâncias normais. Mas mesmo em épocas normais o consentimento teria sido menos difícil se as medidas fossem apresentadas de um ponto de vista administrativo, em vez de um antagonismo entre classes sociais.

A partir da experiência administrativa da guerra, presumiu-se que a maioria das vantagens ambicionadas pelos socialistas poderia ser obtida com o controle do governo sobre as matérias-primas, comércio exterior e sistema bancário. Essa perspectiva foi descrita no valioso livro de Lloyd, *Stabilization**. Ele pode ser considerado como um avanço definitivo na análise científica do problema, o qual

---

* George Allen e Unwin, 1923.

atribuímos ao experimento imposto aos funcionários públicos em razão da guerra.

Uma das questões mais interessantes, em uma visão prática, no livro de *Sir* Arthur Salter, é a análise dos métodos da cooperação internacional que precisaram ter um desempenho melhor na prática. Não era usual que um país isoladamente deliberasse cada questão e, então, enviasse representantes diplomáticos para defender seus interesses na barganha com outros poderes. Segundo o plano adotado, cada assunto teria seu comitê internacional de especialistas, de modo que os conflitos ocorreriam não entre nações, mas sim entre o tema dos produtos básicos. A comissão do trigo disputaria com a comissão de carvão, e assim por diante; mas as recomendações de cada comitê seriam resultado de deliberações entre os representantes especialistas dos diferentes aliados. A posição, na verdade, era quase de um sindicalismo internacional, exceto pela proeminente autoridade do Supremo Conselho de Guerra. A concepção é a de que qualquer internacionalismo bem-sucedido deve organizar funções separadas globalmente, e não ter apenas um organismo supremo internacional para conciliar as reivindicações de disputas de organismos nacionais.

Qualquer pessoa, ao ler o livro de Salter, logo constataria que esse governo internacional existente entre os aliados durante a guerra aumentaria o bem-estar material, mental e moral de quase toda a população do mundo, caso pudesse ser implantado universalmente em tempos de paz. Ele não prejudicaria os homens de negócios; na realidade, eles conseguiriam com facilidade a garantia, em caráter vitalício, de uma pensão correspondente à média de seus lucros nos últimos três anos. Isso evitaria o desemprego, o medo da guerra, a penúria, a escassez e a superprodução. O argumento e o método foram apresentados no livro de Lloyd. No entanto, apesar dessas vantagens óbvias e universais, essa perspectiva, caso seja possível, é ainda mais remota do que o estabelecimento do socialismo revolucionário internacional. A problemática do socialismo revolucionário é que ele suscita uma oposição muito forte; a dificuldade do socialismo dos funcionários públicos reside no fato de que ele angaria muito pouco apoio. A oposição a uma medida política é causada pelo medo de que alguém seja prejudicado; o apoio é obtido pela expectativa (em geral subconsciente) de que os inimigos sofram algum malefício. Portanto, uma política que não lese ninguém não atrai uma base de sustentação; por sua vez, uma política que conquiste demasiado apoio também provoca uma feroz oposição.

O industrialismo criou uma nova necessidade de ampla cooperação mundial e uma nova facilidade de molestar os outros por meio da hostilidade. Porém, o único tipo de apelo que obtém uma reação instintiva nos partidos políticos é um apelo ao sentimento hostil; os homens conscientes da necessidade da cooperação são destituídos de poder. Até que a educação seja direcionada a uma geração por novos canais, e a imprensa não mais estimule o ódio, só políticas nocivas têm chance de serem adotadas na prática pelos nossos métodos políticos atuais. Contudo, não existem meios óbvios de mudar a educação enquanto nosso sistema político permanecer inalterado. Para esse dilema não há nenhuma saída por intermédio de uma ação comum, pelo menos por um longo porvir. Creio que o melhor que podemos esperar é nos tornar politicamente céticos, em maior número possível, abstendo-nos firmemente de acreditar nos diversos programas atrativos dos partidos que nos são expostos de tempos em tempos. Muitas pessoas extremamente sensíveis, como H. G. Wells e outros, pensaram que a última guerra fora uma guerra para acabar com as guerras. Agora estão decepcionadas. Muitas dessas pessoas acreditam que a luta de classes marxista será uma guerra para acabar com as guerras. Se algum dia isso acontecer, mais uma vez ficarão decepcionadas – caso sobrevivam. Uma pessoa bem-intencionada que crê em qualquer movimento político poderoso está apenas ajudando a prolongar essa discórdia organizada que está destruindo nossa civilização. Obviamente, não afirmo isso como uma regra absoluta: devemos ser céticos até mesmo em relação ao nosso ceticismo. Mas se um partido político tem um programa de governo (como a maioria tem) que será muito prejudicial em sua trajetória para um final positivo, o apelo ao ceticismo é muito forte em vista de todas as maquinações políticas duvidosas. Podemos ter a justa suspeita de que, do ponto de vista psicanalítico, o prejuízo a ser causado é o que torna a política realmente atraente e que o benefício definitivo faz parte do "racionalismo".

Um ceticismo político é possível; psicologicamente, significa concentrar nosso antagonismo contra os políticos, em vez de voltá-lo para as nações ou classes sociais. Uma vez que a hostilidade não pode ser eficaz, exceto com a ajuda dos políticos, o antagonismo do qual são objetos pode ser satisfatório do ponto de vista psicológico, mas não causa dano social. Eu sugiro que isso coroe as condições da aspiração de William James a uma "moral equivalente à guerra". Na verdade, esse fato relegaria a política a canalhas óbvios (isto é, pessoas de quem não gostamos), mas poderia representar um ganho. Eu li no *The Freeman* de 26 de setembro de 1923 uma história que pode ilustrar a utilidade da patifaria política. Um inglês, ao fazer amizade com um homem de Estado japonês mais idoso, perguntou-lhe por que os mercadores chineses eram honestos ao passo que os japoneses não eram. – Há algum tempo – respondeu – um período em particular de extrema corrupção estabeleceu-se na política da China, e visto que os tribunais estavam envolvidos, a justiça tornou-se objeto de zombaria. Assim, para salvar o processo do comércio do completo caos e estagnação, o mercador chinês foi impelido a adotar padrões éticos rígidos; e desde então sua palavra vale tanto quanto seu título de dívida. No Japão, entretanto, o mercador não sofreu essa pressão, pois temos provavelmente o mais primoroso código de justiça legal do mundo. Portanto, ao fazer negócios com um japonês você deve aproveitar "suas próprias oportunidades". Essa história mostra que políticos desonestos podem causar menos danos do que os honestos.

A concepção de um político "honesto" não é como um todo simples. A definição mais tolerante é a de que as ações políticas não são ditadas pelo desejo de aumentar a renda pessoal. Nesse sentido, Lloyd George é honesto. O próximo estágio seria o homem cujas ações políticas não fossem determinadas para assegurar ou preservar seu poder mais do que por motivos pecuniários. Nesse aspecto, lorde Grey é um político honesto. Vejamos o último e o mais estrito sentido: aquele que, em suas ações públicas, não é apenas desinteressado, mas não se encontra muito abaixo do padrão de veracidade e honra implícito entre conhecidos. Desse ponto de vista, o falecido lorde Morley foi um político honesto; pelo menos, ele foi sempre honesto e um político, até que sua honestidade o afastou da política. Mas mesmo um político honesto no sentido mais elevado pode ser muito prejudicial; pode-se citar como exemplo Jorge III. Estupidez e inconsciência com frequência causam mais dano do que a venalidade. Além disso, um político honesto não será tolerado por uma democracia salvo se for muito inepto, como o falecido duque de Devonshire; porque só um homem bastante tolo pode honestamente compartilhar os prejuízos impostos a mais da metade da nação. Portanto, qualquer homem capaz e com talento político deve ser hipócrita para obter sucesso na política; mas ao longo do tempo a hipocrisia destruirá seu espírito público.

Um paliativo óbvio para os males atuais da democracia seria encorajar muito mais a publicidade e a iniciativa por parte dos funcionários públicos. Eles devem ter o direito e, no ensejo, o dever de elaborar projetos de lei em seus próprios nomes e expor publicamente argumentos a seu favor. As questões financeiras e trabalhistas já são debatidas em conferências internacionais, porém é preciso ampliar muitíssimo seu método e criar um secretariado internacional, a fim de refletir em caráter perpétuo acerca de medidas que devam ser defendidas de forma simultânea em países diferentes. Os interesses mundiais da agricultura devem ser atendidos por negociações diretas e a adoção de uma política comum. E assim por diante. Não é possível nem desejável isentar os parlamentos democráticos, porque as medidas que obterão êxito devem, após a devida discussão e a difusão de opiniões de especialistas renomados, ser expostas ao cidadão comum. No entanto, atualmente, na maioria dos casos, o cidadão comum desconhece o parecer dos especialistas, e existem poucos mecanismos para que ele atinja a opinião coletiva ou majoritária da população. Em particular, os funcionários públicos são proibidos de defender publicamente seus pontos de vista, salvo em casos excepcionais e por meio de métodos apolíticos. Se as medidas são formuladas por especialistas após uma deliberação internacional, elas devem transcender as linhas partidárias, e dividiriam muito menos a opinião que hoje é considerada um pressuposto normal. Acredito, por exemplo, que os interesses financeiros e trabalhistas internacionais, caso possam superar sua desconfiança mútua, poderiam neste momento estabelecer um programa que demandaria muitos anos para ser implementado pelos parlamentos nacionais, mas que traria benefícios imensuráveis para o mundo. Unidos, seria difícil resisti-lhes.

Os interesses comuns da humanidade são inúmeros e muito densos, mas nossa estrutura política atual os obscurece em razão da luta pelo poder entre nações e partidos diferentes. Uma estrutura distinta que não requeresse mudanças legais ou constitucionais, e não muito difícil de ser criada, debilitaria a força da exaltação nacional e partidária. Além disso, focaria a atenção em medidas benéficas para todos, em vez daquelas nocivas para os inimigos. Sugiro que, segundo essas considerações, e não pela ação do partido governamental em âmbito nacional e a diplomacia de relações exteriores, uma saída seria encontrada para debelar o perigo atual da civilização. O conhecimento e a boa vontade existem, mas ambos permanecerão impotentes até que possuam os próprios organismos para serem ouvidos.

12

Livre-pensamento e propaganda oficial*

Moncure Conway, em cuja honra estamos reunidos hoje, devotou sua vida a dois grandes objetivos: liberdade de pensamento e liberdade individual. A respeito desses objetivos, houve alguns ganhos desde sua época, mas também algumas perdas. Novos perigos, de certa forma diferentes daqueles do passado, ameaçam ambos os tipos de liberdade, e, a menos que uma opinião pública vigorosa e vigilante possa surgir em defesa deles, dentro de cem anos eles serão ainda mais escassos. Meu propósito neste ensaio é o de ressaltar esses novos perigos e refletir sobre como podem ser suplantados.

    Começaremos tentando esclarecer o que para nós significa a expressão "livre-pensamento". Essa expressão tem dois sentidos. No sentido mais restrito, denota o pensamento que não aceita os dogmas da religião tradicional. Assim, um homem é um "livre-pensador" se não for cristão, muçulmano, budista ou xintoísta, ou membro de quaisquer outras instituições que aceitam alguma ortodoxia herdada. Nos países cristãos, um homem é chamado de "livre-pensador" quando não acredita em Deus, embora isso não seja suficiente para tornar um homem em um "livre-pensador" em um país budista.

    Não quero minimizar a importância do livre-pensamento nesse sentido. Sou um dissidente de todas as religiões conhecidas e espero que todas as crenças religiosas desapareçam. Não creio que, em última análise, a fé religiosa tenha sido uma força positiva. Apesar de estar preparado a admitir que em determinadas épocas e lugares ela obteve bons resultados, considero esse fato como pertencente aos

---

* Palestra sobre Moncure Conway, de 1922.

primórdios da razão humana e a um estágio de desenvolvimento que agora estamos amadurecendo.

No entanto, existe uma conotação mais ampla de "livre-pensamento" que julgo ainda mais importante. Na verdade, o dano provocado pelas religiões tradicionais é primordialmente reconhecível em virtude da limitação imposta ao "livre-pensamento" em seu sentido mais abrangente. O sentido mais amplo não é tão fácil de definir como o restrito, e demanda um certo tempo para se atingir sua essência.

Quando dizemos que algo é "livre", nosso significado não é preciso, a menos que possamos descrever de que é livre. Qualquer que seja ou quem quer que seja "livre" não está sujeito a uma certa coerção externa e, para ser exato, devemos explicitar esse tipo de coerção. Por conseguinte, o pensamento é "livre" quando ele está liberto de determinados tipos de controle externo que estão com frequência presentes. Alguns desses controles que devem estar ausentes para que o pensamento seja "livre" são óbvios, mas outros são mais sutis e elusivos.

Iniciaremos pelos mais óbvios: o pensamento não é "livre" quando acarreta penalidades legais manter ou não certas opiniões, ou exprimir a crença pessoal ou a ausência dela em determinados assuntos. Mas pouquíssimos países no mundo têm esse tipo elementar de liberdade. Na Inglaterra, sob as leis da blasfêmia, é ilegal expressar a descrença da religião cristã, embora na prática a lei não seja aplicada a pessoas abastadas*. É também ilegal ensinar o que Cristo pregou em relação à não resistência. Portanto, qualquer pessoa que não queira se tornar um criminoso deve professar sua concordância quanto à pregação de Cristo, mas deve evitar dizer em que consiste esse ensinamento. Nos Estados Unidos, ninguém pode entrar no país sem primeiro declarar solenemente sua descrença na anarquia e na poligamia; e uma vez dentro do país é preciso exprimir seu ceticismo pelo comunismo. No Japão, é ilegal duvidar da divindade do Mikado. Desse modo, constatamos que uma viagem em torno do mundo é uma aventura perigosa. Um maometano, um adepto de Tolstói, um bolchevique ou um cristão não pode fazê-la sem em algum momento

---

* Na Nova Zelândia não existe esse tipo de limitação. Um editor foi acusado de blasfêmia por ter publicado poemas de Sassoon.

converter-se em um criminoso, ou omitindo o que ele considera verdades importantes. Isso, é claro, aplica-se apenas a passageiros da terceira classe; aos da primeira classe é permitido acreditar em qualquer coisa que lhes agrade, desde que evitem impor suas ideias de maneira ofensiva.

É evidente que a condição mais elementar para o pensamento ser livre é a ausência de penalidades legais para a expressão de opiniões. Contudo, nenhum grande país atingiu esse nível, embora muitos pensem que o alcançaram. As opiniões que ainda são perseguidas vão de encontro à maioria como tão monstruosas e imorais que o princípio geral de tolerância não pode ser aplicado a elas. Mas isso é exatamente o mesmo ponto de vista que deu origem às torturas da Inquisição. Houve uma época em que o protestantismo era visto da mesma forma maligna como o bolchevismo é agora. Por favor, não infira a partir dessa observação que eu sou protestante ou um bolchevique.

Entretanto, as penalidades legais no mundo moderno são os obstáculos à liberdade de pensamento. Os dois grandes obstáculos são as penalidades econômicas e a distorção da evidência. É claro que o pensamento não é livre se a manifestação de certas opiniões impossibilitam uma pessoa de ganhar seu sustento. Também é evidente que o pensamento não é livre se todos os argumentos de um lado da controvérsia são sempre apresentados de modo tão atrativo quanto possível, enquanto os argumentos do outro lado só podem ser descobertos mediante uma procura diligente. Esses obstáculos existem em todos os grandes países que conheço, exceto a China, que é (ou foi) o último refúgio da liberdade. São esses os impedimentos aos quais me dedicarei – sua magnitude atual, a probabilidade de sua expansão e a possibilidade de redução.

Podemos dizer que o pensamento é livre quando ele é exposto a uma competição liberada entre crenças, ou seja, quando todas as crenças possam se manifestar, e não haja vantagens ou desvantagens legais ou pecuniárias associadas a elas. Isso é um ideal que, por várias razões, jamais será plenamente alcançado. Mas é possível aproximar-se bem mais dele do que fazemos hoje.

Três incidentes em minha vida servirão para demonstrar como, na Inglaterra moderna, as balanças inclinam-se a favor do cristianismo. O motivo para essa menção deve-se ao fato de que muitas pessoas não percebem as desvantagens às quais o agnosticismo declarado ainda expõe os seres humanos.

O primeiro incidente pertence a um estágio muito preliminar da minha vida. Meu pai era um livre-pensador, porém morreu quando eu tinha apenas três anos de idade. Desejando que eu não fosse criado em meio a superstições, ele indicou dois livres-pensadores como meus guardiões. No entanto, os tribunais revogaram seu testamento e decidiram educar-me na fé cristã. O resultado foi desapontador, porém não por culpa da lei. Caso meu pai tivesse dado instruções para que eu fosse educado como um "cristadelfiano", um "muggletoniano", ou na Igreja Adventista do Sétimo Dia, os tribunais não teriam feito objeção. Um pai tem o direito de estatuir que qualquer superstição imaginável possa ser instilada em seus filhos após sua morte; mas não tem o direito de dizer que eles devem ser mantidos livres do misticismo, se possível.

O segundo incidente ocorreu em 1910. À época desejei candidatar-me ao Parlamento como um liberal e os *Whips* recomendaram-me a um certo constituinte. Dirigi-me à Associação Liberal que se manifestou de modo favorável, e minha aceitação parecia certa. Mas, ao ser questionado por um grupo de líderes políticos do mesmo partido, admiti que era agnóstico. Quando perguntaram se o fato poderia vir à luz publicamente, repliquei que seria provável que sim. Indagaram se eu estaria disposto a frequentar a igreja algumas vezes e eu respondi que não. Como consequência, eles selecionaram outro candidato, que devidamente eleito, permanece no Parlamento desde então, e é membro do governo atual (1922).

Logo após, ocorreu o terceiro incidente. Fora convidado pelo Trinity College, em Cambridge, para tornar-me um conferencista, mas não um membro. A diferença não é pecuniária; é que um membro tem direito de manifestar sua opinião em questões administrativas do College, e não pode ser dispensado durante o prazo de sua afiliação, exceto por um ato de grave imoralidade. A razão pela qual não me ofereceram o posto de membro deve-se ao fato de que o partido clerical absteve-se do voto anticlerical. O resultado é que fui demitido em 1916 quando não apreciaram meus pontos de vista sobre a guerra*. Se dependesse de minhas conferências, teria morrido de fome.

Esses três incidentes ilustram diferentes tipos de desvantagem referentes ao livre-pensamento declarado, até mesmo na Inglaterra moderna. Qualquer outro livre-pensador poderia relatar incidentes similares baseados em sua experiência pessoal, quase sempre de caráter mais sério. O resultado evidente é que as pessoas não abastadas não ousam ser francas em relação às suas crenças religiosas.

Claro, não é apenas ou mesmo primordialmente quanto à religião que existe a falta de liberdade. A crença no comunismo ou no amor livre prejudica ainda mais um homem do que o agnosticismo. Não só é uma desvantagem ter essas opiniões, mas é muito mais difícil obter divulgação de argumentos a seu favor. Por outro lado, na União Soviética as vantagens e desvantagens são diametralmente opostas: o conforto e poder são alcançados pela confissão do ateísmo, do comunismo e do amor livre, e não existe a oportunidade de uma propaganda contra essas opiniões. Por conseguinte, na União Soviética, um grupo de fanáticos tem certeza absoluta sobre suas proposições duvidosas, enquanto no resto do mundo outro grupo de fanáticos sente a mesma certeza acerca de proposições opostas igualmente duvidosas. A partir dessa situação, a guerra, o rancor e a perseguição ocorrem de maneira inevitável em ambos os lados.

William James preconizava a "vontade de acreditar". De minha parte, eu pregaria a "vontade de desejar". Nenhuma de nossas crenças é, de fato, verdadeira; todas têm pelo menos uma penumbra de imprecisão e erro. Os métodos para aumentar o grau de verdade em nossas crenças são bem conhecidos; eles consistem em ouvir todos os lados, tentando averiguar todos os fatos relevantes, controlando nossas próprias tendências ao discutir com pessoas de inclinação oposta e cultivando a rapidez para descartar qualquer hipótese que prove ser inadequada. Esses métodos são praticados na ciência e formam o arcabouço do conhecimento científico. Qualquer homem do campo

---

* Devo acrescentar que fui readmitido depois, quando as paixões da guerra começaram a arrefecer.

das ciências cujo ponto de vista seja verdadeiramente científico está pronto a admitir que o que é considerado um conhecimento científico no momento com certeza exigirá uma revisão com o progresso da descoberta; não obstante, estamos bastante próximos da verdade que serve aos propósitos mais práticos, embora não a todos. Na ciência, em que só algo que se aproxime do conhecimento genuíno será revelado, a atitude do homem é experimental e plena de dúvida.

Na religião e na política, ao contrário, embora ainda não haja nada que se aproxime do conhecimento científico, todos consideram como de *rigueur* ter uma opinião dogmática apoiada pela inanição, a prisão e a guerra, infligidas, além de estar cuidadosamente sob vigilância para evitar uma argumentação competitiva de qualquer opinião diferente. Se pelo menos os homens pudessem ser conduzidos a ter uma estrutura mental agnóstica instigante sobre esses assuntos, nove décimos dos males do mundo moderno seriam debelados. A guerra se tornaria impossível, porque cada lado perceberia que ambos os lados poderiam estar errados. A perseguição cessaria. A educação visaria a expandir a mente, sem reprimi-la. Os homens seriam escolhidos para trabalhar por causa de sua adequabilidade, e não por seguirem os dogmas irracionais daqueles que estão no poder. Assim, só a dúvida racional, caso pudesse ser fomentada, seria suficiente para trazer a felicidade e prosperidade universais.

Há pouco tempo, tivemos um exemplo brilhante da mentalidade científica na teoria da relatividade e sua recepção mundial. Einstein, um judeu pacifista de nacionalidade alemã com cidadania suíça, foi designado professor pesquisador pelo governo alemão nos primeiros anos da guerra; suas previsões foram comprovadas por uma expedição inglesa que observou o eclipse solar de 1919, logo após o Armistício. Sua teoria revolucionou todo o arcabouço teórico da física tradicional; foi tão perturbadora para a dinâmica ortodoxa quanto Darwin foi para o Gênesis. Contudo, no mundo inteiro os físicos logo aceitaram sua teoria, assim que a evidência lhe foi favorável. Mas nenhum deles, nem o próprio Einstein, poderia reivindicar que dissera a última palavra. Ele não construíra um monumento de um dogma infalível para toda a eternidade. Havia dificuldades que ele não conseguia solucionar; suas doutrinas tiveram de ser modificadas tais como as de Newton. Essa recepção crítica e não dogmática é a verdadeira postura da ciência.

O que teria acontecido se Einstein tivesse feito uma descoberta similar na esfera da religião ou da política? O povo inglês teria encontrado elementos prussianos em sua teoria; os antissemitas a considerariam uma conspiração sionista; nacionalistas no mundo inteiro teriam achado que a teoria estava maculada por seu pacifismo pusilânime e declarariam que era um mero subterfúgio para escapar do serviço militar. Todos os professores retrógrados teriam se dirigido à Scotland Yard para pedir a proibição da importação de seus livros. Os professores que o apoiassem teriam sido despedidos. Nesse ínterim, ele teria conquistado um governo de algum país subdesenvolvido, onde se tornaria ilegal ensinar qualquer coisa exceto sua doutrina, que teria se expandido em um dogma misterioso ininteligível. Por fim, a questão da verdade ou da falsidade de sua doutrina seria decidida em um campo de batalha, sem a coleta de novas evidências a favor ou contra ela. Esse método é o resultado lógico da vontade de acreditar de William James.

O objetivo não era a vontade de acreditar, mas a vontade de descobrir, o que é exatamente o oposto.

Caso se admita que uma condição de dúvida racional seria desejável, torna-se importante investigar o porquê da existência de tanta certeza irracional no mundo. Grande parte desse fato deve-se à racionalidade e credulidade inerentes à natureza humana mediana. Mas essa semente de pecado original intelectual é nutrida e estimulada por outros agentes, entre os quais três são os mais relevantes, a saber, educação, propaganda e pressão econômica. Vamos discuti-los em seguida.

(1) *Educação*. A educação elementar em todos os países adiantados está nas mãos do Estado. Alguns ensinamentos são reconhecidos como falsos pelos funcionários que os prescrevem, e muitos outros são considerados enganosos, ou de alguma forma muito duvidosos, por todas as pessoas não preconceituosas. Como, por exemplo, o ensino de história. Cada nação deseja apenas a autoglorificação nos livros escolares de história. Quando um homem escreve sua autobio-

grafia espera-se que ele demonstre uma certa modéstia; mas quando uma nação escreve sua autobiografia não há limite para jactar-se e vangloriar-se. Quando eu era jovem, os livros didáticos ensinavam que os franceses eram cruéis e que os alemães eram virtuosos; agora ensinam o oposto. Não existe, em nenhum dos casos, o menor respeito pela verdade. Os livros escolares alemães, ao mencionar a batalha de Waterloo, retratam Wellington derrotado quando Blücher salvou a situação. Já os livros ingleses mostram a pouca importância de Blücher no episódio. Os escritores tanto dos livros alemães quanto dos ingleses sabem que não estão relatando a verdade. Livros didáticos americanos são, em geral, violentamente antibritânicos; mas desde a guerra tornaram-se pró-britânicos, sem visar à verdade em qualquer dos casos*. Tanto antes quando depois, um dos principais objetivos da educação nos Estados Unidos é o de converter a mistura heterogênea de crianças imigrantes em "bons americanos". Aparentemente, não ocorreu a ninguém que um "bom americano", assim como um "bom alemão" ou um "bom japonês" possa ser, *pro tanto*, um ser humano de má índole. Um "bom americano" é um homem, ou uma mulher, imbuído da crença de que a América é o melhor país da terra e que deve ser sempre apoiado entusiasticamente em qualquer conflito. É possível que esses objetivos sejam verdadeiros; neste caso, um homem racional não teria conflito algum com eles. Mas se eles são verdadeiros, devem ser ensinados no mundo inteiro, não apenas na América. É uma circunstância suspeita que tais finalidades não tenham crédito fora do país onde são glorificadas. Enquanto isso, toda a máquina do Estado, nos diferentes países, dedica-se a fazer com que crianças indefesas acreditem em proposições absurdas, com vistas a torná-las propensas a morrer em defesa de interesses malévolos com a impressão de que estão lutando pela verdade e pelo direito. Essa é apenas é uma das inumeráveis maneiras das quais a educação é planejada, não para oferecer um conhecimento verdadeiro, mas para tornar as pessoas dóceis à vontade de seus senhores. Sem um sistema elaborado de embuste nas escolas elementares seria impossível preservar a camuflagem da democracia.

---

* Ver *The Freeman*, 15 de fevereiro de 1922, p. 532.

Antes de encerrar o tópico da educação, mencionarei outro exemplo da América* – não porque a América seja pior do que os outros países, mas visto que é mais moderna, demonstrando mais os perigos crescentes do que aqueles que estão diminuindo. No estado de Nova York, uma escola não pode se estabelecer sem uma licença do Estado, mesmo se ela for totalmente financiada por fundos privados. Uma lei recente** prescreve que a licença não deve ser concedida a nenhuma escola "onde se evidencie que a instrução proposta inclui o ensinamento da doutrina que governos organizados devem ser destituídos pela força, violência ou meios não legais". Como a *New Republic* aponta, não há limite para qualquer governo organizado. A lei, portanto, tornaria ilegal durante a guerra ensinar a doutrina de que o governo do cáiser deveria ser derrubado pela força: assim, o apoio de Kolchak ou de Denikin contra o governo soviético teria sido ilegal. Essas consequências, é claro, não são intencionais e resultam apenas de diretrizes mal conduzidas. O que era premeditado surge de uma outra lei promulgada ao mesmo tempo, aplicada a professores de escolas estatais. A lei decreta que os certificados que permitem a pessoas ensinarem nessas escolas só serão concedidos àqueles que "mostraram de modo satisfatório" que são "leais e obedientes ao governo de seu estado e dos Estados Unidos" e serão recusados àqueles que tenham defendido, não importa onde ou quando, "uma forma de governo diversa da forma do governo do seu estado ou dos Estados Unidos". O comitê que elaborou essas leis, como citado pela *New Republic*, estabelece que o professor que "não aprova o sistema social presente (...) deve abandonar sua profissão", e que "a ninguém que não esteja ansioso para combater as teorias da mudança social deva ser confiada a tarefa de preparar os jovens e as pessoas mais velhas para o exercício das responsabilidades da cidadania". Assim, segundo a lei do estado de Nova York, Jesus Cristo e George Washington são por demais degradados moralmente para orientar a educação dos jovens. Se Jesus for a Nova York e disser: "Deixai as crianças e não as impeçais de virem a mim", o presidente do Conselho da escola

---

* Ver *The New Republic*, 1º de fevereiro de 1922, p. 259ff.

** Modificada desde que este texto foi escrito.

de Nova York responderia: "Senhor, não vejo nenhuma evidência de que esteja muito interessado em combater teorias de mudança social. Na verdade, soube que defende o que chama o *reino* do céu, ao passo que este país, graças a Deus, é uma república. É claro que o governo de seu reino do céu diferiria substancialmente do governo do estado de Nova York e, portanto, nenhuma criança terá permissão de aproximar-se de sua pessoa." Se não houvesse dado essa resposta, ele não estaria cumprindo seu dever como um funcionário encarregado da administração da lei.

O efeito dessas leis é muito sério. Vamos supor, em benefício do argumento, que o governo e o sistema social do estado de Nova York sejam os melhores que jamais existiram no planeta; ainda assim, ambos presumivelmente podem ser aperfeiçoados. Qualquer pessoa que admita essa proposição óbvia está por lei incapacitada de ensinar em uma escola desse estado. Portanto, a lei decreta que os professores devem ser hipócritas ou tolos.

O perigo crescente exemplificado pela lei de Nova York é o resultante do monopólio de poder nas mãos de uma única organização, seja o Estado, um truste ou uma federação de trustes. No caso da educação, o poder está nas mãos do Estado, que pode impedir que o jovem ouça qualquer doutrina que ele não aprove. Acredito que ainda existam algumas pessoas que pensam que o Estado democrático mal se distingue do povo. No entanto, isso é uma ilusão. O Estado é uma coleção de funcionários diferentes para propósitos diversos, com salários confortáveis desde que o *status quo* seja preservado. A única alteração no *status quo* que possivelmente eles desejam é o aumento da burocracia e do poder dos burocratas. Assim, é natural que eles tirem vantagem de oportunidades como o ardor da guerra para adquirir poderes inquisitoriais sobre seus funcionários, envolvendo o direito de infligir inanição a qualquer subordinado que se oponha a eles. Em assuntos do intelecto, como a educação, essa situação é fatal. Põe fim a todas as possibilidades de progresso da liberdade ou de iniciativa intelectual. Contudo, é o resultado natural de permitir que toda a educação elementar caia sob o domínio de uma única organização.

A tolerância religiosa, até um certo ponto, tem sido vitoriosa, porque as pessoas não mais consideram a religião tão importante como antes. Mas em política e economia, que ocuparam o lugar da religião, há uma crescente tendência à perseguição que não é de modo algum confinada a um partido. A perseguição por opinião na Rússia é mais severa do que em qualquer país capitalista. Encontrei em Petrogrado um eminente poeta russo, Alexander Block, que nesse meio tempo morreu em razão de privações. Os bolcheviques lhe permitiram ensinar estética, porém ele queixou-se de que eles insistiam que o ensinamento tivesse "um ponto de vista marxista". Apesar da dificuldade de descobrir de que forma a teoria de rítmica poderia estar conectada com o marxismo, para evitar a inanição fez o melhor possível para deslindar o problema. É impossível, é claro, na Rússia, no período após a tomada de poder pelos bolcheviques, imprimir qualquer crítica aos dogmas sobre os quais o regime foi fundado.

Os exemplos da América e da Rússia ilustram a conclusão à qual parece que estamos chegando, ou seja, contanto que os homens continuem a ter a atual crença fanática na importância da política, o livre-pensamento em relação a questões políticas será impossível, e existe o grande perigo de que a falta de liberdade se dissemine para todos os outros campos, tal como aconteceu na Rússia. Só algum grau de ceticismo político pode nos salvar do infortúnio.

Não se deve supor que os funcionários encarregados da educação desejem que o jovem se eduque. Ao contrário, o intuito deles é fornecer informação sem estimular a inteligência. A educação deveria ter dois objetivos: primeiro, oferecer um conhecimento definitivo, leitura e escrita, linguagem e matemática, e assim por diante; segundo, criar hábitos mentais que capacitem as pessoas a adquirir conhecimento e a formular julgamentos sólidos. O primeiro deles podemos chamar de informação; o segundo, de inteligência. A utilidade da informação é admitida na prática, bem como na teoria; sem uma população letrada um Estado moderno é impossível. Mas a utilidade da inteligência é admitida apenas teoricamente e não na prática: não é desejável que pessoas comuns pensem por si mesmas, porque se presume que essas pessoas são difíceis de controlar e causam dificuldades administrativas. Só os guardiões, na linguagem de Platão, podem pensar; o resto deve obedecer, ou seguir líderes como um rebanho de carneiros. Essa doutrina, com frequência inconsciente, sobreviveu à introdução da democracia política, e corrompeu radicalmente todos os sistemas nacionais de educação.

O Japão, o país mais bem-sucedido em prover informação sem inteligência, é o último acréscimo à civilização moderna. A educação elementar no Japão é considerada admirável do ponto de vista de instrução. Mas além de instrução ela tem outro propósito, qual seja, o de ensinar a idolatria do Mikado – um credo mais forte agora do que antes da modernização do Japão*. Assim, as escolas têm sido usadas ao mesmo tempo para prover conhecimento e promover a superstição. Visto que não somos tentados a idolatrar o Mikado, percebemos com clareza os pontos absurdos do ensino japonês. Nossas superstições nacionais nos parecem naturais e sensíveis, então não possuímos uma visão verdadeira delas como temos no tocante às superstições nipônicas. Mas se um japonês viajado resolvesse sustentar a tese de que nossas escolas ensinam superstições tão hostis à inteligência como a crença na divindade do Mikado, suspeito que ele seria capaz de formular um ótimo estudo de caso.

Para os dias de hoje, não estou em busca de remédios, mas sim preocupado com o diagnóstico. Deparamo-nos com a realidade paradoxal de que a educação tornou-se um dos principais obstáculos à inteligência e à liberdade de pensamento. Isso se deve basicamente ao fato de que o Estado reivindica um monopólio; no entanto, isso não é, de modo algum, a única causa.

(2) *Propaganda*. O nosso sistema educacional converte os jovens que cursaram escolas capazes de ler, mas, a maior parte, incapazes de avaliar uma evidência ou de formar uma opinião independente. Eles são, então, acometidos, ao longo de suas vidas, por declarações destinadas a fazê-los acreditar em todos os tipos de proposições absurdas, tais como as pílulas de Blank que curam todas as doenças, que Spitzbergen é quente e fértil e que os alemães comem cadáveres. A arte da propaganda praticada pelos políticos e governos modernos origina-se da arte da publicidade. A ciência da psicologia deve muito aos publicitários. No passado, é provável que muitos psicólogos tenham pensado que um homem não poderia convencer muitas pessoas

---

* Ver *The Invention of a New Religion* do professor Chamberlain de Tóquio. Publicado pela Rationalist Press Association.

da excelência de seus produtos apenas declarando com ênfase que eles eram excepcionais. A experiência mostra, no entanto, que eles estavam enganados. Se alguma vez eu for a um local público e afirmar que sou o homem mais modesto vivo, seria ridicularizado; mas se eu conseguir ganhar dinheiro suficiente para pôr anúncios com a mesma declaração em todos os ônibus e cartazes nas ferrovias principais, as pessoas se convenceriam de que eu tinha uma percepção publicitária invulgar. Se eu me dirigir a um pequeno lojista e disser: "Olhe o seu concorrente, lá no caminho; ele está tomando seu negócio; não seria um bom plano você deixar seu negócio, postar-se no meio da estrada e tentar atirar nele antes que ele atire em você?". Caso eu diga isso, qualquer pequeno lojista pensaria que sou louco. Mas quando o governo diz isso com ênfase e fanfarra, os pequenos lojistas ficam entusiasmados e, depois, muito surpresos ao perceberem que o negócio foi prejudicado. A propaganda bem-sucedida é agora um dos métodos reconhecidos dos governos em todos os países e, em especial, o método pelo qual a opinião democrática foi criada.

Existem dois males bem diferentes em relação à propaganda tal como é praticada atualmente. Por um lado, seu apelo é em geral para causas irracionais de crença e não para argumentos sérios; por outro, ela propicia uma vantagem injusta para aqueles que podem recorrer a mais publicidade, seja por meio da riqueza ou do poder. De minha parte, inclino-me a pensar que às vezes se faz demasiado estardalhaço quanto ao fato de que a propaganda apela para a emoção, em vez da razão. A linha entre emoção e razão não é tão aguçada como algumas pessoas pensam. Além disso, um homem inteligente poderia elaborar um argumento suficientemente racional a favor de qualquer posição que tenha chance de ser adotada. Há sempre bons argumentos em ambos os lados de qualquer assunto real. Afirmações errôneas definitivas podem ser legitimamente contra-argumentadas, porém isso não é de modo algum necessário. As meras palavras "Pears' Soap", que não afirmam nada, levam as pessoas a comprar esse produto. Se, em qualquer lugar que essas palavras aparecem, elas fossem substituídas pelas palavras "Partido Trabalhista", milhões de pessoas seriam levadas a votar neste partido, embora as propagandas não aleguem nenhum mérito para ele. No entanto, se ambos os lados de uma controvérsia forem confinados por lei a declarações que um comitê de eminentes especialistas em logística considerassem relevantes e válidas, o principal malefício da propaganda, tal como conduzida dos dias de hoje, permaneceria. Suponhamos que sob essa lei existam dois partidos com bons programas, um dos quais tem milhões de libras para gastar com propaganda, enquanto o outro tem apenas 100 mil. É óbvio que os argumentos a favor do partido mais rico seriam muito mais conhecidos do que aqueles a favor do partido mais pobre e, assim, o partido mais rico venceria. Essa situação, é claro, intensifica-se quando um só partido representa o governo. Na Rússia, o governo tem quase todo o monopólio da propaganda, porém isso é desnecessário. As vantagens que ele tem sobre seus oponentes serão, em geral, suficientes para que ele seja vitorioso, a menos que tenha um programa de governo excepcionalmente ruim.

A objeção à propaganda não é apenas em razão do seu apelo ao irracional, mas também, e muito mais, pela vantagem injusta concedida aos ricos e poderosos. A igualdade de oportunidade entre opiniões é essencial para que exista uma liberdade de pensamento verdadeira; e essa igualdade só pode ser assegurada por leis elaboradas para esse fim, embora não haja razão para esperar que sejam sancionadas. A cura não deve procurada basicamente nessas leis, mas em uma educação melhor e uma opinião pública cética mais perspicaz. Contudo, no momento não estou preocupado em discutir curas.

(3) *Pressão econômica.* Já mencionei alguns aspectos desse obstáculo à liberdade de pensamento, mas agora quero abordá-lo em linhas mais gerais, como um perigo iminente a menos que alguns passos definitivos sejam tomados para contê-lo. O exemplo supremo da pressão econômica voltada contra a liberdade de expressão é a União Soviética, onde, até o acordo comercial, o governo podia submeter, e efetivamente submetia, à inanição pessoas cuja opinião lhe desagradasse como, por exemplo, Kropotkin. Mas a esse respeito a Rússia está só um pouco além de outros países. Na França, durante o caso Dreyfus, qualquer professor teria perdido seu cargo caso houvesse se manifestado a favor no início ou contra no final. Hoje, na América, duvido que um renomado professor universitário conseguiria um emprego se criticasse a Standard Oil Company, porque todos

os reitores teriam recebido ou esperariam receber benefícios do Sr. Rockfeller. Em toda a América os socialistas são homens marcados e deparam-se com dificuldades extremas para conseguir trabalho a menos que tenham feito grandes donativos. A tendência, que existe em qualquer lugar onde o industrialismo é bem desenvolvido, de trustes e monopólios controlarem toda a indústria acarreta uma diminuição do número de possíveis empregadores, e assim torna-se cada vez mais fácil manter listas negras secretas pelas quais qualquer pessoa que não seja subserviente às grandes corporações pode passar fome. O crescimento dos monopólios está introduzindo na América muitos desses males associados a um Estado socialista como existiu na Rússia. Desse ponto de vista de liberdade, não faz diferença para um homem se seu único possível empregador for o Estado ou um truste.

Na América, que é o país mais adiantado industrialmente, e, em menor extensão, em outros países que estão se aproximando do patamar americano, é necessário para o cidadão comum, caso queira ganhar a vida, evitar incorrer na hostilidade de determinados homens poderosos. E esses homens têm uma visão – religiosa, moral e política – com a qual esperam que seus empregados concordem, pelo menos externamente. Um homem que discorde do cristianismo abertamente, ou acredite em uma atenuação das leis do casamento, ou proteste contra o poder das grandes corporações, encontrará na América um país muito desconfortável, a menos que seja um escritor importante. Exatamente os mesmos tipos de restrições em relação à liberdade de pensamento estão prestes a ocorrer em cada país onde a organização econômica tenha sido conduzida em direção ao monopólio. Portanto, a salvaguarda da liberdade no mundo em crescimento é muito mais difícil do que no século XIX, quando a livre concorrência ainda era uma realidade. Quem quer que se preocupe com a liberdade do intelecto deve encarar essa situação de modo pleno e franco, percebendo a inaplicabilidade dos métodos que funcionavam satisfatoriamente nos primórdios do industrialismo.

Existem dois princípios simples que, caso fossem adotados, solucionariam quase todos os problemas sociais. Primeiro, a educação deve ter como um dos seus objetivos ensinar as pessoas a só acreditarem em proposições quando houver alguma razão para pensar que elas são verdadeiras. Segundo, os empregos devem ser concedidos apenas de acordo com a adequabilidade da pessoa ao trabalho.

Abordarei primeiramente o segundo ponto: o hábito de considerar as opiniões religiosas, morais e políticas de um homem antes de indicá-lo a um cargo ou lhe oferecer um trabalho é a forma moderna de perseguição, e é provável que se torne tão eficiente quanto a Inquisição. Os antigos direitos podem ser legalmente mantidos sem ter a mínima utilidade. Se, na prática, algumas opiniões levam um homem à inanição, é um conforto medíocre para ele saber que suas opiniões não são puníveis por lei. Há um certo sentimento público contra homens submetidos à desnutrição por não pertencerem à Igreja Anglicana, ou por terem opiniões levemente não ortodoxas sobre política. Mas praticamente não há um sentimento contra a rejeição de ateístas ou mórmons, comunistas extremados, ou homens que advogam o amor livre. Esses homens são vistos como maléficos e, assim, considera-se natural recusar-lhes emprego. As pessoas ainda não notaram que essa recusa, em um Estado altamente industrializado, é uma forma muito vigorosa de perseguição.

Se esse perigo fosse percebido de modo adequado, seria possível despertar a opinião pública de modo a assegurar que as crenças de um homem não devem ser levadas em conta para indicá-lo a um cargo. A proteção das minorias é de vital importância; e mesmo uma pessoa extremamente ortodoxa pode encontrar-se em uma situação de minoria algum dia. Nesse sentido, todos nós devemos ter interesse em restringir a tirania das maiorias. Nada, exceto a opinião pública, pode solucionar esse problema. O socialismo acentuaria esse fato de alguma forma, visto que eliminaria as oportunidades que agora surgem por intermédio de empregadores excepcionais. Cada expansão dos empreendimentos industriais agrava a situação porque diminui o número de empregadores independentes. A batalha deve ser travada exatamente como foi realizada a batalha de tolerância religiosa. E, tal como nesse caso, um declínio na intensidade da crença é um provável fator decisivo. Enquanto os homens estiverem convencidos da verdade absoluta do catolicismo ou do protestantismo, eles estarão dispostos a perseguir em nome dessa crença. Contanto que os homens estejam certos de seus credos modernos, eles perseguirão em seu benefício.

Algum elemento de dúvida é essencial para a prática, embora não para a teoria, da tolerância. E isso leva ao meu outro ponto, que diz respeito aos objetivos da educação.

A fim de haver tolerância no mundo, uma das coisas a ser ensinada nas escolas deve ser o hábito de ponderar a evidência e a prática de não dar total assentimento a proposições em que não haja razão para serem aceitas como verdadeiras. Por exemplo, a arte da leitura de jornais precisa ser ensinada. O professor deve selecionar algum incidente acontecido há muitos anos e que tenha provocado paixões políticas à época. Então, ele deve ler para as crianças o que foi publicado por um jornal de uma corrente política e o que foi mencionado por outros jornais de opinião oposta, e algum relato imparcial do que realmente aconteceu. Ele deve mostrar como, a partir do viés de cada relato, um leitor habituado à leitura pode inferir o que de fato ocorreu, e precisa fazer com que elas entendam que tudo nos jornais é mais ou menos falso. O ceticismo cínico que resultaria desse ensinamento tornaria as crianças mais tarde imunes a apelos de idealismo pelos quais pessoas decentes são induzidas a favorecer os esquemas dos vigaristas.

A história deve ser ensinada do mesmo modo. As campanhas de Napoleão em 1813 e 1814, por exemplo, podem ser estudadas no *Moniteur*, que nos mostraria a surpresa dos parisienses quando viram os aliados chegando às muralhas de Paris depois de terem (segundo os boletins oficiais) sido derrotados por Napoleão em todas as batalhas. Nas classes mais adiantadas, os estudantes devem ser encorajados a contar o número de vezes que Lênin foi assassinado por Trotski para aprender a desdenhar a morte. Por fim, lhes deve ser dado um livro didático de história aprovado pelo governo, e pedir a eles para inferirem o que um livro didático francês diria a respeito das nossas guerras com a França. Tudo isso seria um treinamento muito melhor em cidadania do que as máximas morais triviais pelas quais algumas pessoas acreditam que o dever cívico possa ser inculcado.

Penso que se deva admitir que os males do mundo são devidos tanto a defeitos morais quanto à falta de inteligência. Mas a humanidade ainda não descobriu qualquer método de erradicar defeitos morais; a pregação e a exortação só acrescentam hipocrisia moralista à lista prévia de vícios. A inteligência, ao contrário, é com facilidade aperfeiçoada por métodos conhecidos por todos os educadores competentes. Portanto, até que algum método de ensinar a virtude seja descoberto, o progresso precisará ser buscado pelo aperfeiçoamento da inteligência e não por valores morais. Um dos maiores obstáculos à inteligência é a credulidade, e esta poderia ser extremamente reduzida pela instrução sobre as formas preponderantes de falsidade. A credulidade é um mal ainda maior nos dias de hoje do que foi no passado, pois em razão do crescimento da educação agora é muito mais fácil disseminar a informação, e, em virtude da democracia, a difusão de informações falsas ou incorretas é mais importante do que no passado para os detentores do poder. Daí o aumento da circulação de jornais.

Caso fosse indagado sobre como o mundo será levado a adotar essas duas máximas, ou seja, (1) que os empregos devem ser dados a pessoas considerando sua aptidão para desempenhar o trabalho, (2) que um dos objetivos da educação deve ser o de curar as pessoas do hábito de acreditarem em proposições nas quais não há evidência, só poderia responder que isso precisa ser feito fomentando uma opinião pública esclarecida. E uma opinião pública esclarecida só pode ser formada pelos esforços daqueles que desejam que ela exista. Não acredito que as mudanças econômicas defendidas pelos socialistas terão qualquer efeito para curar os males que estamos analisando. Penso que, quaisquer que forem os acontecimentos políticos, a tendência do desenvolvimento econômico tornará a preservação da liberdade mental muito mais difícil, a menos que a opinião pública insista que o empregador não poderá controlar nada da vida do empregado, exceto o seu trabalho. A liberdade na educação pode com facilidade ser assegurada, caso seja desejada, limitando-se a função do Estado de inspeção e pagamento, e limitando-se rigidamente a inspeção à instrução definitiva. Porém isso, em nosso contexto, deixaria a educação nas mãos das igrejas, porque, infelizmente, elas estão mais ansiosas por pregarem suas crenças do que os livres-pensadores por ensinarem suas dúvidas. No entanto, isso propiciaria um campo livre e possibilitaria prover uma educação liberal, se for realmente desejável. Mais do que isso não deve ser requerido à lei.

Meu pleito ao longo deste ensaio tem sido a favor da disseminação de uma tendência científica, que é algo totalmente diferente do conhecimento de resultados científicos. A tendência científica é capaz de regenerar a comunidade e fornecer uma saída para todos os nossos problemas. Os resultados da ciência, na forma de mecanismo, os gases poluentes e a imprensa sensacionalista conduzirão a uma total destruição de nossa civilização. Isso é uma antítese curiosa, que os marcianos poderiam contemplar com um distanciamento divertido. Porém para nós é uma questão de vida ou morte. Dessa questão depende se nossos netos viverão em um mundo mais feliz ou se exterminarão uns aos outros por meio de métodos científicos, deixando talvez para os selvagens os destinos futuros da humanidade.

13

Liberdade na sociedade

Até que ponto a liberdade é possível e até que ponto ela é desejável entre seres humanos que vivem em comunidades? Este é o problema geral que abordarei neste capítulo.

Talvez seja melhor começar com definições. "Liberdade" é um termo usado em muitos sentidos, e devemos decidir qual deles escolheremos antes de argumentar de modo proveitoso. "Sociedade" é um termo menos ambíguo, mas aqui também alguma tentativa de definição não pode ser dispensada.

Não penso que seja desejável usar palavras com sentidos conceituais. Por exemplo, segundo Hegel e seus seguidores a "verdadeira" liberdade consiste no direito de obedecer à polícia que, em geral, é chamada a "lei moral". A polícia, é claro, deve se submeter à autoridade de seus superiores, mas essa concepção não nos fornece um guia quanto à ação do governo. Da mesma forma, na prática, os partidários desse ponto de vista argumentam que o Estado é, essencialmente e por definição, impecável. Essa noção é inapropriada em um país democrático onde haja um partido do governo, desde que nesse país quase metade da nação acredite que o governo é muito nocivo. Portanto, não podemos nos contentar com a "verdadeira" liberdade como um substituto da liberdade.

No sentido mais abstrato, "liberdade" significa a ausência de obstáculos externos para a realização de desejos. Considerando esse sentido abstrato, a liberdade pode ser expandida pela maximização do poder ou por desejos minimizados. Um inseto que vive alguns dias e depois morre de frio tem uma liberdade perfeita de acordo com essa definição, visto que o frio pode alterar seus desejos e, assim, não há nenhum momento em que ele deseje realizar o impossível. Entre seres humanos, também, esse modo de atingir a liberdade é possível. Um jovem aristocrata russo que se tornou comunista e comissário do Exército Vermelho explicou-me que os ingleses, ao contrário dos russos, não precisam de uma camisa de força física porque têm uma mental: suas almas estão sempre em camisas de força. Provavelmente, há alguma verdade nisso. Os personagens de Dostoiévski sem dúvida não se parecem com russos reais, mas de qualquer modo são pessoas que apenas um russo poderia ter inventado. Eles têm todos os tipos de desejos violentos e estranhos, dos quais um homem comum inglês está livre, pelo menos no tocante à sua vida consciente. É óbvio que uma comunidade na qual todos querem matar uns aos outros não pode ser tão livre quanto uma comunidade com desejos mais pacíficos. Nesse sentido, a modificação do desejo pode envolver tanto um grande ganho para a liberdade quanto um aumento de poder.

Essa consideração ilustra a necessidade que nem sempre é satisfeita pelo pensamento político: isto é, a necessidade do que podemos chamar de "dinâmicas psicológicas". Tem sido demasiadamente comum aceitar a natureza humana como um dado em política ao qual condições externas têm de ser adaptadas. Na verdade, as condições externas modificam a natureza humana e essa harmonia entre ambas deve ser buscada por uma interação mútua. Um homem retirado de um ambiente e posto subitamente em outro talvez de forma nenhuma sinta-se livre e, contudo, esse novo ambiente pode proporcionar liberdade para aqueles que estão acostumados a ele. Assim, não podemos discorrer sobre liberdade sem levar em consideração a possibilidade de desejos variáveis em virtude da mudança de ambiente. Em alguns casos, isso torna a obtenção da liberdade mais difícil, uma vez que um novo ambiente, embora satisfaça antigos desejos, pode criar novos que não possam ser satisfeitos. Essa possibilidade é ilustrada pelos efeitos psicológicos do industrialismo, que gera um grande número de novas aspirações: um homem pode estar descontente porque não tem condições de comprar um carro, e logo iremos querer aviões particulares. É possível que um homem esteja insatisfeito por causa de desejos inconscientes. Por exemplo, os americanos precisam de descanso, mas o desconhecem. Creio que isso explica em grande parte a onda de crimes nos Estados Unidos.

Embora os desejos dos homens variem, há determinadas necessidades fundamentais que podem ser consideradas quase universais: alimentação, bebida, saúde, vestuário, moradia, sexo e criação de filhos são as mais relevantes entre elas. (O vestuário e a moradia não são necessidades absolutas em climas quentes, mas, exceto nos trópicos, eles devem ser incluídos na lista.) Qualquer outro fator pode estar envolvido na questão da liberdade, porém, com certeza, ninguém é livre se for privado de alguns dos itens da lista acima, que constituem o mínimo de liberdade.

Isso nos leva à definição de "sociedade". É óbvio que o mínimo de liberdade citado pode ser melhor assegurado em uma sociedade do que por um Robinson Crusoé; na verdade, o sexo e a criação de filhos são essencialmente sociais. Pode-se definir uma "sociedade" como um grupo de pessoas que coopera para certos propósitos comuns. Em relação aos seres humanos, o grupo social mais primitivo é a família. Grupos socioeconômicos constituíram-se bem cedo; aparentemente grupos que cooperavam na guerra não são tão primitivos. No mundo moderno, a economia e a guerra são os principais motivos para a coesão social. Quase todos nós somos mais capazes de satisfazer nossas necessidades físicas no contexto de uma unidade social ampla, além da família ou da tribo, e nesse sentido a sociedade tem servido para expandir a liberdade. Pensa-se, também, que um Estado organizado nos torna menos vulneráveis a sermos mortos por nossos inimigos, porém isso é uma premissa duvidosa.

Se considerarmos os desejos de um homem como um dado, isto é, se ignorarmos as dinâmicas psicológicas, é óbvio que os obstáculos à sua liberdade são de dois tipos: físico e social. Vejamos o exemplo mais primário: a terra pode não produzir suficiente comida para seu sustento, ou outras pessoas podem impedi-lo de obter comida. A sociedade diminui os obstáculos físicos à liberdade, mas cria obstáculos sociais. Aqui, no entanto, podemos incorrer em erro ao ignorar o efeito da sociedade sobre o desejo. Pode-se presumir que formigas e abelhas, apesar de viverem em sociedades bem organizadas, sempre fazem espontaneamente as coisas que constituem seus deveres sociais. O mesmo é verdadeiro entre a maioria dos animais gregários. Segundo Rivers, esse fato ocorre com os homens na Melanésia. Isso depende de um alto grau de sugestionabilidade, e em fatores mais ou menos similares aos que acontecem no hipnotismo. Então, os homens assim constituídos podem cooperar sem perda de liberdade, e têm pouca necessidade de uma legislação. Estranhamente, embora homens civilizados tenham uma organização social muito mais elaborada do que os selvagens, parecem ser menos sociais em seus instintos: o efeito da sociedade sobre suas ações é mais externo do que com os selvagens. Esse é o motivo que os leva a discutir o problema da liberdade.

Não quero, é claro, negar que a cooperação social tem uma base instintiva, mesmo nas comunidades mais civilizadas. As pessoas desejam ser como seus vizinhos, e querem ser apreciadas por eles; elas imitam e adquirem estados de espírito predominantes por sugestão. Não obstante, esses fatores parecem se enfraquecer à medida que os homens tornam-se mais civilizados. São muito mais fortes nos estudantes do que nos adultos e, no conjunto, têm mais poder sobre indivíduos menos inteligentes. Cada vez mais, a cooperação social depende da apreensão racional de suas vantagens, em vez do que denominamos instinto do rebanho. O problema da liberdade individual não surge entre selvagens porque não sentem necessidade dela, porém é mais premente entre homens civilizados à proporção que se convertem em mais civilizados. Ao mesmo tempo, a atuação do governo na regulação de suas vidas aumenta continuamente, quando se torna mais claro que o governo pode ajudar a liberá-los dos obstáculos físicos à liberdade. O problema da liberdade nas sociedades é, portanto, aquele mais provável de aumentar em urgência, a menos que deixemos de nos tornar mais civilizados.

É óbvio que a liberdade não pode ser expandida pela mera diminuição do papel do governo. E como os desejos de um homem podem ser incompatíveis com os de outro homem, essa anarquia significa liberdade para os fortes e escravidão para os fracos. Sem governo, a população humana do globo dificilmente seria um décimo do que é; seu desenvolvimento seria restringido pela fome e a mortalidade infantil. Isso substituiria a escravidão física de modo muito mais grave do que a pior escravidão social encontrada em comunidades civilizadas em épocas normais. O problema que temos de considerar não é a ausência de governo, mas como assegurar suas vantagens com a menor interferência possível na liberdade. Isso significa um equilíbrio entre a liberdade física e social. Para ser preciso: quanta pressão governamental mais devemos estar preparados para suportar, a fim de termos mais comida ou melhores condições de saúde?

A resposta a essa questão, na prática, é uma consideração muito simples: somos nós que temos de conseguir comida e condições de saúde, ou é alguém mais? Em 1917, na Inglaterra, as pessoas em um cerco suportaram com boa vontade qualquer grau de pressão governamental, porque foi óbvio que representava uma vantagem para todos. Mas, quando uma pessoa tem de se submeter à pressão governamental e outra precisa obter comida, o caso é bem diferente. Desse modo, chegamos à questão entre capitalismo e socialismo. Os defensores do capitalismo apelam para os princípios sagrados da liberdade personificados em uma máxima: *O afortunado não pode ser reprimido no exercício da tirania sobre os desafortunados.*

O liberalismo *laissez-faire*, que se baseou nessa máxima, não deve ser confundido com anarquismo. Ele recorre à lei para impedir assassinato ou insurreição armada da parte dos desafortunados; até o ponto que ele ousa, opõe-se ao sindicalismo comercial. Mas dada a ação mínima do governo ele visa a realizar o resto pelo poder econômico. O liberalismo considera adequado para um empregador dizer a um empregado, "Você vai morrer de fome", mas impróprio para o empregado retrucar, "Você morrerá primeiro com um tiro". É óbvio que, à parte pedantismos legais, é ridículo fazer uma distinção entre essas duas ameaças. Cada uma delas infringe igualmente o mínimo elementar da liberdade, mas não uma mais do que a outra. Não foi apenas na esfera econômica que a desigualdade existiu. Os princípios sagrados da liberdade também foram invocados para justificar a tirania dos maridos sobre as mulheres e dos pais sobre as crianças; porém, deve-se dizer que o liberalismo tendeu a mitigar o primeiro deles. A tirania dos pais sobre as crianças ao impeli-las a trabalhar nas fábricas foi mitigada a despeito dos liberais.

Entretanto, esse é um tema desgastado e não desejo alongar-me nele. Quero abordar a questão geral: até que ponto a comunidade pode interferir com o indivíduo, não em favor de outro indivíduo, mas em benefício da comunidade? E com que finalidades ela deve interferir?

Cabe mencionar, para começar, que a reivindicação à condição mínima de liberdade – comida, bebida, saúde, moradia, vestuário, sexo e criação dos filhos – deve suplantar qualquer outra alegação. O mínimo citado é necessário para a sobrevivência biológica, isto é, para a vida dos nossos descendentes. Os itens que acabei de enumerar podem, portanto, ser descritos como necessários; os que vão além deles podem ser chamados confortos ou luxos de acordo com as circunstâncias. Mas *a priori* eu consideraria justificável privar uma pessoa de confortos a fim de suprir as necessidades básicas de outro. É provável que isso não seja apropriado do ponto de vista político, nem economicamente exequível em uma dada comunidade em um determinado momento; mas não é objetável com base na liberdade, porque privar um homem de satisfazer carências é uma interferência maior na liberdade do que impedi-lo de acumular supérfluos.

Mas se isso for aceito, nos levará muito longe. Considere a saúde, por exemplo. Nas eleições do Conselho Borough uma das questões a ser decidida é a soma de dinheiro público a ser gasta em itens como saúde pública, cuidados com a maternidade e o bem-estar infantil. As estatísticas provam que o que é despendido nessas áreas tem um efeito notável na preservação da vida. Em cada bairro de Londres, os mais ricos uniram-se para impedir um aumento, ou se possível garantir uma diminuição, da despesa nessas direções. Ou seja, estavam preparados para condenar milhões de pessoas à morte para que eles pudessem continuar a usufruir de bons jantares e carros. Como controlam quase toda a imprensa, eles impediram que os fatos fossem divulgados às suas vítimas. Pelos métodos familiares aos psicanalistas, eles evitam encarar o fato para si mesmos. Não há nada surpreendente na atitude deles, habitual a todas as aristocracias ao longo do tempo. No que me diz respeito, a atitude deles não pode ser defendida no campo da liberdade.

Não proponho discutir o direito ao sexo, ou à paternidade ou à maternidade. Gostaria apenas de assinalar que em um país onde há um grande excedente de um sexo predominante, as instituições existentes parecem mal preparadas para mantê-lo; e que a tradição do ascetismo cristão teve o infeliz efeito de tornar as pessoas menos propensas a reconhecer esse direito do que o direito à comida. Os políticos, que não têm tempo para conhecer a natureza humana, são em particular ignorantes dos desejos que impelem os homens e as mulheres comuns. Qualquer partido político cujos líderes conhecessem um pouco de psicologia poderia ter sucesso no país.

Embora admita o direito abstrato da comunidade de interferir na vida de seus membros para assegurar os itens biologicamente necessários para todos, não posso aceitar seu direito de intervir em questões em que os bens de um homem não tenham sido obtidos às expensas de outro. Penso em coisas como opinião, conhecimento e arte. O fato de a maioria da comunidade não gostar de uma opinião não lhe dá o direito de interferir com aqueles que a sustentam. E se a maioria da comunidade deseja ignorar certos fatos, isso não lhe confere o direito de aprisionar aqueles que querem adquirir informações sobre eles. Conheço uma senhora que escreveu um longo livro a respeito da vida familiar no Texas, que eu considero, do ponto de vista sociológico, muito valioso. De acordo com a polícia britânica, ninguém deve saber a verdade acerca de qualquer coisa; portanto, é ilegal enviar esse livro pelo correio. Todos sabem que os pacientes dos psicanalistas são com frequência curados pelo mero processo de conscientizá-los de fatos suja lembrança eles reprimem. A sociedade é, em certos aspectos, como esses pacientes, mas em vez de se permitir ser curada ela aprisiona os médicos que divulgam fatos desagradáveis. Isso é uma forma totalmente indesejável de interferência na liberdade. O mesmo argumento aplica-se à intervenção em assuntos pessoais sobre moralidade: se um homem escolhe ter duas mulheres, ou uma mulher, dois maridos, isso é uma opção deles e ninguém deve sentir-se compelido a tomar uma atitude acerca da questão.

Até agora, considerei argumentos puramente abstratos como limitações a interferências justificáveis na liberdade. Abordarei a seguir certas considerações mais psicológicas.

Os obstáculos à liberdade, como já vimos, são de dois tipos: social e físico. Tendo em vista um obstáculo social e um físico que causem a mesma perda direta de liberdade, o obstáculo social é o mais prejudicial porque provoca ressentimento. Se um menino quer subir em uma árvore e você o proíbe, ele ficará furioso; caso perceba que não tem condições de subir nela, ele aceitará a impossibilidade física.

Para impedir o ressentimento, geralmente pode ser desejável permitir coisas que sejam danosas, tais como ir à igreja durante uma epidemia. Igualmente, os governos atribuem os infortúnios a causas naturais; para criar ressentimento, as oposições os atribuem a fatores humanos. Quando o preço do pão aumenta, os governos declaram que é devido às más colheitas, e as oposições alegam que é provocado pelos especuladores. Sob a influência do industrialismo, as pessoas passaram a acreditar cada vez mais na onipotência do homem; pensam que não há limite para as ações humanas para impedir calamidades naturais. O socialismo é uma forma dessa crença: não mais consideramos a pobreza como enviada por Deus, mas sim o resultado da insensatez e crueldade humanas. Esse fato alterou naturalmente a atitude do proletariado em relação aos seus "melhores". Algumas vezes, a fé na onipotência humana é levada longe demais. Muitos socialistas, inclusive o falecido ministro da Saúde, aparentemente pensam que sob o socialismo haverá bastante comida para todos mesmo que a população se multiplique até não mais restar um lugar para se ficar de pé na superfície da Terra. Isso, sem dúvida, é um exagero. No entanto, a crença moderna na onipotência do homem aumentou o ressentimento quando os acontecimentos não seguem a direção certa, porque os infortúnios não mais são atribuídos a Deus ou à natureza, mesmo quando poderiam ser. Isso torna as comunidades modernas mais difíceis de governar do que as comunidades do passado e é responsável pelo fato de que as classes governantes tendem a ser excepcionalmente religiosas, pois elas querem considerar os infortúnios de suas vítimas como o desejo de Deus. Isso torna as interferências no mínimo de liberdade mais difíceis de justificar do que no passado, visto que não podem ser camufladas como leis imutáveis, embora todos os dias sejam publicadas no *The Times* cartas de padres tentando reviver esse antigo estratagema.

Além do fato de que as interferências na liberdade social melindram, existem duas outras razões que as levam a ser indesejáveis. A primeira é que as pessoas não desejam o bem-estar dos outros, e a segunda é que não sabem em que ele consiste. Talvez, no fundo, elas sejam a mesma coisa, pois quando desejamos genuinamente o bem de alguma pessoa, em geral, somos bem-sucedidos em descobrir quais são essas necessidades. De qualquer modo, os resultados práticos são os mesmos, quer as pessoas causem danos por malevolência ou por ignorância. Assim, podemos reunir as duas e afirmar que dificilmente qualquer homem ou classe social pode ser confiável no que concerne aos interesses alheios. É claro, essa é a base do argumento para a democracia. Mas a democracia, em um Estado moderno, precisa funcionar por intermédio de funcionários e, portanto, torna-se indireta e remota quando diz respeito ao indivíduo. Existe um perigo especial nos funcionários, pois eles usualmente instalam-se em escritórios distantes das pessoas cujas vidas eles controlam. Tomemos o exemplo da educação. Os professores, no conjunto, pelo contato com crianças, passaram a compreendê-las e a cuidar delas, porém são controlados por funcionários sem experiência prática, para os quais as crianças são apenas uns pirralhos chatos. Nesse sentido, as interferências dos funcionários na liberdade dos professores são quase sempre prejudiciais. Assim como em tudo: o poder está nas mãos daqueles que controlam as finanças, e não daqueles que sabem em que o dinheiro deve ser gasto. Portanto, os detentores do poder são, em geral, ignorantes e malévolos, e quanto menos exercerem o poder, melhor.

A coerção torna-se mais grave quando a pessoa coagida concede um assentimento moral à coação, embora, caso pudesse, negligenciasse o que reconhece como suas obrigações. Todos nós preferimos pagar impostos do que não ter estradas, mas se por um milagre um coletor de impostos nos ignorasse, grande parte das pessoas não lhe lembraria da existência dele. E aquiescemos prontamente com medidas como a proibição da cocaína, embora o álcool seja uma proposta mais duvidosa. Mas o melhor caso refere-se às crianças. As crianças precisam estar sob uma autoridade e têm consciência disso, apesar de às vezes se rebelarem. O caso das crianças é único pelo fato de que aqueles que têm autoridade sobre elas por vezes gostam delas. Nesse aspecto, as crianças não se ressentem com a autoridade em geral, mesmo que resistam a ela em certas ocasiões especiais. As autoridades em educação, em oposição aos professores, não possuem esse mérito e, na verdade, sacrificam as crianças em prol do que consideram desejável para o Estado ao ensinar-lhes o "patriotismo", isto é, uma propensão a matar e ser morto por razões triviais. A autoridade seria comparativamente benéfica se estivesse sempre nas mãos de pessoas que desejam o bem daqueles a quem controlam, porém não há um método conhecido para assegurar essa situação.

A coerção é ainda pior quando a vítima está convencida de que o ato ordenado é cruel ou prejudicial. Seria abominável, caso fosse possível, coagir um maometano a comer porco ou um indiano a comer carne. Aqueles contrários à vacinação não devem ser obrigados a ser vacinados. Se seus filhos pequenos devem ser é outra questão: eu diria que não, mas a questão não é de liberdade, uma vez que a criança não é consultada em nenhum dos dois casos. A questão é entre os pais e o Estado, e não pode ser decidida por qualquer princípio geral. Aos pais que têm objeções conscienciosas à educação não é permitido manter seu filho sem instrução; contudo, até aonde os princípios gerais vão, os dois casos são exatamente análogos.

A distinção mais importante, nesse tema da liberdade, é entre os bens que um homem possui à custa de outro, e aqueles em que o ganho de um homem não implica prejuízo a outro. Se eu comer mais do que minha ração justa de comida, algum outro homem ficará com fome; se eu aprender uma grande quantidade não usual de matemática, não estarei causando nenhum mal, a menos que monopolize as oportunidades educacionais. Há outro ponto: coisas como comida, moradia e vestuário são necessidades da vida, em relação às quais não há muita controvérsia ou muita diferença de um homem para outro. Portanto, são adequadas para uma ação governamental em uma democracia. Em todas essas questões a justiça deve ser o princípio diretivo. Em uma moderna comunidade democrática, justiça significa igualdade. Mas não significaria igualdade em uma comunidade onde houvesse hierarquia de classes, reconhecida e aceita pelos inferiores assim como pelos superiores. Mesmo na Inglaterra moderna, a grande maioria dos assalariados ficaria chocada se fosse sugerido que o rei não deveria ter mais pompa do que eles. Assim, eu definiria a justiça como um mecanismo para fomentar um mínimo de inveja. Isso representaria igualdade em uma comunidade livre de superstição, mas não em uma que acredite com firmeza na desigualdade social.

No entanto, em opinião, pensamento, arte, etc., as posses de um homem não são obtidas às expensas de outro. Além disso, é duvidoso o que se considera correto nessa esfera. Se Davis está dando uma festa enquanto Lázaro está comendo uma casca de pão, Davis será visto como um hipócrita se enaltecer as vantagens da pobreza. Mas se eu gosto de matemática e outro homem gosta de música, não interferimos um com o outro, e quando elogiamos as atividades um do outro estamos sendo apenas polidos. Em questões de opinião, a livre concorrência é o único caminho para se chegar à verdade. O antigo lema liberal foi aplicado à esfera errada, a da economia; é à esfera mental que realmente ele se aplica. Queremos uma competição livre em ideias, não em negócios. A dificuldade é que, à medida que a livre concorrência nos negócios extingue-se, os vitoriosos cada vez mais procuram usar seu poder econômico na esfera mental e moral; e insistem que a forma de viver e de pensar corretamente permite ao indivíduo ganhar seu sustento. Isso é um infortúnio, porque a "vida correta" significa hipocrisia e "pensamento correto" quer dizer estupidez. Existe o perigo mais grave de que, seja sob a plutocracia ou sob o socialismo, todo o progresso mental e moral se torne impossível em virtude da perseguição econômica. A liberdade do indivíduo deve ser respeitada quando suas ações não prejudicarem outras pessoas de modo direto, óbvio e evidente. Caso contrário, nossos instintos de perseguição produzirão uma sociedade estereotipada, como a do século XVI na Espanha. O perigo é real e premente. A América está nesse caminho, mas nós, na Inglaterra, estamos quase certos de seguir seu exemplo, a menos que aprendamos o valor da liberdade em sua própria esfera. A liberdade que devemos buscar não implica o direito de oprimir outros, mas o direito de viver e de pensar da maneira que escolhermos, desde que nossas atitudes não impeçam outros de agir da mesma forma.

Por fim, quero tecer alguns comentários sobre o que, no início, chamei de "dinâmicas psicológicas". Uma sociedade em que um tipo de caráter é comum é capaz de ter mais liberdade do que outra na qual prevaleçam diferentes tipos. Uma sociedade composta por seres humanos e tigres não possui muita liberdade: ou os tigres, ou os seres humanos deverão ser dominados. Do mesmo modo, não há qualquer liberdade nas partes do mundo onde homens brancos governam populações de cor. Para assegurar o máximo de liberdade, é necessário formar o caráter pela educação, para que os homens possam ser felizes em atividades não opressivas. Isso é uma questão de formação de caráter durante os primeiros seis anos de vida. A srta. McMillan em Deptford está treinando crianças para torná-las aptas a criar uma comunidade livre. Se seus métodos fossem aplicados a todas as crianças, ricas e pobres, uma geração seria suficiente para solucionar nossos problemas sociais. Mas a ênfase na instrução tornou todos os partidos cegos diante do que é importante na educação. Nos anos mais tardios, os desejos só podem ser controlados e não fundamentalmente alterados; então, é na tenra infância que a lição de viver sua vida e não importunar os outros deve ser ensinada. Com homens e mulheres que não desejem apenas coisas que só possam ser obtidas por meio da infelicidade alheia, os obstáculos à liberdade social terão fim.

14

Liberdade *versus* autoridade na educação

A liberdade, tanto em educação como em outras áreas, deve ser uma questão de grau. Algumas liberdades não podem ser toleradas. Certa vez, encontrei uma senhora que afirmava que nenhuma criança poderia jamais ser proibida de fazer qualquer coisa, porque uma criança deve desenvolver sua natureza por si mesma. "O que fazer se a natureza a levar a engolir alfinetes?", perguntei; mas lamento dizer que a resposta foi um mero vitupério. E, no entanto, a criança com livre-arbítrio mais cedo ou mais tarde engolirá alfinetes, beberá veneno de vidros de remédio, cairá de uma janela alta ou se conduzirá a um final infeliz. Em uma idade um pouco posterior, os meninos, quando tiverem oportunidade, não tomarão banho, comerão demais, irão fumar até adoecerem, ficarão gripados por deitarem-se com pés molhados, e assim por diante – além do que se divertirão importunando senhores mais velhos, que podem não ter os poderes de Eliseu de réplica. Portanto, aquele que defende a liberdade na educação não deve alegar que as crianças podem fazer tudo que lhes agrade o dia inteiro. É preciso haver um elemento de disciplina e de autoridade; a questão é saber dosá-lo e exercê-lo.

A educação pode ser vista por muitos enfoques: o do Estado, o da Igreja, o do mestre-escola, o dos pais ou até mesmo (embora isso seja com frequência esquecido) o da própria criança. Cada um desses pontos de vista é parcial; cada um deles contribui com algo para o ideal da educação, mas também contribui com elementos negativos. Examinaremos esses aspectos sucessivamente, ponderando os argumentos a favor ou contra eles.

Comecemos com o Estado, a força mais poderosa na decisão do rumo da educação moderna. O interesse do Estado pela educação é muito recente. Não existiu na Antiguidade ou na Idade Média; até a Renascença, a educação só era valorizada pela Igreja. Na Renascença, surgiu um interesse pela escolaridade avançada, levando à fundação de instituições como o Collège de France para contrapor-se à eclesiástica Sorbonne. A Reforma, na Inglaterra e na Alemanha, fomentou um desejo da parte do Estado de ter algum controle sobre as universidades e as escolas de gramática, a fim de impedir que permanecessem uns viveiros do papismo. Mas seu interesse logo se desvaneceu. O Estado não teve uma atuação decisiva ou contínua na instrução até o recente movimento moderno pela educação universal compulsória. Não obstante, o Estado agora tem um papel mais forte em relação às instituições educacionais do que todos os outros fatores combinados.

Os motivos que levaram à educação universal compulsória são diversos. Seus defensores mais enérgicos foram estimulados pelo sentimento de que é desejável ser capaz de ler e escrever, de que uma população ignorante é uma desgraça para um país civilizado e de que a democracia é impossível sem educação. Esses motivos foram reforçados por outros. Logo se percebeu que a educação tinha vantagens comerciais, diminuía a criminalidade juvenil, e dava oportunidade de controlar as populações dos bairros pobres. Os que se opunham ao clero viram na educação estatal uma chance de combater a influência da Igreja; esse motivo influiu de maneira decisiva na Inglaterra e na França. Os nacionalistas, sobretudo depois da Guerra Franco-prussiana, consideravam que a educação universal aumentaria o fortalecimento nacional. Todas essas razões, no entanto, foram a princípio subsidiárias. O principal motivo para se adotar a educação universal foi o sentimento de que o analfabetismo era ignóbil.

A instituição, uma vez firmemente estabelecida, foi fundada pelo Estado para ser utilizada de diversos modos. Torna os jovens mais dóceis, tanto para o bem quanto para o mal. Melhora o comportamento e diminui a criminalidade; facilita uma ação comum com fins públicos; faz com que a comunidade seja mais compreensível quanto às diretrizes centrais. Sem isso, a democracia não pode existir exceto em uma configuração vazia. Mas a democracia, tal como concebida pelos políticos, é uma forma de *governo*, ou seja, é um método para induzir as pessoas a agirem de acordo com o desejo de seus líderes, com a impressão de que suas ações estão em conformidade com suas aspirações. Do mesmo modo, a educação estatal adquire uma certa influência. Ensina o jovem (até onde possa) a respeitar as instituições existentes, a evitar toda a crítica fundamental aos poderes instituídos e a olhar as nações estrangeiras com suspeita e desprezo. Isso expande a solidariedade nacional à custa do internacionalismo e do desenvolvimento individual. O dano causado ao desenvolvimento individual advém da pressão indevida da autoridade. As emoções coletivas – e não as emoções individuais – são encorajadas, e a discordância em relação às crenças predominantes é reprimida com severidade. A uniformidade é desejada porque é conveniente para o administrador, a despeito do fato de que ela só pode ser mantida pela atrofia mental. Os males resultantes são de tal dimensão que se pode questionar seriamente se a educação universal fez até agora bem ou mal.

O ponto de vista da Igreja quanto à educação é, na prática, não muito diferente da visão do Estado. Contudo, existe uma divergência importante: a Igreja preferiria que o laicismo não fosse de nenhum modo ensinado, salvo sob a insistência do Estado. O Estado e a Igreja desejam instilar crenças que provavelmente seriam dissipadas pelo livre questionamento. Mas o credo do Estado é mais fácil de ser inculcado em uma população capaz de ler jornais, ao passo que o credo da Igreja é mais fácil de ser instilado em uma população iletrada. O Estado e a Igreja são hostis ao pensamento, mas a Igreja é também (embora agora sub-repticiamente) hostil à instrução. Isso terminará, já está terminando, na medida em que as autoridades eclesiásticas aperfeiçoam a técnica de prover instrução sem estimular a atividade mental – uma técnica que no passado os jesuítas lideraram.

O professor, no mundo moderno, raramente pode exprimir seu ponto de vista. Ele é nomeado por uma autoridade educacional e "recebe o bilhete azul" se constatarem que está facultando educação. Independentemente desse motivo econômico, o professor é exposto de modo inconsciente a tentações. Ele exerce, ainda de forma mais direta do que o Estado e a Igreja, a disciplina; oficialmente ele sabe o que seus alunos desconhecem. Sem algum elemento de disciplina e autoridade é difícil manter uma classe em ordem. É mais fácil punir um menino que demonstre tédio do que um que demonstre interesse. Além disso, mesmo o melhor professor tende a exagerar sua importância, e a pensar que é possível e desejável moldar seus alunos em uma espécie de seres humanos segundo sua concepção. Lytton Strachey descreve Dr. Arnold andando em torno do lago de Como meditando sobre a "perversidade moral". A maldade moral, para ele, era aquilo que ele queria mudar em seus alunos. A crença de que essa malignidade estava muito impregnada neles justificava seu exercício de poder, e considerar-se como um governante cuja obrigação era mais a de castigar do que a de amar. Essa atitude – expressa de várias formas em diversas épocas – é natural a qualquer professor zeloso que não se importe em transmitir uma influência enganosa de auto importância. Não obstante, o professor é a força mais relevante no que diz respeito à educação, e é principalmente para ele ou ela que devemos olhar em busca do progresso.

O professor também almeja a boa reputação de sua escola. Isso o leva a desejar que seus alunos distingam-se em competições atléticas e exames escolares, o que conduz a uma certa seleção de garotos mais bem dotados em detrimento de outros. Para a média, o resultado é ruim. É muito melhor para um menino jogar mal do que ver os outros jogando bem. H.G. Wells, em seu livro *Life of Sanderson of Oundle*, relata como este renomado professor lutou contra tudo o que deixasse as faculdades de um menino médio não exercitadas ou negligenciadas. Quando se tornou diretor, constatou que apenas alguns meninos selecionados cantavam na capela; eles eram treinados como um coro e os demais escutavam. Sanderson insistiu que todos deveriam cantar, com ou sem talento musical. Ao assumir essa posição, ele se distinguiu da propensão natural de um professor que se importa mais com sua reputação do que com seus alunos. É claro, se todos nós partilhássemos méritos com sabedoria não haveria conflito entre esses dois motivos: a escola que proporcionasse o melhor para seus alunos conseguiria mais merecimento. Mas, em um mundo movimentado, sucessos espetaculares sempre obterão mérito desproporcional à sua real importância e, portanto, algum conflito entre os dois motivos dificilmente poderá evitado.

Agora abordarei o ponto de vista dos pais. Este difere segundo o *status* econômico do pai: um assalariado médio tem desejos diferentes daqueles de um profissional liberal médio. Esse assalariado quer pôr seus filhos na escola o mais rápido possível para diminuir o incômodo em casa; ele também deseja tirá-los o quanto antes a fim de lucrar com seus ganhos. Quando recentemente o governo britânico decidiu cortar os gastos em educação, propôs-se que as crianças não deveriam entrar na escola antes da idade de seis anos, e que não deveriam ser obrigadas a permanecer nela após a idade de treze anos. A primeira proposta causou tamanho protesto público que teve de ser abolida: a indignação de mães preocupadas (recentemente emancipadas) foi irreprimível. A última proposta reduzindo a idade para sair do colégio não foi impopular. Os candidatos parlamentares que advogavam uma educação melhor conseguiram aplausos unânimes daqueles que compareciam às reuniões, mas constataram nos debates que assalariados apolíticos (que eram a maioria) queriam seus filhos livres para conseguir um trabalho remunerado o mais rápido possível. As exceções eram principalmente aqueles que esperavam que seus filhos pudessem ascender na escala social por meio de uma educação melhor.

Os profissionais liberais têm uma visão bem diferente. Sua renda é resultado de terem recebido uma educação melhor do que a média e, assim, desejavam proporcionar essa vantagem a seus filhos. Para atingir esse objetivo estão dispostos a fazer grandes sacrifícios. No entanto, em nossa sociedade competitiva atual o que será ambicionado por um pai comum não é uma boa educação, mas sim uma educação que seja melhor do que a de outras pessoas. Isso seria exequível rebaixando o nível geral e, portanto, não podemos esperar que um profissional liberal demonstre entusiasmo em relação a oportunidades de uma educação mais elevada para os filhos dos assalariados. Se todos que desejassem pudessem obter uma educação na área médica, a despeito de quão pobres seus pais fossem, é óbvio que os doutores ganhariam menos, tanto pela crescente competitividade quanto pela melhoria da saúde da comunidade. O mesmo fato aplica-se à lei, ao serviço civil, e assim por diante. Nesse sentido, as boas coisas que um profissional liberal deseja para seus filhos, ele não as quereria para a grande parte da população, a menos que tivesse um espírito público excepcional.

O defeito fundamental dos pais em nossa sociedade competitiva é que eles querem que seus filhos lhes deem crédito. Isso está enraizado no instinto, e só pode ser curado por esforços direcionados para tal. O defeito existe também, embora em menor grau, nas mães. Todos nós sentimos de modo instintivo que os sucessos de nossos filhos refletem glória sobre nós, enquanto seus fracassos nos deixam envergonhados. Infelizmente, os sucessos que nos enchem de orgulho são com frequência de caráter indesejável. Dos primórdios da civilização até quase os dias de hoje – e ainda hoje na China e no Japão – os pais têm sacrificado a felicidade de seus filhos no casamento ao decidir com quem se casarão, escolhendo quase sempre a noiva ou noivo mais rico disponível. No mundo ocidental (exceto em parte na França) as crianças libertaram-se dessa escravidão pela rebelião, mas os instintos dos pais não mudaram. Nem a felicidade nem a virtude, mas o sucesso material é o desejo de um pai médio para seus filhos. Ele quer que seja de tamanha relevância que ele possa se vangloriar dele para seus amigos, e esse desejo domina em grande parte seus esforços para educá-los.

A autoridade, caso deva gerir a educação, precisa ficar nas mãos de um ou dos diversos poderes já discutidos: o Estado, a Igreja, o professor e os pais. Vimos que não podemos confiar em nenhum deles para zelar de modo adequado pelo bem-estar da criança, visto que cada um deles deseja direcioná-la para um determinado fim que não diz respeito ao seu bem-estar. O Estado quer que a criança sirva para o engrandecimento da nação e para apoiar a forma existente de governo. A Igreja deseja que a criança sirva para aumentar o poder do clero. O professor, em um mundo competitivo, geralmente considera sua escola tal como o Estado julga a nação, e quer que a criança enalteça o colégio. O pai deseja que a criança glorifique a família. A criança, como um fim em si mesma, como um ser humano distinto com uma reivindicação a qualquer felicidade ou bem-estar possíveis, não está inserida nesses vários propósitos externos, salvo de modo muito parcial. Infelizmente, a criança não tem a experiência necessária para guiar sua própria vida e, assim, é uma presa para interesses prejudiciais que florescem em sua inocência. Esse é o motivo que dificulta a inclusão da educação como um problema político. Mas primeiro comentaremos o ponto de vista da criança.

É óbvio que a maioria das crianças, se fosse deixada para se conduzir por si mesma, não aprenderia a ler ou escrever, e cresceria menos adaptada às circunstâncias da vida. Nesse sentido, é preciso haver instituições educacionais, e as crianças devem se submeter, até um certo limite, à autoridade. Porém, em vista do fato de que nenhuma autoridade pode ser inteiramente confiável, é necessário ter como meta a menor autoridade possível, e tentar pensar em maneiras pelas quais os desejos naturais e impulsos dos jovens possam ser utilizados na educação. Isso é mais factível do que julgamos, pois, afinal de contas, a vontade de adquirir conhecimento é natural para a maioria dos jovens. O pedagogo tradicional, ao possuir um conhecimento sem valor para compartilhar e desprovido totalmente da capacidade de transmiti-lo, imaginou que os jovens tinham horror intrínseco à instrução, mas nesse caso ele se enganou por não ter percebido suas próprias imperfeições. Há um conto encantador de Tchékhov sobre um homem que tentou ensinar um gatinho a caçar ratos. Quando ele não corria atrás dos ratos, o homem batia nele e o resultado foi que mesmo já adulto o gato ficava aterrorizado na presença de um rato. "Esse é o homem", acrescenta Tchékhov, "que me ensinou latim." Os gatos ensinam seus filhotes a caçarem ratos, porém esperam até que o instinto deles tenha despertado. Então os gatinhos concordam com suas mamães que o conhecimento merece ser adquirido, de modo que a disciplina não é necessária.

Os primeiros dois ou três anos da vida escaparam até agora da dominação do pedagogo, e todas as autoridades concordam que são esses os anos da vida em que aprendemos mais. Toda criança aprende a falar por seus próprios esforços. Qualquer pessoa que tenha observado uma criança pequena sabe que os esforços são consideráveis. A criança escuta propositadamente, olha com atenção o movimento dos lábios, pratica sons durante o dia inteiro e concentra-se com um surpreendente entusiasmo. É claro que os adultos a encorajam por orgulho, mas não lhes ocorre puni-la nos dias em que não aprende uma palavra nova. Tudo o que eles proporcionam é a oportunidade e elogio. É duvidoso que algo mais seja necessário em qualquer estágio.

Precisa-se fazer com que a criança ou o jovem sinta que vale a pena adquirir conhecimento. Algumas vezes é difícil, porque na verdade o saber não tem valor. É também difícil quando apenas uma quantidade considerável de conhecimento em algum campo é útil de forma que no início o aluno tende a sentir-se meramente entediado. Nesses casos, entretanto, a dificuldade não é insuperável. Tomemos, por exemplo, o ensino de matemática. Sanderson de Oundle percebeu que quase todos os seus alunos estavam interessados em maquinaria e ofereceu-lhes oportunidade de construir máquinas bem elaboradas. Durante esse trabalho prático, foi necessário fazer cálculos e isso estimulou o interesse pela matemática requerida para o sucesso de um empreendimento construtivo, pelo qual eles sentiam grande entusiasmo. Esse método é caro e exige uma habilidade paciente da parte do professor. Mas segue o instinto do aluno e, assim, implica menos tédio com algum esforço intelectual maior. O esforço é natural tanto para os animais quanto para os homens, porém deve haver um empenho para que haja um estímulo instintivo. Um jogo de futebol requer mais esforço do que andar em círculo para dar tração a um moinho, contudo, um é prazeroso e o outro uma punição. É um engano supor que o esforço mental possa ser raramente um prazer; na verdade, certas condições são necessárias para torná-lo agradável e até há pouco tempo nenhuma tentativa fora feita para criar essas circunstâncias na educação. As principais condições são: primeiro, um problema que precisa de solução; segundo, um sentimento de esperança em relação à possibilidade de obter uma solução. Note o modo pelo qual David Copperfield aprendeu aritmética:

> Mesmo quando as lições acabavam, o pior ainda estava por vir na forma de uma soma aterrorizante. Isso era inventado para mim, transmitido oralmente pelo Sr. Murdstone e começava, "se eu for a uma loja de queijos e comprar cinco mil queijos Gloucester duplos por 4,5 *pennies* cada, qual será o valor do pagamento" – diante disso percebo o prazer secreto da Srta. Murdstone. Concentrei-me nesses queijos sem qualquer resultado ou esclarecimento até a hora do jantar; quando me converti em um mulato por absorver a sujeira da lousa nos poros da minha pele, deram-me uma fatia de pão para ajudar-me com os queijos, e caí em desgraça durante o resto da noite.

Obviamente, o pobre garoto não poderia ter qualquer interesse nesses queijos, ou qualquer expectativa de fazer a soma correta. Se ele houvesse querido uma caixa de um certo tamanho, e tivessem-lhe dito para poupar sua mesada até que pudesse comprar madeira e pregos suficientes, suas aptidões matemáticas teriam sido estimuladas de modo surpreendente.

Não deve haver nada hipotético nas somas que uma criança deve fazer. Certa vez li um relato de um menino sobre sua lição de aritmética. A governanta apresentou um problema:

– Se um cavalo vale três vezes mais do que um pônei, e o pônei vale £22, quanto custa um cavalo?

– Ele está doente? – perguntou o menino.

– Isso não faz diferença – disse a governanta.

– Oh, mas James (o cavalariço) diz que isso faz uma grande diferença.

A capacidade de entender uma verdade hipotética é um dos desenvolvimentos mais tardios da faculdade lógica, e não deve ser esperada em crianças pequenas. No entanto, isso é uma digressão, e retomarei nosso tema principal.

Eu não afirmo que *todas* as crianças possam ter seus interesses intelectuais despertados por um estímulo adequado. Algumas têm uma inteligência bem abaixo da média e requerem um tratamento especial. É muito prejudicial misturar em uma classe crianças cujas aptidões mentais são diferentes: os mais inteligentes se entediarão por causa de explicações que eles claramente entendem, e os menos dotados ficarão preocupados porque se espera que eles compreendam coisas que ainda não captaram. Os temas e os métodos devem ser adaptados à inteligência do aluno. Macaulay foi aprender matemática em Cambridge, mas é óbvio, por suas cartas, que foi pura perda de tempo. Ensinaram-me latim e grego, porém não gostei, porque achava uma tolice aprender uma língua que não era mais falada. Creio que tudo do pouco resultado proveitoso advindo dos anos de estudos dos clássicos eu aprenderia em um mês na vida adulta. Depois de um mínimo básico, deveria-se levar em conta as preferências pessoais e os alunos só deveriam receber ensinamento sobre assuntos que considerassem interessantes. Isso pressiona os professores, que acham mais fácil serem maçantes, em especial quando têm uma carga de trabalho excessiva. Mas as dificuldades podem ser superadas ao conceder aos professores menos horas de atividade e instrução quanto à arte de ensinar, o que está ocorrendo no treinamento de professores das escolas elementares, porém não está sendo aplicado aos professores das universidades ou das escolas públicas.

A liberdade educacional tem muitos aspectos. Antes de tudo, a liberdade de aprender ou não. Depois, a liberdade de escolha do aprendizado. Na educação mais tardia, existe a liberdade de opinião. A liberdade de aprender ou não só deve ser parcialmente concedida na infância. É necessário ter certeza de que todos os que não são imbecis aprendam a ler e a escrever. Até que ponto isso pode ser feito pela mera oferta de oportunidade, só a experiência mostrará. No entanto, mesmo que apenas a oportunidade seja suficiente, as crianças devem ter a chance de confiarmos nelas. A maioria preferiria brincar do lado de fora, quando as oportunidades necessárias estivessem faltando. Mais tarde, isso pode ser deixado à escolha dos jovens como, por exemplo, se devem ir para a universidade; alguns gostariam de cursar a universidade, outros não. Isso constituiria um princípio de seleção tão bom quanto qualquer outro para os exames de ingresso. Não se deveria permitir aos alunos que não trabalhem permanecer em uma universidade. Os jovens ricos que agora desperdiçam seu tempo na faculdade estão desmoralizando os outros e ensinando a si mesmos a serem inúteis. Se um trabalho sério fosse exigido como condição de permanência, as universidades deixariam de ser atraentes para pessoas que não apreciam incursões intelectuais.

A liberdade de escolha do aprendizado deve ser muito mais estimulada do que nos dias de hoje. Penso que seja necessário agrupar temas por suas afinidades naturais; há graves desvantagens no sistema eletivo, que deixa um jovem livre para escolher um conjunto de assuntos desconectados. Se eu fosse organizar um programa educativo em Utopia, com fundos ilimitados, daria a cada criança com cerca de doze anos alguma instrução nos clássicos, matemática e ciência. Após dois anos, se evidenciaria em que as aptidões da criança recairiam, e seus gostos seriam uma indicação segura desde que não houvesse "opções suaves". Por conseguinte, deveria-se permitir a cada menino e menina que assim o desejasse especializar-se aos quatorze anos. Primeiro, a especialização seria bem ampla, definindo-se gradualmente à medida que a educação progredisse. A época na qual era possível ter uma cultura universal já passou. Um homem diligente pode conhecer alguma coisa de história e literatura que requerem um conhecimento das línguas clássicas e modernas. Ou ele pode saber algo de matemática, ou uma ou duas matérias científicas. Mas o ideal de uma educação "global" está ultrapassado; foi destruído pelo progresso do conhecimento.

A liberdade de opinião, da parte dos professores e dos alunos, é a mais importante dos diversos tipos de liberdade e a única que não requer nenhum tipo de limitação. Tendo em vista que essa premissa não existe, cabe recapitular os argumentos a seu favor.

O argumento fundamental para a liberdade de opinião é a dúvida de todas as nossas crenças. Se tivéssemos certeza de que conhecemos a verdade, haveria algo para recomendar seu ensino. Mas nesse caso o ensinamento não implicaria autoridade, visto sua racionalidade inerente. Não é necessário promulgar uma lei proibindo alguém de ensinar matemática se ele tiver opiniões heréticas quanto à tabela de multiplicação, pois aqui a verdade é clara e não necessita ser reforçada por penalidades. Quando o Estado intervém para assegurar o ensino de alguma doutrina, ele age desse modo *porque* não há uma evidência conclusiva em favor dessa doutrina. O resultado é que o ensinamento não é verdadeiro, mesmo que possa ser verdade. No estado de Nova York, até há pouco tempo, era ilegal ensinar que o comunismo é benéfico; na União Soviética, é ilegal ensinar que o comunismo é pernicioso. Sem dúvida, uma dessas opiniões é verdadeira e a outra é falsa, porém ninguém sabe qual. Ou Nova York ou a União Soviética ensinava a verdade e prescrevia a falsidade, mas em nenhum desses locais o ensinamento era ministrado de modo verdadeiro, uma vez que cada um apresentava uma proposição duvidosa como certa.

A diferença entre verdade e veracidade é importante nesse contexto. A verdade é para os deuses; de nosso ponto de vista é um ideal do qual podemos nos aproximar, mas sem esperança de alcançá-lo. A educação nos prepararia para uma abordagem o mais próxima possível da verdade, e para atingir esse objetivo deve-se ensinar a veracidade. A veracidade, segundo minha perspectiva, é o hábito de formar nossas opiniões com base na evidência, e sustentá-las com o grau de convicção que a evidência garante. Esse grau não nos assegura a certeza completa e, portanto, devemos estar sempre prontos para uma nova evidência contra crenças prévias. Além disso, quando agimos fundamentados em uma crença, devemos, se possível, apenas considerar essa ação como útil, mesmo que nossa crença seja mais ou menos inexata; é preciso evitar ações desastrosas, a menos que nossa crença seja *exatamente* verdadeira. Na ciência, um observador constata seus resultados junto com um "provável erro": mas quem já ouviu falar de um teólogo ou de um político confessando um provável erro em seus dogmas, ou mesmo admitindo que qualquer erro é concebível? Porque na ciência, na qual nos aproximamos mais do conhecimento real, um homem pode confiar com segurança na força de seu caso, ao passo que onde nada é conhecido, a afirmação imoderada e a hipnose são os caminhos usuais para convencer os outros a partilhar nossas crenças. Se os fundamentalistas pensassem que têm um bom argumento contra a evolução, eles não tornariam seu ensinamento ilegal.

O hábito de ensinar a alguém ortodoxia, política, religião ou moral acarreta todos os tipos de efeitos danosos. Para começar, isso exclui do ensinamento profissionais que aliam honestidade com vigor intelectual, precisamente os homens que terão o melhor efeito moral e mental sobre seus alunos. Farei três comentários. Primeiro, quanto à política: espera-se que um professor de economia na América ensine doutrinas como determinação para os ricos e poderosos da elite dos milionários; caso não o faça, perceberá que é aconselhável partir para outro lugar, como o Sr. Laski, antigo professor de Harvard, agora um dos mais renomados professores da London School of Economics. Segundo, em relação à religião: a imensa maioria dos eminentes intelectuais não crê na religião cristã, mas esconde o fato em público, porque teme perder seus rendimentos. Assim, acerca de todos os assuntos mais importantes a maioria dos homens cujas opiniões e argumentos seriam valiosíssimos está condenada ao silêncio. Terceiro, do ponto de vista moral: praticamente todos homens não foram castos em algum momento de suas vidas; é claro que aqueles que ocultam esse fato são piores dos que o revelam, visto que eles acrescentam a hipocrisia à culpa. No entanto, os cargos para professores só estão abertos para os hipócritas. Isso se deve apenas aos efeitos da ortodoxia sobre a escolha e o caráter dos professores.

Agora, abordarei o efeito nos alunos, o qual irei considerar sob dois ângulos, intelectual e moral. Do ponto de vista intelectual, o estímulo para um jovem é um problema de importância prática óbvia quando opiniões divergentes são emitidas. Por exemplo, um jovem que esteja aprendendo economia precisa ouvir palestras de individualistas e socialistas, protecionistas e adeptos do livre comércio, inflacionários e daqueles que acreditam no padrão-ouro. Ele deve ser encorajado a ler os melhores livros de várias escolas recomendados por aqueles que acreditam neles. Isso o ajudaria a avaliar argumentos e evidências para saber que nenhuma opinião é totalmente correta, e julgar os homens por sua qualidade, em vez de pela sua conformidade com as ideias pré-concebidas. A história deve ser ensinada não apenas do ponto de vista de um único país, mas também de outros países. Se a história fosse ensinada por franceses na Inglaterra e por ingleses na França, não haveria desacordos entre os dois países, pois cada um deles compreenderia o enfoque do outro. Um jovem deveria aprender a pensar que todas as questões estão em aberto, e que um argumento deve ser seguido a qualquer parte que ele conduza. As necessidades da vida prática destruirão essa atitude tão logo ele comece a ganhar seu sustento; mas até então ele deve ser estimulado a provar as alegrias da livre especulação.

Moralmente, também, o ensinamento de uma ortodoxia a um jovem é muito prejudicial. Não é só pelo fato de que ele compele os professores mais capacitados a serem hipócritas e, portanto, a transmitirem um exemplo moral ruim. Há ainda, e o que é mais importante, o fato de que isso encoraja a intolerância e as formas perniciosas do instinto de rebanho. Edmund Gosse em seu livro *Father and Son* relata como, quando ele era criança, seu pai contou-lhe que iria se casar de novo. O garoto notou que era algo do qual o pai se envergonhava, então por fim, perguntou aterrorizado: "Pai, ela é anabatista?". E, na verdade, era. Até esse momento, ele acreditara que os anabatistas eram malvados. Nesse sentido, as crianças de escolas católicas acreditam que os protestantes são maus, crianças em qualquer escola de países de língua inglesa creem que os ateus são cruéis, e as crianças na Alemanha pensam que os franceses são perversos. Quando uma escola aceita como parte de sua tarefa ensinar uma opinião que não possa ser defendida intelectualmente (como quase todos as escolas fazem), ela é impelida a dar a impressão de que aqueles que têm uma opinião oposta são maléficos, caso contrário isso pode não gerar a paixão necessária para repelir os assaltos da razão. Assim, pelo bem da ortodoxia as crianças tornam-se intolerantes, não caridosas, cruéis e belicosas. Essa circunstância será inevitável enquanto as opiniões definidas forem prescritas na política, na moral e na religião.

Por fim, ocasionado por esse dano moral ao indivíduo, existe um prejuízo não narrado à sociedade. Guerras e perseguições são inúmeras por toda parte, e em todos os lugares elas foram causadas pelo ensinamento nas escolas. Wellington costumava dizer que a batalha de Waterloo fora vencida nos campos de jogos de Eton. Ele teria sido mais verdadeiro se tivesse dito que a guerra contra a França revolucionária fora instigada nas classes de aula de Eton. Em nossa era democrática, Eton perdeu sua importância; agora, são as escolas elementares e secundárias comuns que devemos considerar. Em cada país, por meio do acenar de bandeiras, do dia do Império, das celebrações de 4 de julho, do Corpo de Treinamento de Oficiais, etc., tudo é realizado para incutir em meninos um gosto pelo homicídio, e nas meninas a convicção de que homens que cometem assassinatos são os que mais merecem respeito. Todo esse sistema de degradação moral ao qual meninos e meninas inocentes são expostos se tornaria inviável se as autoridades concedessem liberdade de opinião a alunos e professores.

A organização rígida é a fonte do mal. As autoridades educacionais não veem as crianças, como supostamente a religião deve fazer, como seres humanos cujas almas devem ser salvas. Elas as consideram um material a ser usado para esquemas grandiosos: futura "mão de obra" nas fábricas ou "baionetas" na guerra, etc. Nenhum homem está apto a educar a menos que sinta em cada aluno um fim em si mesmo, com seus direitos e sua personalidade, não uma mera peça em um jogo de quebra-cabeça, um soldado em um regimento, ou um cidadão em um Estado. O respeito pela personalidade humana é o início da sabedoria, em todas as questões sociais, mas acima de tudo em educação.

15

Psicologia e política

Discutirei neste ensaio o tipo de efeitos que a psicologia terá em breve na política. Proponho abordar tanto os possíveis efeitos positivos quanto os prováveis efeitos perniciosos.

As opiniões políticas não se baseiam na razão. Mesmo um assunto tão técnico como o retorno do padrão-ouro foi determinado fundamentalmente por sentimento e, de acordo com os psicanalistas, esse sentimento não pode ser mencionado em uma sociedade instruída. Agora, os sentimentos de um adulto compõem-se de um núcleo de instinto rodeado por um amplo invólucro de educação. Um dos caminhos pelos quais a educação atua é pela influência na imaginação. Todos querem ver-se a si mesmos como boas pessoas e, assim, seus esforços, tais como suas ilusões, são influenciados pelo que considera o melhor possível para atingir seu objetivo. Penso que o estudo da psicologia pode alterar nossa concepção de uma "pessoa boa"; caso isso aconteça, é óbvio que seus efeitos na política serão profundos. Duvido que alguém que tenha aprendido psicologia moderna na juventude possa parecer-se ao falecido lorde Curzon ou ao atual bispo de Londres.

No tocante à ciência, há dois tipos de efeitos que devemos observar. Por um lado, os especialistas podem realizar invenções ou descobertas passíveis de serem utilizadas pelos detentores do poder. Por outro, a ciência é capaz de influenciar a imaginação e, desse modo, alterar as analogias e as expectativas das pessoas. Existe, estritamente falando, um terceiro tipo de efeito, ou seja, uma mudança na maneira de viver com todas as consequências dos avanços científicos. No caso da física, todas as três classes de efeitos são, hoje, claramente desenvolvidas. A primeira é ilustrada pelos aviões, a segunda pela visão mecanicista da vida, e a terceira pela substituição, por grande parte da população, da agricultura e do campo pela indústria e pela vida urbana. No caso da psicologia, ainda dependemos de profecia no que concerne à maioria dos seus efeitos. A profecia é sempre temerária, porém é mais acentuada com relação aos efeitos do primeiro e do terceiro tipos do que àqueles que dependam de uma mudança da perspectiva imaginativa. Portanto, falarei primeiro e com mais relevância sobre os efeitos deste último ponto de vista.

Algumas poucas palavras referentes a outros períodos da história podem ajudar a criar o cenário. Na Idade Média, cada questão política era determinada por argumentos teológicos, que assumiam a forma de analogias. A controvérsia predominante era entre o papa e o imperador: definiu-se que o papa simbolizava o Sol e o imperador a Lua e, então, o papa venceu. Seria um erro argumentar que o papa venceu porque tinha exércitos melhores; ele obteve seus exércitos pelo poder persuasivo da analogia Sol-e-Lua e com os frades franciscanos atuando como sargentos recrutadores. Isso é o tipo de ação que na verdade movimenta massas humanas e decide eventos importantes. Nos dias de hoje, algumas pessoas pensam que a sociedade é uma máquina e outras a veem como uma árvore. As primeiras são os fascistas, os imperialistas, os industriais, os bolcheviques; as segundas são os constitucionalistas, agrarianistas ou os pacifistas. O argumento é tão absurdo como o dos guelfos e dos guibelinos, visto que a sociedade não é nem uma máquina nem uma árvore.

Com a Renascença, vivenciamos uma nova influência, a da literatura, em especial da literatura clássica. Isso continua até hoje, sobretudo entre aqueles que ingressam nas escolas públicas e nas antigas universidades. Quando o professor Gilbert Murray tem de formar uma opinião acerca de uma questão política, percebe-se que sua primeira reação é se questionar: "O que Eurípides disse sobre esse assunto?". Mas essa visão não é mais dominante no mundo. Predominou na Renascença e ao longo do século XVIII até a Revolução Francesa. Os oradores revolucionários apelavam constantemente para os brilhantes exemplos de virtude dos romanos, e imaginavam-se vestidos com togas. Escritores como Montesquieu e Rousseau tiveram uma influência ainda não superada por qualquer escritor. Pode-se dizer que a Constituição Americana representa a concepção de Montesquieu para a Constituição Britânica. Não tenho conhecimentos jurídicos suficientes para delinear a influência que a admiração por Roma exerceu no Código Napoleônico.

Com a Revolução Industrial, avançamos para uma nova era – a era da física. Cientistas, em especial Galileu e Newton, prepararam caminho para essa nova época, mas o que veio à luz foi a personificação da ciência na técnica econômica. A máquina é um objeto muito peculiar: funciona de acordo com as leis científicas conhecidas (de outra forma não seria construída) para um propósito definido externamente e diz respeito ao homem, em geral, com a vida física deste. Sua relação com o homem é a mesma que o mundo tinha com Deus na teologia calvinista; talvez tenha sido por isso que o industrialismo foi criado pelos protestantes e pelos não conformistas, e não pelos anglicanos. A analogia da máquina teve um profundo efeito em nosso pensamento. Falamos de uma visão "mecânica" do mundo, uma explanação "mecânica" e assim por diante, significando nominalmente uma explanação em termos de leis físicas, mas introduzindo, talvez de modo inconsciente, o aspecto teológico de uma máquina, ou seja, sua devoção a um fim externo. Assim, se a sociedade é uma máquina, pensamos que ela tem um propósito externo. Não mais nos satisfazemos em afirmar que ela existe pela glória de Deus, porém é fácil achar sinônimos para Deus tais como: o Bank of England, o Império Britânico, a Standard Oil Company, o Partido Comunista, etc. Nossas guerras são conflitos entre esses sinônimos – é a analogia medieval Sol-e-Lua de novo.

O poder da física deveu-se ao fato de ser uma ciência muito precisa, que alterou profundamente a vida cotidiana. Mas essa alteração originou-se pela atuação no ambiente, não no homem em si. Caso houvesse uma ciência igualmente definida e capaz de modificar o homem de forma direta, a física restaria na sombra. Isso é o que pode ocorrer com a psicologia. Até há pouco tempo, a psicologia era uma verborragia filosófica sem importância – o saber acadêmico que estudei na juventude não merecia ter sido aprendido. Mas agora existem dois modos de abordar a psicologia que são, sem dúvida, relevantes: o dos fisiologistas e o dos psicanalistas. À medida que os resultados nessas duas direções tornam-se mais precisos e corretos, torna-se evidente que a psicologia irá dominar cada vez mais a perspectiva do homem.

Vamos examinar o caso da educação. Antigamente, pensava-se que a educação deveria começar por volta dos oito anos, com o aprendizado das declinações latinas; o que aconteceria depois era considerado sem importância. Esse ponto de vista, na essência, parece ainda predominante no Partido Trabalhista, que quando no poder, interessou-se muito mais em aperfeiçoar a educação após os quatorze anos do que em criar escolas maternais. Com a concentração na educação tardia surgiu um certo pessimismo quanto aos seus poderes: pensava-se que tudo o que ela poderia realizar seria preparar um homem para ganhar seu sustento. No entanto, a tendência científica atribui mais poder à educação do que no passado, só que começando muito cedo. Os psicanalistas a iniciariam ao nascer; os biólogos, ainda mais cedo. É possível educar um peixe a ter um olho no meio em vez de dois olhos, um de cada lado (Jennings, *Prometheus*, p. 60). Mas para obter esse resultado é preciso começar bem antes do seu nascimento. Até agora, existem dificuldades em relação à educação pré-natal dos mamíferos, porém é provável que sejam superadas.

Contudo, você poderá objetar que estou usando o termo "educação" em um sentido muito bizarro. O que há em comum entre deformar um peixe e ensinar a um menino gramática latina? Devo dizer que me parecem muito similares: ambos são danos desumanos infligidos pelo prazer da experimentação. Talvez, entretanto, isso dificilmente seja uma definição da educação. A essência da educação é que há uma mudança (outra que não a morte) efetuada em um organismo para satisfazer às aspirações do executor. É claro, o executante diz que seu desejo é proporcionar uma condição melhor para o aluno, mas essa afirmação não representa qualquer fato verificável de modo objetivo.

Hoje, existem muitas maneiras de modificar um organismo. Pode-se mudar sua anatomia, como no caso do peixe que perdeu um olho, ou no de um homem que perdeu o apêndice. É possível alterar seu metabolismo, por exemplo, com medicamentos, e mudar seus hábitos ao criar associações. A instrução comum é um aspecto particular desta última proposição. Atualmente, tudo na educação, com exceção da instrução, é mais fácil de executar quando o organismo é muito jovem, pois é maleável. Em seres humanos, o tempo importante para a educação é o da concepção até ao final do quarto ano. Mas, como já observei, a educação pré-natal ainda não é possível, embora venha a ser factível antes do final deste século.

Existem dois métodos principais para a educação infantil prematura: um por meio de químicas e o outro por sugestão. Quando digo "químicas" talvez seja visto como um materialista indevido. No entanto, ninguém pensaria isso se eu houvesse falado "É claro que uma mãe cuidadosa daria ao bebê uma dieta mais completa disponível", que é apenas uma maneira mais longa de dizer a mesma coisa. Contudo, estou interessado em possibilidades mais ou menos sensacionais. É possível constatar que o acréscimo de remédios adequados à dieta, ou a injeção intravenosa de substâncias corretas aumentarão a inteligência ou modificarão a natureza emocional. Todos conhecemos a conexão entre o retardo mental grave e a ausência de iodo. Talvez vejamos que os homens inteligentes foram aqueles que, na tenra infância, ingeriram pequenas quantidades de algum composto raro em sua dieta devido à falta de limpeza nos potes e panelas. Ou talvez a dieta da mãe durante a gestação tenha sido o fator decisivo. Desconheço esse assunto; somente observo que sabemos mais sobre a educação de salamandras do que sobre a dos seres humanos, sobretudo porque não imaginamos que salamandras têm almas.

O lado psicológico de uma educação prematura não pode ser estimulado antes do nascimento, uma vez que diz respeito à formação de hábitos, e hábitos adquiridos antes do nascimento são, na maioria, inúteis depois. Mas penso que, sem dúvida, existe enorme influência dos primeiros anos na formação do caráter. Há uma certa oposição, para mim bastante desnecessária, entre aqueles que acreditam em intervir na mente através do corpo, e os que creem em tratá-la de modo direto. O médico ultrapassado, embora seja um cristão convicto, tende a ser materialista; segundo ele, os estados mentais são provocados por causas físicas e devem ser curados pela eliminação dessas causas. O psicanalista, ao contrário, sempre procura as causas psicológicas e tenta exercer ação sobre elas. Toda essa questão alia-

-se ao dualismo mente e matéria, o que considero um erro. Algumas vezes é mais fácil descobrir o tipo de antecedente, o qual chamamos de físico; em outras, o que denominamos de causa psicológica pode ser descoberta com mais facilidade. Entretanto, suponho que ambas sempre existiram, e que é racional lidar com a que se descobrir com mais facilidade em um caso particular. Não há inconsistência em tratar um caso com a administração de iodo e o outro curando a fobia.

Ao tentar ter uma visão psicológica da política, é natural que comecemos a procurar os impulsos fundamentais dos seres humanos comuns e as maneiras pelas quais eles podem ser desenvolvidos pelo ambiente que os cerca. Há cem anos, os economistas ortodoxos pensavam que a cobiça era o único motivo de preocupação de um político; esse ponto de vista foi adotado por Marx e formou a base de sua interpretação econômica da história. Advém naturalmente da física e do industrialismo: foi a consequência da dominação criativa da física em nossa época. Agora, é apoiado pelos capitalistas e comunistas e por todas as instituições e pessoas respeitáveis, tais como o *Times* ou os magistrados que manifestam uma surpresa total quando mulheres jovens sacrificam seus rendimentos para casar com homens desempregados. De acordo com o ponto de vista vigente, a felicidade é proporcional à renda, e uma mulher solteira idosa deve ser mais feliz do que uma mulher pobre casada. A fim de tornar isso realidade, fazemos todo o possível para infligir sofrimento a esta última.

Em oposição à ortodoxia e ao marxismo, a psicanálise declara que o impulso fundamental é o sexo. Ganância, dizem, é um desenvolvimento mórbido de uma certa perversão sexual. É óbvio que as pessoas que acreditam nessa premissa agirão de modo muito diferente daquelas que têm um ponto de vista econômico. Todas as pessoas, exceto determinados casos patológicos, desejam ser felizes, mas a maioria aceita alguma teoria atual acerca do que consiste a felicidade. Se as pessoas pensam que a riqueza constitui felicidade, elas não se comportarão em relação ao sexo como algo essencial. Não creio que essas perspectivas sejam de todo verdadeiras, mas com certeza penso que a última é menos prejudicial. O que emerge é a importância de uma teoria correta do que constitui a felicidade. Se uma teoria errada prevalecer, os homens bem-sucedidos serão infelizes sem saber o motivo. Esse fato os enraivece e os leva a desejar o massacre dos homens jovens a quem invejam de modo inconsciente. Grande parte da política moderna baseada em especial na economia tem origem, na verdade, na ausência da satisfação dos instintos; e essa falta, por sua vez, é enormemente devida a uma falsa psicologia popular.

Não creio que o sexo preencha todas as premissas. Na política, sobretudo, o sexo é muito importante quando reprimido. Na guerra, as solteironas desenvolvem uma ferocidade em parte atribuída à indignação aos jovens que as negligenciaram. Elas são também absurdamente belicosas. Lembro-me que logo após o Armistício ao cruzar a ponte Saltash de trem vi muitos navios de guerra ancorados embaixo. Duas solteironas idosas no vagão voltaram-se uma para outra e murmuraram: "Não é triste vê-los ociosos!". Mas o sexo satisfeito cessa de influenciar em demasia a política. Cabe mencionar que tanto a fome quanto a sede exercem uma ascendência maior do ponto de vista político. A criação dos filhos é extremamente importante em razão da relevância da família; Rivers sugere até mesmo que isso é a fonte da propriedade privada. Porém, nem a paternidade nem a maternidade podem ser confundidas com sexo.

Além dos impulsos que servem à preservação e à propagação da vida, há outros que dizem respeito ao que podemos chamar de Glória: amor ao poder, vaidade e rivalidade. Esses ímpetos, é óbvio, exercem um grande papel na política. Se a política algum dia permitir uma vida tolerável, esses impulsos gloriosos devem ser controlados e ensinados a ocupar apenas o lugar que lhes cabe.

Nossos impulsos fundamentais não são nem bons nem ruins: na verdade, são eticamente neutros. A educação deve ter como objetivo moldá-los de modo benéfico. O antigo método, ainda adorado pelos cristãos, era o de reprimir o instinto; o novo método consiste em treiná-lo. Como, por exemplo, o amor ao poder: é inútil pregar a humildade cristã, que só leva o impulso a tomar formas hipócritas. O que deve ser feito é prover alternativas benéficas para ele. O impulso original intrínseco pode ser correspondido de milhares de maneiras – opressão, política, negócios, arte, ciência, todos o satisfazem quando praticados com sucesso. Um homem escolherá a saída para seu amor ao poder que corresponda à sua capacidade; de acordo com o tipo de formação que lhe foi dado na juventude, ele escolherá uma ocupação ou outra. A finalidade de nossas escolas públicas é a de ensinar a técnica da opressão e nada mais; por conseguinte, elas formam homens que assumem o fardo do homem de raça branca. Mas se esses homens pudessem se dedicar à ciência, muitos deles iriam preferi-la. Das duas atividades que um homem dominou ele, em geral, preferirá a mais difícil; nenhum jogador de xadrez jogará jogos medíocres. Desse modo, a aptidão pode contribuir para a virtude.

Como outra ilustração, vejamos o medo. Rivers enumera quatro tipos de reação ao perigo, cada uma delas apropriada em determinadas circunstâncias:

I Medo e Fuga;
II Raiva e Luta;
III Atividade manipuladora;
IV Paralisia;

É óbvio que a terceira reação é a melhor, mas ela requer um tipo apropriado de habilidade. A segunda é louvada pelos militares, professores, bispos, etc. sob o nome de "coragem". Qualquer classe governante visa a fomentá-la em seus próprios membros, assim como a disseminar o medo e a fuga na população. Então as mulheres são, até os dias de hoje, cuidadosamente treinadas para serem medrosas. E constata-se ainda no trabalho um complexo de inferioridade, que assume a forma de esnobismo e submissão social.

É extremamente assustador pensar que a psicologia colocará novas armas nas mãos dos detentores do poder. Eles serão capazes de inculcar timidez e docilidade, e tornar as massas cada vez mais semelhantes a animais domésticos. Quando menciono os detentores do poder, não estou me referindo apenas aos capitalistas – incluo todos os funcionários, mesmo os dos sindicatos e dos partidos trabalhistas. Cada funcionário, cada homem em uma posição de autoridade quer que seus seguidores sejam dóceis; indigna-se quando seus adeptos insistem em ter suas próprias ideias sobre que constitui a felicidade para eles, em vez de serem gratos pelo que ele é capaz o suficiente de prover. No passado, o princípio da hereditariedade assegurava que muitas das classes governadas deveriam ser preguiçosas e incompetentes, o que dava a outras uma oportunidade. Porém, se a classe governada deve recrutar os mais enérgicos de cada geração, que ascenderiam por seus próprios esforços, a perspectiva para os mortais comuns é lúgubre. É penoso constatar como neste mundo alguém possa defender os direitos dos preguiçosos, isto é, aqueles que não desejam interferir na vida de outras pessoas. Parece que pessoas calmas terão de aprender o destemor e a energia na juventude para ter alguma chance em um mundo onde todo o poder é a recompensa do arrojo e da firmeza dos atos. Talvez a democracia seja uma fase passageira; nesse caso, a psicologia servirá para fortalecer as cadeias dos servos. Esse fato faz com que seja importante salvaguardar a democracia antes que a técnica da opressão seja aperfeiçoada.

Retornando aos três efeitos da ciência que enumerei no início, é claro que não podemos imaginar que uso os detentores do poder farão da psicologia, até que saibamos que espécie de governo teremos. A psicologia, como qualquer outra ciência, disponibilizará novas armas nas mãos das autoridades, em especial as armas da educação e da propaganda, ambas que, por meio de uma técnica psicológica mais refinada, podem chegar ao ponto de se tornar praticamente irresistíveis. Se os detentores do poder desejarem a paz, eles serão capazes de produzir uma população pacífica; na guerra, uma população belicosa. Se desejarem gerar inteligência, conseguirão; do mesmo modo, a estupidez. Nesse contexto, portanto, a profecia é impossível.

Quanto ao efeito da psicologia na imaginação, existirão provavelmente dois tipos de oposição. Por um lado, haverá uma aceitação mais ampla do determinismo. A maioria dos homens hoje se sente desconfortável em rezar pela chuva, em virtude da meteorologia; mas não sente tanto desconforto em relação a preces para um coração saudável. Se as causas de um coração sadio fossem tão conhecidas como as causas da chuva, essa diferença cessaria. Um homem que rezou por um coração saudável, em vez de chamar um médico para libertá-lo de maus desejos, seria qualificado de hipócrita, como se qualquer pessoa pudesse se tornar um santo ao pagar umas poucas libras a um especialista de Harley Street. É provável que a expansão do determinismo conduza a uma redução do esforço e um aumento geral da preguiça moral – não que esse efeito seja lógico. Não saberia dizer se isso seria um ganho ou uma perda, pois desconheço que outros benefícios ou prejuízos advêm do esforço moral aliado à falsa psicologia. Por sua vez, haveria uma emancipação do materialismo, tanto físico quanto ético; as emoções seriam consideradas mais importantes se constituíssem o tema de uma ciência reconhecidamente eficaz e prática. Esse efeito, creio, seria no conjunto salutar, visto que suprimiria as noções errôneas agora predominantes sobre o que constitui a felicidade.

No que concerne ao possível efeito da psicologia na mudança de nossa maneira de viver por meio de descobertas e invenções, não me aventuro a qualquer previsão, porque não vejo nenhuma razão para esperar um tipo de efeito mais do que outro. Por exemplo: é possível que o efeito mais importante seja ensinar os negros a lutar, assim como os homens brancos, sem obter quaisquer outros novos méritos. Ou, ao contrário, a psicologia pode ser utilizada a induzir os negros a praticarem o controle de natalidade. Essas duas possibilidades produziriam mundos muito diferentes, e não há maneira de imaginar se um ou outro, ou nenhum, serão criados.

Por fim: a grande importância prática da psicologia será a de oferecer aos homens e às mulheres comuns uma concepção mais precisa do que consiste a felicidade humana. Se as pessoas forem genuinamente felizes, não serão tomadas pela inveja, raiva e destrutividade. Exceto pelos itens de primeira necessidade, a liberdade sexual e a criação dos filhos são as questões mais relevantes – pelo menos para a classe média e para os assalariados. Seria fácil, com nosso saber atual, propiciar uma felicidade instintiva quase universal, se não fôssemos reprimidos pelas paixões malévolas daqueles que são infelizes e não desejam que ninguém seja feliz. Se a felicidade fosse comum a todos, ela se manteria preservada porque os apelos ao ódio e ao medo, que agora constituem quase toda a política, desmoronariam. Mas se o conhecimento psicológico for manipulado pela aristocracia, ele prolongará e intensificará todos os antigos males. O mundo é repleto de informações de toda espécie que poderiam suscitar essa felicidade como jamais existiu desde o surgimento do primeiro ser humano. Porém, antigos desajustes, ambição, inveja e crueldade religiosa bloqueiam seu caminho. Não sei qual será o resultado; contudo, penso que será melhor ou pior do que qualquer acontecimento que a humanidade já tenha vivenciado.

16

O perigo das guerras doutrinárias

Diversas oscilações periódicas ocorreram ao longo da história da humanidade, e nenhuma delas pode ser considerada por uma pessoa entusiástica como a chave da história. A que proponho abordar não é, talvez, a menos importante; é a oscilação da síntese e a intolerância para a análise e a tolerância, e seu retorno às primeiras.

As tribos incivilizadas são quase sempre sintéticas e intolerantes: não há um afastamento dos costumes sociais e os estranhos são vistos com a mais grave suspeita. As civilizações pré-helênicas dos períodos históricos em seu conjunto retinham essas características; no Egito, sobretudo, o poderoso clero era o guardião das tradições nacionais, e estava habilitado a repelir o ceticismo que Akhnaton adquiriu pelo contato com a civilização estrangeira da Síria. Qualquer que tenha sido o caso no período minoico, o primeiro relato histórico completo de tolerância analítica refere-se à Grécia. A causa, na época e em instâncias subsequentes, foi o comércio, em razão da experiência com estrangeiros e a necessidade de manter relações amistosas com eles. O comércio foi, até há pouco tempo, um empreendimento individual no qual os preconceitos constituíam um obstáculo para os lucros, e o *laissez-faire* era a regra do sucesso. Mas na Grécia, em tempos posteriores, o espírito comercial, embora tenha inspirado a arte e o pensamento, não criou o grau de coesão social necessário para o sucesso militar. Assim, os gregos foram vencidos primeiro pela Macedônia e depois por Roma.

O sistema romano era essencialmente sintético e intolerante, bem similar à forma moderna, isto é, não teologicamente, mas, sim, nos aspectos imperialista e financeiro. A síntese romana, no entanto, foi aos poucos sendo dissolvida pelo ceticismo grego, e deu lugar às sínteses cristãs e islâmicas que dominaram o mundo até a Renascença. Na Europa ocidental, a Renascença produziu um breve período de esplendor artístico e intelectual, depois conduzindo ao caos político e à determinação de homens comuns de cometer o ato impensado de retornar à grave atividade de matarem-se uns aos outros em guerras religiosas. As nações comerciais, como a Holanda e a Inglaterra, foram as primeiras a emergir da intolerância da Reforma e da Contrarreforma e demonstraram sua tolerância lutando uma contra a outra, em vez de unir-se contra os partidários de Roma. A Inglaterra, tal como a antiga Grécia, teve um efeito dissolvente sobre seus vizinhos e, aos poucos, gerou o grau de ceticismo necessário para a democracia e o governo parlamentar, que teriam sido quase impossíveis no período de intolerância. Portanto, tendem a ser substituídos pelo fascismo e o bolchevismo.

O mundo do século XIX, mais do que geralmente se imagina, deve-se à filosofia personificada na revolução de 1688 e expressa por John Locke. Essa filosofia dominou a América em 1776 e a França em 1789, disseminando-se após para o resto do mundo ocidental, em grande parte como resultado do prestígio que a Inglaterra adquiriu por meio da Revolução Industrial e da derrota de Napoleão.

Entretanto, só muito aos poucos os homens conscientizaram-se da inconsistência essencial da situação. As ideias de Locke e do liberalismo do século XIX eram comerciais e não industriais; a filosofia apropriada para o industrialismo é bem diferente da filosofia das aventuras marítimas mercantilistas. O industrialismo é sintético; ele constrói grandes unidades econômicas, torna a sociedade mais orgânica e demanda uma supressão dos impulsos individualistas. Além disso, a organização econômica do industrialismo tem sido até agora oligárquica e neutralizou a política democrática no exato momento de sua vitória aparente. Por esses motivos, parece provável que estejamos entrando em uma nova era de intolerância sintética, envolvendo, como ocorre quase sempre nesses períodos, guerras entre filosofias ou credos rivais. É esta probabilidade que desejo explorar.

Hoje existem no mundo dois grandes poderes: um são os Estados Unidos, o outro a União Soviética. Suas populações são aproximadamente iguais; assim como as populações das outras nações que eles dominam. Os Estados Unidos têm um papel preponderante no resto do continente americano e na Europa ocidental; a União Soviética domina a Turquia, o Irã e grande parte da China. A divisão é remanescente da divisão medieval entre os cristãos e os muçulmanos; há um mesmo tipo de diferença de credo, a mesma hostilidade implacável, uma similar, embora mais extensa, divisão territorial. Tal como nas guerras da Idade Média entre os poderes cristãos e os poderes islâmicos, haverá guerras dentro desses dois grandes grupos; mas espera-se que elas terminem, mais cedo ou mais tarde, por tratados de paz genuínos resultantes da exaustão mútua. Não suponho que nenhum dos grupos possa ser vitorioso, ou que possa extrair alguma vantagem do conflito; creio que o enfrentamento mantém-se por que cada um dos grupos odeia o outro e o considera cruel. Essa é uma característica do credo das guerras.

Não estou, é claro, sugerindo que um desenvolvimento desse tipo venha *com certeza* a acontecer: nas questões humanas o futuro será sempre incerto até que a ciência progrida muito mais do que o fez até então. Sublinho apenas que existem forças potentes tendendo para a direção indicada. Visto que essas forças são psicológicas, elas estão sob o controle do homem; portanto, se um futuro de guerras religiosas ou ideológicas parecer inconveniente para os detentores do poder, eles podem impedi-lo. Ao fazer qualquer profecia desagradável sobre o futuro, desde que a previsão não se baseie só em considerações físicas, parte do objetivo do profeta é induzir pessoas a fazerem os esforços necessários para demonstrar a falsidade de suas previsões. O profeta do mal, se for um filantropo, deve, assim, procurar fazer com que seja odiado e deixar transparecer que ficaria muito vexado se os eventos não confirmassem sua previsão. Com essa preliminar, proponho examinar os fundamentos das guerras doutrinárias e, depois, as medidas que serão necessárias implementar para evitá-las.

A razão fundamental para esperar um grau de efetiva intolerância maior em um futuro próximo do que nos séculos XVIII e XIX é o baixo custo da produção padrão de larga escala. O resultado que acarretou trustes e monopólios é um antigo lugar comum, tão antigo, no mínimo, quanto o Manifesto Comunista. Mas são as consequências da esfera intelectual que nos dizem respeito nesta presente conexão.

Há uma crescente tendência do controle das fontes de informação ficar concentrado em poucas mãos, resultando que as opiniões minoritárias perdem a chance de uma expressão eficaz. Na União Soviética essa concentração foi realizada deliberada e politicamente segundo os interesses do partido dominante. A princípio, pareceu muito duvidoso se esse método poderia ser bem-sucedido, mas ao longo dos anos o sucesso tornou-se cada vez mais provável. Concessões foram feitas na prática econômica, porém não na teoria econômica ou política, e tampouco na perspectiva filosófica. O comunismo está se tornando cada vez mais em um credo preocupado com um futuro celestial, e cada vez menos um modo de vida para essa existência mundana. Uma nova geração admite esse credo como natural, pois jamais o ouviram ser questionado efetivamente durante seus anos de formação. Se o atual controle sobre a literatura, a imprensa e a educação durar mais de vinte anos – e não há razão para supor que isso não aconteça – a filosofia comunista será a única aceita pela imensa maioria dos homens vigorosos. Ele será combatido, de um lado, por um remanescente reduzido de homens mais velhos descontentes, sem ligação com os negócios e com os fatos preponderantes da vida nacional; de outro, por uns poucos livres-pensadores cuja influência provavelmente permanecerá insignificante por muito tempo. Sempre existiram livres-pensadores – a aristocracia italiana no século XIII consistia em grande parte de epicuristas – mas eles só se sobressaíram quando, em virtude de alguma circunstância ocasional, suas opiniões foram úteis para grupos importantes por razões econômicas ou políticas, como ocorre hoje no México. Isso pode ser sempre evitado por um pouco de bom senso da parte da Igreja estabelecida, e é possível presumir que esse módico bom senso possa ser manifestado pela Igreja estabelecida na Rússia. Com a difusão da educação, os jovens camponeses estão sendo levados para a igreja e sua conversão à teoria é facilitada pelas crescentes concessões ao individualismo da prática agrícola. Quanto menos comunismo estiver presente no regime econômico atual, mais ele atuará no credo aceito de modo generalizado.

    Não é apenas na Rússia, ou nos territórios da União Soviética, que esse processo está acontecendo. Na China, ele está começando e é provável que se torne muito forte. Tudo o que é vigoroso na China – em especial o Governo Nacionalista – iniciou-se sob a influência da Rússia. Os sucessos militares obtidos pelos exércitos sulistas deveram-se em grande parte à propaganda organizada sob a orientação russa. Os chineses que se apegam às antigas religiões – budismo e taoismo – são politicamente reacionários; os cristãos tendem a ser mais afáveis com os estrangeiros do que os nacionalistas gostariam. Fundamentalmente, os nacionalistas opõem-se a todas as religiões antigas, sejam nativas ou estrangeiras. A nova religião da Rússia atrai a *intelligentsia* patriótica, tanto por ser uma novidade, a última palavra em "progresso", quanto pela sua associação com poder politicamente amistoso, na verdade, o único partido amistoso. Embora seja impossível imaginar a China instituindo o comunismo na *prática*, é muito provável que ela adote a *filosofia* dos bolcheviques.

Um dos grandes erros dos britânicos ao lidar com nações mais "atrasadas" tem sido sua crença excessiva no poder da tradição. Existem na China muitos ingleses com um considerável conhecimento dos clássicos chineses, com um entendimento das superstições populares, e com amigos entre os *literati* conservadores mais velhos. Porém, dificilmente encontra-se um que compreenda a jovem China, ou que não a considere com um desprezo ignorante. Diante da transformação do Japão, eles continuam a julgar o futuro da China pelo seu passado e a presumir que nenhuma grande mudança rápida seja possível. Estou convencido de que isso é uma ilusão. Assim como no Japão, na China a força militar e econômica do Ocidente ganhou prestígio e ao mesmo tempo tornou-se odiada. Mas, quanto à Rússia, o ódio deve permanecer impotente, pois a Rússia oferece um modelo de emancipação do Ocidente e uma ajuda aos chineses para percorrer um caminho mais ou menos semelhante ao dela. Nessas circunstâncias, a mudança rápida é muito possível. A mudança rápida é sempre mais fácil de produzir-se em uma população até então não educada, porque a educação apoiada pelo prestígio do governo facilmente pode fazer com que o jovem menospreze as pessoas mais velhas iletradas.

Portanto, não é de modo algum improvável que daqui a vinte anos a ideologia bolchevique esteja no poder em toda a China, combinada com uma aliança política estreita com a Rússia. Gradualmente, por meio da educação, essa ideologia será instilada em cerca da metade da população da Terra. O que, nesse ínterim, acontecerá com a outra metade?

No mundo ocidental, onde a ortodoxia oficial tem a vantagem do *status quo* e da tradição, métodos mais sutis são suficientes; na realidade, os métodos existentes cresceram em grande parte sem um propósito estabelecido. O credo moderno não é visto em sua pureza na Europa, onde as reminiscências da Idade Média interferem. É nos Estados Unidos que o capitalismo industrial tem sua atuação mais livre e seu caráter mais óbvio. Mas a Europa ocidental pode, pouco a pouco, assimilar a peculiaridade norte-americana, tendo em vista que a América é o maior poder mundial. Não quero dizer que devemos adotar o fundamentalismo, por exemplo, que é apenas um mero credo europeu atrasado que sobrevive em uma população transplantada de camponeses piedosos. A agricultura na América não é, do ponto de vista internacional, a parte importante, nem a parte cuja perspectiva moldará o futuro da nação. É seu credo industrial que é importante e inovador. Esse credo tem uma forma na Rússia e outra na América; o contraste dessas duas formas é que afeta o mundo.

A América, como a Rússia, tem um ideal não realizado, mas cujos valores são teoricamente ajustados. O ideal russo é o comunismo. O ideal americano é a livre competição. A representatividade da Nova Política Econômica como um ideal russo deve-se ao ideal norte-americano. Onde um comunista pensa em termos de organizações, o americano típico reflete em termos individuais. *From Login Cabin to White House* (*Da cabana de madeira à Casa Branca*) representa o modelo de alta inspiração a ser mostrado ao jovem na área política, e um ideal similar na esfera econômica inspira as propagandas dos sistemas para garantir o progresso dos negócios. O fato de que é impossível que todas as pessoas ocupem a Casa Branca ou se tornem presidentes de uma corporação não é considerado uma mácula no ideal, mas apenas uma razão para estimular cada homem jovem a ser mais industrioso e sagaz do que seus companheiros. Enquanto a América ainda não fora densamente povoada era possível para a maioria das pessoas alcançar um grau considerável de sucesso sem depender dos outros; mesmo agora, contanto que um homem deseje só a prosperidade material, não o poder, um assalariado na

América pode ser mais rico do que um profissional liberal no velho continente.

No entanto, o poder está se concentrando, e existe o perigo de que aqueles que dele estão excluídos venham a solicitar sua cota. Uma parte do credo nacional está destinada a minimizar esse perigo. A máxima napoleônica da *La carrière ouverte aux talents** é uma grande contribuição; o restante é realizado ao representar o sucesso como uma questão individual e não coletiva. Na filosofia comunista, o sucesso almejado é de um grupo ou de uma organização; na filosofia americana, o enfoque é individual. Por conseguinte, o indivíduo que falha sente-se envergonhado de sua incapacidade, em vez de protestar contra o sistema social. E a filosofia individual à qual está acostumado evita que ele imagine que haja algo a ganhar por meio da ação coletiva. Não há, portanto, nenhuma oposição efetiva aos detentores do poder, que permanecem livres para usufruir as vantagens de um sistema social que lhes provê riqueza e influência mundial.

Nunca houve um período em que as coisas desejadas pelos homens estivessem igualmente distribuídas por toda a população. Em um sistema social estável deve haver algum método de fazer com que os menos afortunados concordem com seu quinhão e isso consiste, em geral, em algum tipo de crença. No entanto, para assegurar uma aceitação ampla, uma crença precisa oferecer grandes vantagens para toda a comunidade, a fim de compensar as injustiças que tolera. Na América, ela oferece progresso técnico e um aumento no padrão generalizado do conforto material. Talvez não seja capaz de prover o último quesito indefinidamente, porém é provável que ainda perdure por algum tempo. Na Rússia, oferece a concepção da indústria conduzida para o benefício de todos e não apenas dos capitalistas. Sem dúvida, os assalariados russos são mais pobres do que os norte-americanos, mas têm o consolo de saber (ou pelo menos de acreditar) que estão recebendo sua justa parte, e não estão sofrendo sem necessidade para tornar alguém maior e mais poderoso. Além disso, eles se sentem unidos a uma comunidade cooperativa firmemente entrelaçada e não a diversas unidades em luta umas contra as outras.

---

* "A carreira aberta aos talentos", em francês no original. (N.E.)

Creio que chegamos agora ao cerne da diferença entre os credos da América e da Rússia. Os Estados Unidos, cuja visão é moldada pela tradição protestante e um século de pioneirismo, acreditam na luta individual nos esforços independentes do indivíduo para ascender da pobreza à prosperidade. Na imaginação, supõem que enfrentam uma região inculta como um pequeno lavrador; se, na verdade, ele luta contra competidores humanos, esse fato não precisa ser frisado. Tampouco vale a pena reiterar o fato de que ele será, provavelmente, toda a sua vida um escravo no tocante à expressão de opinião, obtendo conforto material mediante o sacrifício da integridade mental. As opiniões que ele não deve exprimir são, é óbvio, opiniões indesejáveis, e para compeli-lo a permanecer calado basta exercer uma repressão saudável sob impulsos anárquicos. Ao chegar à meia-idade, ele concordará plenamente com esse ponto de vista.

Na Rússia, ao contrário, a Igreja Bizantina, os tártaros e o regime tsarista imprimiram de modo sucessivo na concepção popular a nulidade do indivíduo; o que ele antes sacrificava para Deus ou para o tsar pode ser sacrificado com menos dificuldade para a comunidade. Os comunistas russos diferem de seus simpatizantes ocidentais em particular pela falta de respeito individual. (Ver René Fülöp-Miller, *Giest und Gesicht der Bolschewismus.*) Nesse aspecto, eles são mais aperfeiçoados do que seus predecessores bizantinos, que acreditavam na alma e na probabilidade da imoralidade. Ao abolir a alma, os governantes da União Soviética podem aceitar a analogia do Leviatã com mais convicção do que um cristão. Para eles o individualismo ocidental é tão absurdo como se partes separadas do corpo humano vivessem de forma independente, tal como na fábula de Menenius Agrippa. Essa é a raiz de seus pontos de vista sobre arte, religião, ética, família – na realidade, sobre tudo.

Os socialistas do Ocidente às vezes falam como se tivessem perspectivas similares no tocante à importância vital da comunidade, mas de fato raramente as possuem. Achariam natural, por exemplo, que um homem que emigrasse para um local distante quisesse levar sua mulher e filhos com ele, porém, para a maioria dos comunistas orientais rígidos, isso pareceria um mero sentimentalismo. Eles diriam que suas crianças poderiam ser cuidadas pelo Estado e que, sem dúvida, conseguiriam uma nova esposa tão boa como a antiga no lugar para aonde iriam. As reivindicações de afeição natural seriam consideradas um assunto trivial. É verdade que fatos semelhantes são tolerados na prática nas sociedades capitalistas, porém não na mesma extensão de suas teorias. É verdade também que o culto a Lênin opõe-se aos meus argumentos. Isso, penso, deve ser admitido como uma inconsistência, uma erupção natural do homem através da crosta da teoria. Entretanto, imagino que um comunista genuíno diria que Lênin é reverenciado como a encarnação da Força, e não como um indivíduo concreto. Ele pode ao longo do tempo tornar-se teoricamente tão abstrato quanto o Logos.

Há pessoas que supuseram que a filosofia russa conquistaria de um modo súbito ou gradual o Ocidente. A favor desse ponto de vista há certas considerações que podem à primeira vista ter uma grande influência. Sem dúvida, a filosofia comunista é mais adequada ao industrialismo do que a filosofia do capitalismo, porque o industrialismo inevitavelmente aumenta a importância das organizações em oposição aos indivíduos, e também tendo em vista que a posse individual de terra e de recursos naturais pertence de modo mais natural ao regime agrícola do que ao industrial. Houve duas fontes de propriedade privada de terra: a aristocrática baseada em todos os lugares pelo direito da espada e a outra, democrática, fundamentada no direito do camponês de possuir a terra que cultiva. Ambos os direitos tornam-se ilógicos e absurdos em uma comunidade industrial. Os direitos de exploração da mineração e o sistema de arrendamento de terras urbano demonstram a irracionalidade da forma aristocrática da posse de terra, uma vez que é impensável que os rendimentos obtidos pelo proprietário tenham qualquer utilidade social. Mas o direito do camponês à terra que ele cultiva pode levar a absurdos iguais. Um fazendeiro bôer em cuja fazenda se encontre ouro adquire fortuna; o direito que tem a ela não está de forma alguma vinculado a qualquer serviço que ele preste à comunidade. O mesmo ocorre com um homem que possua uma fazenda em um distrito que seja transformado em área urbana. Não apenas a propriedade privada, mas até a propriedade da nação é capaz com facilidade de envolver absurdos. Seria ridículo pretender que o Egito e a República do

Panamá deveriam controlar os canais em seus territórios, e nada mais do que prejuízo advém da noção de que países subdesenvolvidos têm um direito indefensável de controlar questões como petróleo que possa ser encontrado em seus territórios. O argumento teórico para o controle internacional dos materiais brutos é irreprimível, e só a tradição agrícola nos leva a tolerar o fato de que os ricos fraudulentos possam arrecadar tributos pelo uso de minerais indispensáveis.

As comunidades industriais são muito mais unidas do que as comunidades agrícolas, e poderes legais que podem ser concedidos a indivíduos sem grande prejuízo a estas últimas tornam-se extremamente perigosos nas primeiras. Além disso, há um apelo óbvio à inveja (também conhecida como senso de justiça), que subsiste no lado socialista. Mas, apesar dessas considerações, não penso que seja provável que a perspectiva socialista converta-se em algo comum na América nos próximos cem anos, e, a menos que a América seja socialista na opinião, a nenhuma nação no âmbito de sua órbita econômica será permitido praticar até mesmo um módico socialismo, como vimos na abolição da posse estatal de ferrovias na Alemanha sob o Dawes Scheme.

Meus motivos para afirmar que a América não se tornará socialista baseiam-se na crença de que a prosperidade americana prosseguirá. Contanto que um trabalhador americano seja mais rico do que um trabalhador em um país socialista, será possível para a propaganda capitalista refutar os argumentos a favor da mudança econômica. Nesse sentido, as economias de produção em larga escala já mencionadas têm uma importância vital. Os jornais sindicalizados, a educação superior subsidiada pelos milionários, a educação elementar controlada pelas igrejas que, por sua vez, lucrarão com as doações dos milionários, um comércio editorial bem organizado apto a deliberar por meio da publicidade os livros que poderão ser vendidos amplamente, e que possa produzi-los de forma muito mais barata do que os livros com uma circulação limitada, o rádio, mas acima de tudo o cinema, no qual produções extremamente caras são custeadas pela exibição em todo o mundo ocidental – todas essas questões requerem uniformidade, controle centralizado de ideias e notícias, para a disseminação tão somente dos credos e filosofias aprovados pelos detentores do poder.

Não creio que essa propaganda seja total e inevitavelmente irresistível; contudo, penso que é provável que prevaleça enquanto o regime que ela recomendar parecer, para o homem comum, possuir a marca do sucesso. A derrota na guerra, que é um símbolo de fracasso que todos entendem, pode conturbar qualquer regime, mas a previsão de a América ser derrotada na guerra é remota. Pode-se, portanto, esperar o mesmo tipo de entusiasmo pelo sistema americano na América como ocorreu na Inglaterra pelo governo parlamentar no século XIX, quando a nação era bem-sucedida. É claro que as diferenças de credos econômicos entre o Oriente e o Ocidente continuarão a ser reforçadas pelas diferenças de teologia no sentido ultrapassado. É possível esperar que a América permaneça cristã e o Oriente não cristão. Pode-se esperar que a América continue a respeitar as doutrinas cristãs de casamento e família, ao passo que o Oriente as considere superstições obsoletas. Provavelmente em ambos os lados haverá crueldade em larga escala, e a propaganda permitirá a cada um deles ter conhecimento das crueldades alheias, mas não das suas próprias. Pouquíssimos americanos, por exemplo, conhecem a verdade sobre Sacco e Vanzetti: condenados à morte por um assassinato que outro homem confessou ter cometido, e mediante evidência que os policiais envolvidos em coletar admitiram ter sido uma "armação". Um novo julgamento foi recusado a esses homens em parte com o fundamento de que o homem que confessou o assassinato era um mau-caráter. Aparentemente, na opinião dos juízes americanos, só pessoas de bom caráter cometiam assassinatos. Na realidade, o crime de Sacco e Vanzetti era serem anarquistas. Todos esses fatos, é claro, foram divulgados na Rússia, onde causaram uma opinião desfavorável em relação à justiça capitalista. De modo similar, os julgamentos russos dos patriarcas e dos revolucionários sociais foram apregoados na América. Assim, cada lado obtém evidência abundantes para provar a iniquidade do outro, porém permanece ignorante de sua própria malignidade.

Encontrei há pouco tempo um professor da Universidade da Califórnia que nunca ouvira falar de Mooney, preso em uma cadeia na Califórnia por um assassinato que provavelmente não cometeu, a despeito das declarações oficiais do governo russo durante o regime Kerensky ao governo dos Estados Unidos sobre o caso, e de o presidente Wilson ter designado uma comissão para investigá-lo, a qual relatou que não havia um fundamento sólido para supor que ele era culpado. Mas ele é comunista.

A perseguição contra a opinião é, assim, tolerada em todos os países. Na Suíça, não é apenas legal matar um comunista, mas o homem que cometer o assassinato será absolvido e deixado livre para cometer seu próximo crime com base no fato de ser um infrator primário. Esse cenário não causa indignação fora da República Soviética. Nesse aspecto, o melhor exemplo dos países capitalistas é o Japão, onde o policial que estrangulou dois famosos anarquistas e o pequeno sobrinho deles (pensando que era filho) em uma delegacia, foi condenado à prisão apesar de ter se tornado um herói popular, e de os estudantes terem escrito textos em seu louvor.

Por essas razões, não creio que seja provável que qualquer país onde um homem comum considere o regime existente um sucesso, ou no qual a influência econômica americana seja predominante, adote o credo comunista em um futuro próximo. Ao contrário, parece provável que a defesa do *status quo* levará os detentores do poder a serem cada vez mais conservadores e a apoiarem todas as forças conservadoras encontradas na comunidade. A mais forte delas, é claro, é a religião. Na Alemanha, no plebiscito sobre propriedade real, as igrejas declararam oficialmente que seria anticristão confiscá-la. Essas opiniões merecem ser recompensadas. Sem dúvida serão.

Penso que há uma expectativa de que a religião organizada, sobretudo a Igreja Católica, se torne cada vez mais poderosa em todos os países capitalistas, como resultado de um controle mais rígido da educação no interesse dos ricos. A oposição entre a Rússia e o Ocidente, assim, embora fundamentalmente econômica, deverá se estender sobre toda a esfera da crença. Quando falo em crença quero dizer opiniões dogmáticas quanto a questões em relação às quais a verdade não é conhecida. A iniquidade total pode, é claro, ser evitada pela disseminação do espírito científico, ou seja, pelo hábito de formar opiniões baseadas na evidência, em vez de pelo preconceito; mas, apesar de a técnica científica ser necessária para o industrialismo, o espírito científico pertence mais ao comércio, visto que é fundamentalmente individualista e não se influencia pela autoridade. Pode-se, então, esperar que ele sobreviva só em pequenos países tais como a Holanda, a Dinamarca e a Escandinávia, que estão à margem da corrente principal da vida moderna.

Porém não é improvável que aos poucos, após cerca de um século de conflito, ambos os lados fiquem extenuados, como ocorreu depois da Guerra dos Trinta Anos. Quando esse tempo chegar, os latitudinários novamente terão vez.

De minha parte, considero essa contenda como Erasmo, sem capacidade de abraçar com convicção a causa dos dois partidos. Sem dúvida, concordo com os bolcheviques em muitos mais pontos do que com os magnatas americanos, mas não creio que sua filosofia seja, em última análise, verdadeira ou capaz de produzir um mundo feliz. Admito que o individualismo que tem crescido desde a Renascença foi longe demais e que um espírito mais cooperativo é necessário, de modo que as sociedades industriais sejam estáveis e proporcionem contentamento para o homem e a mulher comuns. No entanto, o problema da filosofia bolchevique, assim como a da americana, é que o princípio da organização é econômico, ao passo que os agrupamentos consoantes com o instinto humano são biológicos. A família e a nação são biológicas, o truste e o sindicato são econômicos. O dano causado nos dias de hoje pelos agrupamentos biológicos é inegável, contudo não penso que o problema social possa ser resolvido ignorando-se os instintos que produzem esses grupos. Estou convencido, por exemplo, de que, se todas as crianças forem educadas em instituições estatais sem a cooperação dos pais, uma grande proporção de homens e mulheres perderá o incentivo para realizar uma atividade árdua e se tornará inerte e entediada. Talvez o nacionalismo também tenha seu papel, embora os exércitos e as frotas marítimas sejam uma expressão indesejável dele e sua esfera seja cultural em vez de política. Os seres humanos podem ser bastante alterados pelas instituições e pela educação, mas se forem modificados de uma forma que reprima seus instintos fundamentais, o resultado será uma perda de vigor. E os bolcheviques com certeza se enganam ao falar que o instinto econômico é o único que tem importância psicológica. Eles compartilham esse engano com a sociedade competitiva ocidental, embora o Ocidente seja menos explícito no tocante a essa questão.

A ilusão fundamental de nossa época, em minha opinião, é a ênfase excessiva quanto aos aspectos econômicos da vida, e não acredito que o antagonismo entre o capitalismo e o comunismo como filosofias cesse, até que se reconheça que ambas são inadequadas em virtude de seu fracasso em constatar as necessidades biológicas.

Em relação aos métodos para atenuar a violência do conflito, não conheço nada melhor do que o antigo lema liberal, embora sinta que provavelmente seja muito ineficaz. Precisamos é de liberdade de opinião e de oportunidades de difundir a opinião. É este último aspecto em particular que causa o problema. O mecanismo para uma disseminação eficiente e ampla da opinião deve necessariamente constar das preocupações do Estado ou dos grandes capitalistas. Antes da introdução da democracia e da educação isso era menos evidente: a opinião eficaz estava confinada a uma pequena minoria que poderia ser atingida sem o aparato caro da propaganda moderna. Mas dificilmente deve-se esperar que o Estado ou uma grande organização capitalista devotem dinheiro e energia para propagar opiniões que considerem perigosas, subversivas e contrárias à verdadeira moral. O Estado, não menos do que a organização capitalista, é, na prática, um ancião estúpido acostumado à lisonja, ossificado em seus preconceitos e totalmente ignorante de tudo que é vital no pensamento de sua época. Nenhuma novidade pode ser defendida de modo eficiente até que passe pela censura de algum velho obscuro. É verdade que a publicidade sem importância é possível, mas só obtém leitores insignificantes.

O mal é crescente, pois toda a tendência dos negócios modernos é a fusão e a centralização. O único método de assegurar uma publicidade ampla para uma causa impopular é aquele adotado pelas sufragistas, e só é adequado quando o tema é simples e passional, nem intrincado ou inquisitivo. O efeito da censura oficial e não oficial é, portanto, de opor-se ao seu enfoque passional em vez de ao racional, além de acalmar a discussão da evidência a favor ou contra uma inovação, que só será possível pelos meios obscuros que nunca alcançarão o público em geral.

Por exemplo, existe uma publicação médica oficial expondo remédios ineficientes, porém nenhum jornal mencionará esse fato e quase ninguém conhece sua existência; por outro lado, os cientistas cristãos que afirmam que todos os remédios são igualmente sem valor são capazes de obter publicidade. Fatos exatamente análogos acontecem na política. Opiniões extremadas de cada lado podem conseguir divulgação, ao passo que as opiniões moderadas e racionais são consideradas por demais enfadonhas para gerar a oposição das autoridades. Esse malefício é, no entanto, muito menor na Inglaterra do que na maioria dos países, porque a Inglaterra tem sido predominantemente comercial e preservou seu amor à liberdade associado ao comércio.

Seria, é claro, possível gerar medidas corretivas, se alguém pudesse supor que as autoridades sentissem necessidade delas. As pessoas poderiam ser educadas de modo a aumentar sua capacidade de avaliar a evidência e de formar julgamentos racionais, em vez de aprender patriotismo e preconceitos de classe. Talvez com o tempo os homens percebam que a inteligência é um bem para a comunidade, porém não posso dizer que vejo muitos sinais de qualquer movimento nessa direção.

17

Algumas perspectivas: alegria e outros

I

Há duas maneiras de escrever sobre o futuro, a científica e a utópica. A forma científica tenta descobrir o que é provável; o modo utópico descreve o que o escritor gostaria que fosse. Em uma ciência bem avançada como a astronomia ninguém adotaria um método utópico: as pessoas não preveem eclipses porque seria agradável que acontecessem. Mas em questões sociais aqueles que professam ter descoberto leis gerais capacitando-os a prever futuros desenvolvimentos não são, em geral, tão científicos como pretendem ser; é necessário uma grande quantidade de trabalho de adivinhação em qualquer tentativa de antever o que acontecerá às instituições humanas. Não sabemos, por exemplo, que diferença adviria de novas descobertas. Talvez as pessoas descubram como ir a Marte ou a Vênus. Talvez todo o nosso alimento possa ser fabricado em laboratórios químicos, em vez de ser cultivado nos campos. Essas possibilidades são infinitas. Eu as vou ignorar e considerarei apenas tendências já desenvolvidas. E também presumirei que nossa civilização prosseguirá, embora essa premissa seja incerta. Ela poderá ser destruída por guerras ou por um declínio gradual tal como aconteceu com o Império Romano. Porém, se sobreviver é possível que tenha certas características que tentarei descobrir.

Além da introdução da maquinaria e, em grande parte como resultado disso, houve outra mudança: a sociedade tornou-se muito mais organizada. A imprensa, as ferrovias, o telégrafo e (agora) a radiodifusão forneceram os meios técnicos para as grandes organizações, tais como um Estado moderno ou um empreendimento financeiro internacional. Os assuntos públicos não exercem quase nenhum papel na vida de um camponês indiano ou chinês, enquanto na Inglaterra são tema de interesse de praticamente todas as pessoas, mesmo nos condados distritais mais remotos. Esse fato é recente; alguém poderia inferir a partir dos livros de Jane Austen que a elite rural de sua época mal notou as guerras napoleônicas. De minha parte, apontaria como a mudança mais importante nos tempos modernos a tendência em direção a uma organização social.

Conectado a isso constata-se outro resultado da ciência, ou seja, a maior unidade do mundo. Antes do século XVI, a América e o Extremo Oriente quase não se relacionavam com a Europa; desde então suas relações estreitam-se continuamente. Os imperadores Augusto, de Roma, e o da dinastia Han, na China imaginaram-se ao mesmo tempo donos de todo o mundo civilizado; hoje em dia essas ilusões agradáveis são impossíveis. Quase todas as regiões do mundo mantêm relações com as demais, que podem ser amigáveis ou hostis, mas, em qualquer um dos casos, importantes. O Dalai Lama, após séculos de isolamento, viu-se cortejado pelos russos e pelos britânicos; refugiou-se dessas atenções embaraçosas em Beijing, onde toda sua comitiva chegou devidamente munida com câmaras fotográficas Kodak.

A partir dessas duas premissas, de uma maior organização social e unidade no mundo, observa-se que, a fim de se desenvolver, nossa civilização precisa de uma autoridade central para controlar o mundo inteiro. Caso contrário, as causas de disputa se multiplicarão e as guerras se tornarão mais intensas devido à expansão do espírito público. A autoridade central pode não ser um governo formal; penso que é provável que não seja. Com mais probabilidade será uma combinação de financistas persuadidos de que a paz é de seu interesse, visto que o dinheiro emprestado a estados beligerantes é, com frequência, perdido. Ou possa ser um único Estado dominante (a América), ou um grupo de Estados (a América e o Império Britânico). Mas antes que tal condição seja alcançada, por um longo período o mundo se dividirá entre a América e a Rússia, a primeira controlando a Europa ocidental e os domínios autogovernados, e a última dominando toda a Ásia. Esses dois grupos seriam fortes quanto à defesa e fracos para o ataque e, assim, devem subsistir por um século ou mais. Por fim – pelo menos até algum momento durante o século XXI – poderá advir um cataclismo ou uma autoridade central. Presumirei que a humanidade civilizada terá senso suficiente, ou o que a América terá bastante poder para prevenir um cataclismo envolvendo um retorno ao barbarismo. Nesse caso, que poderes a autoridade central deve ter?

Primeiro, e acima de tudo, precisa ser capaz de decidir questões como paz e guerra, ou assegurar que, se a guerra for do lado que ela apoia, obtenha uma vitória rápida. Esse objetivo pode ser sustentado apenas pela supremacia financeira, sem um controle político formal. À medida que a guerra torna-se mais científica e dispendiosa, os líderes financistas mundiais, caso façam alianças, podem decidir a questão ao conceder ou negar empréstimos. E pelo tipo de pressão que vem sendo aplicado à Alemanha desde o Tratado de Versalhes, lhes poderiam assegurar o desarmamento, de fato, de qualquer grupo de oposição. Desse modo, controlariam aos poucos todas as grandes forças armadas do mundo. Essa é a condição fundamental para viabilizar as outras atividades que precisariam realizar.

Além de revisar tratados e de intervir em disputas, há três questões que precisariam ser decididas pela autoridade central. São elas (1) a alocação de territórios para os diferentes Estados nacionais, (2) a mobilidade populacional através das fronteiras dos Estados nacionais e (3) a partilha de matérias-primas entre solicitantes diversos. Cada um desses temas requer umas poucas palavras.

(1) Questões de soberania territorial são tratadas no presente com uma solenidade absurda, que se originou de uma antiga sujeição pessoal a um soberano. Se uma pessoa ou um Estado expressar a opinião de que o distrito onde vive deva pertencer a um outro Estado, ele é acusado de traição e passível de uma punição severa. E, contudo, em si, sua opinião é mais um tema legítimo de debate político como qualquer outro. Não sentimos nenhuma rejeição por um cidadão (digamos) de Croydon que sustente que Croydon deva fazer parte de Londres. Mas um cidadão da Colômbia que alegue que seu vilarejo deva pertencer à Venezuela é visto pelo seu governo como um monstro de iniquidade. A autoridade central necessitará impedir que os governos nacionais ajam segundo esses preconceitos,

e terão de tratar os reajustes territoriais de modo racional, isto é, em atenção aos desejos da população local, mas também em parte por considerações econômicas e culturais.

(2) É provável que a mobilidade populacional suscite problemas crescentes de difícil solução ao longo dos próximos anos. É natural para a população partir de lugares onde os salários são baixos para outros nos quais são mais altos. Isso é agora permitido dentro de um único país, porém não em toda a federação supranacional, tal como o Império Britânico. A imigração asiática é praticamente proibida na América e em seus domínios autogovernados, e a imigração europeia para a América torna-se cada vez mais restringida. As forças em ambos os lados dessa questão são extremamente poderosas. Elas propiciam um estímulo ao militarismo asiático e, em última instância, podem torná-lo tão potente que venha a ameaçar a raça branca – digamos, durante a próxima guerra entre nações de população branca.

Finalmente, se a guerra em grande escala for eliminada e se a saúde pública melhorar de modo considerável por meio da medicina e da higiene, será essencial para preservar a paz e o bem-estar limitar o crescimento demográfico nas nações subdesenvolvidas, assim como as nações mais civilizadas já estão fazendo. Aqueles que em princípio se opõem ao controle de natalidade são incapazes de fazer cálculos matemáticos ou, então, consideram a guerra, a pestilência e a fome como aspectos permanentes da vida humana. Pode-se presumir que a autoridade internacional insistirá na questão da liberdade para limitar nascimentos entre raças e classes mais atrasadas, e não persistirão, como os governos atuais, a dizer que apenas os inteligentes deverão ter famílias pequenas.

(3) A última questão, a distribuição de matérias-primas, talvez seja a mais importante de todas. As guerras são muito relacionadas a esse material; é notória a importância de petróleo, carvão e ferro nas disputas pós-guerra. Não estou alegando que as matérias-primas deverão ser racionadas equitativamente, mas sim que deverão ser distribuídas de alguma forma por uma autoridade com uma extraordinária força de comando. Creio que o problema de organizar o mundo em uma única unidade econômica e política terá de ser solucionado

antes que as questões de justiça possam ser tratadas com sucesso. Sou um internacional socialista, porém espero ver a realização do internacionalismo mais cedo do que a do socialismo.

II

Ao pressupor que dentro dos próximos 150 anos uma autoridade central se desenvolva, forte o suficiente para reduzir todas as guerras ao nível de revoltas esporádicas suprimidas com rapidez, que espécie de mudanças econômicas provavelmente estarão associadas a esse desenvolvimento? O nível geral de bem-estar aumentará? A competição sobreviverá, ou a produção será monopolista? Neste último caso, os monopólios estarão em mãos privadas ou nas do Estado? E os produtos oriundos do trabalho serão distribuídos com menos injustiça do que nos dias de hoje?

Aqui temos dois tipos de questões diferentes: um diz respeito às formas de organização econômica, o outro, aos princípios da distribuição. A última dependerá do poder político: cada classe e cada nação sempre asseguram o máximo possível uma grande parte da riqueza, e ao final é a força armada que decide quão grande será essa parte. Vamos primeiro discutir a organização e deixar a distribuição para mais adiante.

Um estudo da história revela um fato um tanto humilhante em relação à organização. Onde quer que um aumento no tamanho das organizações tenha sido desejável tendo em vista os interesses daqueles envolvidos, ele foi implementado (com exceções negligenciáveis) por meio do vigor da parte mais poderosa. Onde a federação voluntária foi o único método disponível, nenhuma unidade foi alcançada. Tal fato aconteceu com a antiga Grécia diante da Macedônia, na Itália no século XVI no enfrentamento com a França e a Espanha, e hoje na Europa diante da América e da Ásia. Presumo, portanto, que a autoridade central surgirá por meio da força, ou pela ameaça de força, e não por uma organização voluntária como a Liga das Nações, que jamais será vigorosa o suficiente para exercer coerção contra os grandes poderes recalcitrantes. Penso, também, que o poder de uma autoridade central será basicamente econômico, e que dependerá da posse de matérias-primas aliada ao controle do crédito financeiro. Concebo esse cenário consistindo, no início, em um grupo de financistas apoiados de modo informal por um ou mais dos grandes Estados.

Por conseguinte, na base da estrutura econômica existirá o monopólio. Todo o suprimento de petróleo do mundo, por exemplo, terá um controle centralizado. Assim, os aeroplanos e os navios de guerra a petróleo serão inúteis para os poderes em conflito com a autoridade central, a menos que possam ser usados para se apoderar de uma jazida petrolífera em um breve ataque de surpresa. O mesmo se aplica a outras coisas de maneiras menos óbvias. Já hoje em dia uma grande proporção do suprimento de carne do mundo é controlada pelo Big Five em Chicago, gerido até certo ponto pela J.P. Morgan & Co. Da matéria-prima ao produto acabado há uma longa estrada a percorrer, e o monopólio pode intervir em qualquer estágio. No caso do petróleo, o estágio natural está em seus primórdios. Em outros casos, podem ser portos, navios ou ferrovias que propiciam o controle pelo monopolista. No entanto, aquilo em que ele intervir será mais forte do que quaisquer outras partes envolvidas.

Existindo o monopólio em um estágio do processo, haverá uma tendência a estendê-lo para estágios anteriores e posteriores. O crescimento do monopólio econômico faz parte da propensão geral de aumentar a organização, que é demonstrada politicamente no grande poder e no tamanho dos Estados. Nesse sentido, é possível esperar com confiança um prolongamento do processo de eliminar a concorrência que vem ocorrendo ao longo da última metade do século. É claro que podemos presumir que os sindicatos continuarão a reduzir a competição entre os assalariados. Esta visão de que embora os empregadores estejam organizados, os assalariados deveriam ser impedidos por lei de se contra organizar não pode se manter por muito tempo.

A paz segura e o controle adequado da produção devem levar a um maior acréscimo de conforto material, desde que isso tudo não seja exaurido por um aumento populacional. Se o mundo, nesse estágio, for capitalista ou socialista, poderemos esperar uma melhoria da posição econômica de todas as classes. Mas isso nos conduz à nossa segunda questão, a saber, a distribuição.

Pressupondo um grupo prevalente associado a uma nação dominante (ou a uma aliança de várias nações dominantes), é óbvio que o grupo predominante reterá uma maior riqueza para si e fomentará contentamento na população da nação dominante ao conceder aos assalariados um aumento progressivo em seus salários. Esse fato está acontecendo nos Estados Unidos, como ocorreu antes na Inglaterra. Contanto que haja um rápido acréscimo na riqueza total de uma nação, será fácil para os capitalistas impedir uma propaganda socialista bem-sucedida por intermédio do controle monetário. E as nações menos afortunadas podem ser mantidas subjugadas por um sistema de controle imperialista.

Contudo, esse sistema provavelmente se desenvolverá em direção à democracia, isto é, ao socialismo – pois o socialismo é apenas uma democracia econômica em uma comunidade que tenha atingido o estágio de monopólio em muitas indústrias. Pode-se apontar o desenvolvimento político da Inglaterra como um paralelo. A Inglaterra foi unificada pelo rei, um processo praticamente concluído por Henrique VII após a anarquia da Guerra das Rosas. O poder real era necessário para implementar a unidade, mas quando esta foi alcançada o movimento democrático começou logo após, e constatou-se, depois dos distúrbios do século XVII, que a democracia era compatível com a ordem pública. Estamos agora, na esfera econômica, no momento de transição entre a Guerra das Rosas e Henrique VII. Uma vez que a unidade econômica, embora despótica, tenha sido atingida, o movimento em direção à democracia econômica estará extremamente fortalecido, pois não mais terá de lutar contra o medo da anarquia. As minorias só poderão deter o poder se tiverem um considerável apoio da opinião pública, visto que precisam ser servidas com lealdade pelos seus exércitos, marinhas e servidores públicos. As situações problemáticas continuarão a irromper sem cessar, até que os detentores do poder achem prudente fazer concessões; no controle dos negócios precisarão associar-se a representantes de nações e classes menos favorecidas, e é provável que esse processo continue até o estabelecimento de um completo regime democrático.

Tendo em vista que estamos pressupondo uma autoridade central para controlar o mundo inteiro, a democracia no tocante a essa autoridade deve ser de cunho internacional, englobando não apenas os povos de raça branca como, também, os povos da Ásia e da África. Hoje, a Ásia desenvolve-se com uma rapidez tão extraordinária que poderá ser capaz de exercer um papel de grande relevância no governo mundial quando ele for instituído. A África é um problema mais difícil. Mas, mesmo na África, os franceses (que a este respeito são superiores a nós) estão obtendo resultados notáveis, e ninguém pode prever o que pode ser realizado nos próximos cem anos. Concluo, portanto, que um sistema socialista de amplitude mundial, envolvendo justiça econômica para todas as nações e classes, possa se tornar exequível logo após o estabelecimento da autoridade central. E, nesse caso, a operação natural das forças políticas com certeza se produzirá.

No entanto, existem outras possibilidades que podem levar à perpetuação das distinções das castas. Em qualquer lugar onde homens brancos e negros coexistem, como na África do Sul e na região Sul dos Estados Unidos, foi possível implantar a democracia para os brancos e uma condição semisservil para a população negra. O obstáculo para esse desenvolvimento em larga escala é a objeção ao trabalho para imigrantes não brancos na maioria do mundo de língua inglesa. Não obstante, isso permanece uma possibilidade para se refletir. Falarei algo sobre esse assunto mais adiante.

III

Como será o desenvolvimento da família durante os próximos dois séculos? Nada podemos dizer, porém percebemos determinadas forças em movimento que, se não forem obstadas, terão certos resultados. Desejaria declarar, de início, que não estou preocupado com minhas aspirações e sim com minha expectativa, o que é algo muito diferente. O mundo nunca se desenvolveu no passado como eu gostaria, e não vejo razão para que ele o faça no futuro.

Existem alguns fatores nas comunidades civilizadas modernas que tendem a enfraquecer a família; o chefe de família tem um sentimento humanitário em relação aos filhos. A cada dia, as pessoas conscientizam-se de que as crianças não mais devem sofrer em razão da infelicidade de seus pais ou até mesmo de seus pecados. Na Bíblia, os órfãos são sempre mencionados como muito tristes e, sem dúvida, eram; atualmente, eles sofrem um pouco mais do que outras crianças. Haverá uma tendência crescente de que o Estado ou instituições de caridade cuidem de modo adequado de crianças negligenciadas e, em consequência, as crianças serão cada vez mais abandonadas por pais ou guardiões inconsequentes. Gradualmente, o gasto dos fundos públicos para cuidar dessas crianças se tornará tão elevado que haverá um forte movimento de persuasão para todos aqueles com uma situação econômica difícil se beneficiarem da oportunidade de cederem seus filhos ao Estado; é provável que isso seja feito, no final, como agora no sistema escolar, com quase todos que estejam abaixo de um certo nível econômico.

Os efeitos dessa mudança seriam de longo alcance. Com a eliminação da responsabilidade paterna, o casamento não mais seria importante e aos poucos deixaria de existir entre as classes que entregassem seus filhos ao Estado. Nos países civilizados, o número de crianças criado sob essas condições seria provavelmente muito pequeno, e o Estado teria de fixar um pagamento para mães em uma escala adequada para gerar o número de cidadãos considerado desejável. Tudo isso não é tão remoto; pode acontecer com facilidade na Inglaterra antes do final do século XX.

Se todos esses fatos ocorrem enquanto o sistema capitalista e a anarquia internacional ainda predominam, é possível que os resultados sejam terríveis. Para começar, haverá uma profunda divisão entre o proletariado, que virtualmente não teria pais nem crianças, e os ricos, que preservarão o sistema familiar com a herança de propriedade. Os proletários educados pelo Estado serão imbuídos, tal como os janízaros na antiga Turquia, de uma lealdade militar passional. As mulheres seriam ensinadas que é seu dever ter muitos filhos, tanto para manter a tarifa reduzida de pagamentos estatais às crianças quanto para aumentar o suprimento de soldados com a finalidade de matar a população de outros países. Sem uma influência dos pais para contrapor-se ao Estado, não haverá limite para a xenofobia feroz com a qual as crianças possam ser instiladas e, então, ao ficarem adultos lutarão cegamente pelos seus mestres. Os homens cuja opinião desagrade ao governo serão punidos ao ter seus filhos confiscados a instituições do Estado.

Assim, é bem possível que, por meio de uma operação conjunta de patriotismo e de sentimento humanístico no que concerne às crianças, possamos ser levados, passo a passo, à criação de uma sociedade profundamente dividida em duas castas diferentes, a mais elevada preservando o casamento e as lealdades familiares, e a inferior com um sentimento de lealdade apenas ao Estado. Por razões militares, o Estado assegurará, mediante pagamento, uma alta taxa de natalidade entre o proletariado; a higiene e a medicina garantirão uma baixa taxa de mortalidade. A guerra será, portanto, a única forma de manter a população do mundo dentro de limites, exceto pela escassez de víveres, a qual as nações tentarão evitar guerreando. Nessas circunstâncias, podemos esperar uma era de guerras interativas comparáveis apenas às invasões dos hunos e dos mongóis na Idade Média. A única esperança será uma vitória rápida de alguma nação ou de um grupo de nações.

Os resultados da guarda por parte do Estado de crianças serão quase diametralmente opostos em relação ao acima mencionado se uma autoridade de amplitude mundial já tiver se estabelecido. Nesse caso, a autoridade central não permitirá que seja ministrado às crianças o patriotismo militar e não deixará que os diversos Estados nacionais estimulem por meio de pagamentos um aumento da população além do que seria desejável do ponto de vista econômico. As crianças criadas em instituições estatais serão, caso as necessidades militares cessem, quase certamente melhor desenvolvidas tanto física quanto mentalmente do que uma criança média agora e, assim, um progresso muito rápido será viável.

Mas mesmo que uma autoridade central exista, os efeitos serão extremamente diferentes se o mundo permanecer capitalista do que se tiver adotado o socialismo. Na primeira alternativa, haverá a divisão de castas que acabamos de mencionar, a casta superior preservando a família, a mais baixa substituindo os pais pelo Estado. E existirá ainda a necessidade de fomentar a submissão na casta inferior, pois esta poderia rebelar-se contra os ricos. Isso acarretaria um baixo nível cultural e levaria talvez os ricos a encorajar mais os proletários negros a gerar filhos do que os brancos ou asiáticos. Desse modo, a raça branca pode aos poucos se tornar uma pequena aristocracia e, por fim, ser exterminada por uma insurreição negra.

Tudo isso pode parecer fantasioso, visto que a maioria das nações de raça branca possui um sistema político democrata. Observo, entretanto, que em todos os lugares a democracia permite que o ensinamento escolar sirva aos interesses dos ricos; os professores são despedidos por serem comunistas, mas nunca por serem conservadores. Não vejo razão para supor que essa situação mudará em um futuro próximo. E penso, por tais motivos, que, se nossa civilização continuar por muito mais tempo a perseguir os interesses dos ricos, ela estará condenada. Sou socialista porque não desejo o colapso da civilização.

Se essas premissas estiverem certas, é provável que a família se extinga, salvo em uma minoria privilegiada. No entanto, quando não mais houvesse uma minoria privilegiada a família desapareceria quase por completo. Biologicamente, isso parece inevitável. A família é uma instituição que serve para proteger as crianças durante os anos em que são indefesos; entre as formigas e abelhas a comunidade realiza sua tarefa e não existe família. Então, entre os homens, se a vida de uma criança deve ser salvaguardada à parte da proteção dos pais, a vida familiar gradualmente desaparecerá. Esse fato acarretará mudanças profundas na vida emocional dos homens, e um grande divórcio na arte e na literatura de todas as épocas precedentes. Diminuirá as diferenças entre pessoas diferentes, uma vez que os pais não mais educarão seus filhos para reproduzir as características deles. Tornará a relação sexual menos interessante e romântica; possivelmente toda a poesia amorosa será considerada absurda. Os elementos românticos da natureza humana não acharão outras válvulas de escape tais como arte, ciência e política. (Para Disraeli a política era uma aventura romântica.) Só posso pensar que existirá uma perda real na textura emocional da vida; mas cada acréscimo de segurança envolve essa perda. Os navios a vapor são menos românticos do que os veleiros; coletores de impostos, menos do que salteadores. Talvez, ao final, a segurança se transforme em algo tedioso e os homens se tornem destrutivos em virtude do puro tédio. Contudo, essas possibilidades são incalculáveis.

IV

A tendência da cultura em nossa época está, e provavelmente continuará a estar, voltada para a ciência e afastada da arte e literatura. Isso se deve, é claro, à imensa utilidade prática da ciência. Existe uma tradição literária poderosa originária da Renascença e apoiada pelo prestígio social: um "senhor" deve saber um pouco de latim, mas não precisa saber como uma máquina a vapor é fabricada. No entanto, a sobrevivência dessa tradição tende apenas a tornar os "senhores" menos úteis do que outros homens. Creio que devemos pressupor que, a curto prazo, ninguém será considerado educado a menos que conheça alguma coisa de ciência.

É uma boa intenção, porém o lamentável é que a ciência parece estar obtendo suas vitórias à custa do empobrecimento de nossa cultura em outras direções. A arte se torna cada vez mais um assunto de elites e de uns poucos patronos ricos: não é vista como importante para o homem comum, como era quando associada à religião e à vida pública. O dinheiro gasto na construção da catedral de St. Paul poderia ter sido usado para proporcionar à nossa frota marítima vitória sobre os holandeses; contudo, na época de Carlos II, St. Paul era considerada mais importante. As necessidades emocionais que antes eram satisfeitas por formas estéticas admiráveis estão agora encontrando cada vez mais escapes triviais: a dança e sua música nos dias de hoje não têm, como regra, nenhum valor artístico, exceto no balé russo que é importado de uma civilização menos moderna. Temo que a decadência da arte seja inevitável e que se deva à nossa maneira de viver mais cuidadosa e utilitária, comparada com a de nossos ancestrais.

Imagino que daqui a cem anos todas as pessoas bem educadas serão muito versadas em matemática, em biologia e terão um grande conhecimento de fabricação de máquinas. A educação, exceto para poucos, se tornará cada vez mais o que chamamos de "dinâmica", isto é, ensinaremos as pessoas a realizar e não a pensar e sentir. Elas executarão todos os tipos de tarefas com uma habilidade extraordinária, mas serão incapazes de refletir racionalmente se essas tarefas têm importância. É possível que haja uma casta oficial de pensadores e outra de sensitivos – a primeira, um desenvolvimento da Royal Society; a última, uma aliança da Royal Academic e da congregação dos bispos. Os resultados obtidos pelos pensadores serão de propriedade do governo e serão revelados apenas ao Ministério da Guerra, ao almirantado e ao Ministério da Aeronáutica, dependendo do caso. Talvez o ministro da Saúde possa ser incluído se, na época, fizer parte de suas obrigações disseminar doenças em países inimigos. Os Sensitivos Oficiais decidiriam quais as emoções que devem ser propagadas nas escolas, teatros, igrejas, etc., apesar de os Pensadores Oficiais terem o dever de descobrir como provocar as desejadas emoções. Tendo em vista a má índole dos estudantes, provavelmente seria desejável que as decisões dos Sensitivos Oficiais fossem também segredos governamentais. Eles poderão, entretanto, exibir pinturas ou pregar sermões que tenham sido sancionados pelo Conselho de Antigos Censores.

A imprensa diária, presumivelmente, seria abolida pela radiodifusão. Algum número de semanários poderia sobreviver para exprimir opiniões minoritárias. Mas a leitura talvez venha a ser uma prática rara, substituída por ouvir o toca-discos ou qualquer outra invenção melhor. De modo similar, a escrita será substituída na vida cotidiana pelo ditafone.

Caso as guerras sejam eliminadas e a produção for organizada cientificamente, é provável que quatro horas de trabalho por dia sejam suficientes para que todos tenham conforto. Será uma questão aberta em relação à quantidade de trabalho e lazer, uma opção entre trabalhar mais ou usufruir prazeres; é presumível que caminhos diversos sejam escolhidos. As horas de lazer serão, sem dúvida, dedicadas pela maioria das pessoas a dançar, assistir futebol e ir ao cinema. As crianças não sentirão ansiedade, visto que o Estado tomará conta delas; a doença será muito rara; a idade avançada será postergada por meio de processos de rejuvenescimento até pouco antes da morte. Será um paraíso hedonista no qual quase todos acharão a vida tão tediosa a ponto de ser dificilmente suportada.

Em um mundo como tal deve-se temer que os impulsos destrutivos tornem-se irresistíveis. O Clube de Suicídio de R.L. Stevenson pode florescer nele; sociedades secretas dedicadas ao assassinato artístico podem crescer. A vida no passado manteve-se séria em razão do perigo e interessante por ser séria. Sem o perigo, se a natureza humana permanecer inalterada, a vida perderia seu sabor e os homens recorreriam a todos os tipos de vícios decadentes na expectativa de uma pequena excitação.

Esse dilema é inescapável? Os aspectos mais sombrios da vida são essenciais para encontrarmos o que há de melhor nela? Não creio. Se a natureza humana for impossível de ser alterada, como pessoas ignorantes ainda supõem que seja, não haveria esperança de reverter a situação. Mas agora sabemos, graças aos psicólogos e aos fisiologistas, que a "natureza humana" representa no máximo um décimo da natureza sendo os outros nove décimos atribuídos à educação. O que chamamos de natureza humana pode ser quase por completo alterado por mudanças na educação nos primeiros anos de vida. E essas mudanças podem ocorrer de forma a preservar uma suficiente seriedade na vida sem a ameaça do medo, se o pensamento e a energia forem devotados a esse fim. Dois fatores são necessários para esse propósito: o desenvolvimento de impulsos construtivos nos jovens e oportunidades para sua existência na vida adulta.

Até então, a defesa e o ataque forneceram grande parte do que é sério na vida. Defendemo-nos contra a pobreza; nossos filhos contra um mundo indiferente; nosso país, contra inimigos nacionais; atacamos, verbal ou fisicamente, aqueles que consideramos hostis ou perigosos. No entanto, existem outras fontes de emoções capazes de serem igualmente poderosas. As emoções da criação estética e da descoberta científica podem ser tão intensas e absorventes quanto o amor mais apaixonado. E o amor em si, embora possa ser dominador e opressivo, é também capaz de ser criativo. Com uma educação correta, um grande percentual da humanidade encontraria a felicidade em atividades construtivas, desde que o tipo certo estivesse disponível.

Isso nos leva ao nosso segundo requisito. Deve haver uma oportunidade de iniciativa construtiva, não apenas para um trabalho útil ordenado por uma autoridade superior. Não deve haver barreiras para a criação intelectual ou artística, nem para as relações humanas construtivas nem a sugestão de maneiras pelas quais a vida possa melhorar. Nesse contexto, e com uma educação correta, haverá ainda espaço para um modo de vida sério e árduo para aqueles que sintam necessidade. Nesse caso, mas só nele, uma comunidade organizada de modo a eliminar os principais males da vida como a conhecemos poderia ser estável, visto que isso seria satisfatório para seus membros mais enérgicos.

Essa é, devo confessar, a questão em que nossa civilização possivelmente tomará o rumo incorreto. É preciso muita organização, e, sendo ela tão necessária, é quase certo que venha haver mais do que deveria. O dano que isso acarretará será a diminuição de oportunidades para o esforço individual. Grandes organizações produzem um sentimento de impotência no indivíduo, levando a uma redução do esforço. O perigo pode ser evitado se for percebido pelos administradores, mas ele é do tipo que a maioria dos administradores é por natureza incapaz de detectar. Em cada esquema respeitável para organizar o padrão da vida humana é necessário injetar uma certa dose de anarquismo, suficiente para prevenir a imobilidade que leva à inércia, porém não o bastante para provocar uma ruptura. Isso é um problema delicado, não insolúvel do ponto de vista teórico, contudo difícil de ser solucionado na turbulência das questões práticas.

Sobre o autor

Bertrand Arthur William Russell (1872-1970), terceiro conde de Russell, nasceu no País de Gales, em uma família tradicional, no auge do poderio econômico e político inglês. Tornou-se filósofo, lógico e matemático, além de inveterado humanista. Escritor prolífico, ajudou a popularizar a filosofia por meio de palestras e comentários sobre uma grande variedade de assuntos, não apenas acadêmicos mas também relativos a questões da atualidade. Seguindo a tradição familiar de forte posicionamento político, foi um proeminente pacifista, contra a intervenção norte-americana na Primeira e na Segunda Guerra Mundial, em favor da emancipação feminina e do controle da natalidade e ferrenho defensor das reformas sociais; defendia o livre-comércio entre as nações e combatia o imperialismo. Agnóstico declarado, criticava qualquer forma de autoridade que tolhesse a liberdade de pensamento e a expressão e acusava as instituições religiosas e os fiéis por dificultarem a vida do ser humano. Pagou o preço por seu posicionamento secularista quando, em 1939, após uma controvérsia pública, foi proibido pela justiça de Nova York de lecionar no City College. Seus leitores e admiradores viam nele um profeta da vida criativa, moderna e racional. Foi um dos primeiros defensores do desarmamento nuclear. Dono de um estilo de escrita límpido e característico pela clareza de seus raciocínios – bem como pela coragem e ousadia com que se dedicava às suas causas –, em 1950 recebeu o Prêmio Nobel de Literatura, "em reconhecimento de seus variados e importantes escritos nos quais advoga ideais humanitários e a liberdade de pensamento". Em 1966, emprestou o nome ao Tribunal Bertrand Russell, criado em Londres como parte do Movimento Comunista Internacional, destinado a "julgar" países que combatiam o comunismo e defendiam o imperialismo norte-americano. (Acabou por se afastar do organismo, posteriormente transferido para Roma.) Na década de 1960, denunciou os Estados Unidos pela invasão do Vietnã. Foi casado quatro vezes. Morreu com quase cem anos, enfraquecido por uma gripe. Escreveu inúmeros livros, entre os quais *Por que não sou cristão* (1927), *Ensaios céticos* (1928) e *História da filosofia ocidental* (1946).

lepmeditores
www.lpm.com.br
o site que conta tudo

IMPRESSÃO:

PALLOTTI
GRÁFICA

Santa Maria - RS | Fone: (55) 3220.4500
www.graficapallotti.com.br